普通高等学校学前教育专业系列教材

幼儿园教育活动设计

主　　编　　叶亚玲

编写人员　　叶亚玲　　傅建明　　庄周赟
　　　　　　于海静　　王赛丽　　吕　音

复旦大学出版社

内容提要

本书依据学前教育专业的知识体系，充分结合《教师教育课程标准（试行）》和国家考试中心发布的《综合素质》（幼儿园）与《保教知识与能力》考试大纲编写，综合了"五教法"活动、环境创设活动、亲子活动等多种活动设计，使学生既能学到相应的学科知识与技能，又有助于顺利通过国家教师（幼儿园）资格考试。

全书共9章，可以分为两个部分，第一部分为总论，论述幼儿园活动设计的涵义、原则、类型、特点及活动设计的基本要素；第二部分具体论述幼儿园各领域活动设计的目标、内容、方法及基本要求等。每一章都有针对性的活动设计方案及评析。

在编写过程中，力求做到面向幼儿园教育教学实践，让学员能够了解活动设计的基本原理，并能够设计出完整的活动方案。同时，本教材编写时注意突出国家教师资格考试中的知识点要求，特别强调活动内容的选择和活动方法的设计，让学员能够应对各种题型的考试，即素质教育与应试教育融合为一。

和本书相配套的形成性练习根据国家教师（幼儿园）资格考试题型设计，所有试题答案及教学课件由出版社免费提供给教学单位。

FOREWORD 前 言

近年来,教育部相继颁布了《教师教育课程标准(试行)》、《幼儿园教师专业标准(试行)》两个关于幼儿园教师培养的重要文件。2011年公布了《全国教师资格证考试大纲(幼儿园)》,实施幼儿园教师资格考试全国统一考试制度(简称国家教师资格考试,并于2011年在浙江省和湖北省进行试点),此后将在全国逐步展开。国家教师资格考试是由国家统一标准,省级教育行政部门统一组织的国家教育考试项目,其内容极为宽泛,许多内容在现有的学前教育学教材中不曾出现。而大专院校学前教育专业是为了培养合格的幼儿园教师,获得教师资格证则是他们从事幼儿教育职业的前提条件,因此有必要根据《教师教育课程标准(试行)》、《幼儿园教师专业标准(试行)》和《全国教师资格证考试大纲(幼儿园)》三个文件编写一本既符合学前教育学知识体系,又能兼顾教师资格证考试内容的学前教育原理教材,这样才能保证大专院校学前教育专业的良性发展。本教材试图依据这三个文件重新选择内容、改变呈现方式,突出实用性、案例性与实战性,实现理论与实践的融合。

一、编写原则

编写本教材的目的是适应当前教育教学改革的需要,在保证学前教育原理的学科逻辑基础上兼顾幼儿园教师资格证考试的需要,因而在编写时既要考虑学科逻辑又要考虑资格考试的现实。具体编写时坚持下列基本原则。

(一) 针对性原则

本教材的对象主要是大专院校的学前教育专业本科生,兼顾社会上参加幼儿园教师资格证考试的学员。其目的不是进行高深的学术研究,而是掌握学前教育的基础知识与基本技能,因而在编写时特别强调根据学科知识结构与国家教师资格考试大纲《综合素质》(幼儿园)和《保教知识与能力》的相关内容编写章节,以保证学员既能学到相应的学科知识与技能,又能顺利通过国家教师资格考试。

(二) 实践性原则

实践包括两层含义:一是幼儿园教育教学实践;二是幼儿园教师资格考试。首先,本教材要求对学前教育原理的基础知识作一个系统的介绍,同时要结合幼儿园的实践进行解读,让学员能够了解学前教育的基本原理,而且能够将所学的原理解释幼儿园教育的种种现实,并能够将所学的知识在在幼儿园教育教学实践中运用。其次,本教材编写时要注意突出教师资格考试中的知识点,让学员能够应对各种题型的考试,即素质教育与应试教育融合为一。

(三)趣味性原则

一本趣味性良好的教材能够促使学员愿学、乐学、主动学。因此,本教材把培养、激发、调动学生学习积极性作为教材编写的重要原则。不论在素材的选择、内容的呈现、版式的设计等方面都力求做到生动趣味,让学生有读下去的愿望与动力。通过多样化、生动有趣的故事,提高学生对教材的阅读兴趣,使学生愿意读书;同时设计相应的问题情境、练习题、深入阅读书目等,让他们感到学习本教材是一件有意思、快乐的事情,从而愿意学,喜欢学。

(四)实用性原则

教材是供师生教与学的材料,所以编写时应根据教学的基本规律选择与组织材料。为了方便教学,每一章都有教学目标、学习导引和知识结构。另外,将重要的概念与内容在文内用方框标出,关键词与相关阅读书目和网络资源在每章后列出,而且附有少量的练习题供学员选择练习以巩固所学的知识。这样的设计既方便教师的教,也方便学生的学。

(五)体验性原则

学习的过程其实就是体验的过程,只有经过亲身体验,学习才能得以巩固。为了提高教学效率,每一章每一节都有一个与主题相关的案例,希望通过对案例的解读,理解与之相应的学前教育学知识与技能。选择的案例都是真实的保育教育场景,学员在这种预设的场景中体验知识的魅力,进而形成相应的教育理念与教育能力。

二、教材特点

《幼儿园教育活动设计》依据学前教育学的知识结构,结合《教师教育课程标准(试行)》、《幼儿园教师专业标准(试行)》和国家考试中心发布的《综合素质》(幼儿园)与《保教知识与能力》考试大纲编写。教材内容安排围绕活动设计的核心要素:"活动目标、活动内容、活动方法、活动过程",并且针对这几年国家教师资格考试的命题特色,对活动方法的运用专设一节内容,做了突出强调。章节安排按《幼儿园教育纲要》(试行)的规定,以五大领域作为划分标准。考虑到章节结构的平衡性,把数学从科学中分出来,另设一章,同样,把艺术领域的音乐和美术也各自单独设为一章。

(一)实践导向

理论总是灰色的,而实践之树长青。保育教育工作是一项实践性极强的工作,理论的指导是必不可少的,但实践运用则更为重要。本教材关心的是如何将博大精深的学前教育学原理运用于幼儿园的保育教育实践。因此,本书侧重实践运用,但也兼顾理论诠释,让学员们知道怎么做的同时也在一定程度上理解为什么要这样做。

(二)案例引领

本教材的每一章每一节都精选一个案例作为引子,通过这个案例导出某章某节的相关原理,希望通过对案例的解读加深对理论知识的理解,特别是对教育教学方法的理解与掌握。案例的使用不仅能引起学员的阅读兴趣,而且能够更加准确地理解相关原理,更容易掌握相应的方法。同时也给学员们提供一个具体生动的教育事实,为以后遇到类似问题时提供一个可资参考的实践范例。

(三) 重点突出

本教材在整体上勾勒了学前教育学的知识结构,保证知识的系统性。在内容上增加了教育观、学生观、教师观、职业规范与职业行为、班级经营等新内容,以反映学科发展的最新成果。而且在每一个主题下都各有侧重,主要考虑最基础性的知识和资格考试中列出的知识点。每一章都有知识结构图和关键词,每一节的重点知识和重要概念都用方框特别呈现,每章后的练习题都是本章的重要知识点。这种呈现方式有利于教师与学生把握重点。

(四) 结构新颖

本教材采用适合教学的方式编排,每章的具体结构如下:学习目标、学习导引、知识结构、正文、本章小结、主题词、深入阅读书目等七个部分,文中另有方框将重点知识和重要概念进行突出显示。这种安排方便师生整体把握每章的知识内容,而且能够把握每个主题的逻辑结构与重点,同时使学员掌握相应的学习方法,完成相应的逻辑思维训练。

(五) 注重实战

尽管考试成绩并不能完全代表一个人的知识水准与能力程度,但作为学生,考试是衡量其学习成果的重要手段,特别是资格考试,是一个人能否从事幼儿园教育工作的前提条件,也是学员们能否成为一名合格的幼儿园教师的标志。因此,本教材注重实战练习,不仅在每章正文中将重点知识用方框标出,而且每章后面都有相应的练习题,同时还配有专门的形成性训练手册,以更好帮助学员通过资格考试。

三、使用建议

本教材由三部分组成:文本、形成性练习手册和CAI教学课件,使用时请结合实际情况灵活处理,但注意下列几个方面。

(一) 课堂讲授与课外练习相结合

讲授时除了讲清楚基本概念与基本原理之外,更重要的是训练学生的实际操作能力。因此必须加大实践部分的教学课时。练习包括两部分:一是完成每章的形成性练习手册;二是运用具体原理解释或设计具体的保育教育活动。形成性练习根据文本的9章内容编写,每章的题型与国家幼儿园教师资格证考试一致,可以根据实际情况选择使用,以帮助学生巩固所学的知识点与相关原理。案例解释与活动设计则是帮助学生加深对所学原理的理解与运用,所以讲授与练习时要尽可能多地结合保育教育现实情况进行。

(二) 文本教材与音像教材相结合

音像教材与文本教材相配套,由复旦大学出版社负责编制,由书稿撰写者主讲。主讲教师由多年讲授《幼儿园教育活动设计》的大学教授及承担过多年各类幼师师资培训的资深幼儿园园长担任。共有9个专题组成,每个专题1—2个课时,各院校可以根据本校情况选择使用。注意尽可能将课堂教学与音像学习相结合,给学生更自由的学习时间与空间。

(三) 校内考试与资格考试相结合

校内考试尽可能将平时考核与期末考核相结合。平时考核可以利用《形成性练习手册》在每章教学结束时进行，帮助学生养成及时复习巩固的习惯，并能将所学知识运用到具体情境中。同时，不管是平时考试或期末考试，除了教学本身的特殊目的之外，在内容、题型、评分标准等方面都要尽可能地与资格考试相一致，最大限度地促进学生专业水平的提高与教师资格的获得。

本教材是团队分工合作的产物。首先由叶亚玲（浙江师范大学副教授）、傅建明（浙江丽水学院教育科学研究所所长、浙江师范大学文本研究中心主任）拟定写作提纲，而后分工撰写，最后由叶亚玲副教授审定。各章的具体撰写者如下：第一章（幼儿园教育活动设计概述）、第二章（幼儿园教育活动设计的基本要素）、第五章（幼儿园科学教育活动设计）、第六章（幼儿园数学教育活动设计）、第八章（幼儿园美术教育活动设计），叶亚玲（浙江师范大学）；第三章（幼儿园健康教育活动设计），王赛丽（浙江师范大学）；第四章（幼儿园语言教育活动设计），于海静（金华职业技术学院）；第七章（幼儿园社会教育活动设计），庄周赟（浙江师范大学）；第九章（幼儿园音乐教育活动设计），吕音（浙江师范大学）。感谢复旦大学出版社的黄乐女士，没有她的敦促，本教材不可能这么早地与读者见面。感谢所有为本教材贡献智慧的同事和朋友们。

本教材的所有成功之处归原作者，所有的不当之处归主编。恳请各位在使用过程中指出其中的不足与不当之处，以便在修订时及时调整，使本教材更为科学与实用。

叶亚玲

2014 年 1 月 10 日

CONTENTS 目 录

第一章　幼儿园教育活动设计概述 … 1
第一节　幼儿园教育活动设计的涵义与原则 … 2
　一、幼儿园教育活动设计的涵义 … 2
　二、幼儿园教育活动设计的原则 … 3
第二节　幼儿园教育活动的类型与特点 … 6
　一、幼儿园教育活动的类型 … 7
　二、幼儿园教育活动的特点 … 8
第三节　幼儿园教育活动设计的理论基础 … 10
　一、列昂节夫的活动理论 … 10
　二、皮亚杰的活动观点 … 10
　三、维果斯基关于活动的观点 … 11
　四、行为主义学习理论 … 11
　五、人类发展生态学的活动观点 … 12

第二章　幼儿园教育活动设计的基本要素 … 13
第一节　幼儿园教育活动目标的设计 … 14
　一、幼儿园教育活动目标的层次及其关系 … 14
　二、幼儿园教育活动目标的表述 … 15
　三、制定幼儿教育活动目标时应注意的问题 … 18
第二节　幼儿园教育活动内容的选择 … 19
　一、幼儿园教育活动内容的分类 … 19
　二、幼儿园教育活动内容选择的原则 … 19
　三、当前幼儿园教育活动内容选择中存在的主要问题 … 20
　四、幼儿园教育活动内容编排的原则 … 22
第三节　幼儿园教育活动方法的分析 … 22
　一、直观类方法 … 23
　二、语言法 … 24
　三、实践法 … 26
　四、游戏法 … 27
　五、角色扮演法 … 27
　六、移情训练法 … 28
第四节　幼儿园教育活动方案的形成 … 28

  一、幼儿园教育活动方案的一般格式 ………………………………………………… 29
  二、幼儿园教育活动方案编写的一般程序 …………………………………………… 30
  三、幼儿园教育活动方案案例 ………………………………………………………… 33

第三章　幼儿园健康教育活动设计 …………………………………………………… 36
 第一节　幼儿园健康教育活动概述 ……………………………………………………… 37
  一、概念界定 …………………………………………………………………………… 37
  二、幼儿园健康教育的基础 …………………………………………………………… 38
  三、幼儿园健康教育的目标 …………………………………………………………… 39
  四、幼儿园健康教育的内容 …………………………………………………………… 41
 第二节　幼儿园健康教育活动的类型与基本方法 ……………………………………… 42
  一、幼儿园健康教育活动的类型 ……………………………………………………… 42
  二、幼儿园健康教育活动的方法 ……………………………………………………… 47
 第三节　幼儿园健康教育活动的设计与活动方案评析 ………………………………… 49
  一、幼儿身体锻炼活动的设计与指导 ………………………………………………… 50
  二、幼儿身心保健教育活动的设计与指导 …………………………………………… 51
  三、幼儿园健康教育活动方案及评析 ………………………………………………… 52

第四章　幼儿园语言教育活动设计 …………………………………………………… 57
 第一节　幼儿园语言教育活动概述 ……………………………………………………… 58
  一、幼儿语言发展的特点 ……………………………………………………………… 58
  二、幼儿园语言教育目标 ……………………………………………………………… 58
  三、各年龄班语言教育目标 …………………………………………………………… 59
 第二节　幼儿园语言教育活动的类型与基本方法 ……………………………………… 60
  一、幼儿园语言教育活动的类型 ……………………………………………………… 60
  二、幼儿园语言教育活动的方法 ……………………………………………………… 66
 第三节　幼儿园语言教育活动的设计与组织 …………………………………………… 67
  一、谈话活动 …………………………………………………………………………… 68
  二、讲述活动 …………………………………………………………………………… 69
  三、听说游戏 …………………………………………………………………………… 71
  四、文学活动 …………………………………………………………………………… 73
  五、早期阅读活动 ……………………………………………………………………… 74

第五章　幼儿园科学教育活动设计 …………………………………………………… 77
 第一节　幼儿园科学教育活动概述 ……………………………………………………… 78
  一、科学、幼儿科学及幼儿园科学教育活动 ………………………………………… 78
  二、幼儿园科学教育的目标 …………………………………………………………… 79
  三、幼儿园科学教育的内容 …………………………………………………………… 83
 第二节　幼儿园科学教育活动的类型与方法 …………………………………………… 87
  一、幼儿园科学教育活动的类型 ……………………………………………………… 87
  二、幼儿园科学教育活动的方法 ……………………………………………………… 88

 第三节　幼儿园科学教育活动的设计与案例评析 …………………………………… 91
　　一、集体教学活动的设计 …………………………………………………………… 91
　　二、区角科学学习活动的设计 ……………………………………………………… 93
　　三、一日生活中进行的科学学习活动的设计 ……………………………………… 95
　　四、幼儿园科学教育活动的案例及评析 …………………………………………… 96

第六章　幼儿园数学教育活动设计 …………………………………………………… 98
第一节　幼儿园数学教育活动概述 ……………………………………………………… 99
　　一、数学、幼儿数学及幼儿园数学教育活动 ……………………………………… 99
　　二、幼儿学习数学的心理基础 …………………………………………………… 100
　　三、幼儿园数学教育活动的目标 ………………………………………………… 101
　　四、幼儿园数学教育的内容 ……………………………………………………… 103
第二节　幼儿园数学教育活动的类型与基本方法 …………………………………… 105
　　一、幼儿园数学教育活动的类型 ………………………………………………… 105
　　二、幼儿园数学教育活动的基本方法 …………………………………………… 107
第三节　幼儿园数学教育活动的设计及案例评析 …………………………………… 110
　　一、幼儿园数学教学活动的设计 ………………………………………………… 110
　　二、幼儿数学操作活动的设计 …………………………………………………… 111
　　三、幼儿园区角数学活动的设计 ………………………………………………… 112
　　四、幼儿园一日生活中的数学教育活动的设计 ………………………………… 112
　　五、幼儿园数学教育活动的案例及评析 ………………………………………… 114

第七章　幼儿园社会教育活动设计 …………………………………………………… 116
第一节　幼儿园社会教育活动概述 …………………………………………………… 117
　　一、幼儿园社会教育的内涵与意义 ……………………………………………… 117
　　二、幼儿社会性发展的特点 ……………………………………………………… 118
　　三、幼儿园社会教育的目标 ……………………………………………………… 120
　　四、幼儿园社会教育的内容 ……………………………………………………… 122
第二节　幼儿园社会教育的方法与途径 ……………………………………………… 123
　　一、幼儿园社会教育的方法 ……………………………………………………… 124
　　二、幼儿园社会教育的途径 ……………………………………………………… 128
第三节　幼儿园社会教育活动的设计与实施 ………………………………………… 130
　　一、幼儿自我教育活动的设计与实施 …………………………………………… 131
　　二、幼儿社会环境与社会规范认知活动的设计与实施 ………………………… 135
　　三、幼儿人际交往教育活动的设计与实施 ……………………………………… 138
　　四、幼儿多元文化教育活动的设计与实施 ……………………………………… 141

第八章　幼儿园美术教育活动设计 …………………………………………………… 144
第一节　幼儿园美术教育活动概述 …………………………………………………… 145
　　一、美术、幼儿美术及幼儿园美术教育活动 …………………………………… 145
　　二、幼儿美术的发展 ……………………………………………………………… 147

  三、幼儿园美术教育的目标 …………………………………………………… 148
  四、幼儿园美术教育的内容 …………………………………………………… 150
 第二节 幼儿园美术教育活动的类型与基本方法 ………………………………… 152
  一、幼儿园美术教育活动的类型 ……………………………………………… 152
  二、幼儿园美术教育活动的基本方法 ………………………………………… 153
 第三节 幼儿园美术教育活动的设计与方案评析 ………………………………… 156
  一、幼儿园绘画教育活动的设计 ……………………………………………… 156
  二、手工教育活动的设计 ……………………………………………………… 157
  三、幼儿园美术欣赏教育活动的设计 ………………………………………… 159
  四、幼儿园美术教育活动的案例及评析 ……………………………………… 160

第九章 幼儿园音乐教育活动设计 ……………………………………………… 163

 第一节 幼儿园音乐教育活动概述 ………………………………………………… 164
  一、音乐、幼儿音乐及幼儿园音乐教育活动 ………………………………… 164
  二、幼儿园音乐教育的作用 …………………………………………………… 166
  三、幼儿园音乐教育的目标 …………………………………………………… 168
  四、幼儿园音乐教育的内容 …………………………………………………… 170
 第二节 幼儿园音乐教育活动的类型与基本方法 ………………………………… 175
  一、幼儿园音乐教育活动的类型 ……………………………………………… 175
  二、幼儿园音乐教育活动的方法 ……………………………………………… 178
 第三节 幼儿园音乐教育活动的设计与案例评析 ………………………………… 179
  一、幼儿园歌唱教育活动的设计 ……………………………………………… 180
  二、幼儿园韵律教育活动的设计 ……………………………………………… 181
  三、幼儿园打击乐教育活动的设计 …………………………………………… 183
  四、幼儿园音乐欣赏教育活动的设计 ………………………………………… 184
  五、幼儿园音乐教育活动的案例及评析 ……………………………………… 186

第一章　幼儿园教育活动设计概述

学习目标

※　了解幼儿园教育活动、教育活动设计的含义；
※　正确理解幼儿园教育活动设计的特点；
※　识记幼儿园教育活动的类型；
※　理解幼儿园教育活动设计的原则及其在运用中必须注意的问题；
※　能理论联系实际，运用教育活动设计的原则分析幼儿园的教育活动方案。

学习导引

本章从对幼儿园教育活动、幼儿园教育活动设计的界定出发，分析了幼儿园教育活动设计的特点，并联系实例探讨幼儿园教育活动设计应遵循的原则。学习时注意从教育活动设计的理论基础出发去理解教育活动设计的特点及原则。

知识结构

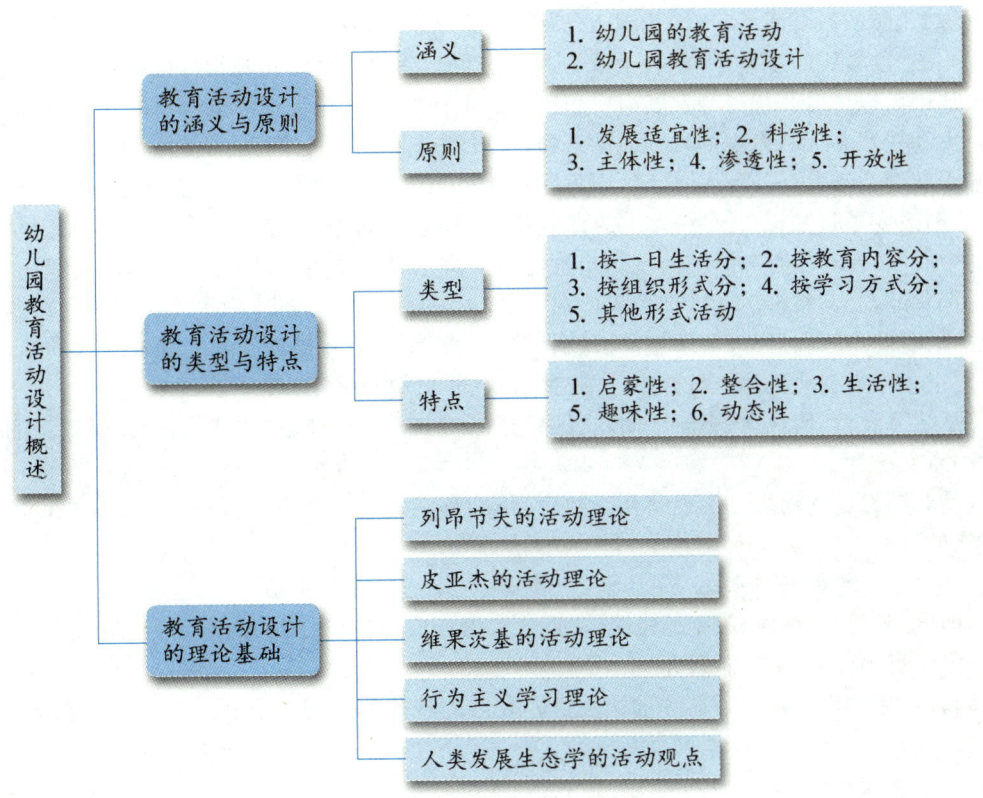

> ## 引子
>
> ### 儿童的天性是什么？
>
> 儿童的天性是什么？卢梭在《爱弥尔》中这样写道："儿童天性好动，在好动这一天性基础上发展出好奇心。在天然好奇心的驱使下，人不断探究，发现与他们息息相关的事物。"[①]
>
> 如果教育违背了儿童的天性，会造成什么结果？卢梭的经典名言是：大自然希望儿童在成为成人以前应该像个儿童，如果我们打乱了这个次序，就会造成一些早熟的果实，它们长得既不丰满也不甜美，而且很快就会腐烂。
>
> 当今急功近利的幼儿教育，人们只注重儿童每天埋头学了几首儿歌，会写几个字，学了多少算术题的时候，便忽略了儿童和伙伴玩得是否融洽，在游戏过程中有没有摔倒再爬起，而儿童也逐渐只关心那些大人们为他们安排的任务，失去了活泼好动的天性，少了探索的兴趣，少了寻找问题和答案的动力。这些幼儿教育逐渐远离和忽视的东西，与知识本身相比，对成长却有更为重大的意义。就像造房子一样，为了能尽快造起高楼大厦，却没有夯实地下的基石，结果造成或是楼房倒塌，或是无法建成高楼大厦。
>
> 活动，是儿童发展的最重要的方式！

第一节 幼儿园教育活动设计的涵义与原则

一、幼儿园教育活动设计的涵义

(一) 幼儿园的教育活动

要了解什么是幼儿园的教育活动设计，就先要知道什么是幼儿园的教育活动。

什么是幼儿园的教育活动？《幼儿园工作规程》(1996)明确提出："幼儿园的教育活动应是有目的、有计划引导幼儿生动、活泼、主动的、多种形式的教育过程。"活动作为幼儿园教育的基本形式，它是以儿童为主体，在教师创设以适合儿童身心发展需要和特点的多种形式的活动与环境材料的互动过程中，引发儿童积极参与、主动探索并大胆表现的教育活动系列，旨在促进儿童全面、健康、和谐、整体的发展。

"幼儿园教育活动"这一概念的提出，引发了广大幼教工作者研究设计适合幼儿发展的教育活动的大量探索。逐渐改变了过去以"上课"为主的课程模式，纠正了传统教育过分突出的"知识中心"、"教师中心"、"教材中心"、"课堂中心"的现实，使幼儿教育突出幼儿的主体地位，增强幼儿学习过程的实践性、自主性。因此，把"课"改为"教育活动"，不是简单的更名，更不是玩文字游戏，而是反映了一种新的幼儿教育观念和儿童发展观念，是新时代教育思想的必然表现。它更准确地概括和反映了幼儿教育的基本特征，并把幼儿教育与中小学教育明显地区分开来。"教育活动"的出现和采用，改变了20多年来幼儿园一直奉行的"只有'上课'才算教育"的观念，更新了幼儿园课程内容的基本组织形式，对以后幼儿园课程的发展具有广泛而深远的意义。

因此，幼儿园教育活动既是实现幼儿园教育目标、落实幼儿园教育任务的手段，也是幼儿教师创造性地开展工作的过程。

(二) 幼儿园教育活动设计的界定

设计，即设想、计划、预谋、策划的意思。《现代汉语词典》对"设计"一词解释为："在正式做某项工作之前，根据一定的目的要求，预先制定方法、图样等。"

幼儿园教育活动设计是教师在尊重幼儿身心发展的规律和学习特点、在了解和掌握幼儿的现有水平

---

① (法)卢梭著，李平沤译，爱弥儿，人民教育出版社，2001年版。

和发展需求的基础上,创造性地对幼儿园教育活动的目标、内容、实施策略、评价方法进行思考和构建的一个完整的过程。教育活动设计是对一个教育活动的具体行动规划,是教师进行教育教学的蓝图,也是教师取得良好教育效果十分必要的准备工作,它是构成教师教学准备策略的重要内容。幼儿园教育活动设计的好坏,是教育活动是否有成效的关键。具体地说幼儿园教育活动设计的意义在于:

首先,幼儿园教育活动设计可以帮助幼儿学习,促进每个幼儿最大程度的发展。

教师在进行教育活动设计时,对活动目标、活动过程、教育方法、教育评价等进行事先的策划和组织,可以更多地从幼儿的角度出发,针对不同班级、不同个体幼儿的个性特点进行不断地设计和调整,为幼儿创设良好的发展氛围,确保每一个幼儿都有平等的学习机会,发挥他们的潜能,享受活动的乐趣,确保每一个幼儿的个性得到最大程度的发展。

其次,幼儿园教育活动设计的过程可以引发教师思考,选择适宜的行为策略。

幼儿教师作为教育活动的设计者,不仅要选择适宜的教育活动内容,为幼儿提供丰富的教育活动材料做支撑,更要充分考虑在教育活动的实施过程中采取什么样的行为策略对幼儿来说才是最合理、最有效的。有的教师在进行教育活动设计时比较注重教材中知识和技能的传授,往往更多采用讲解式的传授方式组织教育活动,而有的教师比较关注幼儿的终身发展,而忽视"教材"本身,往往为幼儿创设适当的情景,提供可供幼儿自主探究的空间,着眼于激发幼儿学习的动机,这往往体现出我们教师的教育观念不同,事实上,我们更倡导的是注重激发幼儿的自发性、自主性学习,那么,如何落实这种先进的教育理念主要取决于教师选择什么样的行为策略。

再次,幼儿园教育活动设计可以优化活动组织与实施过程,增强活动的实效性。

教师在进行教育活动设计时,要充分分析幼儿的年龄特点,确定明确的活动目标,选择适宜的行为策略,提供各种学习资源,确定合理的评价方法,设计者在设计时就会从可能影响幼儿活动过程的诸多因素出发,努力使教育活动设计最优化,为最大程度地实现活动目标而努力,从而使教育活动更具实效性。

> 活动是幼儿园教育的基本形式,它是以儿童为主体,在教师创设以适合儿童身心发展需要和特点的多种形式的活动与环境材料的互动过程中,引发儿童积极参与、主动探索并大胆表现的教育活动系列,旨在促进儿童全面、健康、和谐、整体的发展。
>
> 幼儿园教育活动设计是教师在尊重幼儿身心发展的规律和学习特点,在了解和掌握幼儿的现有水平和发展需求的基础上,创造性地对幼儿园教育活动的目标、内容、实施策略、评价方法进行思考和构建的一个完整的过程。教育活动设计是对一个教育活动的具体行动规划,也是教师进行教育教学的蓝图。

二、幼儿园教育活动设计的原则

(一) 发展适宜性原则

发展适宜性原则是美国幼儿教育协会 1986 年以后极力提倡的教育理念与实践。它当时主要是针对美国幼教界普遍出现的幼儿教育"小学化"等倾向而提出来的。幼儿园在很早就对幼儿进行正规学术培养的错误做法,引起了美国儿童心理学家和幼儿教育专家的广泛关注和反思。大量的研究发现,幼儿期更为有效的学习方式应该是具体形象的、以游戏为主的自发性学习,而不是这种"小学化"教学。

运用在教育活动设计上,发展适宜性是指幼儿园活动设计在充分参考和利用现有儿童发展水平的基础上,为每名儿童提供适合其年龄特点的、适合其个别差异性的教育活动实践。它包括两个层面的含义:一是年龄适宜性,二是个体适宜性。贯彻发展适宜性原则,活动设计时应注意以下三个方面。

1. 教师充分观察、了解幼儿是前提

符合发展适宜性原则的活动设计应该建立在充分掌握年龄适宜性和个体适宜性两个方面的信息的基础上的。教师应对幼儿的个别兴趣、个别需要和发展水平进行定期观察、记录、评估和总结,充分了解每名幼儿的长处和弱点,并把握该年龄段幼儿的共性,据此为他们提供具备"年龄适宜性"和"个体适宜性"的环境和活动。

例如,大多数新生在入园时都有哭闹现象,不同幼儿有不同的表现,教师可以通过对幼儿哭闹持续时

间、父母处理方法、幼儿情绪变化过程等细节的观察,针对不同幼儿的特点设计切实有效的新生入园教育活动。再如,幼儿园教育活动组织实施中,我们常可看到这样的情形:语言活动,幼儿聚精会神地听着老师朗诵散文,忽然,跑来一只小猫,他们的注意力立即转到小猫身上;老师带着幼儿在院子里观察桃树,突然邻近树上传来小鸟的叫声,幼儿就会不由自主地去寻找小鸟;早操时,幼儿听着老师的口令做着操,动作挺整齐,忽然院子里走进一群服装鲜艳、手拿照相机的外宾,幼儿情不自禁地扭头看他们,动作跟不上节拍了,队形也乱了。这些事例都反映了幼儿注意的一个年龄特点,就是幼儿的注意不稳定,易转移,且无意注意占优势,了解了这一年龄特征,幼儿教师在进行教育活动设计时就应考虑活动内容的深浅是否合适,选择的方法是否灵活、多变,语言是否生动、吸引人。过深、过浅的活动内容,呆板不变的方法,单调平淡的语言,都容易使幼儿注意转移。

2. 活动设计、组织、实施既适合幼儿年龄特征,在幼儿的最近发展区内又有发展的空间

例如,为不同年龄阶段的幼儿准备具备"年龄适宜性"的学习环境和教育活动,有的幼儿园把幼儿的读写能力培养放在了活动内容的第一位,有的幼儿园更是从3岁起就要求幼儿开始识字写字了。这使得许多幼儿对识字写字产生了反感,以致有些幼儿一看到作业就头痛,实际上这些活动往往只是事倍功半。而大多数幼儿园对于幼儿读写的要求就比较适合幼儿的年龄特点,要求教师在幼儿前书写能力上下足功夫,不要求在学前阶段教孩子写字。教师可以利用各种形式,运用多种材料帮助儿童发展前书写能力,如小班幼儿学习穿珠子,中班幼儿学习使用筷子,大班幼儿学习使用剪刀等,使得这些幼儿不论从生理方面还是心理方面都做好了书写前的准备工作,使幼儿在上小学后很快就学会了写字。

再如在大班科学活动"宇宙英雄奥特曼"中,教师计划告诉幼儿,"怪兽是由一种叫碱的物质构成的,它是透明的,没有颜色,但是有一种东西就能把它找出来,它的名字叫酚酞试剂,因为碱遇到酚酞就会变成红色,所以小朋友就能看到怪兽了。那么,什么东西能消灭怪兽呢?是一种叫做'酸'的溶液,因为酸能将碱中和掉。"酸碱中和是初中化学课中的重要基础知识,它涉及相对复杂的物质结构变化与化学反应机制,设计者所表达的内容显然超出了该年龄段幼儿的经验范围,幼儿既难以理解酸碱中和这种化学变化的道理,而这一内容也无益于幼儿认知的发展。

3. 活动设计为每个幼儿着想,关注个体差异

在同一个年龄班里,幼儿的年龄差别虽然不大,但幼儿在性格、智力、语言、数学概念与动作的发展上都有着很大的差异。这种表现于个体发展方面的差异性来源于个体遗传素质和生活环境的差别。例如,同样年龄的幼儿在身高方面有明显的高矮之分。同年龄的幼儿也会由于他们各自神经过程灵活性的差别在学习中表现出注意力的持久性、知觉的广度方面的差异。如以同一个大班幼儿对数字的理解为例,有些幼儿可以不经教师的讲解而找出"3+4"与"4+3"的互换关系,而有些幼儿却需要教师的一再讲解示范才可以找出"3+4"与"4+3"的互换关系。因此,我们在幼儿园的教育工作中,应根据当前具体条件组织一定的集体活动,还要根据幼儿的不同情况,从实际出发,进行小组活动与个别指导,使不同水平的幼儿在各自原有的基础上得到发展、有所进步,并为他们从多方面打下良好的基础。反之,如果忽视幼儿实际存在的个别差异,在教育的要求和内容上都是机械划一的,那么,就会使活动成为盲目的或徒有虚形的活动,不能很好地促进幼儿身心发展,甚至给幼儿发展带来有害的影响。

(二) 科学性原则

科学性原则是指设计幼儿园教育活动时要确保向幼儿传授的知识、观点、技能等应该是正确的,是符合客观规律的,并帮助幼儿正确地认识事物,形成正确的概念。

贯彻科学性原则须注意以下三个方面。

1. 保证活动内容的科学性,为幼儿今后树立科学的世界观奠定基础

例如:有幼儿问:"青蛙为什么是两栖动物?"有的老师这样对幼儿解释:"因为青蛙小时候生活在水里,长大了又能到陆地上生活,这样的动物就是两栖动物。"实际上,这是不准确的。青蛙在幼体阶段即小蝌蚪期是用鳃呼吸,它们成熟后就用肺在陆上呼吸,这样的动物就是两栖动物。以上都说明教师自身对事物的认识要科学正确。总之,活动目标的确立、活动内容的选择、活动形式的设计、活动方法的运用、活动结构的安排以及活动环境的创设等都要科学合理,才能更好地实现教育目标。

2. 设计活动时要科学合理地安排幼儿的活动时间、活动强度

例如,南京一父亲想把女儿培养成王军霞,从女儿3岁时让她开始跑步,稍大点儿,就让她凌晨2时30分起床,一天要跑三四十公里。8岁时,父亲让她从海南三亚长跑3 500多公里跑到北京,想让她报名参加

北京马拉松比赛,被拒绝了。原因何在?这个父亲的做法与孩子的发育不相适应。这是因为,儿童机体各部分的功能还不成熟,从3—6岁孩子骨骼、肌肉的发育特点看,骨骼弹性大,硬度小,容易发生变形,肌肉的纤维较细,易疲劳和受损伤;同时,孩子过早地参加剧烈运动,还会抑制生长激素的分泌,影响孩子长高;再者,儿童的肺活量相对较小,心脏只有成人的1/3大,心脏壁薄,每搏输出量少。如果过早地进行剧烈的运动,很容易受到伤害。

此外,由于幼儿神经系统易兴奋、易疲劳,因此不仅在一日活动中要注意动静交替,在同一个活动中也要注意采用多种方式有动有静地开展活动,避免幼儿过于疲劳,影响身心健康。

3. 幼儿教师要注重提高自身的专业素养

在大力实施素质教育,提倡终身学习的今天,每一个教师满足于自己的知识水平是完全不行的,时代在前进,社会在飞速地发展,知识也在不断地更新,幼儿的知识范围已大大超过他们的年龄界限,他们有问不完的问题,渴望教师回答。老师,这是什么树?地球超人存在吗?一连串的问题要追根溯源,这就要求教师必须努力学习,要像海绵吸水那样汲取科学文化知识。自己有渊博的知识,才能深入浅出地传达给孩子正确的科学知识,才能回答孩子的各种问题。给孩子一瓢水,老师不但要有一桶水,更需要一江"活水"。要更好地适应教师职业的要求,适应自身生存和发展的需要,就应该不断地学习。

(三) 主体性原则

教育活动设计中的主体性原则是指教师必须坚持遵循和体现以儿童作为活动的主体,在活动内容的选择以及活动形式的安排方面注重激发儿童的能动性、自主性、创造性,通过为儿童创设具有趣味性、探索性、可供儿童自由交流和操作的环境与材料,引发儿童积极主动地与环境相互作用以获得相应的经验,并在儿童自己发现和解决问题的过程中发展他们的能力。

1. 教师要善于激发幼儿的学习兴趣和动机

兴趣是活动动机中最现实、最活跃的成分,是主动活动的重要动力。教师设计的活动内容既可以是有趣的挂图、动画,也可以是美妙的音乐;既可以是新颖的玩具、好玩的游戏,也可以是颇具吸引力的活动形式(例如竞猜、变魔术或者是师生间有趣的、重复性的一问一答);既可以是教师颇具夸张的语气、语调、语态的运用,也可以是恰到好处的提问和材料的提供等。这些都是教师激发幼儿活动兴趣的常用方式。

2. 要为幼儿提供更多自主性的活动内容

教师在设计活动时要为幼儿提供更多自主性的活动,让幼儿有自己的目的和选择,有自己的方法和步骤,有自己的观点和主见,加强师生间、幼儿间的积极互动等。这样才能激发幼儿学习的内驱力与动机,让幼儿努力去探索新知识,充分体现幼儿在活动中的主体地位。

3. 活动中教师要给予适时的指导

例如,教师在自然角准备了种类繁多的蔬菜让幼儿观察,面对这么多的蔬菜幼儿一时无从下手。许多孩子拣起这个又拿起那个,并不停地调换。这时幼儿虽然表现出对实物的摆弄,但其感知思维活动却是盲目的、停滞的。教师发现后就应及时指导:"小朋友,你看,哪些蔬菜的叶子是能吃的?我们先把这类蔬菜挑选出来吧。"这样,孩子的操作就会具有针对性,观察也会更有目的性和积极性,教师的主导作用和幼儿的主体地位就可以得到充分体现。

(四) 渗透性原则

所谓渗透性原则是指在教育活动设计中将各种不同领域的内容、各种不同的学习形式与方法加以有机融合,将其作为一个互相联系而不可分割的完整体系来对待。

1. 教育活动内容的相互渗透和整合

幼儿园教育活动的呈现是以幼儿的生活经验为基础的综合式、主题式活动,它是以幼儿的生活经验为起点而构建起来的活动,活动的内容涉及科学、艺术、语言、社会、生活等各个方面,将这些不同领域的内容以一定的主题活动的方式加以整合,使其在一个或若干个教育活动中相互渗透、补充,既符合幼儿的年龄特点、认知特点,也有利于幼儿对活动的介入和参与。

2. 教育活动形式的相互渗透和整合

一方面是指将集体进行的、正式的教育活动形式与个别选择的、非正式的教育活动形式相互渗透和结合;另一方面是指在一个教育活动的设计中将不同的学习形式与方法加以相互的渗透和组合,让幼儿在操作、实验、游戏、体验、表现、创造等不同的学习形式下加深对活动内容的把握,更好地获得活动经验和学习经验。

(五)开放性原则

所谓开放性原则是指在教育活动设计中,教师既要根据一定的教育目标要求和内容范围,在预测、分析幼儿的学习需要以及年龄特点的基础上,积极主动地为幼儿创设和提供促进其学习的环境和资源,即对教育活动进行必要的预设,同时更应当遵循充分地调动幼儿的兴趣、幼儿的探究和幼儿的需要原则,给教育活动设计留有足够的空间,这种空间是随时随地为幼儿偶发的、自然生成的、即时体验的活动而准备的。开放性原则在活动设计中具体体现在以下三个方面。

1. 目标的开放、灵活和适时调整

活动目标是既定的,但活动过程的具体目标是生成性的。所谓生成性是指既定目标要在实际活动过程中动态变化,是通过师生在活动过程中相互交流逐步形成的。因为教育活动是一个动态过程,倘若以静止的目标来代替或抑制幼儿的积极思考与自主探究,以牺牲幼儿的情思活动为代价,那将是削足适履。因此,根据活动过程的进展情况对活动目标进行适当的调整是完全正常的,其正确与否取决于是否符合幼儿实际,取决于有没有最大限度地调动幼儿自主探究的兴趣与热情。

2. 内容的开放、丰富和多元

《幼儿园工作规程》中"以游戏为基本活动,寓教育于各项活动之中"这一规定体现了对活动内容丰富与多元化的要求。例如,晨间活动的设计是幼儿一日生活的第一个环节的活动设计,对安抚幼儿情绪、愉悦幼儿身心、调动幼儿各项生理机能起着重要的作用。每天早上,孩子们早早地来到了幼儿园,跟随老师来到室外塑胶运动场进行晨间锻炼和游戏。活动设计时,教师能根据幼儿不同的年龄特点创设相应的情境和活动内容如吹泡泡、老鹰捉小鸡、找朋友……除了常规游戏外,有的幼儿园还设计了一些民间游戏和趣味比赛,踩高跷、丢手帕、爬爬乐、甩飞镖等,打破了晨间活动的单调性,有时候老师们还邀请家长一起锻炼,亲子互动增进了幼儿和父母的情感,培养了幼儿合作能力,提高了幼儿的身体素质。

3. 形式的开放、多向和灵活

教师在设计活动时不能用整齐划一的方式去进行,一定要根据活动的内容和幼儿的学习需要,灵活合理运用各种形式组织教育活动,为幼儿提供多样化的学习机会与条件。幼儿园教育活动的基本形式有集体活动、小组活动和个别化学习。设计者对各种活动组织形式的特点、目的功能和教育作用都要有正确的认识和理解,才能合理恰当地安排一日活动,才能更有效地利用时间和空间,提高幼儿学习的有效性,并使幼儿自然地投入到各种活动之中,促进幼儿全面发展。

> 教育活动设计的原则是设计幼儿园教育活动必须遵循的基本要求。具体原则包括:发展适宜性原则、科学性原则、主体性原则、渗透性原则、开放性原则等。

第二节 幼儿园教育活动的类型与特点

五 指 活 动

五指活动课程是陈鹤琴以活教育的理论为基础,针对传统教育僵化的、固定的教育内容,主张以大自然、大社会为幼儿的活教材、活教具而编制的幼儿园课程。

五指活动包括以下五个方面。

1. 健康活动:饮食、睡眠、早操、游戏、户外活动、散步等。
2. 社会活动:朝夕会、周会、纪念活动、集会、每天的谈话、政治常识等。
3. 科学活动:栽培植物、饲养动物、研究自然、认识环境等。
4. 艺术活动:音乐(唱歌、节奏、欣赏)、图画、手工等。
5. 文学活动:故事、儿歌、谜语、读法等。

> 陈鹤琴说："是生长在儿童的手掌上的……是指要注意儿童心理和生理的发展,但是不离社会实际,领导儿童作合理的活动,予以适当的教养。"他又说："五指,是活的,可以伸缩,互相联系……课程是整个的,连贯的。依据儿童身心的发展,五指活动在儿童生活中结成一个教育的网,有组织有系统,合理的编织在儿童的生活上。"①
>
> 五指的生动比喻,形象地指出了幼儿园活动的特征是"整个的,连贯的。依据儿童身心的发展的……"

一、幼儿园教育活动的类型

幼儿在园的一日生活由各种不同类型的活动所组成,这些活动可以从不同维度进行分类。

(一) 按一日生活的内容分类

1. 生活活动

生活活动是指幼儿园一日生活中的进餐、饮水、睡眠、盥洗、如厕等,它是培养幼儿良好行为习惯的主要途径,如饭前便后洗手、排队喝水等良好习惯的养成;它也是培养幼儿社会性的主要途径,如分享、合作等品质的养成;另外,它也为对幼儿进行个别教育提供了最佳时机,如不良习惯的纠正等。因此,在生活活动中教师要根据幼儿的身心特点,建立合理的生活常规,逐渐培养幼儿生活自理、自立的良好习惯。

2. 区域活动

区域活动又称活动区(活动角)活动,是指幼儿在活动区进行的以自由游戏为特征的活动,是幼儿在园一日生活中的主要活动之一,是满足幼儿不同兴趣和需要的最好途径。

通过区域活动,可满足幼儿交往的需要,丰富幼儿的生活经验,让幼儿勇于尝试和探索,培养幼儿积极的活动态度,促进幼儿创造性和个性的发展。

常见的活动区(活动角)有角色游戏区、积木区、音乐角、嬉水区、沙池区、科学区、语言区、美工区、故事角、图书区等。

3. 教育活动

教育活动是指由教师依据目标专门设计组织的有目的、有计划的活动,它在促进幼儿的全面发展中具有重要作用,是幼儿在一日生活中的重要内容之一。

教育活动的任务是教师利用幼儿园以及周围的环境资源,有目的地选择教育内容,灵活地运用多种活动形式、活动方法、活动手段,鼓励幼儿主动参与,积极探索周围的世界,使幼儿的身心得到全面的发展。

教育活动主要包括教学、节日庆祝、做操、劳动、参观、运动会、郊游等。

(二) 按教育内容分类

1. 分学科式教学活动

分学科式教学历史久远,自20世纪50年代起至90年代初,受苏联幼儿园教育思想的影响,按学科划分的课程成为我国普遍采用的一种课程模式。

学科课程是指以学科为中心的课程,即把有价值的知识系统化,形成一定的科目或学科,将这些知识传授给学生,以达到教育目标的课程。一般开设计算、语言、常识、音乐、体育、美术等学科。

在学科教学活动中,教学形式以集体教学、分组教学为主。教学过程以教师为主导,分教学前、教学过程中及教学结束。

对于新教师而言,掌握分科教学的方法仍是组织教学活动的基础,待具有一定的实践经验之后再进行综合、整合、灵活的运用。

2. 综合主题式活动(或称单元式主体活动)

综合主题式教育活动是在分科课程基础上,为了改变分科课程教学中重知识轻能力、重教师主导轻幼儿主体的教学弊端,而自20世纪90年代中后期以来被广泛采用的一种活动模式。

综合主题式活动主要是指以某一主题为中心组织课程,打破学科或领域的界限,把学习内容融汇成一种新的体系。特点是建立各学科之间的自然的、有机的联系。内容既可以是以某一学科知识为线索,渗透其他学科知识的知识体系,又可以是以幼儿兴趣为出发点的有益的系列活动内容。

---

① 唐淑,学前教育史,人民教育出版社,2007年版。

3. 按领域分类的活动

2001年《纲要》在"教育内容与要求"中明确规定:"幼儿园的教育内容是全面的、启蒙性的,可以相对划分为健康、语言、社会、科学、艺术等五个领域,也可作其他划分。各领域的内容相互渗透,从不同的角度促进幼儿情感、态度、能力、知识、技能等方面的发展。"

(三) 按组织形式分类

组织形式是指教师组织幼儿参与活动的形式,一般有集体活动、小组活动、个体活动三种。

1. 集体活动:一般是在教师的直接指导组织下进行的活动。

集体活动的特点是全班幼儿在同一时间内做同样的事情,活动过程以教师的引导和组织为主。

集体活动更多的让幼儿在互相交流和学习中,在教师的质疑与挑战中,激活思维、激励发展、分享经验、体验快乐。由于受传统教育模式的影响较深,此种形式最为普遍,效率也高。

2. 小组活动:就是将全班幼儿分成几个小组进行的活动。

小组活动容易调动幼儿主动积极地操作材料,促进幼儿和小伙伴、教师的谈论或交流。

小组活动的价值在于能让幼儿在合作学习、共同建构中学会理解、学会交往、学会遵守共同的"游戏规则",并可以按照自己的速度和方式做事。随着幼儿年龄的增长,此种方式越来越受到幼儿的欢迎。

3. 个体活动:一般是由一个教师面对一两个幼儿进行指导的活动,也可以是幼儿自发的、自由的活动。此种活动形式更易于教师增强对幼儿的了解,因材施教。作用在于能满足不同个体的学习需求,让每个幼儿按照自己的兴趣特点、自己的发展速度、自己的认知风格去探索周围的世界,有益于幼儿创造性的发展,为幼儿提供了更为自由的活动空间。

集体、小组、个体活动有着不同的教育功能,必须互相配合、合理交替、互相补充。根据不同的年龄、不同的时间、不同的教育内容及目标选择不同的教育组织形式。

(四) 按学习方式分类

1. 接受式学习活动:幼儿通过教师呈现的材料来掌握现成知识的过程。相对简单,易于操作。

2. 体验式学习活动:幼儿亲身介入实践活动中,通过认知、体验和感悟,在实践过程中获得新的知识、技能、态度的方法。适宜教师在比较了解幼儿的基础上进行。

3. 探究式学习活动:幼儿自主的发现、探究和解决问题为主的学习方式。比较适合中大班幼儿,也是目前幼儿园教育中越来越提倡的一种学习方式,需要教师具有较高水平的组织能力、探究能力,并了解幼儿的年龄特点。

4. 合作式学习活动:以共同目标的设计和达成为先导,以互动合作为基本动力,以小组合作作为基本形式的学习活动。这是目前幼儿园教育中运用较多的一种学习方式,也比较适合中大班幼儿。

(五) 其他形式的活动

1. 全园活动:根据某一主题、某一类的教育内容而开展的全园性的集体活动。如全园性的庆祝"六一"儿童节活动。

2. 亲子活动:对婴幼儿及家长实施亲子同乐、亲子互动的活动。一般以三岁以下的婴幼儿为主。

以上种种教育活动形式具有各自的特点和优势,它们之间不是互相排斥的,而是交叉融合的,教师应根据幼儿年龄特点和教育目标加以灵活运用,更好地发挥它们各自的功能和作用。

> 从不同角度划分,幼儿园活动可以分为不同的类型,这些活动可以从以下不同维度进行分类:
> 1. 按一日生活分;2. 按教育内容分;3. 按组织形式分;4. 按学习方式分;5. 其他形式活动。

二、幼儿园教育活动的特点

(一) 启蒙性

何谓启蒙?按现代汉语词典的解释,启蒙是使初学者得到基本的、入门的知识。《幼儿园教育指导纲要》(试行)指出:"幼儿园教育的内容是广泛的、启蒙性的……"幼儿园教育活动的启蒙性是指幼儿园教育活动必须符合幼儿身心发展水平和年龄特征,使幼儿获得的知识是粗浅的、基础的、具体的、容易理解的、简单的知识和技能。

启蒙性体现在活动的内容必须符合幼儿的年龄特征；其次,体现在活动方式上着重让幼儿感知、体验、具体操作及尝试；再次,教师的语言应生动形象,浅显易懂。例如,科学教育活动探索颜色变化的内容,对幼儿来说就没有必要让他们记住什么颜色和什么颜色混合变成什么颜色……而只要能激发他们发现、探索,尝试这一科学现象、对颜色变化的现象产生兴趣就可以了。这是因为幼儿对科学知识的理解还停留在现象和经验的水平上,过深的知识对他们来说是不适合的。

(二) 整合性

所谓整合,是指把不同类型、不同性质的事物组合在一起,使它们成为一个整体。这种整合和统一,反映在活动的目标、内容、资源以及活动的方法、形式、手段等各个方面、各个层次。

第一,幼儿园活动的目标本身就是一个完整的体系,是由多个领域、多种层级整合而成的目标结构系统。教育活动目标是对活动所要达成的最终结果的预期,作为整个活动的核心,它制约着活动的内容、决定着活动的进程、影响着活动的方法。

第二,幼儿园教育活动的内容也体现出整合性的特点：(1)同一活动领域内的整合,即在一个相对独立的领域内容中体现前后内容上的纵向整合或不同内容间的横向整合。(2)不同活动领域间的整合,即指突破领域相对划分的界限,实现跨领域的内容整合。

第三,整合性也体现在幼儿园教育活动的资源和方法、形式、手段方面。

此外,幼儿园教育活动的形式与方法、手段也是丰富多彩而有机整合的,这种整合既表现在教育活动设计的过程中,也同样体现在教育活动实施的过程中。

(三) 生活性

幼儿园活动趋于生活化的师幼互动,正如卢梭所言："在这个关键的时刻,我们要爱护儿童,和他们做游戏,让孩子的童年充满欢乐,千万不要让他们的童年充满惩罚,恐吓,哭泣和奴役。"① 虽然教育活动是教师或活动设计者按照一定的社会规范和教育要求,选择一定的教育内容,创设相应的教育环境而进行的带有目标意识的活动,它或多或少地带有认知方面的要求,在某种程度上体现了一定的知识含量,但即便是对知识和经验的追求也要符合和贴近儿童所熟悉的生活,要选择生动有趣的方式,只有这样,幼儿园教育活动才能迎合儿童的天性,唤起儿童的热情,引发儿童的探究并促进儿童的发展。生活化及趣味性的特点使幼儿园教育活动处在了整个教育系统的特殊地位。

生活性首先体现在幼儿园教育活动的内容方面。我国著名的教育家陶行知先生早就提出了"生活即教育"的理论,他认为,教育的根本意义是生活之变化,生活中无时不含有教育的意义,生活对于儿童有着特殊的意义。

生活性特点还体现在幼儿园教育活动的途径与环境、场所方面。幼儿园教育活动的实施是渗透在幼儿园一日活动之中的,幼儿园生活的各个环节都是贯彻和实施教育活动的有效途径。在开展教育活动的过程中,用接近儿童生活、结合生活情境的方式可以使儿童在回归真实生活的背景中,体验和积累经验,更主动、积极地进入探索和学习；同时,在教育活动场所和环境方面,突破有限的"活动室"空间,走进无限的"大社会"空间,也是生活性特点的充分体现。这种"大社会"空间,既可以是走进大自然的活课堂——树林、草地、山坡、花园等自然科学类的教育活动场所,也可以是进入博物馆、展览会、建筑群、新型社会公共设施等人文德育类的教育活动场所。

(四) 趣味性

新奇、有趣,是儿童探究和加入活动的最直接而朴素的缘由,幼儿园教育活动的主要对象是儿童,因此,教育活动的生动有趣和丰富多彩自然就成为其中一个显著的特点。幼儿园教育活动的趣味性首先体现在活动内容以及活动形式上。幼儿园教育活动的趣味性还体现在活动环境和材料的丰富多样上。教师必须使各个活动环节充满趣味,以引起幼儿浓厚的学习兴趣,激发幼儿学习的积极性和求知欲,使幼儿在愉快的气氛中,带着喜悦的心情,全身心地投入到活动中去,获取知识和技能。也就是要寓教于乐。

(五) 动态性

20世纪英国课程专家斯腾豪斯针对目标模式提出了一种"生成性"目标取向的课程,即"不应以事先规定好了的结果为中心,而是以过程为中心",因此,课程和教育活动应是广泛的、动态的。

幼儿园教育活动的动态性首先反映在活动过程上。当然,动态性也体现在幼儿园教育活动环境上的

---

① (法)卢梭著,爱弥儿,李平沤译,人民教育出版社,2001年版。

动态。教育活动环境的动态是指根据儿童兴趣以及与环境相互作用的情况,根据教育活动的流程,不断地调整环境,重新构成环境。

> 幼儿园教育活动有它的独特性,主要包括启蒙性、整合性、生活性、趣味性、动态性等。

第三节 幼儿园教育活动设计的理论基础

儿童如何认识一棵树?[①]

儿童如何认识一棵树?皮亚杰认为,认识的形成主要是一种活动的内化作用,儿童只有具体地、自发地参与各种活动,才能获得真正的知识。如物理知识是通过作用于客体的动作而形成的。有关树木的真实概念只有在儿童作用于树木时才可能获得并精细化。否则,即使看了树的图片,听了有关树的故事,读了有关树的书,幼儿也不可能形成树的知识。逻辑数学知识的构成同样来自对客体的动作,仅凭听和读是不可能形成诸如数量、长度和面积等概念。社会经验知识的构成也取决于儿童与他人之间的相互作用。

儿童如何认识一棵树?皮亚杰理论启示我们,重视儿童活动,重视儿童的动手操作。教育活动设计就是要建立在支撑它生长的这些理论基础之上。一个理论可以解释和预测儿童的行为,了解影响幼儿园课程的理论及基本观点,可以帮助教师运用这些理论来编制和实施幼儿园教育活动。因此,了解与幼儿活动相关的各种理论是十分必要的。

一、列昂节夫的活动理论

传统的心理学只重视反应过程而忽视活动;行为主义心理学重视反应活动而忽视反应过程。马克思主义心理学第一次提出实践活动是心理发展的基础。恩格斯在《自然辩证法》一书中指出:"人的思维的最本质和最切近的基础,正是人所引起的自然界的变化,而不单独是自然界本身;人的智力是按照人如何学会改变自然界而发展的。"[②]列昂节夫根据恩格斯这一思想,经过多年研究于1975年出版的《活动·意识·个性》一书中,第一次系统地提出了心理发展中的活动理论。他指出活动既不是反应,也不是反应的总和,而是具有自己的结构、自己的内部转变和转化、自己的发展的关系系统。他认为,活动总是指向一定的对象,对象性是活动理论的核心。活动的对象有两种,一种是制约着活动而独立存在的客观事物,另一种是调节活动的客观事物的心理反应。需要是具体活动的前提、内部条件,同时又是活动的调节器。人的活动对象本身蕴涵着丰富的社会历史内容,所以人的活动是一种具有丰富社会历史内容的过程。

列昂节夫把学习过程看作是一种环状结构,由三个环节组成:① 定向环节,指由外界刺激引起主体的分析器一系列反映动作,揭示刺激物本身的特征和意义,形成调节行为的"定向映象"。② 行动环节,是在定向映象的调节支配下发生的。其作用在于把对环境的定向映象付诸实现,即执行动作反应的过程。③ 反馈环节。是执行环节动作结果的回收,其功能在于矫正动作。

二、皮亚杰的活动观点

皮亚杰的许多著作中都包含了活动的思想。皮亚杰认为知识不是被动地从环境中吸收的,也不是预先在儿童头脑中形成,并随着儿童的成熟随时出现的,而是由儿童通过他的心理结构与他的环境之间的相互作用构建的。儿童的发展主要在于儿童本身主动的建构活动,在于有机体自身所具有的积极的适应能

---

① (瑞士)J·皮亚杰,B·英海尔德,儿童心理学,商务印刷馆,1981年版。
② 马克思,恩格斯,马克思恩格斯选集(第三卷),人民出版社,1972年版。

力。活动就是人和周围环境的交互作用。皮亚杰认为人的认知结构是在主客体相互作用的过程中逐步建构而成的,因此,它是主客体相互作用的产物。知识在本原上既不是从客体发生的,也不是从主体发生的,而是从主体和客体之间的相互作用中发生的。

皮亚杰认为,从一般意义上来看,图式就是任何心理发展阶段的结构,它是人类认知事物的基础或者说是认知结构的起点和核心,正是图式的形成和变化使认知不断地由低级向高级发展;而认知发展过程中的另一个重要概念就是平衡和平衡化,它不仅可以用来解释生理机能的协同作用,也可以用来解释认知的发展过程。皮亚杰认为,有机体认知发展的过程就是其内部结构与环境不断相互作用的过程,在这种与环境的相互作用过程中,同化和顺应是两种不同的作用方式,它们是"结伴而行"的,所谓平衡就是指同化和顺应之间的均衡状态,平衡化就是一个以同化和顺应为机制的自我调节的过程,而平衡的连续不断地发展,就是整个认知发展的过程。关于认知发展的阶段,皮亚杰把其概括为一个连续的发展过程,一个图式不断重建的过程,它可以划分为四个按不变顺序相继出现的、有着质的差异的认知发展阶段——感知—运动阶段(0—2岁)、前运算阶段(2—7岁)、具体运算阶段(7—12岁)和形式运算阶段(12—15、16岁),它们具有三个特点:第一,阶段出现的先后顺序不变,不能跨越,也不能颠倒,每个个体都按同样的顺序经历认知发展的各个阶段,阶段虽与年龄有关系,但不完全是年龄本身所决定的;第二,每个阶段都有其独特的图式,它决定着个体的行为;第三,每个阶段都是前一阶段的延伸和发展。皮亚杰的构建主义理论被应用于教育实践时,他为教师提出了三条劝告:"为儿童提供实物,让儿童自己动手去操作;帮助儿童发展提出问题的技能;教师应该懂得为什么运算对于儿童来说是困难的。"从这三条相互关联的建议中,我们可以明显地感觉到在幼儿园教育活动设计和实施过程中,皮亚杰理论所带来的影响和启示。

三、维果斯基关于活动的观点

维果斯基是历史文化理论的倡导者,他认为儿童高级心理机能的发展是由外部向内部的转化,由社会机能向个体机能的转化。发展是人的富有意义的概括化,是社会共享活动向内化过程的转化。与皮亚杰强调内部的和主观经验的取向相比,维果斯基更强调的是心理发展的社会文化取向,并把儿童与教养者、儿童与同伴之间的共同活动视为儿童发展的社会源泉。

1. 社会交往对于儿童知识建构的价值

当儿童与他人共同活动和交往时,他们不仅与材料相互作用,而且在社会交互作用的过程中,通过冲突、比较、协调、调整和提升个人的认知结构。心理工具不是个体在孤立的状态下创造的,它们是社会文化生成的产品,是由个体通过积极参与团体的实践活动而获得的。

2. "最近发展区"和"鹰架教学"

这是维果斯基提出的两个相互关联的重要概念。他认为儿童的任何一个行为都是有两个水平的:较低水平的行为是儿童独立行为,即儿童能够通过独自完成的或自己知道的事物;较高水平的行为是儿童在帮助下能够达到的行为。这两个水平之间的区域称为"最近发展区"。所谓"鹰架学习"是指为儿童提供教学,并逐步转化为提供外部支持的过程。教师能够发现和捕捉儿童准备向学习跨出一步的微妙时刻并适时给予鹰架的能力是十分重要的。教师已不再是传统意义上的讲授者、指挥者、管理者,而是在与儿童共同学习、共同建构的过程中,在与儿童分享、交流、互动过程中的支持者、合作者、对话者。

四、行为主义学习理论

在幼儿园教育活动实践的较长一段时间里,目标模式的幼儿园教育活动曾是一种主要的教育活动模式,而该模式就是依据行为主义理论的基础来编制目标的。它是一种以教育活动目标为核心和基本准则,并使整个教育活动过程都围绕着目标标准进行选择、设计、实施和评价的教育活动模式。表现在教育活动设计中,倡导将儿童学习活动的目标以认知、情感与态度、操作技能三方面为分类标准建立系统化目标体系,尤其是在目标的表述上,要求以行为化的、可观察的语言来陈述目标,用能反映出儿童操作方式的具体、恰当动词,以外显可察的表现清楚地表明在活动过程中儿童将要做什么以及应做到何种程度,而不是以"理解"、"掌握"、"了解"等心理内隐活动的模糊语言来描述目标。这种教育活动的行为目标表述强调的是目标的可理解性、可把握性和可操作性,它给教育者(教师)实施目标并从目标出发选择教育活动内容以及据此评价教育活动带来一定的积极效果,但也不能否认它可能在其他方面带来消极影响。

五、人类发展生态学的活动观点

人类发展生态学认为,人的活动要素有:活动的内容(没有不体现内容的活动);个体参与这种活动的心理要素(例如,参与主动性,投入的水平程度,不受干扰的程度及受干扰后恢复的能力等);活动目标结构的复杂程度(指同时参与活动的数量及这些目标的数量);在活动中感受到的生态环境的复杂程度等。

人类生态学认为有利于促进人类发展的活动具有的特征有:它是一个连续的过程,不是单独的动作;它具有一种"动"量,表现在排除干扰,坚持到底,直到活动完成;在时间上跨越当前的行动边界,延伸到过去或将来;有预定的目标和达到目标的行动;能联系不在眼前直接环境中的人、事、物;有一定的人际交往,能与别人共同活动。

各种活动理论尽管出发点和角度不同,但他们都涉及了有关活动的共同问题。对学前教育活动的理论和实践具有指导意义。

第一,活动是幼儿发展的重要途径。学前教育过程就是幼儿的活动过程。

第二,活动是由幼儿的需要引起的,因此通过多种途径激发幼儿进行活动的需要和兴趣是十分必要的。

第三,幼儿是独立的个体,有活动的主动性、独立性、选择性和创造性。

第四,幼儿的活动总是与其身心发展水平相适应的。

第五,幼儿的活动依赖于一定的物质中介。

第六,幼儿的活动在一定意义上说是对社会现实生活的反映,因此丰富幼儿的感性经验很重要。

> 幼儿园教育活动设计建立在支撑它生长的理论基础之上。相关的理论主要有列昂节夫的活动理论、皮亚杰的活动理论、维果茨基关于活动的观点、行为主义学习理论、人类发展生态学的活动观点等。

本章小结

幼儿园教育活动是幼儿园教育目标实现的重要载体。在教育活动的设计、组织、实施及评价等诸多环节中,教育活动设计是非常重要的一环,它是有效实现幼儿园教育目标的第一步,同时也是衡量教师教育能力的关键。本章意图对幼儿园教育活动设计的相关概念和类型做出概述。对幼儿园教育活动的特征启蒙性、整合性、生活性、趣味性、动态性有进一步的认识。通过本章的学习可以形成科学的幼儿园教育活动设计理念——以幼儿为本。遵循发展适宜性、科学性、主体性、渗透性、开放性等设计原则。只有这样,幼儿才会在活动中充分发挥学习的主动性、积极性。

▶ **主题词**

幼儿园教育活动、活动教育设计、生活活动、区域活动、教育活动、分科式教学活动、综合主题活动、健康教育活动、语言教育活动、社会教育活动、科学教育活动、艺术教育活动、集体活动、小组活动、个别活动、全园活动、亲子活动、最近发展区、鹰架教学

▶ **阅读书目**

1. 黄瑾.幼儿园教育活动设计与指导[M].上海:华东师范大学出版社,2007.
2. 郭中然,刘冬梅.教学活动目标制定中的问题[J].幼儿教育,2008,(7).
3. 庞丽娟.教师与儿童发展[M].北京:北京师范大学出版社,2003.

第二章　幼儿园教育活动设计的基本要素

学习目标

※ 理解幼儿园教育活动目标制定的要求并学会设计具体的活动目标；
※ 知道选择幼儿园教育活动内容的基本原则；
※ 了解幼儿园教育活动设计的方法并能加以运用；
※ 学会设计幼儿园教育活动的具体方案。

学习导引

本章由四节组成：第一节介绍幼儿园教育活动目标的设计，学习重点放在教育活动目标制定的要求及目标表述的基本要素和形式；第二节简述幼儿园教育活动内容的选择，学习重点是掌握活动内容选择的原则；第三节介绍幼儿园教育活动设计的方法，要求了解方法体系并能够准确运用方法；第四节是幼儿园的教育活动方案设计，了解幼儿园教育活动方案的一般项目，掌握教育活动方案设计的一般程序。

知识结构

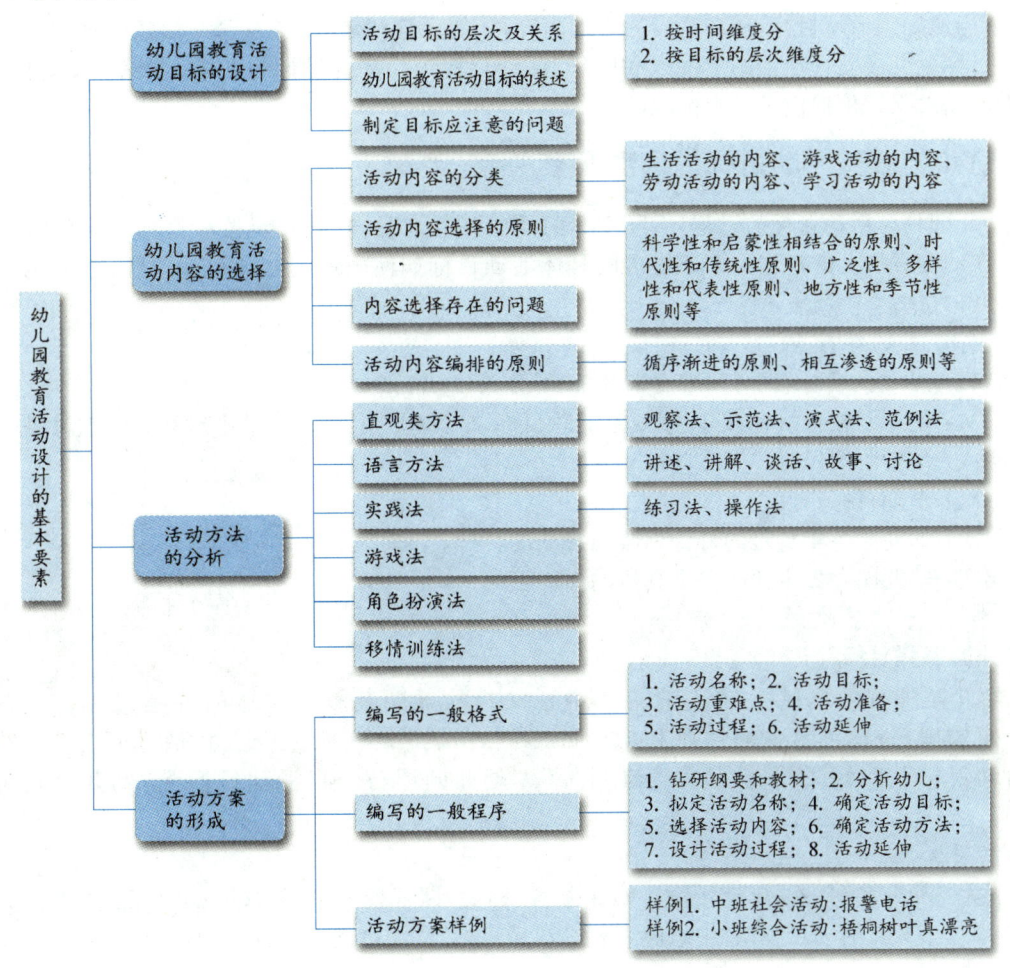

第一节 幼儿园教育活动目标的设计

"我在幼儿园学到了我一生中最重要的东西"

1987年1月,有75名诺贝尔奖获得者聚会巴黎,有记者问其中一位获奖者:"您在哪所大学、哪个实验室学到了您认为一生中最重要的东西?"这位白发苍苍的学者答道:"幼儿园。""在幼儿园您学到了什么呢?"学者说:"把好吃的东西分给小伙伴,不是自己的东西不要拿,东西要摆放整齐,吃饭前要洗手,做错了事要表示歉意……从根本上说,我学的全部东西就是这些。"老学者语重心长的话语,道出了教育的真谛,让我们对幼儿教育的内涵又有了全新的思考与认识。是的,在人的整个生命历程中,一个人要想获得可持续性的发展,不是取决于他在童年时知识掌握的多少,更重要的是取决于他良好行为习惯及健全人格的养成。目的性是人类实践活动的重要特征。制定一个科学的人的培养质量规格标准非常重要。

幼儿园教育活动目标是幼儿园教育活动的组织者期望通过活动得到的结果或要达到的标准。作为幼儿园人才培养的规格和要求,它揭示了幼儿园教育活动影响幼儿发展的预知变化。

目标的设计是幼儿园教育活动设计的首要因素,活动设计首先要考虑:我们要到哪里去?活动的目标是什么?通过活动,幼儿要学习什么?将能做到什么?其次要考虑:我们怎样才能到那里去?选择什么样的教育内容、教育策略和教育方法?最后要考虑:怎样知道我们是否已经到达了目的地?如何对教育活动进行评估?如何对幼儿发展进行鉴定?

只有恰当地确定活动目标,选择适当的活动内容,才能保证活动有序进行,从而达到预期的教育目的。其中,活动目标是开展教育活动的出发点和归宿,活动目标为活动的设计与安排、组织与开展提供了基本依据,也为活动效果评价提供了基本标准。

一、幼儿园教育活动目标的层次及其关系

制定幼儿园具体活动目标的过程,实际上是将国家的教育目的、幼儿园教育目标层层分解,逐步具体化,并落实在幼儿发展上的过程。第三层次的具体活动目标如何确定,各个幼儿园可以根据实际情况,采用不同的分解方法。

(一)按时间的维度划分

幼儿园教育活动的目标,以时间维度来划分,可分为以下五个层次。

第一层次:幼儿园教育目标,即国家规定的总目标,如《幼儿园工作规程》中对幼儿园教育目标的规定。

第二层次:年龄阶段目标。

第三层次:学期目标。

第四层次:幼儿园各年龄班的月计划或周计划的目标。

第五层次:幼儿园一日生活或一个具体的活动目标。

(二)按目标的层次维度划分

1. 幼儿园课程目标

既指幼儿园课程的总目标(在综合课程中),又指幼儿园某教育领域的课程目标。如在分科或相关课程模式中,按活动对象的性质和功能的不同,分为"幼儿园健康教育活动目标"、"幼儿园社会教育活动目标"、"幼儿园科学教育活动目标"、"幼儿园语言教育活动目标"、"幼儿园艺术教育活动目标"。

2. 年龄目标

小、中、大三个年龄班的一年性目标。如在分科(相关)课程模式中,将"幼儿园健康教育活动"的目标分解成"小班健康教育活动目标"、"中班健康教育活动目标"、"大班健康教育活动目标"。

3. 单元目标

按不同的课程模式，单元目标通常有两种形式：

(1) 按时间单元划分，相当于学期计划、月计划和周计划中的教育活动目标；

(2) 按主题单元(往往也有时间的规定性)划分，相当于主题活动的目标。

4. 教育行为目标

每日或每次具体的教育活动所要达到的目标。

以上四个层次的目标组成了一个金字塔式的幼儿园教育活动目标系统。它们相互联系，相互制约。其关系如下。

(1) 下层目标与上层目标之间协调一致。下层目标都是上层目标的具体化，下层目标的实现是实现上层目标的必然环节。

(2) 目标之间具有连续性和渐进性。目标的实现是一个长期的过程，它由若干不同的阶段来完成。每个阶段性目标之间要互相衔接，下层目标与上层目标之间、局部目标与整体目标之间要协调一致，体现幼儿心理发展的渐进性和连续性。

> 制定幼儿园具体活动目标的过程，实际上是将国家的教育目的、幼儿园教育目标层层分解，逐步具体化，并落实在幼儿发展上的过程。按时间维度划分可以分解为幼儿园教育活动目标、年龄阶段目标、学期目标、幼儿园各年龄班的月计划或周计划的目标、活动目标；按目标的层次维度划分，可分解为课程目标、年龄目标、单元目标、教育行为目标。

二、幼儿园教育活动目标的表述

(一) 幼儿园教育活动目标表述的基本要素

1962 年，马杰(Mager, R. F.)在其出版的《程序教学目标的编写》一书中提出，一个教育活动目标应包括三个基本要素，即行为、条件、标准。"行为"说明学习者通过教学以后将能做什么，以便教师能观察学习者的行为，了解目标是否达到。"条件"说明这些行为在这些条件下产生。"标准"则指出了合格行为的最低标准。从幼教实践上看，规范的活动目标表述必须关注以下四个要素。

1. 行为主体

行为主体指由谁来完成教育活动所预期的行为。在幼儿园目标教育活动中，行为主体一般是幼儿，如"幼儿能用听觉和触觉掌握 3 以内的数数"。不过，由于教育活动过程中的学习主体极为明确，因此在教育活动目标表述时行为的主体往往可以省略。

2. 行为本身

行为本身即教育活动后幼儿达到教育活动目标的具体学习行为。一般情况下，我们使用一个动宾结构的短语来描述行为，其中动词是一个行为动词，它表明了学习的类型，而宾语则说明某一学科的具体学习内容。

3. 行为条件

行为条件即说明上述行为在什么条件下产生，所以在评价幼儿的学习结果时，也应以这个条件来衡量。情境或条件表示幼儿完成规定行为时所处的情境，即说明在评价幼儿的学习结果时，该在哪种情况下评价。例如，教育活动目标"能手口一致地点数 4 以内的数"中的"手口一致"就属于行为情境或条件。这些情境或条件一般包括下列因素。

    A. 环境因素(空间、光线、气温、室内外、噪声等)。

    B. 人的因素(个人单独完成、小组集体进行、个人在集体的环境中完成、在教师指导下进行等)。

    C. 设备因素(工具、设备、图纸等)。

    D. 信息因素(资料、图表等)。

    E. 时间因素(速度、时间限制等)。

    F. 问题明确性的因素(为引起行为产生，提供什么刺激、刺激的数量如何等)。

在描述情境或条件时，应注意，教育活动目标中的情境或条件往往也是评价幼儿时的情境或条件；另外，

在写"条件"时,不要把学习活动本身当作行为和情境或条件。比如,不能写成"教育活动后,幼儿……"。

4. 行为标准

行为标准即用来评价幼儿学习结果的标准,也就是用来衡量幼儿行为完成质量的可接受的最低依据。对行为标准做出具体描述,使得教育活动目标有可测性的特点。标准一般从行为的速度、准确性和质量三个方面来确定,如教育活动目标"能说出幼儿园中3种以上的植物名称"中的"3种以上"就是行为评定的标准,又如"起床后,能独立地在8分钟内穿好衣服"(速度)。

考虑上述四个因素,教师设计小班绘画活动"我的小脸"的一个活动目标如下:通过照镜子观察学习画自己的脸,能画出脸主要部位,如眼睛、鼻子、嘴巴等。在这一目标中,"能画出自己的脸"为"行为","通过照镜子观察"为"条件","能画出脸的主要部位"为"标准"。这一活动目标的表达比较明确,能具体引导教师的教学活动,也便于据此检测教学效果。

当然,在表述教育活动目标时,并不需要把四个要素都写出来,以免琐碎繁杂,但我们在表述教育活动目标时,适当考虑上述四个因素,对我们制定好教育活动目标是有益的。不过,不管怎样,在一个教育活动目标中行为的表述是基本部分,这是不能省略的。

(二) 幼儿园教育活动目标表述的形式

从教育活动的主体看,幼儿园教育活动目标要求表述的是幼儿的行为,即从幼儿的角度,表述幼儿的行为变化。由于对于幼儿的学习有不同取向的目标,所以具体表述幼儿的学习变化又包括以下三种形式:行为目标、展开性目标、表现性目标。下面具体分析说明。

1. 行为目标

行为目标列出的是一系列可以观察或测量的幼儿学习行为变化的结果。如某一音乐活动的行为目标之一是"在老师的伴奏下,能够听懂前奏,齐唱歌曲",在此"听懂"、"齐唱"都是可以观察的幼儿学习行为变化的结果,并清楚地表明行为的条件和具体的行为内容,非常具体、明确。

2. 展开性目标

展开性目标是用行为变化的过程来表达目标,包含了一些表示行为过程的动词,如"添画、制作一本连环画故事书《小蝌蚪找妈妈》"、"即兴创编舞蹈动作,有表情地表达"等,展开性目标关注的是幼儿学习过程中各种能力和学习兴趣的培养,而不是特定的行为结果。

3. 表现性目标

表现性目标是指幼儿在参与活动后所得到的各不相同的结果。它鼓励幼儿在活动中表现出某种程度上与他人不同的创造性,而不关注事先规定的幼儿行为变化结果。如语言领域活动目标"清楚连贯地谈论自己过生日的情景,表达自己愉快的心情"就是一种表现性目标的表述形式。

在幼儿园教育活动目标设计中,各种教育活动目标并不是相互对立的,不同的教育活动目标的表述形式有其各自关注的视角,三者是可以相互结合的,其中,行为目标是基础,展开性目标和表现性目标可以看作是行为目标的补充形式。教师在教育活动的设计中,可以根据需要确定表述的形式,但同时还要符合下述要求。

(三) 幼儿园教育活动目标表述的要求

1. **具有可操作性,避免过于笼统、概括和抽象**

从幼儿园目标体系来看,从低到高,各层次目标是越来越抽象、概括、笼统,作为最具体、最底层的幼儿园教育活动目标,其特点就是具体、明确,具有可操作性,能具体指导、调控教师的教学过程。有利于教育活动的开展,并且能更好地对教育活动的结果进行评价。

比如:一位中班教师为健康领域设计了一系列活动。"刷牙"活动的目标之一是:学习正确的刷牙方法,养成早晚刷牙的好习惯。"喝水"活动的目标之一是:知道口渴了要接水喝,养成主动喝水的习惯。教师在这两个教育活动中所表述的目标就比较具体、明确,比笼统地确定"培养幼儿良好的生活卫生习惯"对教学更有指导意义。

又如:大班数学活动《测量》,某教师制定的目标如下。

① 学习测量;

② 促进幼儿思维发展。

这样的目标太笼统,学习测量什么?是方法还是步骤?通过这个技能的掌握,要让幼儿达到一个什么水平,得到怎样的提高,在这个目标中都没有体现。促进幼儿思维发展,幼儿的思维发展是幼儿时期我们进行培养的一个目的,我们在制定活动目标的时候,应该考虑的是通过这次活动,你要促进和发展幼儿什么？如果对这个活动目标做如下调整。

① 初步感知自然测量的方法；

② 会恰当运用选择测量工具；

③ 对测量活动产生兴趣。

调整后的目标,活动的指向性就更强了,更便于我们操作。

2. 以幼儿为行为主体表述目标

美国课程专家布鲁姆认为："教师所期望的学生的变化便是教学目标或教学目的。""阐述教学目标,就是要以一种较特定的方式描述在单元或学程完成之后,学生应能做(或产生)些什么,或者学生应该具备哪些特征。"①也就是说,教师应以幼儿为主体,指出幼儿在学习以后应该知道的和能够做到的表现表述教育活动目标(行为目标),不应陈述"教师做什么",如幼儿"说出""会用"等,而不是以教师对幼儿的教育影响和具体教学行为为主体表述教育活动目标,如"使幼儿……""启发幼儿……""引导幼儿……"等。这也反映着一种观念的转变,即由原来的关注教师的"教",转向关心幼儿的"发展"。

活动目标的表述,可供选择的动词见下表。

结果性目标表述方式	知识	了解层面的表述：说出、背诵、辨认、回忆、选出、举例、复述、描述、识别、知道、认识、了解……
		理解层面的表述：解释、说明、阐明、推断、判断、区分、比较、分类、分析、归类……
		运用层面的表述：使用、应用、设计、解决……
	技能	模仿层面的表述：模仿、临摹、模拟……
		操作层面的表述：制作、测量、衡量、实验……
		迁移层面的表述：联系、联想……
体验性目标表述方式	情感	倾向性层面的表述：愿意、乐意、喜欢……
	态度	意志品行层面的表述：逐渐具有……的能力、不怕……的困难等。

3. 目标表述应体现价值定位,不能用活动的过程或方法来取代

一个完整的目标表述包括行为、条件、标准等,其中的核心要素是行为的表述。编写行为的具体方法是：首先根据前面讲过的学习目标分类方法,结合学科内容分成不同类别的学习目标,然后从上面提供的动词中选择出合适的行为动词,最后再把学科内容作为动宾结构中的宾语就可以了。例如：学习内容是"相邻数的规律",要求幼儿能举出两个例子说明相邻数的规律。这是一个认知学习领域的目标,其目标层次是应用,所以应该从"应用"一行中查找动词,比如使用"列举"这个词,这样"行为"就可以被描写成"举出两个例子说明相邻数的规律"。

有些目标在编写的时候,用活动的过程和方法手段去代替行为的结果。以大班活动"摘橘子"目标表述为例：

① 通过看照片和录像回忆,交流各自在摘橘子活动中的经历；

② 在观察、比较的过程中发现橘子成熟的简单过程,萌发爱护植物的情感。

这样的活动目标的表述把过程——罗列在目标中,而没有明确活动的价值定位。

总之,在编写行为时,一定要注意,这里的行为是指幼儿学习后能够做什么,是学习的结果,而不是学习的过程,更不是教师的行为,因此,应避免使用"……教会幼儿……"这种写法,同时也要避免写成教育活动内容、过程或程序,例如,避免写成"幼儿在20分钟内学习……",这是学习过程,而不是幼儿学习后表现出的行为变化。

> 幼儿园教育活动目标表述的基本要素包括行为目标、行为本身、行为条件,行为主体一般是幼儿；行为本身一般使用一个动宾结构的短语来描述；行为条件一般从行为的速度、准确性和质量三个方面来确定；具体表述幼儿的学习变化又包括以下三种形式：行为目标、展开性目标、表现性目标。活动目标表述应体现价值定位,并具有可操作性。

---

① 洛林・W・安德森(Lorin W. Anderson),布卢姆教育目标分类学,外语教学与研究出版社,2009年版。

三、制定幼儿教育活动目标时应注意的问题

（一）目标应着眼于幼儿的发展

目标应适应幼儿的已有发展水平和促进幼儿达到新的发展水平。不同的幼儿有不同的需要和经验，教师在制定目标时，要研究和把握本班幼儿的身心发展的实际水平、发展需要和兴趣经验。例如，"知道台湾是祖国不可分割的一部分"这一目标对小班幼儿来讲要求太高；而大班社会活动目标"学习使用礼貌用语'你好、谢谢、对不起'"显然没有立足大班幼儿的实际水平。再如，中班健康教育活动目标之一"认识各种乳类食品"对中班幼儿难以实现，因为受地域、生活习惯等影响，难以让幼儿认识所有种类的乳品，若改为"认识多种乳类食品如牛奶、酸奶、豆奶等"就比较符合中班幼儿的知识经验。活动目标应处于幼儿的最近发展区内，体现活动目标的适宜性、个性化，而不应一味照抄照搬。

（二）活动目标的内容和要求，在方向上应与总目标、年龄阶段目标相一致

活动目标要为阶段目标和终期目标服务，总目标和年龄阶段目标要通过一个个具体的活动目标落实在每个幼儿身上。要根据幼儿的年龄特征和发展水平，由浅到深、循序渐进地提出目标，使幼儿从具体到抽象、从直接到间接地获得经验。使各层次目标相互衔接，以促进幼儿的整体发展。

（三）目标的内容应包含认识、情感态度和能力三方面

虽然不同教育活动的教育目标应有所不同，且应有各自的重点目标，但总体而言，除了突出本活动的重点目标外，还要兼顾其他方面的目标，挖掘活动内容的多种教育价值。每一个教育活动的目标原则上应包括情感态度目标、认知目标、行为技能目标三个方面的内容。

活动举例　语言教育活动：散文《微笑》（中班）

〔活动目标〕

1. 初步理解故事内容，掌握故事的名称、角色和主要情节。（认知目标）
2. 懂得只要有爱心，不管能力大小都可以帮助别人并愿意给别人带去快乐。（情感态度目标）
3. 对欣赏文学作品产生兴趣，能运用完整、连贯的语句积极反映对散文的理解。（行为技能目标）

也就是说，目标表述应涉及知识概念的学习、情感态度的学习和能力的学习。以语言教育活动为例，涉及以下具体内容。

知识概念的学习，包括所获知识的数量和种类，以及操作这些知识的技能和能力。如语言教育活动要幼儿掌握多少词汇、句式，以及懂得在什么样的语言情境上运用这些词汇和句式。

情感态度的学习，包括兴趣、态度和价值观等方面的变化。如形成耐心而有礼貌地倾听别人说话的态度；产生乐意在集体面前讲述自己经历的事和图片内容的兴趣，懂得并遵守语言交往中的一般规则。

能力的学习，包括组词成句的能力和在具体语言情境中运用语言的能力。如能根据不同的听者和不同的情境，恰当地运用有关的词汇、语法和语调；能用连贯的语句说清楚自己所要表达的意思，也能听懂别人所表达的意思。

（四）目标制定应体现学科领域的特点

虽然当前幼儿园倡导各学科的相互融合，强调幼儿的全面发展，但不论是分科教学还是综合教学，都有核心领域的核心价值，教师在制定目标时要深入分析具体教育内容的知识体系，从所教领域出发，挖掘其促进幼儿全面发展的教育价值，关注本领域的核心价值，比如语言领域的核心价值在于倾听、感受、理解、表述，不同的语言教学形式，侧重点有所不同；科学领域的核心价值，倾向于孩子积极主动的探究学习，多感官、多渠道对事物的感知，对事物探究兴趣的激发等，而艺术领域的核心价值，更倾向于对美的感受与表达，而绝不能为了形式上的花哨，先想环节再定目标，或将一次教育活动设计成又像语言、又像音乐、又像美术、又像科学的"四不像"。

> 制定幼儿园教育活动目标时应注意：目标制定应着眼于幼儿的发展，内容和要求在方向上应与总目标、年龄阶段目标相一致。目标应包含认识、情感态度和能力三方面并体现该学科领域的特点。

第二节 幼儿园教育活动内容的选择

学前教育内容的确定

《礼记·内则》记载,"子能食食,教以右手。能言,男唯女俞,男鞶革,女鞶丝。六年,教之数与方名。七年,男女不同席,不共食。八年,出入门户及即席饮食,必后长者,始教之让。九年,教之数日。十年,出就外傅,居宿于外。学书记,……"

这个教育计划就其历史时间看,它反映的是西周王宫贵族子弟的教育状况。西周是我国奴隶制社会的全盛时期,那时已经初步形成了按年龄安排的学前教育计划,可见我国学前教育发展的悠久历史。儿童教育的内容按年龄大小和身心发育状况而有所不同,体现了对儿童循序渐进、由浅入深的要求。从内容看,有生活常规教育、文化知识教育、道德教育。其中,更突出了礼仪的训练。

活动内容是实现活动目标的载体,其合适与否,将直接影响到目标能否顺利地实现。因此,幼儿园教师应当掌握活动内容选择和编排的原则及其基本方法。

一、幼儿园教育活动内容的分类

如前所述,由教师组织的幼儿在园的一日活动都是教育活动。因此,按照幼儿在园一日活动的类型,可以将幼儿园教育活动的内容分为以下四类。

1. 生活活动的内容。如进餐、午睡、吃点心、如厕等。
2. 游戏活动的内容。如角色游戏、结构游戏、其他区角游戏等。
3. 劳动活动的内容。如抹椅子等自我服务劳动,整理自然角、喂养小动物等公益劳动等。
4. 学习活动的内容。如语言、科学、健康、社会、艺术等。

> 幼儿园教育活动内容可以分为生活活动的内容、游戏活动的内容、劳动活动的内容、学习活动的内容等。

二、幼儿园教育活动内容选择的原则

2001年9月《幼儿园教育指导纲要(试行)》第三部分组织与实施明确规定:"教育活动内容的选择既要适合幼儿现有水平,又要有一定的挑战性;既要符合幼儿的现实需要,又要有利于其长远发展;既要贴近幼儿生活来选择幼儿感兴趣的事物和问题,又要有助于拓展幼儿的经验和视野。"根据《纲要》的规定,在幼儿园课程内容选择中就要遵循以下基本原则。

(一)科学性和启蒙性相结合的原则

科学性原则是指在选编内容时必须准确、可靠,符合科学原理。具体地说有三层意思:一是要贴近幼儿的实际和生活;二是要符合幼儿身心成长的特点和接受能力;三是选择那些能被幼儿感知和证实的可靠的材料,以事实为根据和基础进行价值判断。

启蒙性原则是指选编的内容须符合幼儿的知识经验和认知发展水平,使幼儿在教师的帮助下,通过一定的努力能够达到教育目标。也就是说,启蒙性并不是一味的简单、容易,而低估幼儿的接受能力,若内容范围过窄、程度过浅、分量过轻(少),都会降低幼儿的知识水平,阻碍他们的认知发展,降低他们的学习兴趣。所以,老师要正确估计幼儿的接受能力,既不能过分低估幼儿的能力,也不能拔苗助长,急于求成。

总之,教师在选编科学教育内容时,要认真处理好科学性和启蒙性之间的关系,既注重启蒙性,又重视科学性,两者要协调、有机地结合起来考虑。

(二)时代性和传统性原则

时代性是指要使选编内容跟上时代的发展,面向现代化。随着时代的发展和科学技术的不断进步,新的、适合幼儿认知和展开活动的文学作品、音乐作品和科技产品等层出不穷,因此,幼儿园教育应当补充或更新教育内容,以适应时代发展变化的要求。时代性是社会和科技发展对培养人才的客观要求,因此教育应有超前意识,要选编那些能为幼儿理解的、体现时代特点的新的科技知识,以开拓幼儿的视野。

传统性是指要着重选编那些能弘扬民族传统文化,在幼儿的心灵中播下民族自尊心、自信心和自豪感的种子,并能激励幼儿长大后为祖国科技发展作贡献,为国争光的内容,如中国古代指南针、活字印刷等发明。

时代性和传统性两者是相互关联的。例如,教师在具体选编内容时,可将古代的桥和现代的桥构成"桥"的教育内容。

(三)广泛性、多样性和代表性原则

当今幼儿生活的周围环境呈现出极大的广泛性、丰富性和多样性,它们都能激起幼儿强烈的好奇心,产生无数疑问,提出各种问题。而幼儿园活动的内容注重了广泛性、多样性,不仅能满足幼儿认识世界的需要,也利于幼儿适应环境、解释周围世界、关心周围世界、积累丰富经验的需要。发展幼儿的思维,更能激发幼儿对周围世界产生广泛兴趣。

然而,纷繁杂乱的信息,对幼儿的思维发展是不利的。因此,选编内容时,还要注意代表性。以科学教育活动内容为例,幼儿所学的科学经验或表象水平上的科学概念,尽可能是各学科领域最基本的知识结构。如水的三态(液体、固体、气体)是无机物质存在的三种状态,包含无生命物质的最基本的知识结构。水,又是幼儿日常生活中经常接触的,幼儿可通过观察、操作、实验,获得感性经验,建立表象水平上的概念,并学会举一反三地运用、迁移。

(四)地方性和季节性原则

我国幅员辽阔,各地经济发展的状况和教育条件不尽相同,且各地区的教育资源也有较大的差异,地方特色十分明显。即使是人造产品、科技成果,有的也与它们所处的环境、文化背景相关。因此,各地的幼儿园在选择幼儿园教育活动的内容时,应尽量反映幼儿园周围环境和社区的特点,充分利用当地的教育资源和条件,编制一些乡土教材,使活动的内容区域化、本土化,以保证幼儿直接感受本地区的特点。这与选择乡土以外的有关内容并不矛盾。幼儿活动内容中涉及的各种自然现象的发生、发展和变化,都与季节变化有着必然联系。动植物的生长、发育、活动也受季节的影响,各种天气变化更是与季节有关。依据季节性原则来选编活动的内容,既能丰富、加深幼儿对季节的整体理解,又能帮助幼儿理解事物变化与季节之间的关系。

> 幼儿园教育活动内容选择的原则:科学性和启蒙性相结合的原则、时代性和传统性原则、广泛性、多样性和代表性原则、地方性和季节性原则等。

三、当前幼儿园教育活动内容选择中存在的主要问题

虽然《纲要》对幼儿园教育活动内容选择提出了原则性的要求,但在实践操作过程中却存在很多问题,突出表现在以下四个方面。

1. 活动内容偏重于认知取向,而非幼儿终身可持续发展

我国20世纪80年代的幼儿园教育内容就偏重认知,非常注重学科知识的获得。与80年代相比,现行的幼儿园活动内容已经有了很大变化,认知内容已不占绝对优势。但是,目前许多幼儿园为了迎合社会对人才的选拔需求和家长"不让孩子输在起跑线上"的心理需求,经常选择读、写、算、英语、电脑等学科知识作为活动的主要内容,为了满足社会和家长对外语、计算机、艺术等更精深的要求,甚至直接打出"双语"幼儿园、"艺术"幼儿园等招牌,以吸引家长,扩大生源。这种做法从长远来看,并不利于幼儿发展。

什么样的活动内容对幼儿来说是适宜的内容,什么样的内容更能促使幼儿终身可持续发展,这是值得思考的问题。《纲要》明确指出,幼儿园教育是终身教育的奠基阶段,应为幼儿一生发展打好基础。所以,幼儿园活动目标就是要实现幼儿终身可持续发展,选择适宜的内容。知识与技能虽然有很强的工具价值,

但好奇、体验、方法、能力、情趣等才是一个人长远发展的不竭动力。

再从幼儿发展的规律来看,幼儿期是学习态度、习惯及良好个性发展的关键时期,正如陶行知先生所言:"凡人生之态度、习惯、倾向,皆可在幼稚时代立一适当的基础,倘使培养的不好,那末,习惯成了不易改、倾向定了不易移、态度决了不易变。"① 而一个人的情感、态度、习惯等对他的终身持续发展才具有更大的价值。

2. 活动内容选择脱离幼儿生活,不利于幼儿身心全面和谐发展

《纲要》明确指出教育活动"要贴近幼儿生活来选择幼儿感兴趣的事物和问题,有助于拓展幼儿的经验和视野",要"寓教育于生活、游戏之中",生活性、兴趣性是幼儿园活动内容选择的重要原则,活动内容不能脱离幼儿成长的生活世界。

幼儿园课程内容只有面向幼儿、扎根于幼儿的现实生活,选择有教育价值的生活内容,幼儿才可能真正成为学习的主人。对幼儿来说,最有效的学习内容就是他们可感知的、具体形象的内容,这种学习内容主要来源于幼儿周围的现实生活,幼儿园活动内容与现实生活越接近,越能引起幼儿的学习兴趣,越容易使学习内容与幼儿经验产生共鸣,学习效果就越好。

3. 活动内容过多考虑了成人的需要,忽视幼儿的兴趣

目前,一些幼儿教师选择的整个教育活动内容自始至终都是由教师自己"想"出来的,即该教育活动所要解决的问题是教师的问题,而不是幼儿的问题。以某大班社会活动"无声的爱"为例,教师为幼儿选择的活动内容一是了解聋哑人的交流方式,学习简单的手语,二是看课件,引导幼儿进一步了解聋哑人的生活,激发幼儿关爱聋哑人的情感。从幼儿的学习来看,以聋哑人为切入点教幼儿学会关爱,学会关心,既不符合幼儿的需要,也未能关注到幼儿的兴趣。其一,聋哑人作为社会的特殊群体,他们的生活与幼儿的生活相去甚远,幼儿很少有机会接触他们。倡导一个弱势群体去关心另一个弱势群体其实是成人对幼儿不切实际的要求。成人一厢情愿地赋予幼儿过高的道德期望,而忽视了幼儿本身发展的特点和成长的需要;其二,就幼儿自身的生活经验而言,他们几乎没有与聋哑人亲密接触的机会,缺乏相关经验,这样的内容自然也在幼儿的兴趣范围之外了。而同样是关注残疾人,同样是爱的教育,请看瑞吉欧教育中的一个案例。一个盲孩子,因为自身的生理缺陷成为同班孩子的嘲讽和捉弄对象,教师没有简单地斥责和教训孩子,也没有苦口婆心灌输大道理,而是请孩子们戴上眼罩生活一天。这些正常的孩子们在亲身体验的过程中,深刻体会到盲人的艰难和坚强,发自内心地感受到自己没有任何理由去嘲笑这个盲孩子。这种通过体验获得的生活经验是值得珍视的。正如前苏联心理学家鲁克所言:"个人的情绪经验愈是多样化,就愈容易体会、了解、想象别人的精神世界,甚至会有'密切的情感交流'。"② 自然也会引发幼儿的关注与兴趣。

4. 预成与生成内容失当

伴随着西方幼儿教育先进理念的渗透,经典课程模式的输入,我国的幼儿教师顿时觉得被不同的风向吹晕了头脑。一时间大张旗鼓要做生成课程,于是教师扔掉了曾经的教育活动目标,从幼儿的生活中零零散散地捡起了一些内容,组成了具有所谓"园本特色"的幼儿园课程,一时间又重新重视了预成教育内容的价值,教师则拿出教材,按照教材的线索、程序一成不变地操作,失去了生成教育内容的空间,这是幼儿园教育活动设计者对预成与生成内容比例把握失当的两种表现。在目前我国幼儿教育发展的形式下,一味以"三分之一的确定与三分之二的不确定"为标准可能不够现实,因此,我们要透析每所幼儿园的发展水平、实际情况,梳理预成内容中的教育价值是否有缺失,如果有缺失,则补充完整的相应的价值,进行目标定位,再从幼儿的周围生活中、关键性的社会事件中选取适宜的内容,转化为幼儿的兴趣,设计成适宜的幼儿园教育活动。

> 当前幼儿园教育活动内容选择中存在的主要问题是:活动内容偏重于认知取向,而非幼儿终身可持续发展;活动内容选择脱离幼儿生活,不利于幼儿身心全面和谐发展;活动内容过的过多考虑了成人的需要,忽视幼儿的兴趣;预成与生成内容失当等。

---

① 陶行知,陶行知文集,江苏教育出版社,2008 年版。
② 朱小蔓,梅仲荪,儿童情感发展与教育,江苏教育出版社,1998 年版。

四、幼儿园教育活动内容编排的原则

1. 循序渐进的原则

学科的知识和技能具有内在的逻辑结构和系统性。因此,按照分科课程来组织和编排各年龄班幼儿的教育活动的内容时,应注意由易到难、由简到繁、循序渐进。

若按照主题来组织幼儿的经验,拓展幼儿的知识、情感和技能,同样应该注意主题内容由近及远、由浅入深、由表及里的循序渐进原则。

2. 相互渗透的原则

相互渗透有两层含义:一是按分科课程来组织和编排各年龄班(或一个年龄班的各个阶段)的教育活动内容时,除了应注意学科知识、技能的系统性和连续性外,还应注意该学科中不同知识和技能的内在联系性。例如,在幼儿的数学活动中,有关数概念的教育活动和有关形体的教育活动,按照循序渐进的原则,各自都有一组序列化、螺旋式上升的教育活动。但在具体组织教育活动时,在数概念的活动中,时常渗透形体的有关知识;反之,在形体的教育活动中,也时常渗透数概念的有关知识。数形结合,相互联系,相互渗透。二是按分科课程来组织和编排幼儿的教育活动内容时,也应注意学科内容之间的相互渗透,避免导致各自为政、相互割裂的局面。

编排幼儿园教育活动的内容,除了遵循以上两条原则,还应注意考虑季节的特点及幼儿实际生活的需要,使教育活动内容的编排因时、因地,切合时令,贴近幼儿的生活。

在编排一日活动的内容时,还应考虑幼儿园教育活动内容的性质,注意动静的合理搭配,注意活动时序的科学性,等等。

> 幼儿园教育活动内容编排的原则要注意循序渐进的原则、相互渗透的原则等。

第三节 幼儿园教育活动方法的分析

方法很重要

什么是方法?《伊索寓言》里有这么一个小故事。

一个暴风雨的日子,有一个穷人到富人家讨饭。"滚开!"仆人说,"不要来打搅我们。"穷人说:"只要让我进去,在你们的火炉上烤干衣服就行了。"仆人以为这不需要花费什么,就让他进去了。这个可怜人,这时请厨娘给他一个小锅,以便他"煮点石头汤喝"。

"石头汤?"厨娘说,"我想看看你怎样能用石头做成汤。"于是她就答应了。穷人于是到路上拣了块石头洗净后放在锅里煮。"可是,你总得放点盐吧。"厨娘说,她给他一些盐,后来又给了豌豆、薄荷、香菜。最后,又把能够收拾到的碎肉末都放在汤里。当然,您也许能猜到,这个可怜人后来把石头捞出来扔回路上,美美地喝了一锅肉汤。

如果这穷人对仆人说:"行行好吧!请给我一锅肉汤。"会得到什么结果呢?结果很明显的,这就是创新思维的力量!因此,伊索在故事结尾处总结道:"坚持下去,方法正确,你就能成功。"

这则故事,带来的启示是成功的关键是方法要正确,同样,成功的活动设计,方法很重要!

幼儿园教育活动方法主要是指为了完成一定的活动任务,师生在共同活动中采用的手段,其中既有教师教的方法,也包括幼儿学的方法,它是随着教育实践的深入而逐渐发展和完善起来的。幼儿园教育活动方法一般可分为直观类方法、语言类方法、实践类方法、角色扮演法等。

一、直观类方法

双脚立定跳远

大班体育活动,教师让幼儿排成两列横队,学习新动作。教师边讲边示范:要求双脚站在线上,两腿弯曲,身体微微前倾,前脚掌轻轻落地……

此例采用的是直观类方法中的示范与讲解相结合的方法。

直观类方法是幼儿园教育活动中采用的主要方法,指的是通过运用直观手段,引导幼儿获取感性认识、帮助幼儿获得直接经验的一种方法。此类方法主要包括观察法、示范法、演式法、电化教学法等。直观法使幼儿获得感性认识,形成深刻的表象,便于理解和记忆;集中幼儿注意力,引起幼儿兴趣,巩固所学习的知识。这种方法符合直观性教学原则和幼儿的思维特点。

(一)观察法

观察法是指幼儿在教师的指导下,有目的、有计划地感知客观事物的主要特征、变化的方法。观察是幼儿认识周围世界、取得直接经验的重要途径,是幼儿园教育的基本方法。观察符合幼儿的认识规律和幼儿的认知特点,幼儿园各项活动都离不开观察。观察法是幼儿园活动采用的基本方法。

运用观察法要注意以下四个要求。

1. 观察前要做好准备工作。首先,要确定观察的内容,提出观察要求,拟定观察计划;其次,要熟悉观察对象,掌握有关的知识和技能,同时要创造观察的条件,提供观察的对象。

2. 观察开始时,教师要向幼儿提出观察的目的,引起幼儿观察兴趣,引导幼儿自始至终有目的地进行观察。

3. 观察过程中,教师应用语言进行指导,教幼儿按顺序观察和用比较的方法观察,同时要调动幼儿的多种感官参与观察活动。

4. 观察结束时,要总结幼儿观察的印象,让幼儿将观察到的知识进一步巩固和条理化。同时,还应组织幼儿做观察记录,记下他们的感受、体验、发现与认识。记录的方式可采用笔录、磁带、绘画等多种方式进行。

(二)演示法

演示是指教师向幼儿出示各种实物、教具、模型或做实验,使幼儿获得关于某一事物或现象的感性认识的方法。演示法包括分步演示、连续演示、局部演示、对比演示、反复演示等多种形式,这种方法常与讲述法、谈话法一起使用。

运用演示法要注意以下五个要求。

1. 要选择恰当的时机,激发幼儿的新鲜感和好奇心。

2. 使全体幼儿都能看清演示的对象,把注意力集中在对象的主要方面。

3. 辅以简明扼要的讲解和谈话,使演示的事物与所学的知识紧密结合,将个别的知识归纳成为完整的知识。

4. 演示要技巧熟练、造型准确、程序正确、动作清楚、速度适宜。

5. 演示的时间要短,根据需要可向全班、小组或个人进行演示。

(三)示范法

示范法是指教师通过自己的语言、动作所做的教学表演,为幼儿提供具体模仿的范例。在语言活动、科学活动的教学中,教师应经常运用语言示范,发展幼儿叙述、描写、创造性讲述及朗诵能力;在美工、音乐、体育教学中则通过动作示范帮助幼儿掌握学习内容和动作。

示范法包括完整示范、部分示范、分解示范、不同方向示范等多种形式。在向幼儿传授儿歌、歌曲、舞蹈、绘画等内容时,教师应做完整示范,便于幼儿理解和掌握。在教学活动中发现幼儿有难点、错误时,教师可再做分解示范,以帮助幼儿解决困难和纠正错误。示范可由教师示范,也可以请幼儿示范。

运用示范法的要点如下。

1. 进行示范动作时,要选择好位置,使每个幼儿都能看清楚。

2. 示范动作要慢一些,而且要清楚准确,并适当加以解释。

3. 进行语言示范时,要声音洪亮、吐字清楚、用词准确、速度适中、富有表现力。

(四)范例法

范例法是指按教学要求或者活动目标提供给幼儿一种可模仿的榜样,它是形象的、具体的。范例对年龄越小的幼儿作用越明显。在思想品德教育中,以优秀人物为范例。在教学过程中,是指向幼儿出示的各种样品,如绘画、纸工、泥工样品等,供幼儿观察、模仿学习。这种方法多用于美术等活动。

范例包括图片、模型、玩具、画册、实物标本以及教师绘画或制作的图画、手工和贴绒样品等。

运用范例法的要点如下。

1. 教学中范例的大小以让每个幼儿能看清楚为宜。

2. 范例的难易程度要与幼儿实际水平相适应。

3. 范例要色彩鲜艳、画面清晰、形象突出、具有典型性。

4. 范例要多样化,具有一定的数量,能从不同角度反映事物的面貌,以开阔幼儿的思路,为其创造性表现提供基础。

> 直观类方法是幼儿园教育活动中采用的主要方法,指的是通过运用直观手段,引导幼儿获取感性认识,帮助幼儿获得直接经验的一种方法。此类方法主要包括观察法、演示法、示范法、范例法等。

二、语言法

下 雨 前

中班科学活动"下雨前",教师结合图片,讲解为什么下雨前小动物的活动会发生变化。

(1) 出示图片1,讲述小白兔碰见蜻蜓姐姐的情节(讲解蜻蜓下雨飞得低的原因:下雨前,空气很湿润,小虫子的翅膀沾了水,飞不高。蜻蜓要捉虫子吃,所以要飞得很低)。

(2) 出示图片2,讲述小白兔碰见小鱼的情节(讲解为什么下雨前小鱼游到水面上来:下雨前,水中氧气少,小鱼在水底闷得难受,就只好游到水面上来透气。……)。

此例采用的是讲述与讲解相结合的方法。

语言法是指通过教师的讲述和讲解,向幼儿描绘情境、叙述事实、解释概念、说明道理,使幼儿直接获得知识的教学方法。这是使用最早、应用最广的教学方法,也是幼儿园教育活动中应用最为经常和普遍的一种方法。

语言法不仅有利于发挥教师的主导作用,也便于幼儿在较短的时间内获得系统、完整的知识,这种方法可以单独使用,也可以与直观法、游戏法、操作法等配合使用。

语言法包括讲述、讲解、谈话、故事等具体方法。

(一)讲述法

讲述法是指教师通过口头语言生动地叙述说明讲解的教学内容、教材的一种教学方法。这种方法在教育活动中应用广泛,不仅用于向幼儿传授新知识,还广泛用于各种活动的组织,是语言教学活动的主要方法。

讲述法包括叙事、描述、解释等表述方式。根据讲述的内容可分为符合实际的讲述和创造性讲述;按讲述的心理过程分为凭感知讲述、凭记忆讲述和凭想象讲述;按讲述形式分为叙事性讲述和有情节讲述。具体的讲述课类型有讲述实物、看图讲述、编故事等多种。

运用讲述法的要点如下。

1. 讲述的语言要正确、生动、形象、富有感情,能引起幼儿的兴趣,如语言的速度、语音的变化、感情的色彩等。

2. 讲述要简明扼要、重点突出。要运用儿童化语言,让幼儿能听懂。

3. 讲述之前,教师要交代清楚讲述的要求;讲述过程中,要提醒幼儿围绕讲述对象进行讲述。

4. 教师要注意倾听幼儿的讲述,及时给予鼓励和必要的帮助,但切忌用过多的指点干扰幼儿的讲述。

(二)讲解法

讲解法是指教师通过口头语言向幼儿解释和说明知识、材料、规定、要求等的教学方法。

运用讲解法的要点如下。

1. 讲解要抓住重点、难点和关键,深入浅出,必要时可适当重复讲解。

2. 教师讲解的语言要准确、清晰、简练、形象、生动、通俗易懂,符合幼儿的理解能力和接受水平,能引起幼儿的兴趣。

3. 讲解要条理清楚,便于幼儿记忆。

(三)谈话法

谈话法是指用提问、答问、讨论等方式进行教学的方法。教师可以通过提问,引导幼儿运用已有的知识经验回答问题,借以获得新知识或检查知识、巩固知识。这种方法容易集中幼儿的注意力,激发幼儿积极的思维活动,发展语言表达能力,提高教学效果。

谈话法包括启发式谈话、再现谈话、讲授谈话等形式。

运用谈话法的要点如下。

1. 要在幼儿已有的知识经验基础上进行。

2. 要围绕紧扣教学目的的问题,具体明确,富有启发性,既要面向全体幼儿,又要照顾个别幼儿的水平。

3. 问题要有逻辑性,以引起幼儿步步深入思考。

4. 教师要注意耐心倾听幼儿的回答,及时肯定、补充,做出明确的结论。

(四)故事法

故事法是运用故事这种手段对幼儿进行教育的方法。陈鹤琴先生在其《教学的故事化原则》中指出:就日常生活的观察,学校教学的体验,我们可以发现,没有一个儿童不喜欢看故事、听故事和讲故事的。故事法在幼儿园运用较为普遍,它符合幼儿的年龄特点,容易吸引幼儿,促使幼儿的无意注意向有意注意转化。故事内容易于理解,可促进儿童的理解力、记忆力、想象力、判断力以及口语表达能力的综合发展。

故事在活动中可以运用的形式是多种多样的,一般有口述、听录音、看图讲故事、看幻灯、录像故事、故事表演、编故事等活动形式。

运用故事法的要点如下。

1. 选择的故事要注意适合幼儿的年龄特征,具有可读听性。

2. 故事语言要绘声绘色、优美而富于感情,把事物描述得生动、具体、形象鲜明。

3. 运用图片和体态语言以及提问等帮助幼儿听懂有一定语言难度的故事。

(五)讨论法

讨论法是指幼儿在教师指导下就某个问题交换看法、共同商讨、相互启发和补充,从而获得正确、统一的认识的方法。讨论的方式有两人讨论、小组讨论、全班讨论三种。

讨论法符合《幼儿园工作规程》的要求,可以为儿童创设表现能力的机会与条件,可以调动幼儿的学习主动性、积极性,培养思考能力和独特见解。同时,有利于幼儿之间的相互交流,拓宽幼儿的知识面,教师则可从中了解到幼儿的认识水平,从而有的放矢,因人施教。

讨论法的运用要注意以下三点。

1. 讨论前的准备。首先要创设自由的讨论氛围。作为幼儿教师,首先要尊重幼儿,理解幼儿,为他们创设一个宽松和谐、无拘无束、自由交谈的氛围,使幼儿有话想讲、爱讲。利用晨间、午间、饭后等时间,鼓励他们三五成群,天南地北,海阔天空地"聊",也可就某一话题展开争论,大胆发表各自的意见,提出质疑,充分感受交谈的乐趣。

2. 讨论中教师要适时启发引导幼儿讨论,循循善诱,让幼儿随着教师的问题深入讨论,去拓展话题,集中幼儿的思维,使之不离开讨论的主题;

3. 讨论结束,教师要及时进行小结。目的是帮助幼儿将他们在活动中获得的感性经验予以整理、归纳,通过与幼儿讨论进行比较、总结,将幼儿所积累的感性经验加以梳理,帮助幼儿建构自己的认知结构,从而获得更全面、更完整的信息。

> 语言法是指通过教师的讲述和讲解,向幼儿描绘情境、叙述事实、解释概念、说明道理,使幼儿直接获得知识的教学方法。语言法包括讲述、讲解、谈话、故事、讨论等具体方法。

三、实践法

6 的 组 成

大班数学"6的组成"活动,老师让幼儿把6个实物分成5个和1个、4个和2个、3个和3个,再把5个和1个、4个和2个、3个和3个合起来成为6个。通过实践法中的操作活动,幼儿不仅理解了6的组成,还体验了整体和部分的关系,并初步培养了他们的分析和综合能力。

实践法是指教师在教育教学活动中,创设多种以幼儿为主体的实践活动,让幼儿反复练习一定的动作或活动方式,并进一步理解知识、巩固技能和行为习惯,加深记忆的一种活动方法。

实践法包括练习、操作等具体方法。

(一)练习法

练习法是指在教师的帮助、辅导下,通过多次重复地练习使幼儿熟练地掌握知识和技能的一种方法。它是巩固新知识、形成技能技巧和习惯的基本方法。

练习法按性质和特点分为运用技能练习、道德行为练习、心智技能练习。每类练习还可以分段练习(分步练习、单项练习)、综合练习(完整练习)的方式进行。

运用练习法的要点如下。

1. 使幼儿明确练习的目的、任务和具体要求在理解的情况下自觉练习。
2. 运用正确的练习方法,伴随讲解和示范,指出难点和易犯的错误,使幼儿获得有关练习方法和实际运用的清晰表象。
3. 根据练习材料的性质和幼儿的年龄特点,适当分配练习的份量、次数和时间。
4. 练习的方式要多样化,以提高练习的兴趣,避免单调、乏味的重复。
5. 练习中要先求正确后求熟练,逐步提高要求,及时评价指导,让幼儿知道练习的结果。
6. 加强个别辅导,及时纠正错误,以免形成习惯后不易纠正,对能力差的幼儿要多给予练习的机会和具体的帮助。

(二)操作法

操作法是指幼儿通过亲自动手操作直观教具,在摆弄物体的过程中进行探索,从而获得知识、经验和技能的一种活动方法。操作法包括示范性操作、探索性操作、巩固性操作等形式。操作可以是个体的,也可以是集体的。常结合游戏、练习等方法使用。

运用操作法的要点如下。

1. 明确操作的目的、要求和具体的操作步骤、方法。
2. 为幼儿提供充足的操作材料,一般人手一份。
3. 给幼儿充分的操作时间去摆弄物体,去思考和探索,以达到操作的目的,充分发挥教具、材料的作用,切忌走过场。
4. 在幼儿操作的过程中,教师要观察幼儿的操作情况,及时发现问题,引导幼儿积极思考和探索。

> 实践法是指教师在教育教学活动中,创设多种以幼儿为主体的实践活动,让幼儿反复练习一定的动作或活动方式,并进一步理解知识、巩固技能和行为习惯,加深记忆的一种活动方法。实践法包括练习、操作、游戏、游戏等具体方法。

四、游戏法

老鹰捉小鸡

大班户外活动,教师带领幼儿玩老鹰捉小鸡的游戏,一名幼儿做"老鹰",一名幼儿做"鸡妈妈",其余的幼儿为小鸡。"鸡妈妈"与"小鸡"们分散开,边做动作边说:"叽叽叽,叽叽叽,小小虫儿在哪里?""老鹰"飞来了,"鸡妈妈"张开双臂:"孩子们,快躲到妈妈的翅膀下。"小鸡们排成竖队,用双手依次拉住前面幼儿的衣服,一起念儿歌:"老鹰天上飞,小鸡地上跑,老鹰捉小鸡,就是捉不到。""老鹰"捕捉队尾的"小鸡","鸡妈妈"张开双臂保护"小鸡","小鸡"随"妈妈"左右移动,灵巧地躲闪,不让"老鹰"捉到。被捉的"小鸡"离开场地。这一游戏活动练习灵活地躲闪跑及小组协调一致动作的能力。

游戏法是指在教师指导下通过有规则的游戏活动进行的一种方法。游戏是幼儿童年生活不可缺少的一部分,它是幼儿童年的欢乐、自由和权利的象征。游戏法可提高幼儿学习的兴趣,集中幼儿的注意,促进各种感觉器官和大脑积极活动,提高活动的效率。游戏法是深受幼儿欢迎的一种方法。

游戏法包括智力游戏、体育游戏、音乐游戏、语言游戏、角色游戏、表演游戏、结构游戏等形式。在教育教学中经常运用智力游戏、音乐游戏、体育游戏。在语言、社会、科学活动中经常运用创造性游戏。

运用游戏法的要点如下。

1. 游戏的内容要健康,要有益于幼儿的身心发展。
2. 根据不同的教育目标和教育内容选择、创编不同形式的游戏。
3. 教师要重点指导幼儿遵守游戏规则,能够克服困难,独立或与同伴合作完成游戏。
4. 教师应根据游戏的内容及形式的不同,采用不同的指导方法。

> 游戏法是指在教师指导下通过有规则的游戏活动进行的一种活动方法。游戏法包括智力游戏、体育游戏、音乐游戏、语言游戏、角色游戏、表演游戏、结构游戏等形式。

五、角色扮演法

娃娃家的宝宝病了

幼儿园中班社会活动"认识医生"。教师告诉幼儿玩具娃娃生病了,邀请两个幼儿一起换上白色的衣服,一个当医生,一个当护士,医生给它看病,护士照顾它,让幼儿了解医生和护士的职业和工作,并让他们懂得尊重医生和护士的劳动。

此案例采用了角色扮演法。

角色扮演法是模仿现实生活中的某种情境,让幼儿扮演某种相应的社会角色,使幼儿表现出与该角色一致的社会行为的方法。这有助于幼儿在体验与感知中了解社会规则,以丰富社会认知与情感,培养良好行为。

角色扮演使人们能够亲身体验他人的角色,从而可以更好地理解他人的处境,体验他人在各自不同情景下的内心情感。心理学家证实,只有一个人内心世界之中具有了与他人相同(或类似)的体验时,他才知道在与别人发生相互联系时该怎样行动和采取怎样的态度。因此,角色扮演在发展人们的社会理解力和改善人际关系方面有着尤其重要的作用。

运用角色扮演法应注意的问题如下。

1. 注意年龄的差异性。

不同年龄幼儿对角色的理解和执行是有差异的：小班要求能简单模仿动作；中班要求角色清晰，有组织多个行为动作的能力，能以角色的职能程序有序、规则的交往；大班则更要求角色的真实性，注重游戏质量和表现形式的多样性。

2. 对幼儿的角色技能进行一定的训练。
3. 尊重儿童选择、变化、创造角色的愿望。
4. 教师要适时参与角色，与幼儿共同表演。

总之，角色扮演不是为扮演而扮演，教师应注意组织幼儿表演前对问题情境的认识和探讨、表演中的观察、表演后的分析和评论，这些与角色扮演本身同等重要。

> 角色扮演法是模仿现实生活中的某种情境，让幼儿扮演其中相应的社会角色，使幼儿表现出与该角色一致的社会行为的方法。角色扮演在发展幼儿的社会理解力和改善人际关系方面有着尤其重要的作用。

六、移情训练法

当别人获得小红花时

某大班活动室关于怎样看待其他小朋友获奖的谈话时，教师让幼儿对自己或他人的心理状态进行分析，问："假如有一天，你表现得很好，老师奖给你一朵小红花，可是有一位小朋友却说'我才不稀罕呢'，你心里觉得如何？应该怎样看待别人的进步？"对此，大多数幼儿都表述说心里很难过、生气，当别人取得进步时，应该为别人感到高兴，并向他学习。

此案例中，教师设置了情感换位，运用了移情训练法。移情训练是通过故事、情境表演、生活情景体验、主题游戏等形式使幼儿理解和分享别人的情绪体验，以使幼儿在日后生活中对他人类似的情绪体验会主动地、习惯地产生理解和分享的意愿。能够移情的幼儿不仅能够识别别人的情感，而且也能够去感受这种情感。

移情可以使主体内部产生某种感情共鸣，从而成为推动幼儿品德行为发展的内在动因。移情还可以使幼儿摆脱自我中心，更好地从他人的立场、角度来考虑问题，从而降低攻击性行为，产生利他的思想和行为。

运用移情训练应注意的问题如下。
1. 提供的情境就是幼儿熟悉或能理解的。
2. 要充分利用幼儿的已有体验，以唤起情感共鸣。
3. 情感的共鸣要与良好的行为练习和习惯培养结合起来。
4. 教育者应和幼儿一起投入感情。

第四节　幼儿园教育活动方案的形成

蜜蜂与建筑师

"蜘蛛的活动和织工的活动相似，蜜蜂建筑蜂房的本领使人间的许多建筑师感到惭愧。但是，最蹩脚的建筑师比最灵巧的蜜蜂高明的地方，是他在用蜂蜡建筑蜂房前，已经在自己的头脑中把它建成了。"①马克思说出了人与动物的区别之一:动物靠本能,人靠头脑。人的任何实践举动,其实已经包含了实践之前就在头脑中设想实践"方案"或"蓝图",幼儿园组织的各种丰富多彩的教育活动也不例外。

教育活动方案是教育活动设计的一种呈现方式,是对具体教育活动的开展过程进行设计。它阐明了在预定时间内要做什么、怎么做、达到什么目标等,是根据特定的教育对象与条件对活动主题的加工与再创造的过程。教育活动方案是教育活动开展的参考,是教育活动进程的一种资源,是帮助幼儿学习的平台,教育活动方案水平的高低,在一定程度上,可以反映教师的基本素质,可以衡量教育活动的质量,也是促进幼儿教师自我专业成长的途径,提升设计与观察评价能力的一种有效的方法。

一、幼儿园教育活动方案的一般格式

教育活动方案作为一种特殊的文体,其格式也有特殊性,一般分为详案和简案两种。从实践角度看,目前幼儿园运用较多的为详案。虽然教育活动方案在形式上有不同,但它有自己特有的格式,一般包括以下五个项目。

(一)活动名称

活动名称要简洁明了,如果是综合活动、主题活动或半日活动,也要注明。

(二)活动目标

幼儿园教育活动目标是幼儿园教育活动方案的"指南针",目标的制定决定了活动的走向,目标的制定恰当与否在某种程度上体现了设计者的专业化水平。

(三)重点与难点

重点是对一次活动的知识要点进行分档排队,弄清它们的逻辑主次关系后确定的,它是为了达到活动目标而着重引导幼儿必须掌握的要点;难点是比较复杂抽象且缺乏感性认识,幼儿不易理解和掌握的内容。应当指出的是,并非所有的活动方案都要把重点难点单列出来,有时候这一项可以包含在活动目标里,难点不一定是重点,有些内容既是重点也是难点。如中班健康活动"有营养的蔬菜",确立的活动重点是"认识蔬菜的营养,养成不挑食的习惯",活动难点是"能给蔬菜分类"。重点和难点的确立要视具体活动内容和幼儿实际认知经验而定。

(四)活动准备

活动准备包括物质准备和心理准备,物质准备包括围绕教学内容为幼儿提供支持其学习的活动环境、活动材料等,必要的教玩具名称,有场地布置的教学活动,需画出场地布置示意图。如需要幼儿用书,放在活动准备的最后一条。材料也不宜过多过杂,要从目标和环节的实际需要出发。心理准备主要是指知识经验方面的准备,根据具体活动需要制定,如需要心理准备就写上。

(五)活动过程

这一部分是方案的重点,因活动类型和不同的教师教法各异。应包括活动内容的详细安排、活动教学方法的具体运用等环节。这一部分的编写要做到活动步骤、内容纲要和教法设计相结合,不仅便于教师自己组织,也便于他人(甚至外行)通过阅读方案而了解到教师主要活动情况和本次活动的内容要点。

活动过程的设计应能体现教师根据教学内容和幼儿实际选择有效的教学策略,激发幼儿的活动兴趣,体现自主性、合作性、探究性、体验式的学习方式,使课程的基本理念得到充分的贯彻和落实;教学过程要层次分明,重难点突出,充分体现师幼互动。

活动过程可以根据需要设计若干个环节。一般可以分为开始部分、基本部分和结束部分。开始部分主要是引发幼儿活动动机;基本部分是活动展开环节,用各种活动达成教育目标;结束部分可以以教师总结等多种方式结束。

准备的材料应该在环节中用上,活动中使用的材料应在准备中有交代;任何自编自创的游戏、操作、纸工等,必须说明玩法,有故事的需要附故事原文。

---

① 马克思,恩格斯.马克思恩格斯选集:第23卷.人民教育出版社,1972年版。

(六)活动延伸

活动延伸是本次所学的知识技能在日常生活中的继续巩固运用,如说明向哪里延伸、做什么和怎么做,可巩固什么经验或让幼儿得到什么新经验。活动延伸是为了保持活动的完整性、连贯性,从而更好地保证幼儿学习的完整性、连贯性。虽然在幼儿园的教育教学中,我们不强调教授系统的知识和技能,但强调幼儿发展的整合性、延续性,强调培养完整的儿童。从这个角度来讲,幼儿园教育教学是一个整体,一日活动的各个部分应相互联系,更好地把前一个活动和后续活动连接起来。现阶段大多数幼儿园都采用主题活动的方式编排课程内容,主题活动是由相互关联的一系列教学活动、游戏活动、生活活动、家园社区活动组成的,更不能把它们一个一个地割裂开来,也就是说,更需要延伸活动把幼儿的一日生活与幼儿园、家庭和社区的活动紧密联系在一起。从另一个角度讲,一次活动的时间、容量毕竟有限,不可能解决很多问题,也很难照顾到幼儿的个别差异,再加上教师准备的材料有限,很难满足所有幼儿的兴趣和需要,所以尤其需要延伸活动。

根据以上项目,可以概括出一个活动方案的完整模板如下。

活动名称:

活动目标:

1.

2.

3.

重点与难点:

1.

2.

活动准备:

1. 物质准备

2. 知识经验准备

活动过程:

1. 开始部分(活动导入)

2. 中间部分(活动展开)

3. 结束部分(教师总结等方式)

活动延伸:

> 幼儿园教育活动方案一般包括以下几个项目:**活动名称、活动目标、活动重点和难点、活动准备、活动过程、活动延伸。**

二、幼儿园教育活动方案编写的一般程序

一辈子与15分钟

一个在学校工作了33年的历史教师,上了一堂非常出色的观摩课,听课的一位教师问他:"你的每一句话都具有巨大的思想威力,请问,你花了多少时间来准备这堂课?"那位教师回答:"这节课我准备了一辈子,而且,一般地说,每堂课我都准备了一辈子。但是,直接针对这个课题的准备,我花了约15分钟……"①

一辈子与15分钟,一语道出了教师备课的真谛。备课是教师在活动实施之前对活动内容、结构、情感等的深入理解,以及针对活动对象,联系自己以往的经验,对活动方法的思考与选择、确定。撰写活动方案,只是对上述理解、思考、选择这一备课过程的书面记录。

---

① 苏霍姆林斯基,给教师的一百条建议,杜殿坤编译,教育科学出版社,2000年版。

幼儿教师设计活动方案也不例外。活动方案犹如演出的剧本，建筑的设计蓝图。一份好的活动方案，往往凝聚着教师的心血与智慧，也是组织好活动的前提条件，因此编写好一份好的活动方案是保证实现活动目标的前提。怎样编写一份合理可行又有教师自身特色的优质活动方案呢？活动方案的撰写工作可以依据以下程序展开。

（一）钻研纲要和教材

《幼儿园教育指导纲要（试行）》是国家教育行政部门制定的有关幼儿园教育理念、目标、内容、要求和如何组织教育教学活动、如何评价幼儿园活动的指导性文件，也是编写活动方案的主要依据。广义的教材泛指活动所用的一切材料，包括教师用书、幼儿用书、玩具、学具、教学挂图、卡片、幻灯片、投影片、录音带、录像带等，研究教材与环境的关系，以确定活动地点、借用的资源等等。因此，编写活动方案前，教师必须认真钻研纲要和幼儿园教材，"吃"透标准，通览教材，才能准确把握本次活动的活动目标和要求，编写活动方案时才能心中有数。

（二）分析幼儿实际

幼儿是教育活动的对象，教师活动实施的效果最后都要落实到幼儿身上。所谓备幼儿，即深入了解幼儿实际，是方案撰写过程中不可缺少的环节。幼儿的实际主要指幼儿的知识基础、理解能力、认知特点、个性特征以及兴趣和需要，教师还要思考：在活动过程中可能会产生哪些问题？幼儿可能会产生哪些困惑？如果出现问题时教师如何设置台阶来解决？对学习者的一般特征的分析，对活动方法和活动媒体的选择是有益的。

（三）拟定活动名称

好的活动名称，首先要求充满童趣，如"奇妙的磁铁"（科学活动）、"勇敢的小伞兵"（体育活动）；其次要能反映活动的主题，如"保护自己办法多"（科学活动）；第三要简洁明了。撰写的基本格式可以用以下公式概括：

活动名称＝年龄阶段＋课程模式（综合主题活动）＋领域活动＋具体活动内容（活动类型）。以五大领域活动为例，如中班语言活动：春天的电话（故事）；中班艺术活动：大树妈妈（歌曲）。

（四）确定活动目标

活动目标的确定要符合纲要的精神，如本章第一节所述，目标的设置与陈述应当从幼儿的角度而非教师的角度出发，要从结果性目标和体验性目标相结合的角度确立知识与技能，过程与方法，情感态度与价值观三位一体的目标体系，要选择合理的目标定位，要根据"最近发展区"制定明确、具体、可操作性强的行为目标，切忌大、空、不切实际。目标数量不宜过多，重点呈现新的经验和需要重复的重要经验。以2—3条为宜；目标应直接、明确呈现经验，不需要先呈现途径和方式（如"通过……"或"在……过程中"）；还要避免直接叙事，不直接呈现经验（如"让幼儿做一个小小航海家"）；目标的书写按照活动经验获得的相对先后顺序排列。

（五）选择活动内容

首先，活动内容的选择根据目标进行，考虑内容是否体现目标的要求，减少随机性。

其次，活动内容选择还要考虑幼儿年龄特点、发展水平、兴趣需要，体现科学性、教育性，不要以教师喜好去代替孩子的兴趣。

第三，根据认知发展规律选择内容，体现整体性、有衔接、减少坡度。例如：早期阅读中的识字活动，我们首先应该激发儿童的阅读兴趣，然后在阅读的过程中渗透汉字的认读，而不是孤零零地拿出汉字卡片进行填鸭式的传授。

第四，根据时空特点和发展变化选择内容，体现规律性、季节性、社会性。

（六）确定活动方法

如前所述，幼儿园活动可供选择的方法很多，有讲授法、演示、操作、讨论、游戏、参观、观察、故事、练习景等等。应依据幼儿的年龄特点，知识水平的因素运用恰当的方法。例如：小班选用游戏性、趣味性、操作性的具体形象法多；大班可适当增加讨论、研究、思考等较抽象的活动方法。此外，活动方法的选择还要依据不同的活动内容而定，如数学多用到操作法、练习法等；科学选择观察法、实验法等；语言活动用到讲述、谈话、角色扮演等；社会性多用体验、情境、讨论、研究、移情。一次活动，用到的方法肯定不止一种，应结合幼儿特点综合考虑方法的使用。

（七）设计活动过程

活动的过程是为实现教育目标而对教育内容的具体展开和教育方式、方法的具体运用。一个好的活动过程设计,应当体现出教师对目标的理解与落实,对内容的确定与分析,组织形式的巧思、主要环节的架构、教学方法的选用、关键提问的巧设、环境材料的支持、细节设计的细思等。

活动过程设计要点与架构主要考虑以下四个问题。

1. 环节架构详略得当、重点突出

教学活动的设计犹如写作,同样需要构思"文章"的结构、详略与重点。在时间有限的活动中,活动过程的设计应在紧紧围绕目标的前提下,考虑环节架构的有效性。如果活动过程中每个环节在设计中均同等对待,那么每个环节都是重点,也就没有了重点,会使活动过程拖沓、活动实效降低。因此,详略得当的活动设计才能体现重点,达成预期效果。

在具体的操作中,首先,要根据目标确定本次活动的重点与难点,并在环节设计中凸显,找准活动中的重点环节,对设计方法详细考虑,如在活动时间安排的比例等方面均可思考并体现。例如,在大班活动"和我一起长大的书"的活动中,交流讨论现在爱看的书是活动的重点环节,这一环节就应抓住"多样"等特点精心设计,落实目标,突出重点。

其次,在确定重点环节的基础上,要关注活动过程每个环节的详略程度,应学会根据目标取舍,思考在实施整体环节架构时"如何实现目标",一些次要环节如何辅助和服务于整个活动。

2. 环节架构层次分明、思路清晰

当重点环节确立之后,就要考虑每个环节的安排与推进,先上什么,后上什么,认真寻找每一个教育活动展开的起点和终点,设计出清晰的活动过程步骤,以及与这些步骤相关的内容,从幼儿的角度不断梳理已有经验,提升新经验。

在具体的操作中,一线教师有许多方法,其中两种较为典型的环节架构方法为"剥笋法"和"平移法"。①

"剥笋法"即在环节架构中采用层层推进、由表及里的方法设计各个环节。如"小小送货员"活动中,先从幼儿园的送货游戏开始,在幼儿前期积累直接经验或问题的基础上,重现问题并组织幼儿讨论,由问题逐步推进,最后帮助幼儿梳理送货经验——送货员要细心、有礼貌、能克服困难等。让幼儿从感受到关注到感悟,不断接受挑战,调动已有的认知经验,在原有水平上向前迈进一步,最终实现目标。

"平移法"即在环节架构中采用平行呈现、由此及彼的方法设计教学过程。例如,在活动"和我一起长大的书"中,小时候看的书、现在看的书与长大后看的书三个环节的架构即为平行呈现,由此及彼,让幼儿感受多维的视角。

3. 环节衔接自然流畅、过渡无痕

当设计好每一个环节后,就应当考虑各个环节之间的衔接是否自然流畅、节奏紧凑、衔接无痕。例如,小班活动"帮帮书宝宝"的三个环节设计从欣赏新书激发爱书的情感,到观察"问题图书",再到修补图书,环节转化自然流畅,幼儿也在活动中自然地参与、投入,产生愉快的情绪体验,构建新经验。

4. 活动方法适宜,设计好需要重点提出的问题

活动方法应通过多种途径,运用灵活多样的手段,引发幼儿学与做的兴趣,乐意投入各类活动并最大限度地发挥所"能"。如何使方法既能满足幼儿的兴趣,又能提升幼儿的经验?目前的幼儿园教学中,教师较常用的方法有:创设情境,以故事的形式开展活动;观察比较,让幼儿在寻找相同和不同中获得感性的经验;提问讨论,在同伴的分享中获得经验的提升;收集讨论,拓展幼儿思考的空间;实验、演绎,帮助幼儿验证自己的想法;环境推动,展现每个幼儿在活动中的所思所想;分享交流,发挥每个幼儿的"能"等。

方法选择好后,要设计好需要重点提出的问题,主要包括为了引起幼儿学习动机的问题和为了检查幼儿学习效果的问题等。

下表是一个大班科学活动《空气在哪里》的活动过程设计。

活动环节	活动内容	主要的活动目标
提出问题	教师做深呼吸,幼儿也模仿着做深呼吸。 提问:我们用鼻子吸到了什么?空气在哪儿?能用眼睛看到吗?	引发兴趣
实验演示	玩吹气玩具,想办法让它鼓起来,再让它瘪下去,想一想为什么? 用塑料口袋到处抓空气,说一说在什么地方抓到了空气,发现四周都有空气。	感知到空气的存在

---

① 秀儿,集体教学活动过程设计的思考[EB/OL],http://cache.baiducontent.com/,2012-4-11 9:07:00。

续 表

活动环节	活动内容	主要的活动目标
实验操作	讨论：空气藏在哪里？瓶子、土块、粉笔、海绵、人体里有空气吗？ 将空的玻璃杯倒扣到水中，发现溢出的气泡，用吸管往水中吹气，也冒出气泡，证实空气的存在。 联想：还有哪些东西、哪些地方有空气？启发幼儿联想到气球、轮船、救生圈……都有空气 捏住鼻子试一试，有什么感觉？	验证空气的存在
观看视频组织讨论	观看视频：医院病人吸氧、老奶奶扇扇子点炉子等，想一想如果四周没有空气会怎么样？	了解空气与人类生活的关系

（八）设计活动延伸

活动延伸是对活动过程的重复强调，以巩固经验，或对未尽事宜的补充、扩展，让幼儿获得新经验。活动延伸可以向区域延伸，也可以是环境创设，还可以向生活活动、户外活动、家庭活动延伸。如大班美术活动"可爱的熊猫"，活动延伸是组织幼儿把作品"熊猫"剪下来，贴在活动室的一面墙上，再粘贴上"竹林"，即可成为一幅"熊猫的家园"壁画作品。这个延伸就是典型的环境创设延伸。再如在"四季服装"的科学活动中，了解了四季特征及四季服装的特点和相互关系后，幼儿并不满足。教师就可以在区域活动时为幼儿提供不同的材料（布料、纸、塑料袋、各种小装饰物等），让幼儿根据自己的兴趣制作服装，展示服装。这种延伸属于向区域延伸。延伸还可以是延伸到下一个活动，使半日活动或者一日活动成为一个有机联系的整体。例如，在音乐活动"小树叶"中，孩子对歌词中描写的秋天树叶飘落的景象很感兴趣，教师就可以将延伸活动设计为带孩子去户外观察树叶，捡拾落叶，进行树叶分类活动或树叶粘贴活动。"恐龙"的主题活动实施后，教师请幼儿回家与家长一起寻找资料，一起研究和探讨。这是向家庭延伸，实施家园共育。

总之，活动延伸不是教师在活动方案上随意添加的"风景"，这些活动延伸需要教师日后对其实现和"兑现"。

> 幼儿园教育活动方案编写的一般程序为：钻研纲要和教材、分析幼儿、拟定活动名称、确定活动目标、选择活动内容、确定活动方法、设计活动过程、设计活动延伸。

三、幼儿园教育活动方案案例

样例1. 中班社会活动：报警电话

活动目标：

1. 知道几个常用的报警电话；
2. 学会正确拨打报警电话；
3. 增强自我保护的意识。

重点和难点：

学会正确拨打报警电话

活动准备：

1. 幻灯机、幻灯片（内容是一些突发事件的过程）。
2. 一幅有关突发事件图画。
3. 一部模型电话（供幼儿学习拨打报警电话）。

活动过程：

本活动设计了三大环节。

1. 通过讲述故事，吸引幼儿注意力

（以故事导入，目的是将幼儿的注意力集中到活动中来。）

（1）教师讲述故事：小麦一人在家，这时家里厨房冒出浓烟、火苗，小麦赶忙拨打119，消防员赶到，及时灭火。

(2) 与幼儿讨论以下问题：119是什么电话？你还知道哪些报警电话？
2. 设置"该怎么办"情景，引导幼儿自由讨论
引导幼儿通过看、说、获取相关经验，提问："小麦这时该怎么办，我们帮他想想办法。"请幼儿相互讨论，教师、幼儿在师生互动、生生互动中，形成合作学习机制。
3. 学习拨打报警电话
（1）分别观看小麦家正遭窃、小满奶奶突然昏迷、小强家失火的录像，引导幼儿不但要说出报警电话号码，而且还要正确拨打电话。（这样使幼儿不但掌握知识，而且掌握正确的报警方法。）
（2）幼儿讨论：能不能随意拨打报警电话，为什么不能？
4. 游戏活动：该打什么电话
（1）出示图片一：一个小朋友玩打火机，不小心烧着了窗帘，该拨打什么电话号码？请说对的幼儿上来演示拨号并学会如何向消防叔叔报警。
（2）出示图片二：一个小朋友在街上迷路了，该拨打什么电话号码？
请个别幼儿上来演示拨号并学会如何向警察叔叔报警。
（3）出示图片三：一个骑车的人在大街上突然倒地昏迷不醒，该拨打什么电话号码？
请个别幼儿上来演示拨号并学会如何向急救中心报警。
5. 教师小结：
生活中我们会遇到许多意想不到的困难或危险，需要动脑筋解决或及时报警求助，可以保护自己或他人。
活动延伸：
在活动室摆放一个电话模型，供幼儿游戏时练习拨打电话。让幼儿回家告诉家长什么时候应该拨打报警电话、怎么打。

样例2. 小班综合活动：梧桐树叶真漂亮

活动目标：
1. 尝试用手印画的方式来表现树叶的形态，进一步感受梧桐树叶的特征。
2. 初步感受梧桐树叶色彩的多样性，喜欢梧桐树。
3. 学习用手掌搓揉颜料，体验颜料印染的乐趣。

重点和难点：
1. 重点：初步感受梧桐树叶色彩的多样性，喜欢梧桐树。
2. 难点：尝试用手印画的方式来表现树叶的形态，进一步感受梧桐树叶的特征。

活动准备：
1. 黄、绿、棕颜料若干；小调羹若干；护衣每人一件；抹布若干。
2. 展板贴上白纸，做出几棵梧桐树的轮廓。
3. 背景音乐；PPT；梧桐树、彩色树叶。

活动过程：
1. 导入：欣赏梧桐树
（1）教师播放"梧桐树"PPT，幼儿边欣赏边谈论。
（2）教师提问：梧桐树是什么样的？树叶有哪些颜色？
2. 展开：印树叶
（1）第一次印树叶
① 教师出示梧桐树的轮廓图：这里有几棵梧桐树，可是只有树干，没有树叶，我们一起来为它们做树叶吧。
② 教师介绍手印树叶的方法：用调羹从小碗里盛出一些颜料，再把两只手合起来搓一搓，揉一揉，手掌和手指上都要有颜色，然后在纸上印一印。（教师示范）
③ 操作前明确要求：在梧桐树的树枝上印树叶，颜料少一些，一小勺就可以；如果想换颜料，可以用抹布把手掌中的颜料擦掉。
④ 幼儿在树枝上印树叶，播放背景音乐。

(2) 第二次印树叶

① 讨论：昨天我们看到一阵风吹过,梧桐树叶会怎么样呢?

② 幼儿再次印树叶：有的飘在天空中,有的飘在半空中,还有的飘落到地面上。

3. 结束：欣赏作品

(1) 大家一起欣赏印满树叶的梧桐树,感受树叶色彩丰富的美以及印染活动的乐趣。

(2) 欣赏秋天多彩的树叶图片,进一步感受树叶的色彩美。

(3) 教师小结：天气冷了,树叶的颜色变了,真漂亮呀!

活动延伸：

带幼儿去户外观察树叶,捡拾落叶。

本章小结

本章意图对幼儿园教育活动设计的要素进行梳理,理解幼儿园教育活动目标制定的要求并学会设计具体的活动目标;掌握选择幼儿园教育活动内容的基本原则;了解幼儿园教育活动设计的具体方法并能加以运用。掌握幼儿园教育活动方案设计的一般流程并学会设计幼儿园教育活动的具体方案。

▶ 主题词

活动目标　活动内容　活动方法　活动方案

▶ 阅读书目

1. 张祖忻,朱纯,胡颂华. 教学设计——基本原理与方法[M]. 上海：上海外语教育出版社,1992.

2. L·W·安德森,L·A·索斯尼克. 布卢姆教育目标分类学——40 年的回顾[M]. 谭晓玉,袁文辉等译. 上海：华东师范大学出版社,1998.

第三章　幼儿园健康教育活动设计

学习目标

※　了解幼儿园健康教育活动的含义；
※　知道幼儿园健康教育的目的及内容；
※　明确幼儿园健康教育的类型，并会运用幼儿园健康教育的基本方法；
※　运用幼儿园健康教育的相关理念，进行教育活动的设计。

学习导引

　　本章由三节组成。第一节介绍幼儿园健康教育的含义、目标和内容，以及达成目标的途径和方法，识记相关的知识点；第二节简述幼儿园健康教育的类型及实施健康教育的基本方法；第三节结合实例，介绍了幼儿园健康教育活动中常见的课程组织模式，供读者参考。

知识结构

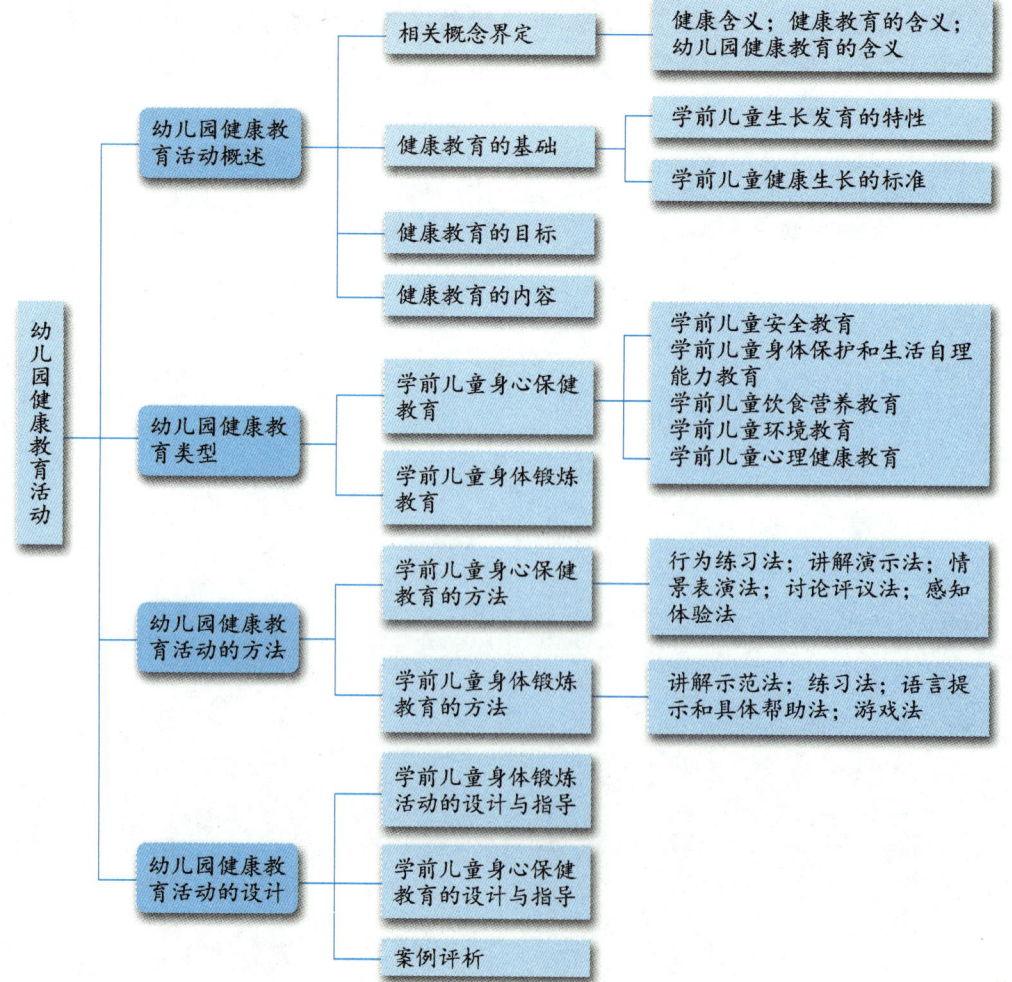

引子

"乖巧"的妮妮

妮妮小朋友长得白白净净,特别听话,上课非常认真。但是,她每天都被衣服裹得严严实实的,别的小朋友穿两件衣服时,她已经穿四件了。老师试图说服其家长让妮妮少穿点,可家长却说他家孩子特怕冷,穿少了要感冒的,可妮妮穿成这样,也不见其少感冒少请假。户外体育活动时,总不愿参与,远远地站在一旁看别人玩,问她为什么不去和小朋友一起玩?妮妮说:奶奶说不能跑,要摔跤的,还会弄脏衣服。妮妮还特别爱哭,抗挫折能力较弱,很容易因为一点小事,比如被同学不小心碰到,就哇哇哭个不停。面对乖巧的妮妮,老师常常会觉得很心疼,也很想改变这个现状,可却经常在和其家长沟通后,觉得力不从心。该怎么办呢?妮妮为什么会这样呢?让我们从什么是健康、幼儿健康以及幼儿园健康教育的内涵谈起吧。

《幼儿园教育指导纲要(试行)》明确指出:"幼儿园必须把保护幼儿的生命和促进幼儿健康放在工作的首位。"幼儿园健康教育是幼儿教育的重要组成部分。幼儿正处于身体和心理发育与发展的最初阶段和重要时期,维护和促进幼儿健康是第一位的,也是最为重要的。

第一节 幼儿园健康教育活动概述

一、概念界定

(一) 健康的含义

早在1948年,世界卫生组织(WHO)就在其宪章中将健康定义为:"健康是身体、心理和社会适应的完美状态,而不仅仅指没有疾病或虚弱现象。"这一表述正是基于人类对自身认识不断变化的结果,也标志着医学模式从单纯的生物医学模式向"生物、心理、社会"现代医学模式的转变;同时,也使健康的概念不再仅仅局限于生物学领域,而是与社会、心理、精神、环境等诸多因素联系在一起。

从基本要求来看,机体应当发育匀称,功能健全;在心理方面应当心理稳定,精力充沛,具体如下:(1)良好的个性:情绪稳定,性格温和,意志坚强,感情丰富,胸怀坦荡,豁达乐观;(2)良好的处世能力:观察问题客观,具有良好的自控能力,能适应复杂的环境变化;(3)良好的人际关系:助人为乐,与人为善,有好人缘,保持心情愉快;在社会适应方面应当关系和谐,道德健康,能适应生活的各种变化。

(二) 健康教育的含义

健康教育是通过信息传播和行为干预,帮助个人和群体掌握卫生保健知识,树立健康观念,自愿采纳有利于健康的行为和生活方式的教育活动与过程。

根据1988年第13届世界健康大会提出的新概念:健康教育是一门研究以传播保健知识和技术、影响个体和群体行为、消除危险因素、预防疾病、促进健康的科学。健康教育是有目的、有计划、有组织、有评价的教育活动,向社会、家庭和个人传授卫生保健知识,引导人们提高自我保健能力,养成健康行为,纠正不良习惯,消除危险因素,防止疾病发生,最终促进人类的健康。

(三) 幼儿园健康教育的含义

幼儿园健康教育是健康教育的基础组成部分。幼儿园健康教育是对3—6岁的学前儿童进行有目的、有计划、有组织的健康教育活动,开展健康服务,创设健康环境,预防学前儿童身心疾病的发生,提高其身心健康水平的有关理论和方法的综合学科。通过实施健康教育,使学前儿童各个器官、组织得到正常的生长发育,能较好地抵抗各种急、慢性疾病;性格开朗,情绪乐观,无心理障碍,对环境有较快的适应能力,以达到身体、心理和社会适应的良好状态,为其一生的发展奠定基础。

> 健康是身体、心理和社会适应的完美状态,而不仅仅指没有疾病或虚弱现象。健康教育是通过信息传播和行为干预,帮助个人和群体掌握卫生保健知识,树立健康观念,自愿采纳有利于健康的行为和生活方式的教育活动与过程。幼儿园健康教育是对3—6岁的幼儿进行有目的、有计划、有组织的健康教育活动,开展健康服务,创设健康环境,预防幼儿身心疾病的发生,提高其身心健康水平的有关理论和方法。

二、幼儿园健康教育的基础

健康就是不生病?

某日听到几个家长聊天,家长甲说:"哎呀,天气凉了,又该给孩子买衣服了。"家长乙说:"是啊,上半年的衣服又太小了,这个子是噌噌噌地长,原来那些衣服都挺新的,真可惜穿不上了。"家长丙说:"我家的孩子一上幼儿园就生病,班里孩子多,容易传染,老师也照顾不过来呀,还不如待在家里省事,我都让他在家待了一个多月了,每天吃吃睡睡,长胖了不少呢。"儿童的生长发育有着自身的特点和规律,了解和把握这些特点、规律,有助于我们科学地做好儿童的健康教育工作,争取家长的支持。

(一)幼儿生长发育的特性

1. 生长发育的迅速性

幼儿的体格发育速度很快,婴儿在2—3个月时的体重就能达到出生时的两倍;到周岁时,身高一般为出生时的1.5倍左右,1—2岁增长约10厘米,然后每年增长约5厘米。随着身体的增长,幼儿的活动量和活动范围也迅速扩大,这就必然要求有更多的营养摄入,才能保证幼儿生长的需要。

2. 生长发育的不等速性

人体生长发育的速度并不是均匀的,而是呈波浪式的。身高、体重及内脏器官的发育都呈现出波浪式的状态。它们的发育完善既有时间先后的不同,也有机能方面的不同。其速度和方向因年龄、性别、环境等因素的差异性而表现出各自的特点。

3. 生长发育的连续性

生长发育是一个连续的过程,在此过程中形成的快慢阶段是相互影响、环环紧扣的,这个过程不是直线变化和不分层次的,却自然地表现出阶段性的特点,并呈现一定的规律性,如"头尾发展规律"、"正侧发展规律"等。任何一个阶段的发育受到阻碍,都会对后一阶段产生不良的影响。

4. 大脑发育的重要性

大脑的良好发育是幼儿心理发展的物质基础。儿童在3岁以前,大脑神经系统的发育非常快,3岁时大脑神经细胞大体上完成分化,之后大脑仍在不断地发育。补充适当的营养,促进脑细胞的发育完善,是保证幼儿身心健康成长的重要条件。

(二)幼儿健康生长的标准

按照世界卫生组织的规定,健康的理性标准应当是:使得个人机体的一切功能活动从童年直到成年都处于最满意的状态。具体来说,幼儿健康生长主要有如下标准。

1. 健康的身体

指儿童的身高、体重等测量指标符合该年龄段的正常标准。自20世纪90年代以来,我国统一应用世界卫生组织所提供的0—7岁幼儿身高、体重的标准,来衡量每个幼儿的身体状况。结果是:大多数幼儿都达到了这一标准,但也有2%—6%的儿童低于这一标准水平。另外,肥胖的幼儿还在逐年增多,这都是不健康的身体状态。

2. 良好的抗病能力

幼儿对各种疾病的抵抗能力是体现其身体素质好坏的重要方面。一名健康的幼儿每两三个月患感冒一次,每年患感冒五六次,这是大多数儿童都能达到的体质要求。而部分幼儿免疫功能差,每月患感冒一两次或更多。也有的幼儿继发了肺炎、腹泻等更为严重的疾病,威胁着他们的身心健康。

3. 健康的五官

五官指的是幼儿的听力、视力及口腔等。20世纪90年代以来,人们发现儿童听力障碍、视力不良的患病率较高(占10%—20%),并有逐年升高的趋势。儿童的听力用声阻抗方式检查应该正常,幼儿的单眼裸视力以对数视力表检查应在0.8以上,这才符合当前听力、视力的健康要求。近年来,儿童的牙齿患龋率越来越高,对儿童的消化与营养的摄入造成了较大的影响。

4. 良好的心理与社会适应能力

幼儿有了健康的心理和较强的社会适应能力,长大后才能立足于社会,为社会的发展贡献力量。

> 生长发育的特性:生长发育的迅速性、不等速性、连续性;大脑发育的重要性。幼儿健康生长的标准:健康的身体;良好的抗病能力;健康的五官;良好的心理与社会适应能力。

三、幼儿园健康教育的目标

(一)幼儿园健康教育总目标

1.《幼儿园教育指导纲要(试行)》中健康教育的目标

(1)身体健康,在集体生活中情绪安定、愉快;(2)生活、卫生习惯良好,有基本的生活自理能力;(3)知道必要的安全保健常识,学习保护自己;(4)喜欢参加体育活动,动作协调、灵活。

2.《3—6岁儿童学习与发展指南》中的健康领域目标

(1)身心状况

目标1 具有健康的体态

3—4岁	4—5岁	5—6岁
1. 身高和体重适宜。参考标准:男孩:身高:94.9—111.7厘米,体重:12.7—21.2公斤;女孩:身高:94.1—111.3厘米,体重:12.3—21.5公斤。 2. 在提醒下能自然坐直、站直。	1. 身高和体重适宜。参考标准:男孩:身高:100.7—119.2厘米,体重:14.1—24.2公斤;女孩:身高:99.9—118.9厘米,体重:13.7—24.9公斤。 2. 在提醒下能保持正确的站、坐和行走姿势。	1. 身高和体重适宜。参考标准:男孩:身高:106.1—125.8厘米,体重:15.9—27.1公斤;女孩:身高:104.9—125.4厘米,体重:15.3—27.8公斤。 2. 经常保持正确的站、坐和行走姿势。

目标2 情绪安定愉快

3—4岁	4—5岁	5—6岁
1. 情绪比较稳定,很少因一点小事哭闹不止。 2. 有比较强烈的情绪反应时,能在成人的安抚下逐渐平静下来。	1. 经常保持愉快的情绪,不高兴时能较快缓解。 2. 有比较强烈情绪反应时,能在成人提醒下逐渐平静下来。 3. 愿意把自己的情绪告诉亲近的人,一起分享快乐或求得安慰。	1. 经常保持愉快的情绪,知道引起自己某种情绪的原因,并努力缓解。 2. 表达情绪的方式比较适度,不乱发脾气。 3. 能随着活动的需要转换情绪和注意。

目标3 具有一定的适应能力

3—4岁	4—5岁	5—6岁
1. 能在较热或较冷的户外环境中活动。 2. 换新环境时情绪能较快稳定,睡眠、饮食基本正常。 3. 在帮助下能较快适应集体生活。	1. 能在较热或较冷的户外环境中连续活动半小时左右。 2. 换新环境时较少出现身体不适。 3. 能较快适应人际环境中发生的变化。如换了新老师能较快适应。	1. 能在较热或较冷的户外环境中连续活动半小时以上。 2. 天气变化时较少感冒,能适应车、船等交通工具造成的轻微颠簸。 3. 能较快融入新的人际关系环境。如换了新的幼儿园或班级能较快适应。

2. 动作发展

目标 1　具有一定的平衡能力，动作协调、灵敏

3—4 岁	4—5 岁	5—6 岁
1. 能沿地面直线或在较窄的低矮物体上走一段距离。 2. 能双脚灵活交替上下楼梯。 3. 能身体平稳地双脚连续向前跳。 4. 分散跑时能躲避他人的碰撞。 5. 能双手向上抛球。	1. 能在较窄的低矮物体上平稳地走一段距离。 2. 能以匍匐、膝盖悬空等多种方式钻爬。 3. 能助跑跨跳过一定距离，或助跑跨跳过一定高度的物体。 4. 能与他人玩追逐、躲闪跑的游戏。 5. 能连续自抛自接球。	1. 能在斜坡、荡桥和有一定间隔的物体上较平稳地行走。 2. 能以手脚并用的方式安全地爬攀登架、网等。 3. 能连续跳绳。 4. 能躲避他人滚过来的球或扔过来的沙包。 5. 能连续拍球。

目标 2　具有一定的力量和耐力

3—4 岁	4—5 岁	5—6 岁
1. 能双手抓杠悬空吊起 10 秒左右。 2. 能单手将沙包向前投掷 2 米左右。 3. 能单脚连续向前跳 2 米左右。 4. 能快跑 15 米左右。 5. 能行走 1 公里左右（途中可适当停歇）。	1. 能双手抓杠悬空吊起 15 秒左右。 2. 能单手将沙包向前投掷 4 米左右。 3. 能单脚连续向前跳 5 米左右。 4. 能快跑 20 米左右。 5. 能连续行走 1.5 公里左右（途中可适当停歇）。	1. 能双手抓杠悬空吊起 20 秒左右。 2. 能单手将沙包向前投掷 5 米左右。 3. 能单脚连续向前跳 8 米左右。 4. 能快跑 25 米左右。 5. 能连续行走 1.5 公里以上（途中可适当停歇）。

目标 3　手的动作灵活协调

3—4 岁	4—5 岁	5—6 岁
1. 能用笔涂涂画画。 2. 能熟练地用勺子吃饭。 3. 能用剪刀沿直线剪，边线基本吻合。	1. 能沿边线较直地画出简单图形，或能沿边线基本对齐地折纸。 2. 会用筷子吃饭。 3. 能沿轮廓线剪出由直线构成的简单图形，边线吻合。	1. 能根据需要画出图形，线条基本平滑。 2. 能熟练使用筷子。 3. 能沿轮廓线剪出由曲线构成的简单图形，边线吻合且平滑。 4. 能使用简单的劳动工具或用具。

3. 生活习惯与生活能力

目标 1　具有良好的生活与卫生习惯

3—4 岁	4—5 岁	5—6 岁
1. 在提醒下，按时睡觉和起床，并能坚持午睡。 2. 喜欢参加体育活动。 3. 在引导下，不偏食、挑食。喜欢吃瓜果、蔬菜等新鲜食品。 4. 愿意饮用白开水，不贪喝饮料。 5. 不用脏手揉眼睛，连续看电视等不超过 15 分钟。 6. 在提醒下，每天早晚刷牙、饭前便后洗手。	1. 每天按时睡觉和起床，并能坚持午睡。 2. 喜欢参加体育活动。 3. 不偏食、挑食，不暴饮暴食。喜欢吃瓜果、蔬菜等新鲜食品。 4. 常喝白开水，不贪喝饮料。 5. 知道保护眼睛，不在光线过强或过暗的地方看书，连续看电视等不超过 20 分钟。 6. 每天早晚刷牙、饭前便后洗手，方法基本正确。	1. 养成每天按时睡觉和起床的习惯。 2. 能主动参加体育活动。 3. 吃东西时细嚼慢咽。 4. 主动饮用白开水，不贪喝饮料。 5. 主动保护眼睛。不在光线过强或过暗的地方看书，连续看电视等不超过 30 分钟。 6. 每天早晚主动刷牙，饭前便后主动洗手，方法正确。

目标 2　具有基本的生活自理能力

3—4 岁	4—5 岁	5—6 岁
1. 在帮助下能穿脱衣服或鞋袜。 2. 能将玩具和图书放回原处。	1. 能自己穿脱衣服、鞋袜、扣纽扣。 2. 能整理自己的物品。	1. 能知道根据冷热增减衣服。 2. 会自己系鞋带。 3. 能按类别整理好自己的物品。

目标3　具备基本的安全知识和自我保护能力

3—4岁	4—5岁	5—6岁
1. 不吃陌生人给的东西，不跟陌生人走。 2. 在提醒下能注意安全，不做危险的事。 3. 在公共场所走失时，能向警察或有关人员说出自己和家长的名字、电话号码等简单信息。	1. 知道在公共场合不远离成人的视线单独活动。 2. 认识常见的安全标志，能遵守安全规则。 3. 运动时能主动躲避危险。 4. 知道简单的求助方式。	1. 未经大人允许不给陌生人开门。 2. 能自觉遵守基本的安全规则和交通规则。 3. 运动时注意安全，不给他人造成危险。 4. 知道一些基本的防灾知识。

（二）幼儿园健康教育目标解读

上述目标可以视为当前我国幼儿健康教育的总目标，它表明了以下价值取向。

1. 身心和谐

幼儿健康应包括身体健康和心理健康两个主要方面，幼儿的身体健康以发育健全、具备基本的生活自理能力为主要特征；幼儿的心理健康以情绪愉快、适应集体生活为主要特征。由于幼儿的身体健康与心理健康是密不可分的两个方面，因此有的目标如"生活、卫生习惯良好"既包含日常生活中的盥洗排泄等生理意义的卫生习惯，也包含没有吮吸手指等心理意义的问题行为，只有身心和谐发展才能真正既保证身体的健康又保证心理的健康。

2. 保护与锻炼并重

既重视掌握必要的保健知识提高保护自身的能力，又强调通过体育活动提高身体素质，其中与安全问题相关的知识和技能，以及培养对体育活动的兴趣、增强动作的协调性和灵活性是幼儿园健康教育的重点。我们认为《幼儿园教育指导纲要（试行）》健康领域目标如此表述，实际上还隐含了幼儿园健康教育包含幼儿园体育这一思想，这与许多相关的教育或体育专著中将健康教育纳入体育之中有所不同，与目前基础教育相关科目的界定也不完全一样，但无论学术界如何看待健康教育与体育的关系，幼教工作者都应遵照《幼儿园教育指导纲要（试行）》的基本精神，坚持保护与锻炼并重。

3. 注重健康行为的形成

探讨幼儿健康行为建立、改变和巩固的一般规律是幼儿健康教育研究的重点，虽然提高幼儿的健康认识、改善幼儿的健康态度、培养幼儿的健康行为都是幼儿健康教育的目标，但幼儿健康行为的形成是幼儿健康教育的核心目标。

> 根据《幼儿园教育指导纲要（试行）》中的健康教育的目标和《3—6岁儿童学习与发展指南》，健康领域目标概括为身心和谐、保护与锻炼并重、注重健康行为的形成。

四、幼儿园健康教育的内容

幼儿园健康教育的内容主要有以下七个方面。

（一）身体素质和运动能力

培养幼儿对体育活动的兴趣，积极主动参与各种形式的体育活动和户外游戏，在活动中发展走、跑、跳、钻、爬、攀、投掷等基本动作，提高动作的协调性和灵活性，增强身体素质，提高运动能力和对环境的适应能力。

（二）个人卫生习惯

在幼儿期，要培养的个人卫生习惯。

（1）生活自理能力，如学会自己洗脸、洗手、刷牙、穿脱衣服鞋袜、吃饭、收拾整理玩具和用品等等。

（2）有规则的生活习惯，如训练按时睡眠、定时定量饮食和大小便生活习惯等等。

（3）清洁卫生习惯，如养成勤洗手、勤洗头、勤洗澡、勤换衣、勤理发、勤剪指甲的卫生习惯，不要用手挖耳、抠鼻、揉眼等等。

（4）学习卫生习惯，如正确的站姿、坐姿，注意用眼卫生等等。

(三)环境卫生教育

环境卫生教育的内容主要是让幼儿懂得保护和美化环境与增进健康的关系,逐渐形成保护环境卫生的社会责任感,并落实于自身的行为,如保持公共场所的清洁、不乱丢果皮纸屑、不随地吐痰等等。

(四)生活方式教育

对幼儿生活方式的健康教育包括饮食与营养卫生教育、休息与娱乐卫生教育、消费卫生教育、运动卫生教育等等。通过教育,为幼儿逐步形成文明、卫生的生活方式打下基础。

(五)心理卫生教育

心理卫生教育的内容包括逐步增强幼儿自身心理强度,增强对内外压力的认识、评价、容忍和解决问题的能力,以更好地适应社会生活,具体包括:培养积极的情绪和情感,改善与人交往的技能,建立良好的人际关系,形成安全感和信任感,增强积极的自我意识,发展自尊、自信和自我控制的能力等。

(六)性教育

对幼儿实施的性教育,要让幼儿逐步学习各种有关的性知识,防止幼儿产生性压抑和性神秘感,培养幼儿具有正确的性别自我认同和性角色意识。

(七)安全教育

对幼儿进行的安全教育,其内容主要是提高幼儿自我保护意识,学习应付紧急事件的机能,并能自觉遵守有关安全制度和行为规范。

> 幼儿园健康教育的内容主要有以下几个方面:1. 身体素质和运动能力;2. 个人卫生习惯;3. 环境卫生教育;4. 生活方式教育;5. 心理卫生教育;6. 性教育;7. 安全教育。

第二节 幼儿园健康教育活动的类型与基本方法

李老师辛辛苦苦设计健康活动《消防安全伴我行》,准备了很多有关消防安全的图片。可是活动中孩子们似乎提不起劲,不感兴趣。可自从有一天,丁丁带了一本绘本《消防员的一天》后,孩子们一有空闲就在一起讨论有关消防员、火灾等话题。李老师觉得这正是对孩子实施消防安全教育的好契机,于是联系好消防队,在阳光明媚的一个上午,教师带着孩子们去参观了消防大队。孩子们又兴奋又敬畏地听着队长介绍消防车中的各种用具、设备的用途和功能,孩子们不时地向队长提出最感兴趣的问题。消防队员简洁的军服、整齐有序的军队房舍布置、现代化的通讯工具以及装备齐全、用途多样的消防设备系统让幼儿们应接不暇。最后,孩子们在消防员的带领下还进行了消防演习和模拟"灭火"练习。在接下来很长的一段时间里,孩子们在区域里自发生成了游戏"消防队",游戏情节从接到报警电话、开车出发、灭火、组织逃生等越来越丰富了。为什么前后两次活动的效果如此不同呢?让我们来了解一下幼儿园健康教育的类型和基本方法,就能找到释疑的钥匙了。

一、幼儿园健康教育活动的类型

根据幼儿园健康教育所涉及的内容,可以分为以下六个健康教育类型。

(一)幼儿安全教育

1. 幼儿安全教育的主要任务

(1)帮助幼儿树立有关安全的意识

幼儿活泼好动,好奇心强,又不懂得该做和不该做的区别,容易发生各种意外伤害事故。所以,在对幼儿进行安全教育的过程中,帮助他们建立起安全的意识是十分必要的。教师应从幼儿自我保护能力较弱的特点出发,有意识地通过看图画、读儿歌、讲故事、做小实验、互相讨论等形式,全面地进行安全教育,让幼儿了解、适应周围的环境,懂得周围各类危险因素的危害。

(2) 引导幼儿学习必要的安全常识

教师可以结合幼儿的生活实际,帮助他们了解一定的安全常识,包括:了解水、电、火、煤(天然)气、刀具、常用药品的使用等方面的安全知识和注意事项;获得应付意外事故,尤其是火灾、雷击等的常识,懂得及时避开危险场所;知道常见的各种标记或特殊的电话号码,遇到突发事件时会求助;丰富生活内容,学习在复杂的社会生活中保护自己。

(3) 培养幼儿良好的行为习惯

幼儿期的神经细胞反应时间短,容易形成条件反射,即容易养成习惯。教师应利用这一特点,多进行正确行为的强化练习,持之以恒,帮助幼儿养成良好的行为习惯,减少意外伤害事故的发生。同时,也要教育幼儿学会分享、合作等良好的交往方式,以避免幼儿之间由于不合群、好攻击而造成的伤害事故。

(4) 激发幼儿参加体育活动的兴趣

幼儿生长的局限性致使其身体肌肉的活动不力,肌肉组织内储氧量不够,肌肉弹性、张力也较缺乏。因此,幼儿动作的平衡能力、灵活性都达不到自我保护的要求。为此,应注意激发幼儿参加体育活动的兴趣,给幼儿提供足够的时间和空间,合理地组织有一定强度和密度的体育活动,增强体质,以提高自我保护的能力。

2. 幼儿安全教育的具体要求

(1) 交通安全

① 认识交通标记,如红绿灯、人行横道线,并且知道这些交通标记的意义和作用。

② 了解基本的交通规则,如红灯停,绿灯行,行人走人行道,上街走路靠右行,不在马路上踢球、玩滑板车、奔跑、做游戏,不横穿马路等。

③ 教育幼儿从小要有交通安全意识,养成遵守交通规则的良好习惯。

(2) 消防安全

① 要让幼儿懂得玩火的危险性。

② 要让幼儿掌握简单的自救技能。如一旦发生火灾必须马上逃离火灾现场,并及时告诉附近的成人。当发生火灾,自己被烟雾包围时,要用防烟口罩或干、湿毛巾捂住口鼻,并立即趴在地上,在烟雾下面匍匐前行。

③ 组织幼儿参观消防队,看消防队员的演习,听消防队员介绍火灾的形成原因、消防车的作用、灭火器的使用方法及使用时应注意的事项等。

④ 组织幼儿进行火灾疏散演习,事先确定各班安全疏散的路线,让幼儿熟悉幼儿园的各个通道,以便在火灾发生时,能在教师的指挥下统一行动,安全疏散,迅速离开火灾现场。

(3) 食品卫生安全

① 教育幼儿勿将各种非食物的东西放入口中,不随便捡食和饮用不明的东西,以免发生食物中毒。

② 教育幼儿不吃腐烂的、有异味的食物。

③ 教育幼儿养成良好的饮食习惯,如在进食热汤或喝开水时,必须先吹一吹,以免烫伤;吃鱼时,要把鱼刺挑干净,以免鱼刺卡在喉咙里;进食时,不嬉笑打闹,以免食物进入气管等等。

④ 教育幼儿不能随便吃药,一旦要服药,一定要按医生的吩咐,在成人的指导下服用。

(4) 防触电、防溺水

① 告诉幼儿不能随便玩电器,不拉电线,不用剪刀剪电线,不用小刀刻划电线,不将铁丝等插到电源插座里等等。

② 告诉幼儿,一旦发生触电事故,不能去拉触电的人,而应及时切断电源,或者用不导电的东西挑开电线。

③ 告诉幼儿不能私自到河边玩耍,不能私自到河里游泳。

④ 告诉幼儿不能将脸闷入水中。

⑤ 告诉幼儿,当同伴失足落水时,要及时就近叫成人来抢救。

(5) 幼儿园玩具安全

① 教育幼儿玩大型玩具滑梯时不拥挤,前面的幼儿还没有滑到底及离开时,后面的孩子不能往下滑;玩秋千时,要注意坐稳,双手拉紧两边的秋千绳;玩跷跷板时,除了要坐稳,还要双手抓紧扶手。

② 教育幼儿玩中型玩具,如积木、游戏棒时,不得用手中的玩具去打其他幼儿的身体,特别是头部。

③ 教育幼儿玩小型玩具,如玻璃球、木珠子时,不能将它放入口、鼻、耳中,以免造成伤害等。

(6) 幼儿生活安全

① 教育幼儿在运动和游戏时要有秩序,不拥挤推撞;在没有成人看护时,不能从高处往下跳。

② 教育幼儿不擅自爬树、爬墙、爬窗台;不从楼梯扶手上往下滑;推门时要推门框,不推玻璃,手不能放在门缝里。

③ 教育幼儿乘车时不在车上来回走动,手和头不伸出窗外。

④ 教育幼儿上下楼梯要靠右边走,不推挤。

⑤ 教育幼儿不轻信陌生人的话,未经允许不跟陌生人走;当独自在家有陌生人敲门时,不随便开门。

⑥ 教育幼儿不随便开启家用电器,特别是电熨斗、电取暖器等;不玩弄电线与插座。

⑦ 教育幼儿不独自玩弄烟花爆竹;打雷闪电时不站在大树底下。

⑧ 教育幼儿不逗弄蛇、蜈蚣、蝎子、黄蜂、毛毛虫、狗等动物。

(二) 幼儿身体保护和生活自理能力教育

幼儿身体保护和生活自理能力教育,主要是培养幼儿科学地认识、使用、养护和锻炼身体器官以及生活卫生、进餐、着装、睡眠、盥洗等方面基本的生活能力。幼儿身体保护和生活自理能力教育既是健康教育的领域,又是现代健康生活方式的重要组成部分。对于幼儿身体保护和生活自理能力教育的认识,需要打破仅仅局限于生活技能和行为习惯养成的教育模式,建立以健身为主、全面育人的价值观和目标观,发展幼儿的全面素质。幼儿身体保护和生活自理能力是人类生存能力的重要内容,是幼儿生存和健康发展的重要基础。

1. 幼儿身体保护和生活自理能力教育的目的

学前期是个体发展的关键时期。处于这一时期的幼儿,接受能力强,行为可塑性大。因而学前期也是幼儿养成良好的身体保护和生活自理能力的最佳时机。在这一时期养成的良好习惯,容易成为动力定型;反之,养成了不良的习惯,以后要纠正就会相当困难。所以,抓住关键的时期,实施与幼儿发展相适应的身体保护和生活自理能力教育,不仅事半功倍,而且将会使个体终身受益。幼儿身体保护和生活自理能力教育,是幼儿拥有健康体魄的前提,也是幼儿教育的重要组成部分。它既是一个施加影响的过程,也是达成教育目标的过程。

2. 幼儿身体保护和生活自理能力教育的内容

(1) 生活卫生方面

这是指幼儿在基本生活方面应养成的习惯,主要内容有以下三个方面。

① 进餐。了解基本的食物和营养知识,掌握基本的进餐技能,如使用和存放餐具的方法、合理的咀嚼方法;饭前必须洗手,进餐时要细嚼慢咽,不要边吃饭边喝水,不要暴饮暴食;剧烈活动后不宜立即吃饭、喝水;生吃瓜果要洗净后再吃;不吃过多的甜食,不乱吃零食;不用饮料代替饮用水,不喝生水和不洁净的水,不要只喝纯净水;吃饭、喝水时要一口一口地吃、喝,不要太急,不要说笑,以免食物和水呛入气管;不要边吃饭边看电视,也不要边吃饭边看书报,以免影响食物的消化吸收;吃饭时间在30分钟内为宜,时间不要太短或太长;要将食物充分咀嚼,以利于食物的消化和吸收;吃饭时不要吃得过饱,以免增加肠胃的负担。

② 着装。注意衣着卫生,衣服脏了要及时换洗,能根据气温变化和活动量的大小增减衣服;掌握基本的穿、脱、叠、放衣物的技能,培养独立着装的能力和习惯。

③ 睡眠。姿势要正确,早睡早起,有规律地作息,每天保证必需的睡眠时间;独立安静地入睡,不玩玩具,不蒙头睡觉;睡前把衣鞋放在固定的地方。

(2) 清洁卫生方面

清洁卫生是指幼儿在料理自己方面应养成的习惯。主要内容有:每天早晚洗脸一次;饭前便后洗手;手脸脏了随时洗;饭后漱口、擦嘴;每晚睡前要洗脚;每周剪指甲一次;勤洗澡、洗头,头发长了要及时理发,女孩尽量不留长发、不用金属发卡;每天换洗内衣、鞋袜;注意保护皮肤;每周洗澡一次;定时大便。

(3) 环境卫生方面

环境卫生是指幼儿在对待周围环境方面应养成的习惯。主要内容有:东西要放在固定地点,摆放要整齐;不乱丢果皮、纸屑;不随意乱写乱画;不随地大小便;不随地吐痰。

(4) 器官保护卫生方面

这是指幼儿在保护自我身体器官方面应养成的习惯,主要内容有以下六个方面。

① 眼保健:掌握基本的眼保健知识;学会正确地做眼保健操,并且初步养成做眼保健操的习惯;阅读姿势正确;书写姿势正确;不在运动的车上看书,不躺着看书,不边走路边看书;看电视距离远近适宜,连续看电视不超过1小时,每天看电视时间不超过2小时;不用脏手揉眼睛;异物进入眼睛后不揉搓;不用别人的毛巾洗脸,眼睛里进入异物或痒时不用手去揉;吃胡萝卜、猪肝等食物对眼睛有好处。

② 声带保健:注意保护嗓子,不高声喊叫、不尖叫;唱歌时,用最好听的(自然的)声音唱,唱歌后不马上喝凉水;正确朗读,声音洪亮;用嗓子时间长时,要及时休息、润喉;上呼吸道感染时,尽量不唱歌、不大声说话。

③ 口腔保健:知道口腔里有牙齿、舌头,口腔里能够流出口水;乳牙的种类和功能,5—6岁时要换牙和换牙的卫生知识;牙齿能够切碎食物、帮助发音;舌头能够辨别冷热;唾液能够帮助消化、杀死细菌,帮助吞咽;学习漱口、刷牙技能,饭后以及吃甜食后要注意漱口;每天早晚各刷牙一次,选用的牙刷刷毛不要太硬,也不要太长,三个月换一次牙刷;选刺激性小的、含氟的牙膏,用正确的方法刷牙;不吮吸手指、不咬衣襟、不托腮,不贪甜食、冷食,不把非食品的东西放入口中;防龋和换牙时的卫生保健知识。

④ 耳保健:知道耳有耳壳、耳道,耳朵能够听音乐,欣赏音乐,帮助识物识人;常洗耳壳;遇到噪声时,用手捂住耳朵,张开嘴巴;自己不挖耳,不用硬物抠耳朵;洗澡、游泳时,要注意保护耳朵,不要让水灌进耳朵里。

⑤ 鼻保健:知道鼻结构和功能方面的知识;掌握正确的擤鼻的技能;不抠鼻孔,不往鼻孔里塞异物;避开灰尘和噪声大的地方,不大声喊叫,打喷嚏时捂住口鼻;掌握相关的营养知识,如吃柿子椒、油菜对鼻子有好处。

⑥ 皮肤保健:掌握基本的皮肤保健知识;爱护自己的皮肤;掌握洗手、洗脸、洗脚、洗肛门、用指甲刀等技能;勤洗手、洗头、洗澡,常剪指(趾)甲,勤换衣服,注意保持手脸清洁。

(三) 幼儿饮食营养教育

身心健康是人的素质的必备条件,而充足合理的营养又是保证人身心健康的重要基础。对于生长发育正处于迅猛阶段的幼儿而言,帮助他们树立正确的营养观念,形成良好的饮食卫生习惯,是幼儿园健康教育的基本内容之一,也是幼儿全面发展的重要保证。

幼儿饮食营养教育的重点在于让幼儿了解人的成长与身体的健康必须依靠食物;懂得身体需要多种营养素,喜欢吃多种不同的食物;初步了解烹调食物的基本方法,养成良好的饮食卫生习惯及健康文明的饮食礼仪;了解不同地区饮食文化的多元性及风俗习惯。

(四) 幼儿心理健康教育

幼儿心理健康教育是运用心理科学原理与方法,根据幼儿的年龄特点,有目的、有计划地预防和矫治幼儿的行为偏异和心理障碍,培养健康心理品质的教育。它是幼儿心理教育的重要组成部分。

幼儿心理健康教育的主要内容是帮助他们学习表达和调节情绪的方法,学习社会交往的技能,养成良好的习惯,进行性教育,预防和矫治一些常见的心理障碍和行为异常,培养幼儿自我保护的能力和提高其心理健康水平。

(五) 幼儿环境教育

幼儿环境教育是有计划、有目的、有组织进行的显性教育过程,其目标是让幼儿懂得环境保护的基本知识和技能,纠正不爱护公共卫生和生态环境的态度和行为,培养热爱大自然的情感,形成初步的环保意识和责任感,养成爱护环境的行为习惯,防止环境污染对幼儿的危害,保障幼儿的身心健康。

幼儿环境教育活动组织注意事项如下:

1. 创设良好的幼儿园生态环境

多种植花草树木,创设植物角和动物角,供幼儿观察、劳动体验。

2. 以渗透为主

幼儿园应把丰富多彩的环境教育内容渗透到各种教学和户外活动及日常生活中去,将环境教育活动的内容与其他的教学内容有机地结合起来。

3. 以游戏为主

环境教育活动要寓于各种游戏中,引导幼儿在活动中学习,在玩耍中受教育。

（六）幼儿体育

幼儿体育是幼儿全面和谐发展教育的一个有机组成部分，也是幼儿园健康教育的重要内容之一。科学的、适合于幼儿的体育活动，对于幼儿提高身体素质、增强体质、增进健康水平，将来更好地适应社会生活等，都具有重要的促进作用和深远意义。因此，幼儿园健康教育要充分重视幼儿体育。

1. 幼儿体育的内涵

幼儿体育是在遵循0—6岁幼儿身心发展的特点和规律的基础上，融保育与教育为一体的特殊的教育领域。幼儿体育活动以游戏为基本活动形式，注重个体差异，不搞达标和测验。因此，幼儿体育的目的在于培养幼儿自主参与体育锻炼的兴趣和良好习惯，体验运动快乐，增强体质，发展身心素质和初步的运动能力，提高健康水平，为一生的可持续发展奠定基础。

2. 幼儿体育的价值

幼儿体育不仅能促进幼儿身体的健康发展，同时对学前儿童的心理以及社会性的发展都具有积极的影响作用。因此，在幼儿园健康教育工作中要充分认识、肯定和挖掘幼儿体育的价值，为培养健康、和谐的幼儿而努力。

身体运动时，会对身体施加一定的刺激（即运动刺激），作用于幼儿的机体，使机体承受着相应的生理负荷，促使着机体内部不断地进行调整而逐渐产生适应性变化，从而使机体在形态、结构和机能上得到一定的完善和提高，促进幼儿身体的发展。

通过各种身体运动，幼儿可以获得丰富的知识和运动经验，使他们的知觉更敏锐，观察更细致，语言更丰富，记忆力、想象力、思维能力和判断力都能够得到一定的提高。

运动能使人心情开朗、精神振奋、积极活泼，尤其是幼儿期的运动经验，对一个人个性的形成具有重要影响。身体活动能力较强的幼儿，会逐渐形成肯定自我的概念，他们对其他事情也抱有较强的自信心，愿意大胆、独立地尝试新事物。行为更积极主动，经常表现出较强的探索精神和独立性、自主性。

在幼儿和其他人一起进行身体运动时，需要学会与他人友好合作，遵守游戏规则，学会等待和忍耐，懂得分享，还要具有公平竞争意识和团队精神以及责任感等。因此，身体运动为培养幼儿良好的社会适应能力、人际交往能力创造了有利的条件和机会。

3. 幼儿体育活动的基本内容

（1）幼儿基本动作的练习

基本动作，即人体的基本活动能力，是指人们在日常生活和社会实践活动中所必需的、最基本的身体运动的技能。基本动作是幼儿体育活动的主要内容之一，包括走、跑、跳、投掷、钻、爬和攀登等。幼儿基本动作练习的任务是：促进身体生长发育；发展力量、速度、耐力、平衡、协调和灵敏等身体素质；促使幼儿不断改进走、跑、跳、投等基本动作的质量；获得有关的粗浅知识，提高智力水平；培养勇敢、果断、灵敏、灵活、积极向上、团结友爱等优良品质。

（2）幼儿基本体操的练习

幼儿的基本体操是锻炼幼儿身体、促进幼儿机体协调发展的一种形式简便、易于普及的动作练习。根据幼儿的年龄特点，基本体操可以分为婴儿体操和幼儿体操，为3—6岁幼儿选用的是幼儿基本体操。

幼儿通过体操动作的练习可以活动和锻炼肌肉、关节及韧带，促进力量、柔韧、平衡、协调等多种身体素质的发展，培养正确的身体姿态和一定的节奏感，发展空间知觉和时间知觉等。幼儿体操动作的类型主要包括徒手体操和器械体操。

排队和变换队形是指全体幼儿按照统一的口令，站成一定的队形，做相对协同一致的队列动作。进行排队和变换队形的练习，能培养幼儿的团队意识和集体观念，以及迅速、整齐、统一行事的良好习惯，同时促进幼儿形成正确的身体姿势，发展空间知觉。

（3）幼儿体育游戏

体育游戏也称运动性游戏或活动性游戏。体育游戏，可以使幼儿获得良好的情绪体验，锻炼幼儿身体，培养幼儿良好的品质和社会适应能力，促进幼儿认知能力的发展。

（4）幼儿运动器械的练习

幼儿运动器械的练习专指利用运动器械进行的身体练习活动。根据运动器械的特点和锻炼的主要功能，运动器械有多种分类，如大、中、小型运动器械，滑行类、旋转类、摆动类、颠簸类、攀登类、钻爬类、弹跳类等运动器械，以及现代或传统运动器械等。

4. 幼儿体育活动的组织形式

幼儿体育活动的组织形式应该是丰富多彩的,这有助于增强幼儿参与运动的兴趣,使他们体验运动的快乐,提高身体素质,培养主体精神。

(1) 早操活动

早操活动是幼儿体育活动的一种基本的组织形式。早操活动是一日活动的开始,也是幼儿早晨入园后在教师的组织、引导下进行的专门性身体锻炼活动。

(2) 户外体育活动

户外体育活动指非正规的、低结构化的幼儿体育活动,教师大多采取间接指导的方式来组织和实施活动,时间的安排上更为灵活,活动形式更加多样,活动内容也更为广泛。

(3) 集体体育教学活动

幼儿集体体育教学活动是指幼儿在教师有目的、有计划的指导下,发展动作、增强体质、增长知识、培养品德、发展能力和形成个性的过程。

(4) 室内体育活动

室内体育活动是指在教室或专门的体育活动室内进行的体育活动。目前一些有条件的幼儿园已经开设有专门的体育馆、室内泳池、舞蹈房或体操房、室内攀岩墙、室内海洋球池、室内旱冰场、"感觉统合"活动室等。

(5) 野趣活动

幼儿园野趣活动是指利用周围自然环境中可锻炼身体的因素,进行挑战自我、回归自然的身体活动。

(6) 亲子运动游戏

亲子运动游戏是指孩子与家庭成员间共同开展的以生动、有趣的体育游戏为主的一项活动,它是幼儿游戏的一种重要形式。在亲子运动游戏中,孩子是活动的主体,家庭成员起指导作用。亲子运动游戏就是一种典型的家园共育活动。

(7) 其他形式的体育活动

其他形式的幼儿园体育活动有很多,如运动会、三浴锻炼、远足活动或短途旅游、一分钟体育、劳动以及集体舞蹈等。这些体育活动组织形式既丰富了幼儿园体育活动,也提高了幼儿的运动兴趣。

幼儿园健康教育活动涉及的内容很广,总的来说,它包括身心保健和身体锻炼两大方面的活动内容。幼儿安全教育、幼儿身体保护和生活自理能力教育、幼儿饮食营养教育、幼儿心理健康教育、幼儿环境教育可以同归为幼儿身心保健教育,学前儿童体育则可称为幼儿身体锻炼教育。

> 幼儿园健康教育涉及范围广泛,大致分为两类:幼儿身心保健教育(幼儿安全教育、幼儿身体保护和生活自理能力教育、幼儿饮食营养教育、幼儿心理健康教育、幼儿环境教育);学前儿童身体锻炼(教育幼儿体育)。

二、幼儿园健康教育活动的方法

小班日常行为教育活动"保护牙齿",幼儿已经是第三遍跟老师一起念《刷牙歌》了。孩子们伸出的右手食指,由原来勉强看得出的"上刷刷,下刷刷"变成了根本看不出方向和规律的动作,有些孩子已经不再发出声音,目光也开始从老师身上转向别的地方……其实要想幼儿园健康教育活动取得好的效果,是有很多方法的。

幼儿园健康教育活动的方法,是指在健康教育活动中,为了达到活动目标,教师和幼儿所采用的教法和学法。教育方法的采用,应考虑幼儿的年龄特点、实际水平和健康领域本身的特点等。由于健康教育活动的内容不同,因而在方法上也有所区别。

(一) 幼儿身心保健教育活动常用的方法

1. 行为练习法

行为练习法是指让幼儿对已经学过的技能和行为进行反复练习,加深幼儿对某个行为或技能的理解和掌握,从而形成稳定的行为习惯。在运用这一方法时,家长和教师要注意行为练习的兴趣性、持续性和

指导性,这样才能取得良好的效果。

2. 讲解演示法

讲解演示法是指教师通过具体而形象地向幼儿讲解,并结合实物或动作加以演示,给幼儿一个正确完整的概念,从而帮助幼儿尽快掌握有关的知识和技能,可以使他们有效仿的榜样。例如,在"水果宝宝的漂亮衣服"活动中,教师可以向小班幼儿出示各种水果实物或水果模型,进行生动有趣的讲解演示。

3. 情景表演法

情景表演法是指教师或幼儿就特定的生活情景、故事情节等加以表演,然后让幼儿思考分析情景中所涉及的健康教育的问题。由于情景表演的主题来源于幼儿的现实生活,能激发他们的兴趣,所以这种方法能较好地帮助他们认识生活中可能遇到的问题和冲突,了解应该做出的合乎要求的行为。

4. 讨论评议法

讨论评议法指在幼儿参与健康教育的过程中,让他们提出问题,发表自己的意见和看法,最后得出结论,形成共识。这种方法能有效地帮助幼儿表达自己的真实想法,在讨论、评议中提高他们辨别是非的能力和对健康的认识水平。讨论评议法通常选择幼儿感兴趣的饮食营养话题展开讨论。例如夏天到了,教师就"为什么不能多吃冷饮"或"能不能用饮料替代白开水"等问题让幼儿进行讨论,最终使幼儿辨清是非,主动选择正确的行为。

5. 感知体验法

感知体验法指让幼儿通过各种感官来认识和判别事物的特性。这种方法能有效地激发幼儿参与活动和在活动中探究的兴趣,加强他们对事物认识的印象。例如,在让幼儿认识各种食物,向幼儿介绍简单的营养知识时,让幼儿亲眼看一看,亲手摸一摸,亲自闻一闻、尝一尝,他们往往会十分乐意,且对认识的食物留下深刻的印象。

(二)幼儿身体锻炼活动常采用的方法

1. 讲解示范法

讲解是指教师用语言组织幼儿的活动,指导他们理解和掌握活动的名称及练习内容,领会动作的要领和做法的一种方法。示范是指教师以个体(教师或幼儿)的动作为范例,使幼儿看到所要练习和掌握的动作或技能的具体形象、结构和完成的先后顺序等。在具体的活动中,讲解和示范合理结合,并根据幼儿的年龄特点和幼儿对身体练习内容熟悉的程度确定讲解和示范的多寡。示范能弥补讲解的不足,而讲解又能补充示范不易表达的内容。因此,边示范、边讲解、边组织幼儿进行练习,是适合幼儿特点的有效方法之一。

2. 练习法

练习法指通过讲解示范后,在幼儿初步建立与活动有关的表象或概念的基础上,让幼儿在教师的指导下进行各种身体练习,以实现身体锻炼活动目标的一种方法,它是体育活动中最基本也是最重要的方法。幼儿园常用的练习法有以下四种。

① 重复练习法。在固定的同样不变的条件下反复练习的方法,如重复做某节体操或练习某个动作等。

② 条件练习法。设置一定的具体条件或在改变先前练习条件的情况下,让幼儿进行练习的方法,如在规定高度的条件下让幼儿练习纵跳触物,或在改变平衡木的练习高度、练习动作或难度后,让幼儿按改变要求练习等,都采用了这种方法。

③ 完整练习法和分解练习法。前者是指把整个动作或活动过程完整地进行练习的方法;后者是指将动作或活动过程分成几个部分,按部分逐次进行练习,最后再组合成完整动作或活动全过程进行练习的方法。如练习跑的动作,可让幼儿先原地练习摆臂动作,然后再结合下肢动作,完整练习整个动作。

④ 循环练习法。依次做几个不同类型和性质的动作,或依次进行几项活动内容的锻炼方法。多用于早操和户外体育活动。

3. 语言提示和具体帮助法

语言提示法是指在幼儿进行身体练习时,教师用简短明确的语言,提示和指导幼儿正确完成动作或进行活动的方法;具体帮助法是指教师直接而具体地帮助幼儿改正错误,掌握正确的练习要求和方法。这些方法往往结合使用,多用于重复练习时由教师帮助幼儿防止和纠正错误,也是实施个别指导的有效方法。

4. 游戏法

游戏法是指以游戏的形式组织幼儿进行锻炼的方法,能将幼儿难以理解或枯燥的动作和身体素质等练习变成有趣的模仿活动或具体的游戏情节,提高他们练习的兴趣。此外,幼儿身体锻炼的方法还有比赛法、领做法、信号法等。总之,幼儿园健康教育活动的方法是多种多样的。在开展具体活动时,应注意综合运用多种方法,并根据幼儿的情况、活动的不同内容和组织形式、幼儿不同的活动方式,以及环境、器材等条件的具体情况灵活运用。

> 幼儿身心保健教育活动常用的方法有行为练习法、讲解演示法、情景表演法、讨论评议法、感知体验法。幼儿身体锻炼活动常采用的方法有讲解示范法、练习法、语音提示和具体帮助法、游戏法。

第三节 幼儿园健康教育活动的设计与活动方案评析

> 在一次体育活动中,教师投放了新自制的玩具"大石头",孩子们要想顺利过小路,必须学着小兔子的样子跳过路中间的"大石头"。孩子们对这个活动非常感兴趣,个个跃跃欲试。但在活动中,发现除了少数孩子能跳过"大石头"外,大部分孩子无法完成任务,很快兴致索然。这时才发现"大石头"对小班孩子来说,确实有点高,跳跃有一定的困难。接着,教师把玩法改成:遇见"大石头",采用跨过去的方法。孩子们的参与热情又被激发了,最终顺利地完成了本次活动。那么,该教师最初在设计此活动时,出现了什么问题?一个让幼儿感兴趣又能促进发展的活动,教师在设计时应该考虑哪些因素呢?在本节内容中,你能找到答案。

健康教育活动设计是指课程层面的设计,依据幼儿身体锻炼的内容及形式、身体锻炼的目标,选择或创编相应的活动内容(教材),并拟订出一定时间内向幼儿施加教育影响的方案的过程。

幼儿园健康教育活动的方案设计,包括活动目标、活动准备和活动过程、活动延伸等几个步骤。

(一)关于活动目标

具体的活动目标是健康教育总目标和年龄段目标的细化。在表述中应简洁清晰、准确具体,具有可操作性,目标条目不宜过多,一般2—3条。每个具体教育活动目标的设计,最直接的依据是年龄阶段目标,但要结合本班幼儿的实际发展水平和上一次健康活动的情况,目标的内容要考虑幼儿认知、情感和技能三方面的整合,但并不意味着每个活动都需要在上述三个方面确定目标。

健康教育活动的目标在幼儿的动作与技能、情感与态度以及认知方面具体体现为:(1)动作与技能的健康发展,包括:动作协调、灵活,发育正常,体质增强;有基本的生活自理能力和良好的生活卫生习惯,学习保护自己;能运用各种感官探究问题。(2)情感与态度的健康发展,包括:在集体生活中情绪安定、愉快;喜欢并主动参与各项活动,有自信心;乐意与人交往,讲话礼貌,愿意互助、合作和分享,有初步的道德感;不怕困难,有初步的责任感;关心周围环境,有好奇心和求知欲;能初步感受生活和艺术中的美,并能大胆地表达自己的情感和体验。(3)认知的健康发展,包括:知道必要的安全、营养等方面的保健常识;理解日常用语并能清楚地表达自己想说的事情;了解且遵守日常生活中基本的社会行为规则;认识常见的动植物,有初步的环保意识;了解生活和游戏中最初步的数量关系。

(二)关于活动准备

一个成功的健康教育活动需要教师进行多方面的准备,包括物质条件和环境创设、幼儿的知识经验和心理准备等方面。

(三)关于活动过程

活动过程一般包括导入部分、基本部分和结束部分这三个环节。教师应明确:希望幼儿在哪些方面获得发展?希望解决什么问题?如何启发幼儿思考?如何带动幼儿参与活动?什么时候提什么问题?如何

使用最佳的教育方法？如何让幼儿对活动做出总结，使幼儿已有的经验得到提升？

（四）关于活动延伸

好的教育活动不是止于特定的某一次活动，而是一个长期、持续的过程，特别是能力、习惯的培养，活动延伸不可缺少。活动延伸的方法可以是家园共育、领域渗透、环境创设、区角活动等。如在一次健康活动中，幼儿了解了刷牙的重要性及刷牙方法，教师及时在区角里投放牙刷和牙齿模型，让幼儿练习刷牙，并通过家园宣传栏、班级 QQ 群等方式，让家长知道幼儿园现阶段的教学内容，要求家长在家中督促幼儿按时以正确的方法刷牙，以帮助幼儿巩固刷牙的正确方法，并养成良好的刷牙习惯。

幼儿园健康教育活动的设计与指导，包括幼儿身心保健活动、幼儿身体锻炼活动的设计与指导。

一、幼儿身体锻炼活动的设计与指导

幼儿身体锻炼活动中，以集体教学活动方式体现的主要是指幼儿体育教学活动。幼儿体育教学活动是指幼儿在教师有目的、有计划的指导下，发展动作、增强体质、增长知识、培养品德、发展能力和形成个性的过程。在设计时应注意以下四个方面：

（一）幼儿体育教学活动的类型

幼儿体育教学活动一般有三种类型。一种是新授活动，即以学习新教材，并把新教材作为身体锻炼活动的主要内容而展开的教学活动。另一种是复习活动，即以幼儿已经学习过的教材作为身体锻炼活动的主要内容而展开的教学活动（活动的要求和锻炼方式等可适当改变）。第三种是综合活动，这是幼儿园最基本、最普遍采用的体育活动类型。《3—6岁儿童学习与发展指南》在"说明"中指出："儿童的发展是一个整体，要注重领域之间、目标之间的相互渗透和整合，促进幼儿身心全面协调发展。"教师选择内容和考虑组织形式时，要关注活动内容和形式是否与幼儿的发展特点相符合，是否能激发幼儿的兴趣，是否与幼儿生活经验相贴近。

（二）幼儿体育教学活动的设计应遵循的规律

在分析幼儿身体锻炼的原则时，我们曾提到，人体在运动过程中生理机能能力的变化经历了上升、平稳、下降三个阶段。

1. 上升阶段

它包括两个过程。第一个过程是在进行身体锻炼活动前，知道或想到即将开展活动，人体在生理和心理上产生的选择性反应。一种是适应性积极反应，表现为人体血液中血糖含量的增加，心跳和呼吸加快，大脑的兴奋性提高，精神愉悦而振奋，等等，这些变化能使人体加速身体适应锻炼活动的需要。另一种是负性消极反应，即表现为大脑的抑制性提高，情绪低落，乏力，且动作迟缓，对活动不感兴趣。根据这一规律，教师平时必须把每次身体锻炼活动组织好，让幼儿听到要开展身体锻炼活动就产生积极的情绪。另外，在组织活动的开始部分，应想方设法激发幼儿的活动兴趣，使幼儿情绪活跃起来。第二个过程是通过适当的身体活动，克服各器官、组织的机能惰性，提高其活动能力，使其较快地达到较高水平。为此，教师在活动的开始部分应利用适当的辅助活动（热身活动或针对性的准备活动）来适应活动开始时身体活动能力较低的状态，并使身体活动的能力较快地上升，以适应第二阶段活动的需要。上升阶段的变化，与人体的体质、训练水平、年龄特点及活动的内容等因素有关，其时间有长有短。幼儿身体各器官的惰性小，易动员，活动能力上升较快，所以开始部分活动的时间较短，运动负荷的增加稍快。

2. 平稳阶段

身体各器官活动能力已达较高水平，且能保持一段时间。这时身体活动效率高，学习的效果好，且能适应较激烈的身体锻炼活动。因此，这一阶段相当于身体锻炼活动的基本部分，在活动展开时，宜将难度较大、较新的教材或运动负荷较大的练习内容安排在此阶段。一般运动负荷的高峰也出现在该阶段。平稳阶段持续时间的长短与幼儿的体质、训练水平、年龄、心理状态及活动内容的运动负荷和练习密度的大小等因素有关。在平稳阶段，幼儿的持续时间较成人短。因此，在此阶段，教师应选择合适的活动内容，并控制好练习的密度和运动负荷，既要保证运动负荷高峰的出现，又要避免因运动负荷过大或高峰过早出现致使幼儿过早发生疲劳。

3. 下降阶段

身体锻炼活动进行一段时间后，由于体内能量、物质的消耗和恢复不足，身体出现疲劳，活动能力下降。这时，应停止较激烈的活动，进行一些放松活动。但是，不宜急刹车，应安排一些缓冲活动，以便幼儿较好地恢复身体机能能力和消除身体疲劳。

(三) 幼儿体育教学活动过程的组织

依据人体机能能力变化的规律，常见的幼儿身体锻炼活动的组织含以下三部分：

1. 开始部分(也称准备部分)

主要任务是迅速将幼儿组织起来，集中幼儿注意力，做一些必要的身体准备活动，并从心理上调动幼儿参与活动的积极性和愿望。该部分的时间不应过长，通常以幼儿身体舒展以及情绪逐渐激昂为宜，一般占总时间的 10%—20%。

2. 基本部分

主要在于完成此次集体教学活动的教育、教学任务，如新授的、有一定难度的内容以及高度兴奋、活动量较大的游戏活动等。该部分的时间相对较长，通常一次集体体育教学活动的大部分时间分配在此阶段中，一般占时间的 70%—80%。一次活动一般安排 1—2 项活动内容，在内容的安排上应注意新旧搭配，急缓结合，全面锻炼幼儿的身体。

3. 结束部分

主要任务在于缓解幼儿身心高度兴奋或紧张的状态，有组织地结束一次集体体育教学活动。它可以包括做一些身体放松的活动或动作，以及对本次活动的简单小结，收拾和整理器材。该部分一般也比较简短，所用时间不长，一般占总时间的 10%—20%。

这三个部分之间是相互联系的，各部分有自己的主要任务和内容，但在活动的结构上又是一个紧密相连的整体，以共同实现身体锻炼的目标。另外，体育教学活动的结构和各部分的内容、时间等方面的安排也是有变化的。内容和时间的安排也应根据具体的活动的任务和目标、季节气候情况、幼儿的具体情况，以及场地、器材等条件灵活地组织和安排。

(四) 幼儿体育教学活动的指导建议

1. 注重对幼儿进行全面、和谐的教育，既发展幼儿的运动能力，同时又发展幼儿的智力、个性和社会适应性。
2. 注意幼儿的运动卫生，合理安排运动负荷，包括生理负荷和心理负荷。
3. 注意活动的游戏化，使幼儿获得良好的情感体验。
4. 面向全体，注意个体差异，对不同水平的幼儿可以有不同要求，让每一位幼儿都能在原有基础上得到发展，获得成功。
5. 体育活动前对幼儿进行必要的健康检查。
6. 活动中加强对幼儿的安全保护与安全指导。

> 幼儿体育教学活动的类型：新授活动、复习活动和综合活动。幼儿园最基本、最普遍采用的集体体育活动类型是综合活动。幼儿体育教学活动的设计应遵循人体运动生理机能变化的规律：上升、平稳、下降三个阶段。幼儿体育教学活动过程的组织由开始部分、基本部分和结束部分三环节组成。

二、幼儿身心保健教育活动的设计与指导

> 小班关于"好喝的白开水"饮食营养教育活动快要结束了，老师问小朋友们："我们今天知道了平时要多喝什么才能有利于身体健康呀？"全班幼儿异口同声地说："水！"老师面带微笑，满意地点点头，"请小朋友帮忙把桌上的果汁、水、牛奶拿回教室。"老师话还没说完，只见一个小朋友冲到桌边，把一瓶橙汁紧紧地抱在怀里。大家都问他为什么只抱这一瓶，他说："因为我喜欢喝啊！"显然，他这时候已经忘记了刚才老师花了15分钟的时间来告诉大家要多喝白开水的道理了……这个活动是成功了还是失败了？应该如何组织幼儿身心保健教育活动？组织此类活动时，要注意什么？

(一) 幼儿身心保健教育活动内容的选择

内容可以根据目标来选择,要注意符合不同年龄段幼儿的需要和兴趣,应兼顾全面性,还应考虑与幼儿园各领域教育内容的整合,如与语言、艺术、科学、社会等领域教育内容自然、有机的综合。

(二) 幼儿身心保健教育活动过程的组织

幼儿身心保健教育活动的过程一般由导入(开始)环节、基本环节和结束环节构成。

1. 开始环节

其目的在于引发话题,引导幼儿在认知和心理上对将要开展的活动有充分的准备,激发幼儿参与的兴趣;了解幼儿的生活经验、能力水平、态度和兴趣,教师考虑下面环节的内容及难易程度、组织方式等是否需要调整。导入方法有直接导入、游戏导入、前经验导入、问题导入、文学作品导入等方法,如大班健康活动《糊糊臭臭便便球球》中的导入环节,教师出示PPT,幼儿观察大便图片,幼儿都笑了,教师适机提问:你们见了它,为什么都笑了?从幼儿的欢声笑语中,轻松打开幼儿关于"大便"的话题,并了解了幼儿对"大便"的态度。

2. 基本环节

基本环节又可以分为呈现、操作、巩固等几个部分。呈现环节是教学活动的核心部分,是教师展开内容、实施"教—学"的过程。教师通过问题、实物、动作、画面、情境等的呈现,使幼儿从模糊走向清晰,从疑问走向理解。操作环节又称练习环节,是幼儿自主学习、建构知识的重要环节。在这个环节,教师应根据不同内容的需要来设计不同形式的操作、探索活动。巩固环节也被称为应用环节,即教师帮助幼儿加深对学习内容的印象,或者使幼儿能迁移、运用所学知识解决问题的环节,可以组织幼儿进行表演、经验迁移、游戏等。

3. 结束环节

一个完美的结束,不仅能对教学活动起到总结、提升的作用,还能给幼儿留下回味和留恋,激发幼儿继续研究、继续探索的兴趣。

(三) 组织幼儿身心保健教育活动应注意的问题

1. 注重学习环境的创设,教学方法多样化,使幼儿获得相关学习内容的直接经验,进而激发幼儿生成新观念和新概念,避免说教。

2. 增强综合教育意识,注意各领域间的融合。关注健康教育内容如何与其他领域相互支持,健康教育的方法、途径如何与健康教育内容相适应。

3. 多渗透在一日生活中。幼儿身心保健教育活动的学习与发展的大部分目标都与日常生活中的吃、住、行、玩等方面有着密切关联,在此过程中渗透健康领域的指导非常自然和有效,幼儿可以在日常生活中通过经常反复的体验、学习、练习和实践,逐渐习得有益于健康的行为,获得能力上的发展。

4. 健康的行为和能力、习惯是一个逐渐养成、不断巩固提高的过程,所以需要耐心,需要持之以恒。比如:早晚刷牙、饭前便后要洗手、自理能力等行为和意识必须日复一日地坚持做,最终内化为自觉的行动。

> 幼儿身心保健教育活动过程的组织:开始环节;基本环节;结束环节。

三、幼儿园健康教育活动方案及评析

案例1 大班健康活动:糊糊臭臭便便球球

活动目标:

1. 了解大便的不同形态与生活习惯的关系,知道排便及良好排便习惯的重要性。
2. 会关注自己排便情况,提高健康生活的意识。

活动准备:

绘本PPT,4种形态大便图及《大便观察日记》表格、笑脸磁铁若干枚。

活动过程:

1. 导入活动,知道排便的重要性

(1) 出示PPT,幼儿观看大便图片。

提问：老师带来了一件东西，会是什么呢？你们见了它，为什么会笑？

（2）出示PPT，介绍客人便便博士和便便超人。

（3）便便超人的问题之一：出生后一次都没有大便过的人请举手。

（4）便便超人的问题之二：大便是怎么来的？我们为什么会排出大便呢？

2. 结合经验，了解各种形态大便的成因

（1）从你生下来到现在，排了几次大便了？你观察过自己的大便吗？你每次排的便便一样吗？你发现有什么不一样的？

（2）请昨天排过大便的幼儿到黑板的背面，选择一张和他们排的大便相像的照片，贴上笑脸。

（3）引发幼儿讨论：昨天都排了什么样的大便了呢？根据幼儿说到的，教师打开相应的PPT画面，并结合幼儿的经验，来分析大便的各种形态及成因。

（4）根据黑板上幼儿记录的昨天的大便情况，进行统计：昨天，幼儿排的各种形态的大便，各有多少人，并讨论应注意什么？

3. 观看PPT，讨论良好的排便习惯

（1）怎样才能做到每天都大便，并且能排出漂亮的香蕉形便便呢？结合PPT，看看便便超人给出的5种排健康大便的方法，哪些方法是幼儿说到过，重点帮助幼儿理解他们不明白的方法。

（2）有没有想去大便却又忍住的时候呢？如果你忍住大便，大便不排出来会发生什么事？

（3）排完大便要记得做什么事情呢？

活动延伸：

请幼儿记录《大便观察日记》，贴在家里的墙上或班级里，让孩子对照着检查每天的大便，记录一周的大便情况。

（浙江师范大学幼儿园　王赛骊）

案例评析：

在日常生活中，我们中国人很少把"大便"作为话题来讨论，大人及孩子们都认为大便是很脏的东西，谈论大便是非常难为情的。然而，大便是我们身体健康状况的晴雨表，大便的形状、颜色、气味和规律排便是身体状况的外在表现。本次活动贴近幼儿的生活，设计巧妙、组织灵活、教学方法多样化，内容综合了健康、科学等领域的知识，符合《纲要》的精神，使幼儿在活动中获得了对大便的科学认知和有益于健康生活的经验，提高健康生活的意识，是一次非常值得借鉴的教学活动。

案例2　中班健康活动：着火了，怎么办

活动目标：

1. 了解在不同场所遇到火灾后简单的自护、自救方法，增强自我保护意识。

2. 学习仔细观察画面，认真思考，尝试大胆讲述、辩护自己的想法。

活动准备：

1. 经验准备：听过消防车的警报声。

2. 物质准备："遇到火灾怎么办"的FLASH动画；消防车的警报声录音，颁奖音乐；泼水、灭火器、人救火和119电话四个立体标志；用于安全知识竞赛的题卡，贴有1和2的游戏牌；游戏用的红花贴纸和选手竞争榜，安全卫士奖牌；电话两部，安全通道标志；绿黄两种颜色的地垫。

活动过程：

1. 导入

（1）师：欢迎来到安全小卫士训练营！我们要先训练，再比赛，谁能顺利过关，就能获得安全小卫士的大奖牌。

（2）（播放消防车的警报声）师：听！这是什么声音？可能发生了什么事情？

（3）师：遇到火灾怎么办呢？让我们一起来看看。

2. 安全知识培训：遇到火灾怎么办

（1）播放动画第一场景。

师：小朋友在户外发现房子着火了，怎么办？哪种方法能更快更安全地把火全灭掉？

（2）播放动画第二场景前半段。

师:油锅着火了,煤气可能会爆炸,非常危险,小朋友该怎样保护自己呢?

教师小结:遇到这种情况不能慌张、害怕,最好的保护自己的方法就是赶紧从家里跑出去,再请人或者自己拨打119火警电话报警。

(3) 情境模拟游戏:请幼儿模拟拨打119火警电话报警。

教师小结:请记住拨打火警电话时一定要讲清楚着火地点的正确地址,这样消防员们能迅速赶来灭火。提醒幼儿119火警电话不能随便拨打。

(4) 播放动画第二场景后半段。

师:"如果跑不出去,我们应该怎样保护自己呢?"

教师小结:当家里着火了,跑不出去,应先拨打火警电话,再迅速跑到离着火地点远的房间,先关好门,再打开窗户求救,最后用湿毛巾捂住口鼻蹲下等人来救。

(5) 播放动画第三场景。

师:"哎呀!图书城着火了,小朋友怎样才能又快又安全地跑出去呢?"

教师小结:公共场所发生火灾,不能慌,要顺着安全通道箭头指示方向迅速跑出去。我们每到一个公共场所,首先要关注安全通道标志,它能帮助我们迅速地逃生。请小朋友找找我们所在现场的安全通道标志在哪里。

3. 游戏:安全知识竞赛

(1) 师:刚才小朋友学习了许多在火灾中怎样保护自己的知识,现在我们的安全小卫士竞赛开始啦!

(2) 教师交代玩法、规则。

玩法:教师当考官,幼儿当参赛选手,在身上贴好选手号,站在垫子外面。考官念防火知识选择题,选手作答,如果选择1则站到号牌1的垫子上,如果选择2则站到号牌2的垫子上。选择完毕,考官公布正确答案,答对选手将红花贴在竞争榜上自己的选手号下。最后看谁的红花最多则获胜,给红花最多的选手颁发安全卫士奖。规则:考官报完题后,选手不能说出答案,听到"请选择"时立即选择要站的垫子,听到考官倒数5、4、3、2、1之后就不能改变选择。

(3) 带领幼儿游戏。

(4) 宣布获胜者,播放颁奖音乐,颁发安全小卫士奖。

4. 防火演习(情景:突然警报拉响)

师:"小朋友,不好了,这里可能有危险,我们赶快撤离现场。"带领幼儿从紧急出口撤离。

江西省军区机关幼儿园　周丹　熊小英　周云霞

案例评析:

这是社会和健康教育综合的一个活动,教师能结合本班幼儿的年龄特点,设计了本次活动,幼儿了解了在不同场所遇到火灾后简单的自护、自救方法,增强自我保护意识,具有较强的现实意义。活动目标的制订既能结合幼儿的实际需要,又有利于幼儿的长远发展。教学内容的选择来源于幼儿的实际生活,设计者心目中是"先有内容,后有目标"的。情境的创设富有感染力。通过讨论式学习、游戏式学习、体验式学习,让幼儿亲身体验,取得了很好的教学效果。

整合课程是目前幼儿园设计整合健康教育活动中使用比较广泛的方式。以某一个学习领域为核心整合其他不同领域,能够使幼儿从多重视角整合地处理各种信息和观点,更加全面、客观地理解知识和解决问题。对于学前儿童来说,他们的生活和学习是一个整体,课程是很难被分割成若干方面的。健康与不同领域之间存在着内在的逻辑性和结构性联系,各学习领域都可能与健康教育进行整合。当然,幼儿园在设计和实施具体活动时,需要避免为了追求知识的齐而全,或者追求每一个学科(领域)知识的平均分配,而将领域整合课程理解为几个学科(领域)知识的简单堆积或拼凑。

案例3　大班体育活动:齐心协力

教学目标:

1. 通过竹竿游戏促进幼儿运动方位感知能力,发展动作协调性。
2. 提高合作意识和团队协作精神。

教学准备:

8根约2米长的PVC塑料管

教学过程：

1. 游戏：《有趣的动作》

幼儿排成一列横队，在口令的指示下完成向前看齐、向上看齐、向下看齐、向左看齐、向右看齐等动作。

（1）教师以较慢的动作和详细的指示语言引领幼儿一起变换看齐六个方位；

（2）教师以较快的动作和提示语言连贯地改变看齐六个方位；

（3）幼儿4人一组持竿，在教师动作指令下完成向前看齐、向上看齐、向下看齐、向左看齐、向右看齐、原地踏步走和立定等趣味动作。

2. 游戏：《看谁反应快》

幼儿4人一组持竿听令向前、后、左、右移动：

（1）教师与幼儿一起向前、后、左、右移动；

（2）教师与幼儿做相反的动作，如教师持竿向前一步、幼儿4人一组持竿向后移动一步；教师持竿向左一步，幼儿4人则持竿向右移动一步；教师向左二步，幼儿4人则持竿向右移动二步，并以此类推变化。

3. 游戏：《快快集合》

幼儿4人一组持竿听令，根据教师提示方位快速调整步伐，协调一致地改变持竿排队方向，以正面对应老师的站立位置变化。

（1）教师顺着一个方向变化站立位置，并控制奔跑时的变化速度，帮助幼儿及时调整站立方位。

（2）教师顺着二个或三个方向快速转换站立的方位，并加大变化方位时的转换速度，并用眼神适度提示幼儿，帮助幼儿在奔跑状态下快速扭转站立位置以面向教师。

（3）教师顺着两个或三个方向快速转换站立的方位，快速变化站立位置，并用眼神和身体做出迷惑的、错误的提示，强化幼儿对运动方位变化，促使幼儿做出快速正确的反应。

4. 游戏：《巧过竿》

教师提出新的活动要求：幼儿必须4人一起过竿，并提示幼儿提前商议决定，根据前一组的完成情况做出跨越行走或跳跃等创造性的与之前不同的动作过竿。同时调整和帮助幼儿形成动作，在活动中及时用语言肯定动作变化，提示幼儿注意安全及时阻止危险的动作。

教师示范与众不同的过竿方式，并引导幼儿在下一次的类似活动中加以实践和变化。

5. 结束游戏：《开汽车》

幼儿8人一组持竿组成4辆汽车，开车不碰撞，教师提醒小司机两手握紧前两端，最后幼儿两手握紧后两端，行车途中注意避让。依次合并变成2辆车、1辆车，提示幼儿及时调整运动姿势，汽车加减速，转向要准确，开车不碰撞。

（上海市乌南幼儿园　潘浩瀚）

案例评析：

大班幼儿的空间方位感知和合作意识正逐渐加强，并喜欢挑战。在本次活动中，幼儿通过用手指方向、巧过竿子、开汽车等游戏，发展方位感知、提高控制和反应能力。在开汽车游戏中，通过汽车数量的不断变少，幼儿运动强度慢慢从高到低，而合作要求则越来越高。在愉悦的游戏氛围中培养团队协作精神。

本章小结

健康是身体、心理和社会适应的完美状态，幼儿园健康教育是幼儿园教育的重要组成部分，是对幼儿，尤其是3—6岁的幼儿进行有目的、有计划、有组织的健康教育活动。幼儿园健康教育涉及范围广泛，主要有以下几个类型：幼儿身心保健教育（幼儿安全教育、幼儿身体保护和生活自理能力教育、幼儿饮食营养教育、幼儿心理健康教育、幼儿环境教育）；幼儿身体锻炼教育（幼儿体育活动）。幼儿身心保健教育的方法：行为练习法、讲解演示法、情景表演法、讨论评议法、感知体验法等。幼儿身体锻炼教育活动的方法：讲解示范法、练习法、语言提示和具体帮助法、游戏法等。

▶ **主题词**

健康　健康教育　幼儿园健康教育　幼儿安全教育　幼儿身体保护和生活自理能力教育　幼儿体育活动　幼儿饮食营养教育　幼儿心理健康教育　幼儿环境教育　幼儿园综合课程

▶ **阅读书目**

1. 庞建萍,柳倩.学前儿童健康教育[M].上海:华东师范大学出版社,2008.
2. 欧新明.学前儿童健康教育[M].北京:教育科学出版社,2003.
3. 朱家雄.幼儿园教育活动设计与实施[M].北京:高等教育出版社,2008.
4. 顾荣芳.学前儿童健康教育论[M].南京:江苏教育出版社,2003.
5. 钱源伟.幼儿心理健康八十题[M].上海:华东师范大学出版社,1996.
6. 李季湄,冯晓霞.3—6岁儿童学习与发展指南[M].北京:人民教育出版社,2013.
7. 朱家雄.幼儿园课程[M].上海:华东师范大学出版社,2003.

第四章　幼儿园语言教育活动设计

学习目标

※ 理解幼儿园语言教育活动的目标。
※ 掌握幼儿园语言教育活动的基本内容和教育方法。
※ 能根据幼儿园语言教育各类活动的特点设计活动方案。

学习导引

　　本章主要从幼儿语言发展的特点入手，具体分析各个年龄段幼儿语言发展目标。在充分理解语言目标的基础上，掌握幼儿语言教育的类型与方法，从而学会设计和组织一个完整的幼儿园语言教育活动方案。

知识结构

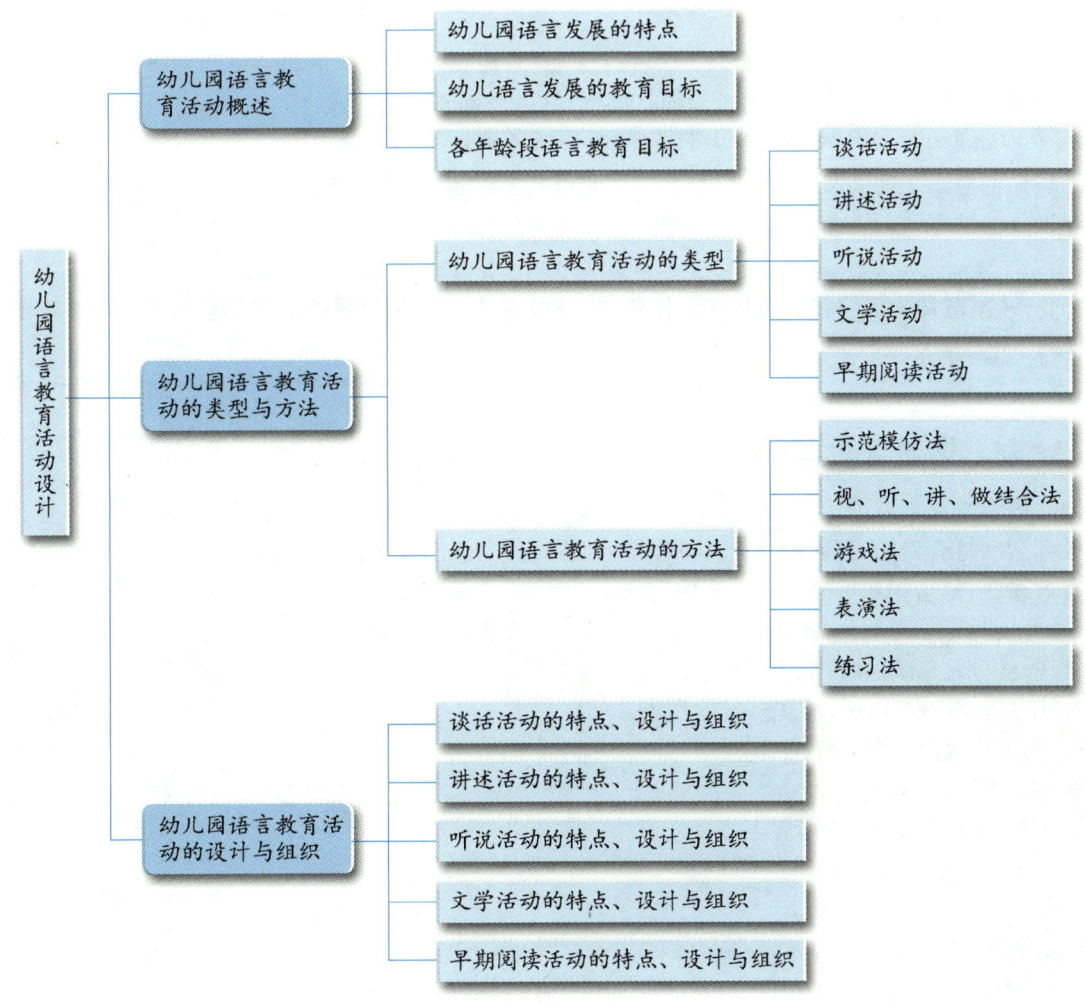

> **引子**
>
> **向老师问好**
>
> 　　朗朗是小班的孩子。早晨入园见到王老师,妈妈让朗朗说"老师好",朗朗躲在妈妈身后就是不说,妈妈很着急,王老师说:"明天再说也行。"第二天朗朗见到老师很胆怯地说"老师好",后来朗朗的妈妈对王老师说:"昨天晚上我回家很生气,这孩子在家里可能表现呢,一出门就不行了,所以昨天我打了她一顿,今天还挺见效,这不就好了吗。"[①]
>
> 　　思考:我们怎么看待幼儿的行为?怎么看待家长的行为?怎么看待老师的行为?幼儿的语言发展特点是什么?这些是本章具体要论述的问题。

第一节　幼儿园语言教育活动概述

一、幼儿语言发展的特点

3—4岁幼儿由于神经系统发育还不完善,发音器官和听觉器官的调节、控制能力相对较差,所以他们有些音发得还不够准确和清晰,此时是他们语音发展的关键期。这时的幼儿已经能听懂日常生活用语,会向别人表达自己基本的想法和要求,只是语句不够完整,有时会出现时断时续的现象。他们对词义的理解比较表面化和具体化。

4—5岁幼儿基本能够发清楚大部分语音,已经能听懂日常一般句子和一段话的意思。他们掌握的词汇数量和种类迅速增加。在使用简单句的基础上,其语言逐渐连贯起来。

5—6岁幼儿在正确的教育和影响下,能够清楚地发出母语的全部语音,并能听懂更多较复杂的句子,理解一段话的意思。能够掌握表示因果、转折、假设关系的连接词,掌握表示类概念的词汇;能够用语言描述事物发展的顺序,并且会有意识地组织句子,表达时运用各种语气。

> 　　3—4岁对词义理解较表面化和具体化;4—5岁掌握的词汇数量和种类增多;5—6岁能听懂复杂的句子,并能够复述故事。

二、幼儿园语言教育目标

幼儿语言教育是促进幼儿语言发展的教育活动,是幼儿全面素质发展教育的重要组成部分。幼儿园语言教育活动是有目的、有计划、有组织的对幼儿进行语言教育的过程。语言教育活动是实现语言教育目标的有效途径,是组织和传递语言教育内容的实施环节,也是落实语言教育任务的具体手段。

《幼儿园教育指导纲要(试行)》提出了幼儿园语言教育领域总目标[②]如下。

1. 乐意与人交谈,讲话礼貌。
2. 注意倾听对方讲话,能理解日常用语。
3. 能清楚地说出自己想说的事。
4. 喜欢听故事、看图书。
5. 能听懂和会说普通话。

具体内容与要求如下。

[①] 根据网络资源指南语言领域中的案例改编,网址:http://www.docin.com/p-664069706.html。
[②] 幼儿园教育指导纲要(试行)。北京:北京师范大学出版社,2011年11月第1版第3页。

1. 创造一个自由、宽松的语言交往环境,支持、鼓励、吸引幼儿与教师、同伴或其他人交谈,体验语言交流的乐趣,学习使用适当的、礼貌的语言进行交往。
2. 养成幼儿注意倾听的习惯,发展语言理解能力。
3. 鼓励幼儿大胆、清楚地表达自己的想法和感受,尝试说明、描述简单的事物或过程,发展语言表达能力和思维能力。
4. 引导幼儿接触优秀的幼儿文学作品,使之感受语言的丰富和优美,并通过多种活动帮助幼儿加深对作品的体验和理解。
5. 培养幼儿对生活中常见的简单标记和文字符号的兴趣。
6. 利用图书、绘画和其他多种方式,引发幼儿对书籍、阅读和书写的兴趣,培养前阅读和前书写技能。
7. 提供普通话的语言环境,帮助幼儿熟悉、听懂并学说普通话。少数民族地区还应帮助幼儿学习本民族语言。

> 幼儿语言教育领域总目标的理解:说、听、看、读。

三、各年龄班语言教育目标

《3—6岁儿童学习与发展指南》分别对3—4岁、4—5岁、5—6岁三个年龄段末期幼儿应该知道什么、能做什么,大致可以达到什么发展水平,提出了合理期望。语言领域从倾听与表达、阅读与书写准备两个方面,提出了6个目标。强调语言领域重点在于培养幼儿的口语交流能力,培养幼儿的阅读兴趣、习惯以及初步的阅读理解能力。具体表述如下。

(一) 倾听与表达

目标1:认真听并能听懂常用语言

3—4岁	4—5岁	5—6岁
1. 别人对自己说话时能注意听并做出回应。 2. 能听懂日常会话。	1. 在群体中能有意识地听与自己有关的信息。 2. 能结合情境感受到不同语气、语调所表达的不同意思。 3. 方言地区和少数民族幼儿能基本听懂普通话。	1. 在集体中能注意听老师或其他人讲话。 2. 听不懂或有疑问时能主动提问。 3. 能结合情境理解一些表示因果、假设等相对复杂的句子。

目标2:愿意讲话并能清楚地表达

3—4岁	4—5岁	5—6岁
1. 愿意在熟悉的人面前说话,能大方地与人打招呼。 2. 基本会说本民族或本地区的语言。 3. 愿意表达自己的需要和想法,必要时能配以手势动作。 4. 能口齿清楚地说儿歌、童谣或复述简短的故事。	1. 愿意与他人交谈,喜欢谈论自己感兴趣的话题。 2. 会说本民族或本地区的语言,基本会说普通话。少数民族聚居地区幼儿会用普通话进行日常会话。 3. 能基本完整地讲述自己的所见所闻和经历的事情。 4. 讲述比较连贯。	1. 愿意与他人讨论问题,敢在众人面前说话。 2. 会说本民族或本地区的语言和普通话,发音正确清晰。少数民族聚居地区幼儿基本会说普通话。 3. 能有序、连贯、清楚地讲述一件事情。 4. 讲述时能使用常见的形容词、同义词等,语言比较生动。

目标3:具有文明的语言习惯

3—4岁	4—5岁	5—6岁
1. 与别人讲话时知道眼睛要看着对方。 2. 说话自然,声音大小适中。 3. 能在成人的提醒下使用恰当的礼貌用语。	1. 别人对自己讲话时能回应。 2. 能根据场合调节自己说话声音的大小。 3. 能主动使用礼貌用语,不说脏话、粗话。	1. 别人讲话时能积极主动地回应。 2. 能根据谈话对象和需要,调整说话的语气。 3. 懂得按次序轮流讲话,不随意打断别人。 4. 能依据所处情境使用恰当的语言。如在别人难过时会用恰当的语言表示安慰。

(二) 阅读与书写准备

目标1：喜欢听故事，看图书

3—4岁	4—5岁	5—6岁
1. 主动要求成人讲故事、读图书。 2. 喜欢跟读韵律感强的儿歌、童谣。 3. 爱护图书，不乱撕、乱扔。	1. 反复看自己喜欢的图书。 2. 喜欢把听过的故事或看过的图书讲给别人听。 3. 对生活中常见的标识、符号感兴趣，知道它们表示一定的意义。	1. 专注地阅读图书。 2. 喜欢与他人一起谈论图书和故事的有关内容。 3. 对图书和生活情境中的文字符号感兴趣，知道文字表示一定的意义。

目标2：具有初步的阅读理解能力

3—4岁	4—5岁	5—6岁
1. 能听懂短小的儿歌或故事。 2. 会看画面，能根据画面说出图中有什么，发生了什么事等。 3. 能理解图书上的文字是和画面对应的，是用来表达画面意义的。	1. 能大体讲出所听故事的主要内容。 2. 能根据连续画面提供的信息，大致说出故事的情节。 3. 能随着作品的展开产生喜悦、担忧等相应的情绪反应，体会作品所表达的情绪情感。	1. 能说出所阅读的幼儿文学作品的主要内容。 2. 能根据故事的部分情节或图书画面的线索猜想故事情节的发展，或续编、创编故事。 3. 对看过的图书、听过的故事能说出自己的看法。 4. 能初步感受文学语言的美。

目标3：具有书面表达的愿望和初步技能

3—4岁	4—5岁	5—6岁
1. 喜欢用涂涂画画表达一定的意思。	1. 愿意用图画和符号表达自己的愿望和想法。 2. 在成人提醒下，写写画画时姿势正确。	1. 愿意用图画和符号表现事物或故事。 2. 会正确书写自己的名字。 3. 写画时姿势正确。

> **各年龄段语言教育目标的理解**：认真听并能听懂常用语言、愿意讲话并能清楚地表达、具有文明的语言习惯；喜欢听故事，看图书，具有初步的阅读理解能力，具有书面表达的愿望和初步技能。

第二节 幼儿园语言教育活动的类型与基本方法

王老师刚刚接了一个新小班。10月份，王老师带领全班30多名小朋友在进行观察图片的语言讲述活动，但是活动过程中，不断有孩子离开座位，如走到图片前，或到区角中玩自己的……①。

思考：如何看待王老师班上孩子的行为？

在语言领域的子领域倾听与表达方面，3—4岁儿童认真听并能听懂常用语言目标下典型表现是：别人对自己说话时能注意听并做出反应。这个年龄段孩子有个特点，就是老师整体对大家说，孩子会觉得这件事情和我无关，老师选择了这样的活动来教育孩子，说明她对孩子的年龄特点并不了解。我们要了解各年龄段孩子的语言发展特点，针对孩子的典型表现选取适宜的教育内容和教育方法。

一、幼儿园语言教育活动的类型

有关幼儿语言学习的研究结果表明，幼儿是在真实情境中无意识地、自然而然地使用过程中学习并掌

---

① 根据网络资源指南语言领域中的案例改编，网址：http://www.docin.com/p-664069706.html。

握语言的。在这个过程中,幼儿的注意力集中在语言所表达的意义而不是语言形式上,他们通常意识不到自己在学习语言,而只是在自然而又迅速、灵活地运用语言规则与人交往,此时他们的学习目的和动机不在于语言形式的准确掌握,而在于实现交往的活动目的,语言学习成为活动的手段。因此,幼儿语言教育的关键在于创设适合幼儿发展特点的,自然、真实、有趣的语言环境。幼儿语言教育可以通过谈话、讲述、听说游戏、文学活动、早期阅读等几种类型的语言活动实施和落实,每一种语言活动为幼儿创设了一种独特的语言使用情境。

(一)谈话活动:倾听行为培养

谈话活动创设的是日常口语交往情境,要求幼儿调动自己已有的经验,围绕幼儿熟悉的话题倾听他人的意见,表达自己的想法。这是培养幼儿在一定范围内运用语言与他人进行交流的语言教育活动类型。谈话活动的主要目标在于帮助幼儿学习围绕某一话题进行现场交往的技能:倾听、理解他人谈话内容的能力,清楚地表达自己经验或感受的能力,不跑题、轮流交谈等特殊交往技能。谈话活动重点强调幼儿学习流畅、熟练、灵活地使用语言,强调幼儿说出自己已有的经验。

1. 谈话活动目标要求

(1)帮助幼儿学会倾听他人的谈话,逐步掌握几种倾听技能。
(2)帮助幼儿学习围绕一定的话题谈话,充分表达个人见解,培养幼儿口语表达能力。
(3)帮助幼儿学习运用语言进行交流的基本规则,提高幼儿的语言交往水平。

小班:
(1)学会安静地听同伴说话,不随便插嘴。
(2)喜欢与同伴交谈,愿意在集体面前讲话。
(3)能听懂并愿意说普通话。
(4)在教师的引导下,学习围绕主题谈话,能用短句表达自己的意思。
(5)初步学习常见的交往语言和礼貌用语。

中班:
(1)能集中注意力,耐心地倾听别人谈话,不打断别人的话。
(2)乐意与同伴交流,能大方地在集体面前说话。
(3)能说普通话,较连贯地表达自己的意思。
(4)学会围绕一定的话题谈话,不跑题。
(5)学会用轮流的方式谈话,不抢着讲,不乱插嘴。
(6)继续学习交往语言,提高语言交往能力。

大班:
(1)能主动、积极、专注地倾听别人谈话,迅速掌握别人谈话的主要内容,并从中获取有用的信息。
(2)能主动地用普通话与同伴交流,态度自然大方。
(3)能围绕话题谈话,会用轮流的方式交谈,并能用恰当的语言表达自己的情感,与同伴分享感受。
(4)逐步学会用修补的方法延续谈话,进一步提高语言交往水平。

2. 谈话活动主要内容

谈话活动的实质是通过一定的话题引发多方发言的言语交往活动,依此标准,幼儿园谈话活动可以分为幼儿的日常生活谈话活动和有计划的谈话活动。谈话活动的题目应主要根据科学教育和品德教育的内容来确定。其所涉及的内容范围应该是幼儿生活经验之内的,具备的知识应该是比较丰富的。

日常生活中的谈话是发展幼儿口语的重要途径。在一日生活的各个环节,教师都可以利用零散的时间与部分幼儿就某个其感兴趣的话题进行交谈。但是,教师要考虑好与哪些孩子交谈、谈什么,在交谈中发展他们哪些语言技能和态度。与个别交谈相比,日常集体谈话的话题更自由,可以同时有多个话题,形式更活泼、多样。可以是教师与幼儿、幼儿与幼儿之间进行交谈,而这种语言交流非常有意义。例如:幼儿在操场上晨练时发现了一条蚯蚓,老师就可以组织幼儿交流、讨论。蚯蚓的外部形态以及特点、蚯蚓吃什么、住在哪里等,可以请小朋友对不了解的信息回家与家长沟通查找资料第二天回园继续交流。通过这样的日常集体谈话,教师既可以锻炼幼儿的表达能力,又可以培养孩子的观察力、想象力和探索的兴趣,又能促进了家园合作。

有计划的谈话活动是教师有组织、有计划地组织儿童进行的谈话活动。谈话的话题可以形式及内容多样化,但内容一定是幼儿熟悉的又与生活紧密相关的。教师可根据幼儿年龄特点自拟题目,大班可请幼儿参与拟定题目。

例如:我的妈妈、好玩的玩具、好吃的糖果、好玩的汽车、我的朋友、我爱动画、动画片里的人物等等。

(二)讲述活动:表述行为培养

讲述活动为幼儿创设正式口语交往的情境,要求幼儿在集体面前表达自己对某一图片、实物或情境的认识和看法,是以幼儿语言表述行为为主的语言教育活动类型。讲述活动的主要目标是培养幼儿按照一定的思路进行语言表达的技能:感知、理解讲述对象的技能,在集体面前完整讲述的技能,对自己的讲述内容进行初步构思的技能。讲述活动强调幼儿学习运用相对正式的语言有条理地表达,强调幼儿说出自己对讲述对象的现场感知经验。

1. 讲述活动的目标要求

(1) 培养幼儿感知和理解讲述对象的能力。
(2) 培养幼儿独立构思与清楚、完整表达的意识、情感和能力。
(3) 培养幼儿掌握对语言交流信息清晰度的调节能力。

各年龄阶段目标表述如下。

小班:

(1) 能有兴趣地运用各种器官,根据要求感知、理解内容简单、特征鲜明的实物、图片和情境。
(2) 愿意在集体面前讲述自己感兴趣的事件。
(3) 能正确地说出讲述内容的主要特征或主要事件。
(4) 能安静地听老师或同伴讲述,并用眼睛注视讲述者。

中班:

(1) 养成先仔细观察,后表达讲述的习惯。
(2) 逐步学会理解图片和情境中展示的事件顺序。
(3) 能主动地在集体面前讲述,声音响亮,句式完整。
(4) 学习按照一定的顺序讲述实物、图片和情境的内容。
(5) 能积极倾听别人的讲述内容,发现异同,并从中学习好的讲述方法。

大班:

(1) 能通过观察、理解图片、情境中蕴涵的主要人物关系和思想感情倾向。
(2) 能有重点地讲述实物、图片和情境的内容,突出讲述的重点。
(3) 在集体面前讲话态度自然大方,能根据场合的需要调节自己讲话的音量和语速。
(4) 讲述时语言表达流畅,没有明显的停顿现象,用词造句较为准确。

2. 讲述活动主要内容

讲述活动根据讲述内容可分为叙事性讲述、描述性讲述和议论性讲述三种形式,根据讲述对象可分成看图讲述、实物讲述和情境表演讲述等三种。

按讲述内容划分如下。

(1) 叙事性讲述

叙事性讲述是用口头语言把人物的经历、行为或事情的发生、发展、变化讲述出来。叙事要求说清楚人物、事件、时间、地点和原因,并且要求说明事情发生、发展的先后顺序。

(2) 描述性讲述

描述性讲述是用生动形象的语言,把人物的状态、动作或物体以及景物的性质、特征具体描述出来。

(3) 议论性讲述

议论性讲述是讲道理或论是非,议论性讲述就是通过摆观点、摆事实来说明自己赞成什么或反对什么,学前阶段儿童只能进行初步的议论性讲述。

按讲述对象划分如下。

(1) 看图讲述

看图讲述是指幼儿在教师的启发和引导下观察图片、理解图意,并运用恰当的语句完整、流畅地表述图意的教学活动。讲述活动中使用的图片,可以是印刷出版的图片,可以是教师自己绘制的图片,可以是半成品的边讲边绘画的图画,也可以是幼儿画的图片。这些图片具有想象生动、色彩鲜艳等特点,符合幼儿具体形象思维和想象发展的特点,因此看图讲述活动是幼儿园讲述活动中最常见的。根据图片类型和教育要求的不同,可以将看图讲述分为单张图片讲述、多张图片讲述、排图讲述、构图讲述、拼图讲述、绘画(或粘贴)讲述、选图讲述、构图讲述等。

(2) 实物讲述

实物讲述是以生活中的实物作为讲述的对象来帮助幼儿讲述的一种教育活动,具有真实可信的特点。实物包括真实的物品、教玩具、动植物、日常生活用品和外在的自然景物等。

实物讲述要注意引导幼儿有序地观察,最重要的是帮助幼儿把握实物的特征。在观察中和观察后,要求幼儿将实物的基本特征、用途、使用方法等方面的内容清楚的描述出来。但是,必须注意区分讲述活动与科学活动。科学活动侧重于认识这些实物,而实物讲述活动则更注重描述实物的特征、用途等语言方面的目标。因此,实物讲述活动应在对凭借物较为熟悉的基础上进行,活动中用于感知理解实物的时间相对较少。

(3) 情境表演讲述

情境表演讲述是指幼儿根据对现场某一情境表演的观看,在教师的启发和引导下充分理解表演的内容,最终能够针对表演进行完整、连贯地讲述的一种语言教育活动。情境表演可以是真人表演或木偶表演,也可以是真人和木偶一起表演,还包括放录像展示一段情境事件。情境表演包括场景、人物、情节,表演过程中有动作、表情、对话,幼儿看得见、听得着、摸得到,富有强烈的直观性,让幼儿处在真实的活动内容之中,有利于幼儿理解情节,能诱发幼儿的观察兴趣和讲述愿望,深受幼儿喜爱,在小、中、大班都可以开展。

(三) 听说游戏:倾听、表述行为培养

听说游戏为幼儿创设的是教学游戏情境,要求幼儿在游戏中按一定规则使用口头语言,是采用游戏的方式开展的语言教育活动。

听说游戏的主要目标在于培养幼儿在口语交往活动中快速、机智、灵活的语言运用能力,包括对发音和语言结构特点的敏感性,在游戏中灵活使用相关语言的技能,理解并快速运用游戏规则的技能。听说游戏强调语言学习的目标渗透在游戏规则之中,强调在游戏中按照游戏规则无意识地使用语言。

1. 听说游戏的目标要求

(1) 帮助幼儿按照一定规则进行口语表达练习。

(2) 提高幼儿倾听的水平。

(3) 培养在语言交往中的机智性和灵活性,锻炼幼儿迅速领悟语言规则的能力,迅速调动个人已有的语言经验编码的能力,以及迅速以符合规则要求方式表达的能力。

小班:

(1) 乐于参加游戏活动,在游戏中大胆地说话。

(2) 发准某些音,初步掌握方位词及人称代词,学习正确运用动词。

(3) 在游戏中按照规则,运用简单句说话。

(4) 养成在集体活动中倾听别人讲话的好习惯,能听懂并理解较简单的语言游戏规则。

中班:

(1) 在游戏中巩固练习发音,正确运用代词、方位词、副词、动词、连词和介词。

(2) 能说简单而完整的合成句。

(3) 能听懂理解多重游戏规则。

(4) 学习较迅速领悟游戏中的语言规则,并能及时做出相应的反应。

大班:

(1) 在游戏中学习正确运用反义词、量词、连词等并能说完整的合成句。

(2) 养成积极倾听的习惯,迅速把握和理解游戏中较复杂的多重指令。不断提高幼儿倾听的准确程度,准确掌握和传递有细微差别的信息。

(3) 在游戏中按照规则迅速调动个人已有语言经验,并进行迅速的语言表达。

2. 听说游戏的主要内容

(1) 语音练习的游戏

这类游戏是以练习幼儿正确发音,提高儿童辨音能力为目的的一种活动。它的形式和结构都较简单。在听说游戏中,着重为幼儿提供练习发音的机会,以利于幼儿学习或复习巩固发音。可以让幼儿着重练习他们感到困难的或容易发错的语音,也可以组织儿童进行方言干扰音的练习、普通话声调的练习、发声用气的练习等。每次练习的语音不要过多,以免难点过于集中,影响幼儿的学习效果。

(2) 词汇练习的游戏

这类游戏是以丰富幼儿的词汇和正确运用词汇为目的的。幼儿语言学习的一个重要方面是大量积累词汇,增加口语表达的内容。应该说,幼儿的词汇是在日常生活经验的积聚过程中逐步地增长起来的,几乎没有一个研究能确切地证明究竟一个幼儿每天能习得多少词汇。用听说游戏的活动方式帮助幼儿学习词汇,是专门考察幼儿对词汇敏感程度的机会,这类集中学习词汇的游戏,着重引导幼儿练习词汇运用的经验。

同类词组词的经验与不同类词搭配的经验。

(3) 句子和语法练习的游戏

幼儿在语言学习过程中,大量地积累句型,按语法规则组合成句,这是他们语法习得和发展的重要阶段。一般来说,幼儿将从简单句过渡到复合句水平。要幼儿理解和掌握并且熟悉运用都需要经过一定的练习。幼儿在日常生活中可能获得运用句法的机会,而听说游戏是有意识地帮助儿童练习,可以让他们通过专门的、集中的学习迅速地把握某一种句法的特点规律,并在尝试运用过程中提高熟练使用的水平。

(4) 描述练习的游戏

这类游戏是以训练幼儿用比较连贯的语言,具体形象地描述事物,提高口语表达能力为目的。它要求幼儿语言完整、连贯,具有一定的描述能力。这种游戏主要在大班进行。如大班听说游戏活动"金锁银锁",让幼儿念儿歌以对答的形式,帮助幼儿学习用简短而有节奏的词语形容和描述一件事物。

(四) 文学活动:欣赏文学作品培养

文学活动为幼儿创设的是文学作品欣赏和学习的情境,要求幼儿在理解文学作品内容的基础上欣赏和学习运用文学语言,是通过欣赏文学作品来学习语言的语言教育活动类型。文学活动的主要目标是培养幼儿欣赏文学作品的能力,以及利用文学语言表达想象和生活经验的能力,如对文学作品和文学语言的兴趣,对文学作品的情节、主题和语言结构的理解能力,在作品的基础上创造性地运用文学语言的技能。文学活动强调在理解文学作品的基础上学习运用作品中的语言表达自己的经验。

1. 具体目标要求

(1) 向幼儿展示成熟的语言,提高幼儿对语言多样性的认识。
(2) 扩展幼儿的词汇量,培养他们自觉获取语言材料的能力。
(3) 培养幼儿善于倾听的技能。
(4) 鼓励幼儿创造性地运用语言,提高幼儿灵活运用语言的能力。

年龄阶段目标如下。

小班:

(1) 喜欢欣赏文学作品,愿意参加文学活动,对文学作品的语言感兴趣。
(2) 能初步感受文学作品的语言美,知道童话故事、诗歌、散文是不同体裁的文学作品。
(3) 学习理解文学作品的情节内容或画面情景,能用语言、动作、表情等方式表达自己对文学作品的理解。
(4) 在文学作品原有基础上扩展想象,仿编诗歌、散文中的一句或续编故事的结尾。

中班:

(1) 喜欢欣赏不同形式的文学作品,主动积极地参加文学活动。
(2) 指导文学作品语言与日常生活语言的不同,进一步感受文学作品的语言美。
(3) 学习理解人物形象,感受作品的情感基调,能运用恰当的语言、动作、绘画形式表现自己的理解。
(4) 能根据文学作品提供的线索,扩展想象,仿编或续编一个情节或一个画面。

大班:

(1) 乐意欣赏不同体裁、不同风格的文学作品,在文学活动中积累文学语言,并尝试在恰当的场合使用。
(2) 在理解文学作品中人物、情节或画面情景的基础上,学习理解作品主题或感受作品的情感脉络。
(3) 初步感知文学语言和文学作品结构的艺术表现特点,开始接触文学作品的艺术语言构成方式。
(4) 根据文学作品提供的想象线索,联系个人已有知识经验扩展想象,并创造性地进行表述。

2. 文学活动的主要内容

（1）儿童故事活动。

儿童故事活动包括童话故事活动和生活故事活动。

童话故事是带有浓厚幻想色彩的虚构的故事，是幼儿文学最基本也是最重要的题材之一。例如：深受小朋友喜爱的传统童话故事《白雪公主》，情节简单，但充分体现了七个小矮人乐于助人的优良品质。

生活故事取材于现实生活，反映发生在幼儿身边的生活事件的小故事。生活故事教育性较强。例如"弗洛格成长故事系列"，充分体现了生活中互帮互助的美好生活状态。

（2）儿童诗歌活动。

幼儿诗歌包括儿歌、儿童诗、儿童散文及浅显的古诗等。它们的共同之处是语言精练、想象丰富、内容生动，有优美的韵律和节奏，易懂易记，适合幼儿学习，是幼儿喜闻乐见的一种文学形式。儿童诗歌在幼儿语言教育方面有着特殊的作用。

儿歌还有其他几种特殊的形式。

绕口令是利用一些读音相近的字词形成的拗口的儿歌，结构巧妙，短小活泼，幽默风趣，深受幼儿的喜爱。谜语以歌谣的形式作为谜面，猜谜语是富有游戏趣味的文化活动，有助于幼儿认识事物，提高分辨能力和联想能力。

儿童诗是适合幼儿听赏诵读的自由体短诗，它注重情感的抒发、意境的创造和表达的含蓄。儿童诗有叙事诗、抒情诗等题材。如金波的儿童诗《香香的家》，让孩子在一种温馨的意境中感受到爸爸妈妈的爱以及家庭的温馨与美好。

儿童散文以记叙真人真事、真情实景为主要内容，真实地体现作者的心灵感受和生命体验，情感真挚，语言优美，富有韵律，符合幼儿认识水平和心理特点，对发展幼儿语言，陶冶情操起着重要作用。

浅显的古诗是指符合幼儿特点和水平，浅显易懂、形式活泼、语言具体形象、富有韵律和节奏、适于幼儿朗诵的古诗，更能让幼儿感受到中国传统文化之美，如《咏鹅》、《悯农》等。

（五）早期阅读：早期阅读行为的培养

早期阅读为幼儿创设的是书面语言学习的情境，要求幼儿围绕教师提供的书面材料（包括符号标记、图画、文字等视觉材料）展开活动，是帮助幼儿接近书面语言的教育过程。早期阅读的主要目标是帮助幼儿获得初步的运用书面语言的经验，如对书面材料的兴趣和敏感性，从书面材料中获取相关信息的技能，使用简单的书面材料表达自己的经验和想法的技能。早期阅读强调幼儿通过"阅读"理解书面材料的内容，强调运用书面形式（如绘画、涂写或模拟书写）实现自己真实的目的。

1. 幼儿园早期阅读活动的目标

（1）提高幼儿学习书面语言的兴趣。
（2）帮助幼儿初步认识口头语言和书面语言的对应关系。
（3）帮助幼儿养成早期阅读的良好习惯。
（4）帮助幼儿掌握早期阅读的有关技能。

年龄阶段目标：

小班
（1）喜欢阅读，知道阅读的基本方法，能初步看懂单幅幼儿图画书的主要内容。
（2）能用口头语言讲述幼儿图画书的主要内容。
（3）对文字感兴趣，能在成人的帮助下认读最简单的汉字。
（4）在活动中以描图画形的方式练习基本笔画。

中班
（1）能仔细观察画面的人物细节，看懂多幅儿童图画书的主要内容，增强预知故事情节发展和结局的能力。
（2）懂得爱护图书，初步了解图书的制作过程，有兴趣模仿制作图书。
（3）初步了解汉字简单的认读规律，并积极主动地认读汉字。
（4）喜欢描画图形，尝试用有趣的方式练习汉字的基本笔画。

大班
（1）能与同伴合作制作图画书，进一步了解图书的构成。

(2) 知道图书画面与文字的对应关系,开始有兴趣阅读图书中的简单汉字。
(3) 积极学认常见的汉字,并能注意在生活中学习和运用书面语言。
(4) 掌握基本的书写姿势,在有趣的图形练习中做好写字的准备。

2. 早期阅读的主要内容

(1) 前图书阅读经验。

主要通过幼儿园的早期阅读、家庭中的亲子共读以及利用社会资源的阅读环境来培养幼儿对书本和阅读的兴趣,为正式阅读做好准备。

① 翻阅图书的经验:掌握一般的翻阅图书的规则方式。

② 读懂图书内容的经验:会看画面,能从中发现人物表情、动作、背景,将它们串联起来理解故事情节。

③ 理解图书画面、文字与口语有对应关系的经验:会用口语讲出画面内容,或听家长(老师)念图书文字,知道是在讲故事的内容。

④ 图书制作的经验:知道图书上所说的故事是作家用文字写出来的,画家用画表现出来,最后印刷装订成书。幼儿也可以自己尝试做小作家、小画家,把自己想说的故事画成一页一页的故事,再装订成一本图书。

(2) 前识字经验。

通过引导幼儿有意识地关注日常生活中不同场景中接触的各种文字等符号,培养孩子对文字的敏感性。同时,知道文字有具体的意义,可以念出声音来,可以把文字、口语与概念对应起来;理解文字功能作用的经验;初步知晓文字来源的经验;知道文字是一种符号并可与其他符号系统转换的经验,如认识种种交通与公共场所的图形标志,知道这些标志代表一定意义,可以用语言文字表现出来等。

(3) 前书写经验。

尽管学前阶段不要求学习写字,但是获得一些有关汉字书写的信息仍然必要,主要在幼儿园中大班进行(4—6岁期间),这有助于孩子为进入小学后正式书写做好准备。引导幼儿知道汉字的基本间架结构;了解书写的最初步规则,尝试用有趣的方式练习基本笔画;知道书写汉字的工具及学会用正确的书写姿势写字,包括坐姿、握笔姿势等。

这五种类型的语言活动之间既相对独立又相互联系,每种类型的语言活动重点都指向幼儿语言学习的一类目标,同时兼顾其他学习目标的实现。因此,只有这五种语言活动的相互配合和交叉使用,才能有效地促进幼儿语言的发展,从而促进幼儿心理的全面发展。

> 幼儿园语言活动的类型:谈话活动、讲述活动、听说游戏、文学活动和早期阅读活动。

二、幼儿园语言教育活动的方法

1. 示范模仿法

示范模仿法是指教师通过自身规范化的语言,为幼儿提供语言学习模仿的榜样,让幼儿始终在良好的语言环境中自然地模仿学习。教师的示范是幼儿进行语言模仿的基础。

(1) 教师的示范语言一定要规范到位

在幼儿园里,教师的语言是幼儿模仿的对象,教师说什么,怎样用词和造句,用什么言词来说出自己的感觉,说话时的态度、表情和手势,对别人说话的反应等,都对儿童起示范作用。因此,教师说话时要吐字清楚、发音准确、辅以自然的表情和恰当的手势,运用恰当的音量、语调、速度等,还要使用具体易懂的句式。教师运用规范语言,才能为幼儿创设良好的语言环境,成为幼儿模仿学习的典范。

(2) 教师要把握好示范的时机

语言教育中对于幼儿新的、不易掌握的学习内容,教师要反复地重点示范,如难发准的音、新词句的学习、人物的对话、连贯的讲述、需要幼儿作为仿编参照的原词句等,让幼儿有意识地进行模仿学习。

(3) 教师要恰当地运用示范的方法

语言教育中教师要恰当地处理好"显性示范"和"隐性示范"两种手段的运用,对于教学重点和难点问题,依据儿童语言发展的水平和特点恰当地选用不同的示范方法。

（4）教师要积极观察幼儿的语言表现，妥善地运用强化原则

教师要关注在各种活动中幼儿的语言表现，善于发现幼儿语言发展的差异，给予因材施教，随时鼓励幼儿正确的语言行为和习惯，并加以强化。

2. 视、听、讲、做结合法

视：教师提供形象的讲述对象，如实物、现象、图书、情景表演等，让幼儿充分地观察。

听：教师用语言描述、启发、引导、暗示、示范等，让幼儿充分感知与领会。

讲：幼儿在感知理解的基础上，充分表达个人的认识。

做：教师给幼儿提供一定的想象空间，通过幼儿的参与或独立地操作活动，帮助幼儿充分地构思，从而组织起更加丰富、连贯、完整、富有创造性的语言进行表述。

这四个方面必须有机地结合，具体做法为：教师所提供的语言教育辅助材料应该是幼儿接触过的、较为熟悉的或符合幼儿认识特点的；教会儿童观察被讲述对象的方法，给幼儿留存一定的观察时间和空间；教师的提问要有顺序性、启发性，帮助儿童构思与表述；根据儿童的语言实际水平，提出不同的表述要求，要求儿童在动手、动脑、动口的学习中获得语言经验。

总之，运用视、听、讲、做结合法让幼儿学习语言，可使幼儿运用多种感官参与学习，在促进语言发展的同时，也获得了认知发展。

3. 游戏法

游戏法是指教师运用有规则的游戏，训练幼儿正确发音，丰富幼儿词汇和学习句式的一种方法。具体运用为：根据幼儿语言教育目标和内容选择、编制游戏，要求目标明确，规则具体，便于幼儿理解，达到训练语言能力的目的，在运用游戏法的同时，可配合使用教具或学具。随着幼儿年龄的增长，应逐渐减少直观材料，可以适当开展纯语言训练的游戏。对于个别学习有困难的幼儿，可运用游戏法进行重点帮助，使他们在轻松、愉快、饶有兴趣的活动中进行强化训练。

4. 表演法

表演法是指在教师的指导下，幼儿学习文学作品，以提高口语表现力的一种方法。具体运用为：教师必须在幼儿理解诗歌、散文、绕口令等作品内容，并能熟练朗读的基础上，指导幼儿准确地运用声调、韵律、节奏、速度等进行诗歌、散文、绕口令的朗诵和表演；教师必须在幼儿理解童话、故事内容，熟悉人物对话以及体会角色心理的基础上，指导幼儿准确地运用语言、动作、表情等扮演角色，再现故事情节，进行故事表演；鼓励幼儿在故事表演中创新内容和增加情节与对话，大胆地发展故事情节，恰当地进行动作设计和人物的心理刻画和渲染；要为全体幼儿提供参与表演的机会。

5. 练习法

练习法是指有意识地让幼儿多次使用同一个言语因素或训练幼儿某方面言语技能技巧的一种方法。在幼儿语言教育中，口头练习是大量的。具体运用为：明确练习的要求，逐步提高练习的要求；要求幼儿在理解内容的基础上，具有独创性的练习，避免简单、枯燥的重复；练习方式应生动活泼，形式变换多样，从而调动幼儿练习的积极性。

> 幼儿园语言教育的方法：示范模仿法；视、听、讲、做结合法；游戏法；表演法；练习法。

第三节 幼儿园语言教育活动的设计与组织

莉莉是大班的小朋友，晚上妈妈来接莉莉的时候，见到妈妈莉莉就大声地说："妈妈，我今天写了三页拼音两页字，老师还表扬我了呢。"妈妈对莉莉说："你可真是爱学习呀！"①

思考：莉莉的幼儿园在语言教育方面存在什么问题？

---

① 根据网络资源指南语言领域中的案例改编，网址：http://www.docin.com/p-664069706.html。

一、谈话活动

（一）特点

1. 谈话活动有一个具体、有趣的中心话题

谈话话题应该是幼儿有一定熟悉度的、新鲜感的、共同感兴趣的话题。这样才能让幼儿有话可说、有兴趣说，并能进行交流和分享。

2. 谈话活动注重多方面的信息交流

交流内容：信息量大。

交流对象：师幼之间、幼幼之间。

交流形式：集体交流、小组交流、个别交流。

3. 谈话活动拥有宽松自由的交谈气氛

鼓励幼儿进行话题扩展，自由表达个人看法和见解；不强求规范化语言。

4. 谈话活动中教师起间接引导作用

用提问的方式引出话题或拓展话题，引导幼儿谈话的思路，把握谈话活动的方式。教师也可以通过谈话者的身份参与活动，以引导幼儿并扩展谈话思路。

（二）谈话活动设计与组织

1. 创设谈话情境，引出谈话话题

（1）用实物、直观教玩具创设谈话情境。

教师可以利用活动角的布置、墙饰、实物、模型、图片、游戏表演等，向幼儿提供与谈话主题有关的感知动作的对象，调动幼儿关于谈话主题的生活经验，启迪幼儿的谈话兴趣和思路，从而引出谈话话题。

（2）用语言创设谈话情境。

教师通过自己的语言，或提出一些问题来唤起幼儿的回忆，调动他们的生活经验以及谈话的积极性，自然地进入话题。

2. 幼儿围绕话题自由交谈

引出话题后，教师要向幼儿提供围绕话题自由交谈的机会，目的在于调动幼儿对谈话话题的已有经验，相互交流个人的见解。

（1）应当放手让幼儿围绕话题自由交谈。通过组织幼儿一对一或分小组自由交流，允许他们说任何跟话题有关的想法。教师不需要做示范，不给幼儿提示，不纠正幼儿说话用词造句的错误，让幼儿充分运用自己已有谈话经验说出自己想说的话。

（2）鼓励每位幼儿积极参与谈话，真正形成双向或多向的交流。当幼儿分小组时，尽量让幼儿自己选择交流对象。这些三三两两自由组合的小组，或是一对一的小组，更有利于发挥每位幼儿的积极性，使他们有更多的机会交谈，也可以保证谈话的气氛更加融洽。

（3）在幼儿自由交谈的活动中，根据幼儿活动的特点，在谈话活动中适当增加一些其他方式的操作活动因素，将更有利于调动幼儿的兴趣与交谈的积极性、主动性。

3. 教师引导幼儿逐步拓展谈话范围

在幼儿围绕主题自由交谈以后，教师要自然地逐步拓展谈话的思路，引导幼儿扩大谈话的范围，启发、帮助幼儿把新的谈话经验运用到谈话活动中，不断提高幼儿的谈话水平。但是，一定要注意每个年龄班幼儿的谈话水平，应在幼儿原有谈话经验的基础上进一步扩展他们的经验范畴；各个谈话活动设计的新语言经验可能有所侧重。

案例：小班谈话活动：《我的一家人》

活动目标：

1. 学会用简单的句子谈论自己父母的工作、家庭成员之间的关系以及父母对自己的爱护。

2. 围绕"我的一家人"这一话题进行谈话，乐意参与个别交谈与集体谈话活动。

3. 初步拥有爱家庭的情感，知道关心长辈，听大人的话。

活动准备：

1. 物质准备：实物玩具：小兔、狗、熊；大图片及每个幼儿一张"全家福"照片、篮子；录音机、磁带。

2. 幼儿经验准备：让幼儿回家了解父母的工作及家庭成员之间的关系。

活动过程：

1. 创设谈话情境,引出谈话话题

(1) 放录音《世上只有妈妈好》,教师带领幼儿边唱边做动作。

(2) 请两位幼儿讲一讲"家里有谁"要求语句完整。

师：小朋友家里除了妈妈以外,还有谁呢,谁愿意到前面来拿自己的照片讲给大家听?

教师利用实物投影,让幼儿看着画在讲,同时教师要重复并补充幼儿的话让幼儿练习说话的完整性。

(3) 请其余小朋友从在图片上拿照片,自由交谈"照片上有谁?"

2. 引导幼儿围绕话题交谈,集体讨论,要求声音响亮地表述

(1) 请两位幼儿回答问题,起示范作用。

师：你们的爸爸妈妈干的是什么工作?

在家里,妈妈经常做哪些事?爸爸干什么?你呢?

(2) 出示动物玩具,引起幼儿兴趣,"他们也想听听其他小朋友的爸爸妈妈做的是什么工作,在家经常做些什么事"。请幼儿自由交谈,教师参与个别交谈。

(3) 请两名幼儿上台讲给大家听,对于讲得好的小朋友,可以让他抱抱、亲亲小动物。

(4) 小结。

师：现在老师要请一位非常能干的小朋友拿着自己的照片到前面来,告诉大家："你家有谁?爸爸妈妈的工作是什么?他们经常在家做什么事?"

让幼儿注意倾听问题,回答,把话说完整。

3. 拓展谈话范围

(1) 收照片

师：现在请小朋友把照片放到老师面前的这几个篓子里来,然后坐好。

(2) 情感教育

师：刚才小朋友谈到了自己爸爸妈妈的工作以及在家经常做的一些事情,小朋友还说自己非常喜欢自己的爸爸妈妈,那其他小朋友喜欢爸爸妈妈吗？为什么?

(3) 幼儿讨论、回答,教师小结：小朋友都很喜欢爸爸妈妈,因为他们买东西给你们吃,买玩具给你们玩,帮你们做很多事情,爸爸妈妈很爱你们,小朋友也爱他们,那你们会帮他们做些什么事呢?

(4) 幼儿讨论并回答。

4. 总结评价、结束活动

(1) 师：小朋友都是能干听话的好孩子,知道爸爸妈妈每天上班很累,而且在家里要做许多事情,所以小朋友要好好表现,在家听爸爸妈妈的话,在幼儿园听老师的话,好吗？请小朋友轻轻地站起来,我们一边唱歌一边游戏。

(2) 放录音《我上幼儿园》,教师带领幼儿边唱边做动作。

师：小朋友表现得很棒,现在老师请小朋友把自己的照片布置在我们的教室里,让我们的小朋友每天在幼儿园也能见到自己的爸爸妈妈,好不好?

> 谈话活动设计与组织：创设谈话情境,引出谈话话题;幼儿围绕话题自由交谈;教师引导幼儿逐步拓展谈话范围。

二、讲述活动

(一) 特点

1. 要求幼儿根据一定的凭借物进行讲述。
2. 有相对正式的语境。
3. 要求幼儿运用独白语言表达个人见解,旨在锻炼一种独白语言。
4. 讲述活动中需要调动幼儿的多种能力。想象、概括、表达等。

(二)讲述活动设计与组织

1. 感知理解讲述对象

感知理解讲述对象,主要通过观察的途径进行。这里所说的观察,大部分是通过视觉汲取信息,但也不排斥从其他感觉通道去获得认识。常见的看图讲述、实物讲述、情境表演讲述。要注意依据讲述类型的特点感知理解讲述对象,依据凭借物的特点感知理解讲述对象,依据具体活动要求特点感知理解讲述对象。

教师指导幼儿感知理解讲述对象要注意以下三点:

第一,依据讲述类型的特点感知理解讲述对象。如叙事性讲述,应重点感知理解事件发生的过程顺序以及人物在其中的作用。描述性讲述,观察重点则在物体的形态或人物的状态动作、特征以及像什么等等。只有从这样的角度把握住了讲述对象,才能为讲述做好准备。

第二,依据凭借物的特点感知理解讲述对象。讲述活动中的凭借物是多种多样的,有的是几幅平面的相互有关系的图片,有的是立体的固定的实物,也有的是活动的连续动作的情景,还有的是听觉信息组成的活动情景等等。教师在指导幼儿感知理解讲述对象时,应抓住这类讲述对象的特点去组织观察活动过程。

第三,依据具体活动要求的特点感知理解讲述对象。每一次活动的目标要求是不一样的,有时要求幼儿学习有中心、有重点地讲,有时要求幼儿有顺序地讲。教师的任务是根据活动的具体要求,指导幼儿观察,以便为讲述打好认识上的基础。

2. 运用已用经验讲述

在幼儿观察、感知、理解讲述对象的前提下,教师鼓励幼儿运用自己的语言把已有经验讲述出来。在组织该活动时,教师要尽量放开让幼儿自由讲述,给他们充分的时间、机会运用已有经验进行讲述。幼儿讲述的方法和途径可以多样化,可运用个别交流、小组讲述、集体讲述等多种方式,提高幼儿参与讲述的积极性,教师也可以更好地了解每一个幼儿的讲述水平。

教师在指导幼儿自由讲述时应该注意:在幼儿自由讲述前,交代清楚讲述的要求,提醒幼儿围绕感知理解的对象讲述。在幼儿自由讲述的过程中,注意倾听,发现"闪光点"以及存在的问题。

3. 引进新的讲述经验

新的学习经验,是讲述活动学习的重点。通过前两个步骤的学习训练,教师可以根据本次活动目标要求,帮助幼儿学习新的讲述经验。

(1) 讲述的思路。

教师在示范新的讲述经验时,很重要的一点就是帮助幼儿理清讲述的思路,使讲述有较强的顺序性和条理性。

(2) 讲述的全面性。

在讲述中,教师要帮助幼儿认识到讲述的基本要素:人物(动作、对话和内心感受)、地点、事件(开始、过程、结束)、结果。幼儿在讲述过程中,往往会遗漏某一方面的内容,使讲述缺乏完整性和连贯性。

(3) 讲述的基本方式。

讲述的基本方式是要帮助幼儿学会感知、理解讲述对象的重点内容。针对重点内容讲述语言要丰富,还要多讲,对于一些不重要的内容可以略讲。在讲述活动中,无论是看图讲述还是实物讲述,都要培养幼儿按照一定的顺序进行讲述的能力。这种顺序包括从上到下、从左到右、从大到小、从近到远、从表面到本质的描述。所有这些基本的讲述方式都有助于幼儿清楚有条理地进行讲述。

4. 巩固和迁移新的讲述经验

讲述过程中为幼儿多创设"直接巩固讲述内容——迁移讲述内容——创新讲述内容"的情境,多提供幼儿实际操作新经验的机会,以利于他们更好地获得新经验。

案例:幼儿园大班讲述活动:生日愿望

活动目标:

1. 引导幼儿用连贯的语句大胆地在集体面前讲述。
2. 鼓励幼儿讲述自己的生日愿望,并能用绘画的形式表现出来。
3. 引导幼儿说一些祝愿朋友的话。
4. 让幼儿体验过集体生日的乐趣。

活动准备：

1. 物质准备：环境布置：一块空白的墙面，作为幼儿的许愿墙；生日蛋糕一盒；《生日快乐》的磁带，录音机，照相机，白纸、蜡笔。
2. 经验准备：课前让幼儿了解自己的生日。

活动过程：

1. 听歌曲《生日快乐》，引出课题

（1）音乐响起，师生一起唱《生日快乐》歌。

（2）师：这首歌曲的名字叫什么？我们一般会在什么时候唱这首歌曲？

2. 幼儿讲述过生日的情景

（1）你知道自己的生日吗？你是什么时候过生日的？

（2）你和谁一起过生日？在哪里过的？是怎样过的？心情怎么样？（请幼儿和旁边的小朋友说说。）

（3）你收到过哪些生日礼物，是谁送的？

3. 幼儿讲述生日愿望

你希望下一个生日怎么过？请和你旁边的小朋友说说。（教师引导幼儿大胆讲述自己的生日愿望。）

4. 幼儿许愿

（1）你想实现你的生日愿望吗？让我们到许愿墙旁来许个愿吧！

（2）刚才你许了什么愿呢？能告诉我们吗？（幼儿自由讲述自己的心愿。）

5. 画生日愿望

我们把这些愿望画下来，然后贴在许愿墙上，让所有知道的人都来祝愿你们早日实现这个愿望，好吗？

（1）幼儿画生日愿望。（教师指导一些能力较差的幼儿。）

（2）请先画好的小朋友与身边的好朋友交流一下自己的生日愿望。

（3）请小朋友讲讲自己画的是什么生日愿望？（教师把幼儿的话贴在许愿墙上。）

（4）想看看张老师的生日愿望吗？（出示愿望卡）我画了一颗心，衷心地祝愿小朋友都能实现自己的生日愿望。

6. 过集体生日，体验集体生日的快乐

（1）你们知道吗？这个月我们班有位小朋友要过生日了，她是谁呢？请这位小朋友上来，今天我们一起为××小朋友过生日，好吗？

（2）出示蛋糕，点蜡烛。我们应该对××说些什么祝愿的话呢？（教师引导。）

（3）××心情怎么样？让我们把这开心一刻永远保留下来吧！（师生拍照留念。）

（4）放《生日快乐》歌，师生一起唱。

（5）师生一同享用蛋糕。

> 讲述活动设计与组织：感知理解讲述对象；运用已有经验讲述；引进新的讲述经验；巩固和迁移新的讲述经验。

三、听说游戏

（一）特点

1. 在游戏中包含着语言教育目标。
2. 将语言学习的重点内容转化为一定的游戏规则。
3. 在活动过程中逐步扩大游戏的成分。

（二）听说游戏设计与组织

1. 设置游戏情景

（1）用物品创设游戏情景。

教师使用一些与听说活动有关的物品，或者玩具、日用品等，布置游戏的情景，制造游戏的氛围，引发幼儿参与游戏的兴趣。

(2) 用动作创设游戏情景。

教师用动作表演,让幼儿想像出游戏的角色,或者游戏的场所,进而产生游戏情景的气氛。

(3) 用语言创设游戏情景。

教师通过自己所说的话,直接描述或指出游戏中角色以及所处的环境。

2. 交代游戏规则,明确游戏玩法

在创设游戏情景之后,教师接着就要向幼儿交代游戏的规则,这一步骤的目的是要幼儿通过教师布置任务和讲解要求,明确游戏的玩法。教师用讲解和示范相结合的方式,引导幼儿理解游戏的规则。

教师在交代游戏规则时,要注意以下三点。

第一,用简洁明了的语言讲解。在交代游戏规则时,切忌啰嗦和冗长的解释,以免幼儿抓不住要领,不能及时领悟理解游戏规则而影响游戏的进程。

第二,要讲清楚听说游戏的规则要点和游戏的开展顺序。听说游戏的规则要点一般都是游戏中幼儿要按照规范说出的话,教师应当让幼儿基本明白说什么和怎样说,以便他们能够在参与游戏时付诸实施。同时,要帮助幼儿清楚地理解游戏开展顺序,先做什么,后做什么,什么角色做什么。这样他们才能够顺利地开展活动。

第三,教师用较慢的语速进行讲解和示范。教师在交代游戏规则时使用的语言应当是相对减慢速度的语言。尤其是针对游戏规则回答问题或说一句话时,一定要保证让幼儿听清楚,因为这种语言带有示范的性质。

3. 教师指导幼儿游戏

教师指导幼儿游戏,有利于幼儿在活动过程中,熟悉游戏规则,进一步明确和掌握游戏的玩法,掌握在游戏中运用语言交往的基本思路,从而为独立开展听说游戏做好充分的准备。

4. 幼儿自主游戏

通过前面三个步骤的活动,幼儿已经比较熟悉和掌握游戏的规则和玩法,具备独自开展听说游戏的基础。

案例:中班语言听说游戏:炒青菜

活动目标:

1. 正确发出:炒(chao)、青(qing)、菜(cai)、捏(nie)等发音易混淆的字音,能边念儿歌边表演动作。
2. 在熟悉游戏的基础上,尝试仿编儿歌,并玩仿编的游戏。
3. 愿意和同伴一起游戏,体验游戏时的快乐情绪。

活动准备:青菜一棵;面皮一张。

活动过程:

1. 观看教师表演儿歌,引起幼儿对儿歌的兴趣

(1) 教师:儿歌里说了些什么?你想不想也来玩游戏?

(2) 教师边念儿歌边做相应的动作。

2. 教师边示范边讲解游戏规则

游戏时必须是一个小朋友的手心朝上摆好,另一个小朋友边念儿歌边用手在他的手心上做上下翻动的动作,念到"切"时,将手变成刀的样子往手臂上切三次。捏包子的动作和炒青菜是一样的,念到"捏",用手在他的手臂上捏三次。念到"汽车来了嘟嘟嘟"时,用手握成拳当汽车,从手臂一直开到脖子上,然后开汽车的人就挠他的痒痒,被挠的人若忍不住笑了就可以交换游戏角色。

3. 引导幼儿开展游戏

(1) 教师与一位幼儿玩这个游戏。帮助幼儿进一步熟悉游戏的玩法。

(2) 请幼儿与同伴两两结对玩游戏,教师观察幼儿游戏情况。

(3) 请两位幼儿到前面来表演游戏,其余幼儿与游戏的幼儿一起念儿歌。教师在一旁指导幼儿游戏。

4. 引导幼儿仿编儿歌

(1) 教师:我们除了炒青菜,还可以炒什么菜?启发幼儿讲述各种蔬菜的名称,如菠菜、白菜、萝卜。

(2) 教师:我们除了捏包子还可以捏哪些点心?启发幼儿讲述各种点心的名称。

(3) 除了汽车还可以乘什么车回家?启发幼儿想像火车、轮船、飞机等交通工具。

(4) 创编新儿歌做游戏：炒萝卜，炒萝卜，切，切，切；捏饺子，捏饺子，捏，捏，捏；轮船来了，嘟，嘟，嘟，到家了。

(5) 幼儿两两结对自主游戏。

> **听说游戏设计与组织**：设置游戏情景；交代游戏规则，明确游戏玩法；教师指导幼儿游戏；幼儿自主游戏。

四、文学活动

(一) 特点
1. 围绕具体的文学作品教学开展活动。
2. 整合相关的学习内容。
3. 提供多种与文学作品相互作用的途径。

(二) 文学活动设计与组织

1. **学习文学作品**

这是文学教育活动的首要环节。教师要根据作品的难易度、本班幼儿的实际水平以及活动环境与材料利用的便利与否，而采取不同的形式来组织教学。有的采用直观形象的图片、幻灯、录像、多媒体等视觉教育手段；有的采用录音、教师讲述和教具、玩具等辅助教育手段呈现作品内容；有的观看情境表演或哑剧来接近学习内容。如果作品浅显易懂，幼儿有直接生活经验，则可以直接呈现。

2. **理解体验作品**

在学习作品内容的基础上，教师还有必要进一步引导幼儿去理解作品、体验作品，尤其是让幼儿通过亲身感受去体验作品中所展示的人物的情感历程和心理世界。

3. **迁移作品经验**

在帮助幼儿深入理解作品的基础上，教师还可以进一步引导幼儿迁移作品的经验。因为文学作品向幼儿展示的是建立在幼儿生活经验基础上的间接经验。这种间接经验让幼儿的学习停留在理解这些间接经验的基础上还是不够的，还不能充分地将这些间接经验与幼儿的直接经验联系起来。

4. **创造性想象和语言表达**

教师可以进一步创设条件，让幼儿扩展自己的想法，并创造性地运用语言去表达自己的认识与想象。创造性想象和语言表达仍然立足于原有已学的文学作品内容的基础上进行，在这一层次活动中，教师可以让幼儿学习续编故事，也可以让幼儿仿编诗歌，还可以让幼儿围绕文学作品内容想象讲述。

案例：小班文学欣赏活动：香香的被子

活动目标：
1. 理解故事内容，掌握词汇：暖暖的、软软的、香香的，知道晒被子的好处。
2. 能在教师引导下初步学会说故事中角色的对话。
3. 在游戏的情景中，体验晒被子带来的温暖和乐趣。

活动准备：
1. 故事背景图1幅，磁性教具：小猪、小猫、小山羊各1个，小狗指偶1个。实物小被子一床。
2. 背景音乐。

活动过程：
1. 语言描述情景，引起幼儿的兴趣

导入语：一个秋天的早上，太阳公公出来啦，照得大地暖洋洋的。这时候，胖小猪和他的好朋友小花猫、小山羊来到草地上，你们猜他们在干什么呀？

小动物们到底是在做什么呢？我们来听一个故事，故事的名字叫做《香香的被子》。

2. 结合背景音乐，完整欣赏一遍

提问并依据幼儿回答出示大背景图及动物形象。

(1) 提问：故事的名字叫什么？
(2) 提问：小动物们都在做什么？
(3) 提问：有哪些小动物在晒被子呢？
(4) 提问：你们觉得晒过的被子是怎么样的？

出示实物被子，幼儿在教师的引导下，通过"抱、摸、闻"感受晒过的被子"暖暖的，香香的，软软的"，从而掌握词汇"暖暖的、软软的、香香的"。

3. 结合磁性教具，分段讲述故事，帮助幼儿理解故事内容

(1) 讲述故事从开头到"晒过的被子是怎么样的"。

提问：小狗看见小动物都来晒被子是怎么问的呀？

(2) 从"小猪说"到"晒过的被子闻起来香香的"。

提问：胖小猪是怎样回答的？小猫是怎样回答的？小山羊是怎样回答的？幼儿在教师引导下，结合表情、动作学说：

"晒过的被子盖起来暖暖的。"

"晒过的被子摸起来软软的。"

"晒过的被子闻起来香香的。"

(3) 讲述故事"小狗听了大家的话"到结束。

提问：如果你是小狗，盖着晒过的被子，你觉得怎么样呀？

教师小结晒被子带给我们的好处。

4. 游戏：晒被子

在游戏的情境下，教师带领幼儿边晒被子边说"晒过的被子……"。

总结：小朋友们回家以后，也可以跟爸爸妈妈一起，晒晒自己的小被子，是不是也是香香的，有一股太阳的味道。

附故事：香香的被子

秋天到了，天气凉了，小动物们要准备过冬啦，他们呀都来晒被子呢。

"噜噜噜"，胖小猪来晒被子了。

"喵喵喵"，小花猫也来晒被子了。

"咩咩咩"，小山羊也来晒被子了。

小狗跑过来，看到大家都在晒被子，他问："你们为什么要晒被子呀？晒过的被子会怎么样呢？"

胖小猪说："晒过的被子盖起来暖暖的。"

小花猫说："晒过的被子摸起来软软的。"

小山羊说："晒过的被子闻起来香香的。"

小狗听了大家的话，他说："那我也要去晒被子。"说完，小狗就跑回家晒被子去了。

冬天到了，外面下起了大雪。小狗把被子盖在身上，睡得真舒服。

他说："唔，晒过的被子，真香啊，有一股太阳的味道。"

> **文学活动设计与组织**：学习文学作品；理解体验作品；迁移作品经验；创造性想象和语言表达。

五、早期阅读活动

（一）特点

1. 创设丰富的阅读环境。
2. 提供具有表意性质的阅读材料。
3. 提倡整合的阅读活动。

（二）早期阅读设计与组织

1. 幼儿自由阅读

在阅读活动开始时，教师首先创设让幼儿自己阅读的机会。这一步骤将阅读活动学习的书面语言展

现在幼儿面前,让幼儿自由地"接近"本次活动的学习内容,观察自己的认识对象,获得有关的信息。当然,为幼儿提供自己阅读的机会时,并不意味着教师可以放手不闻不问。恰恰相反,在幼儿自己阅读过程中,教师要巧妙而实在地起到引导作用。可以说,幼儿是在教师的具体指导下开始观察认识活动的。有的时候,教师采用提问的方式,用问题引导幼儿的思路,指示他们观察认识的途径。还有的时候,教师向幼儿提出观察的要求,然后教师操作、表演,让幼儿完整、安静地阅读观看。凡此种种,只说明一点,"幼儿自己阅读"是给幼儿自己"接近"本次阅读学习内容的机会,但也是在教师指导下观察认识一定书面语言的开始。

2. 教师与幼儿一起阅读

教师与幼儿一起阅读,实际上是在幼儿自己观察认识接触到的书面语言信息的基础上,由教师带领幼儿来进一步学习理解这些书面语言信息。

教师和幼儿一起阅读,创造了教师带领幼儿阅读、指导幼儿阅读的条件。在这一活动环节中,教师按照自己的理解和设想,将要求幼儿掌握的书面语言信息贯穿到阅读的过程中去。教师的作用在于帮助幼儿明确阅读内容,并掌握书面语言的信息。值得教师们注意的是,在这一环节活动中,教师不必着重"告诉"幼儿什么,而是可以采用"平行"的方式,与幼儿平起平坐地共同阅读。换句话说,教师可将自己的指导作用放在"一起阅读"之中,不是告诉幼儿,你们应该学习什么,而是与幼儿一起学习这些要学的内容。这种方式将有助于幼儿从自由地"接近"阅读信息,过渡到按照教师指导接受阅读的信息。

3. 围绕阅读重点开展活动

每一次阅读活动均有一定的重点,事先教师应当做到心中有数,并能有计划地在活动中贯彻落实。经过上一步骤"教师与幼儿共同阅读"的活动后,教师可以组织幼儿围绕阅读重点开展活动,着重帮助幼儿深入地掌握学习内容和正确的学习方式。教师在指导幼儿围绕阅读重点开展活动时,还可以灵活地采用其他活动形式,比如表演、游戏等等。只要能够引导幼儿深入掌握学习的重点,加深对所学的书面语言的印象,各种活动方式都可以在这一环节的活动组织过程中使用。

4. 归纳阅读内容

归纳阅读内容是总结性的活动环节,它的主要作用在于帮助幼儿巩固、消化所学的内容,是整个活动中不可缺少的一个组成部分。

归纳阅读内容的组织方式有很多种。其一是用竞赛性质的活动方式帮助幼儿巩固所学内容,比较适合于在大班使用。其二,教师也可通过表演的方式来组织归纳阅读内容。也有的阅读图书活动最后用配乐童话的方式进行,让幼儿跟随音乐做动作,体会图画故事所表现的情节和人物角色心理,加深对故事的理解。其三,教师也可用游戏的形式组织归纳阅读内容环节的活动。

总之,归纳阅读内容的方式各种各样,教师可以创造性地设计和组织这一环节的活动。只要有利于幼儿巩固掌握阅读内容,有利于他们形成正确的书面语言观点,各种活动形式都可以在活动中尝试运用。

案例:大班早期阅读活动:被澡盆卡住的熊

活动目标:

1. 在看看、讲讲中理解故事的主要情节,感受故事的趣味性。
2. 懂得遇到困难要积极开动脑筋,想出聪明的办法来解决问题。

活动准备:PPT、胡椒粉、故事图片。

活动过程:

1. 多媒体导入

我们今天来看一段录像好吗?(播放录像)刚才的录像里有谁?他在干什么?

录像中的宝宝很高兴地一边唱歌、一边弹琴地洗着澡。你们喜欢洗澡吗?你们喜欢在哪里洗澡呢?(幼儿结合生活经验讲述。)

小结:哦,原来你们都喜欢在大而美丽的浴缸、浴室……里洗澡,洗完澡身体变干净了,感觉很舒服,能使我们快快地长大。

这些洗澡用的大大小小的盆叫什么呢?(澡盆。)

2. 阅读图书内容

(1) 阅读第一、二幅内容

这里也有一个澡盆。是谁的澡盆呀?

小熊很喜欢这只小澡盆,天天用它来洗澡,一边洗还一边快乐地唱歌呢。听——

引导幼儿跟着音乐《我爱洗澡》,在看看、讲讲中理解故事的主要情节,感受故事的趣味性。懂得遇到困难要积极开动脑筋,想出聪明的办法来解决问题。

小熊一天一天在长大,而小澡盆还是那么小,在里面洗澡会怎么样呢?

（2）阅读第三、四幅内容

小河马路过小熊的家,看见小熊在小小的澡盆里洗澡。

小河马邀请小熊到哪儿去洗澡?你是从哪里看出来的?小熊会同意吗?

我们来听听小熊是怎么说的?

（3）重点阅读第五、六、七、八幅内容

① 小熊继续在它心爱的小澡盆里洗澡,咦,怎么回事呀?小熊为什么哭呀?

② 想办法

猜一猜小河马会想什么办法帮助小熊?（幼儿自由讲述。）

教师出示3幅图片,看一看小河马究竟用了哪些办法?（两两交流。）

③ 教师出示胡椒粉,教师和幼儿一起认识体验。

最后,小河马用了什么好办法?你见过或吃过胡椒粉吗?

出示胡椒粉瓶子,教师看看闻闻并模仿小熊打喷嚏。幼儿一一闻闻说说做做。

小结:小熊闻到胡椒粉后打了一个响亮的喷嚏,把小澡盆给震得碎片乱飞,小熊终于得救了,它也明白了自己真的长大了,不能再继续在澡盆里洗澡。可是它望着心爱的小澡盆,想:小澡盆坏了,以后我到哪儿去洗澡呀?

小河马是怎么安慰小熊的呢?（"小熊,你跟我来,我们一起到池塘去洗澡吧!"）

小结:哇,这个池塘可真是个好大好大的澡盆呀,小熊再也不怕长大没澡盆洗澡咯!

3. 完整阅读

师生一起完整欣赏故事。

现在你们知道这个故事叫什么名字了吗?（被澡盆卡住的小熊。）

我们回班级把这个好听的故事说给别的小朋友听吧! 走咯!

> 早期阅读设计与组织:幼儿自由阅读;教师与幼儿一起阅读;围绕阅读重点开展活动;归纳阅读内容。

▶ **主题词**

幼儿　语言教育　谈话　讲述　听说　文学　早期阅读　倾听　内容　特点　目标　设计　组织

▶ **阅读书目**

1. 李季湄,冯晓霞.3—6岁儿童学习与发展指南解读[M].北京:人民教育出版社,2013.
2. 幸福新童年编写组.3—6岁儿童学习与发展指南解读[M].北京:旅游教育出版社,2012.
3. 张明红.幼儿园语言教育与活动设计[M].北京:高等教育出版社,2010.
4. 姜晓燕,郭咏梅.学前儿童语言教育[M].北京:高等教育出版社,2011.
5. 张淑琼.幼儿园教育活动设计与实施[M].北京:北京师范大学出版社,2012.
6. 杭梅.幼儿语言教育与活动指导[M].北京:北京师范大学出版社,2012.

第五章　幼儿园科学教育活动设计

学习目标

※ 初步明确什么是科学,什么是幼儿的科学,什么是幼儿园科学教育。
※ 通过解读《纲要》及《指南》中的科学领域目标,领会科学教育目标的精神。
※ 理解和掌握幼儿园科学教育内容的范围及其内容的生成,学会选编幼儿园科学教育的内容。
※ 掌握幼儿园科学教育的基本方法,并能在实践中灵活地、创造性地加以运用。
※ 能设计和组织幼儿园科学教育活动。

学习导引

本章从幼儿园科学教育的独特内涵出发,分析幼儿园科学教育的目标,结合幼儿园科学教育内容的范围以及幼儿园科学教育的基本方法,能在实践中灵活地、创造性地设计和组织幼儿园的科学教育活动。

知识结构

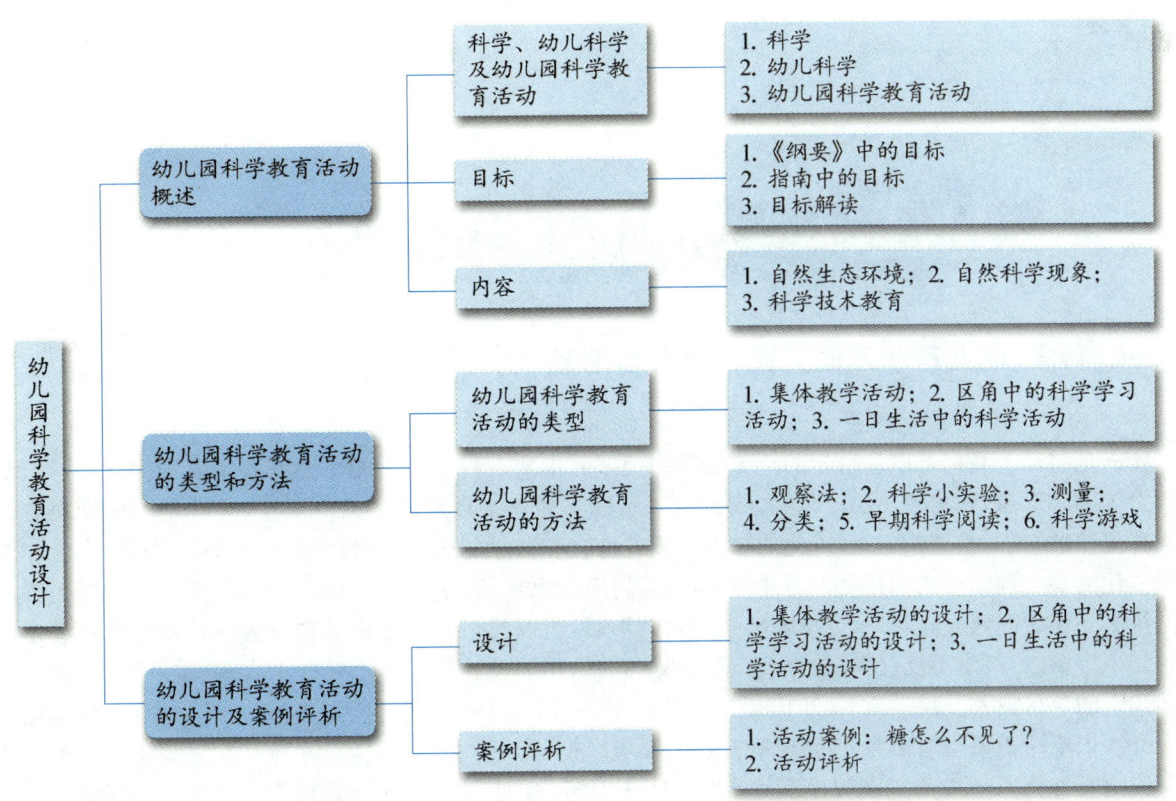

引子

记一次科学教育活动——《快乐的旋转》

生活中有什么东西会旋转？孩子们议论纷纷：接送车转动的轮子；司机叔叔手中的方向盘；妈妈买来的陀螺；幼儿园里好玩的呼啦圈；洗衣机里的大漩涡；电视里威力无比的龙卷风……各种各样的旋转吸引了孩子们，他们睁大的眼睛里充满了好奇。

生活中有这么多神奇的旋转，那我们自己呢？孩子们兴奋地发现：原来我们自己的身体从上到下都会旋转——头、眼珠、嘴巴、手臂、腰、膝盖、脚……甚至整个身体都会旋转，更神奇的是我们的身子能跟着音乐节奏旋转，还能好几个部位同时旋转呢……渐渐地，孩子们不满足于发现旋转了，他们开始探索：这些东西为什么会旋转呢？孩子们到自己熟悉的各个角落去寻找，做记录，惊喜地发现原来旋转原因有好多：有的靠电力旋转，有的靠风力旋转，还有靠人力旋转的……孩子们还大胆想象：还有靠引力、靠机器人的力量旋转的……可是，为什么他们旋转的速度会不一样呢？细心的孩子们开始学会在游戏中观察比较：原来，接触面的光滑和粗糙、物体本身是否平衡、用力的大小等等都会影响旋转的速度。

旋转与我们人类有什么关系呢？他们对我们人类有什么作用和危害呢？实验课上孩子们品尝了果汁机榨出来的鲜果汁，在家里和爸爸妈妈一起观察了洗衣机里转动后变干净的衣服；也看了电视里，图画中被龙卷风刮得东倒西歪的房子和树木，也知道了因为有漩涡，地球上还有轮船不能经过的海面……

发现了这么多的秘密，孩子们决定用自己的方式表达这些发现——他们拿来了纸和笔画下了自己发现的旋转物体，在实验课上跟老师一起制造旋转，和老师、爸爸妈妈一起收集了各种各样的物品，动手设计制作了属于自己的旋转玩具，组成了大A班的神奇的"旋转王国"，不仅如此，在班级的"宝贝生日会"上，还和爸爸妈妈一起跳起了快乐的"圆圈舞"，把爸爸妈妈都逗乐了……

快乐的旋转！

生活中无处不在的旋转，许多被大人忽视的现象在幼儿眼里是那么好奇和有趣。这就是幼儿的科学。所以，幼儿都是科学家，幼儿的生活就是科学，无处不在。它们是经验性的、诗意性的、想象性的。

第一节  幼儿园科学教育活动概述

一、科学、幼儿科学及幼儿园科学教育活动

（一）科学不仅仅是知识

什么是科学？我们可以从科学的历史发展中把握其本质。科学在它的历史发展中表现为方法、知识、生产力等种种形象，作为一个历史范畴，我们可以从以下两点来理解其含义。第一，科学是一种反映客观事实和规律的知识，是理论化、系统化的知识。随着社会和科学的进步，对自然的解释逐步深入，科学作为知识文化的观念逐渐被人们接受。与此同时，随着科学的发展，科学对自然现象间的联系和多样性的揭示使得科学知识之间建立起联系，更呈现出系统化的形态，所以我们可以把科学理解为一种知识体系或系统化的知识。第二，科学不仅仅是知识体系，更是特殊的认识活动。科学是一种探求真理、推进知识的活动。科学知识的获得离不开科学活动，知识是探求的结果，而活动才是内容本身。从认识的过程看，科学是一种人类知识不断积累与深化而获得规律的过程，还可以把科学看成一个发现、解释并检验知识的过程或活动。美国麻省州K-12年级课程标准的研究报告中对科学的界定是：科学是探索和发现自然界及人类社会发展变化过程中的关系和规律，并形成理论。

综合以上论述,给科学的内涵作如下解释:科学是人们对客观世界的一种正确认识和知识体系,同时也是人们探索世界、获取知识的过程,还是一种世界观、一种看待世界的方法和态度。

(二)幼儿科学不同于成人理解的科学

在当前的幼儿科学教育实践中,对于"幼儿的科学"有这么一种认识,即把幼儿简单地等同于成人,认为幼儿也应该像成人一样理解科学,应该获得和成人一样的科学知识。

事实上,幼儿眼中的科学不是什么牛顿定律、三角函数,也不是密密麻麻的科学公式。科学是他们生活中有趣的发现,是他们眼中好奇的现象。"幼儿的科学"是幼儿用他们独特的理解方式创造出的一片独特的天空。它既充满着科学的探究精神,又不同于成人所理解的科学。

"幼儿的科学"与"成人科学"的不同之处在于:首先,"幼儿的科学"是一种经验层次的科学知识,他们所理解的科学知识并不是我们意义上所指的抽象的、概念化的科学知识,而是具体的科学经验,是经验层面的知识。它是直接的、具体的,而不是间接的、抽象的;是描述性的,而不是解释性的。所以一旦要让幼儿说明具体事物背后的间接联系,或是解释现象背后的因果关系,幼儿就显得无能为力;其次,"幼儿的科学"是一个自我建构的过程,孩子的生活经验和认知能力影响着他们现有的知识结构,并且通过不断地同化和整合改变着知识结构,也就是说,它是一种处在不断发展、变化和完善过程中的科学认识;最后,"幼儿的科学"是对世界的独特理解。因为他们带有很强的主观色彩(如认为船能浮在水面上是因为它很勇敢),这既是它的不成熟之处,也是其独到之处。

(三)幼儿园科学教育不等于"常识教育"

通过对以上概念的了解,我们可以认识到:科学是知识、过程,更是方法。通常,常识是指普通的知识,众所周知的知识,一般的知识,静态的知识。科学教育不应等同于以往的常识教育,也不应该只是加上些新内容和动手操作的教育。《3—6岁儿童学习与发展指南》指出,幼儿科学学习的核心是激发探究兴趣,体验探究过程,发展初步的探究能力。具体比较"科学教育"与"常识教育",我们发现在教育目标、内容和方法上都有了根本性的变化,科学教育在目标上更注重发展幼儿的好奇心和求知欲;在方法上强调幼儿自己探索与发现;在内容上考虑到数学是科学的本质,是科学的工具,两者是有联系的,能够互相渗透的,因而将数学并入科学领域,统称为科学教育。相比"常识教育",科学教育应成为引发、支持和引导幼儿主动探究,并获得有关周围物质世界及其关系的经验的过程。具体地说,幼儿园科学教育可以解释为是对幼儿的科学启蒙教育,是通过幼儿自身活动,对周围物质世界进行感知、观察、操作、发现问题、寻求答案的探索过程;是幼儿获取广泛的科学、技术经验,初步学习科学方法和技能,培养科学态度的过程;是发展幼儿好奇心,产生学习科学的兴趣,以及培养幼儿良好科学行为、习惯的过程。

当今幼儿园科学教育(以下简称科学教育)是对过去幼儿园自然常识教育的改革和发展。20世纪70年代末到80年代中期,幼儿园常识教育仍沿用50年代的教材教法,无论是在内容上还是方法上都已显得有些陈旧,无法满足幼儿身心的发展需求和兴趣爱好以及社会发展的步伐。因此,全国许多幼儿园都陆续开始了常识教育内容和方法的改革实验,经过10多年的实践,"科学"逐渐取代了"常识"。2001年,在教育部颁布的《幼儿园教育指导纲要(试行)》(以下简称《纲要》)中,"科学"第一次正式列入幼儿园教育内容之中。

> "科学"是人们对客观世界的一种正确认识和知识体系,同时也是人们探索世界、获取知识的过程,还是一种世界观、一种看待世界的方法和态度;"幼儿的科学"是一种经验层次的科学知识,是一个自我建构的过程;"科学教育"在目标上更注重发展幼儿的好奇心和求知欲;在方法上强调幼儿自己探索与发现;在内容上考虑到数学是科学的本质。

二、幼儿园科学教育的目标

参观科技馆

明天要参观科技馆了,大一班的孩子们放学回家兴奋地跟家长讨论明天可能看到什么、可以玩什么、起床的时间等,许多孩子带着幻想兴奋了好久才进入梦乡。

第二天,孩子们在教师的带领下到了科技馆。进大门之前,她让小朋友们排成一列,并规定"后面一个人要看着前面一个人的后脑勺"。结果,参观完毕之后,有几个小朋友回到家里,当家长问及他们参观看到些什么时,都回答说是"前面一个人的后脑勺"。当然那位幼儿教师的本意并非只是"让后面一个只看到前面一个人的后脑勺"……

这位老师只是担心小朋友走失,而采取了这样一种简单的管理方法,但是这样一来,小朋友们不仅什么都没看到,更不会去主动探索,大胆提问,积极思考了。而张贴在幼儿园门口的本次活动的目标是:观察身边的科学现象,体验科学的乐趣,萌发对科学活动的兴趣……

显然,教师浪费了这次参观活动。这次参观科技馆的活动本身是一次很有价值的活动,但是教师没有利用好,在这个活动中教师没有充分调动孩子们的兴趣和好奇心,也没有和孩子进行有效的交流,取而代之的是老师把这个活动变成了主持和维持纪律的活动。

目标是教育的核心。科学教育目标是时代、社会对一般发展水平的幼儿的基本要求,是教师进行科学教育的指导方向,因此,我们必须全面了解、深刻领会科学教育目标的精神、实质,才能取得良好的教育效果。

(一)幼儿园科学教育总目标

1.《幼儿园教育指导纲要(试行)》中的科学领域目标

在教育部2001年7月颁布的《纲要》中,"科学教育"被明确列为幼儿园教育内容的五大领域之一。《纲要》规定的科学领域的目标是:

(1)对周围的事物、现象感兴趣,有好奇心和求知欲;
(2)能运用各种感官,动手、动脑,探究问题;
(3)能用适当的方式表达、交流探索的过程和结果;
(4)能从生活和游戏中感受事物的数量关系并体验到数学的重要和有趣;
(5)爱护动物、植物,关心周围环境,亲近大自然,珍惜自然资源,有初步的环保意识。

《纲要》中的科学教育目标,和过去相比发生了明显的变化,它已成为新世纪科学教育改革的努力方向。

2.《3—6岁儿童学习与发展指南》中的科学领域目标

(1)亲近自然,喜欢探究

3—4岁	4—5岁	5—6岁
1.喜欢接触大自然,对周围的很多事物和现象感兴趣。 2.经常问各种问题,或好奇地摆弄物品。	1.喜欢接触新事物,经常问一些与新事物有关的问题。 2.常常动手动脑探索物体和材料,并乐在其中。	1.对自己感兴趣的问题总是刨根问底。 2.能经常动手动脑寻找问题的答案。 3.探索中有所发现时感到兴奋和满足。

(2)具有初步的探究能力

3—4岁	4—5岁	5—6岁
1.对感兴趣的事物能仔细观察,发现其明显特征。 2.能用多种感官或动作去探索物体,关注动作所产生的结果。	1.能对事物或现象进行观察比较,发现其相同与不同。 2.能根据观察结果提出问题,并大胆猜测答案。 3.能通过简单的调查收集信息。 4.能用图画或其他符号进行记录。	1.能通过观察、比较与分析,发现并描述不同种类物体的特征或某个事物前后的变化。 2.能用一定的方法验证自己的猜测。 3.在成人的帮助下能制定简单的调查计划并执行。 4.能用数字、图画、图表或其他符号记录。 5.探究中能与他人合作与交流。

(3)在探究中认识周围事物和现象

3—4岁	4—5岁	5—6岁
1. 认识常见的动植物,能注意并发现周围的动植物是多种多样的。 2. 能感知和发现物体和材料的软硬、光滑和粗糙等特性。 3. 能感知和体验天气对自己生活和活动的影响。 4. 初步了解和体会动植物和人们生活的关系。	1. 能感知和发现动植物的生长变化及其基本条件。 2. 能感知和发现常见材料的溶解、传热等性质或用途。 3. 能感知和发现简单物理现象,如物体形态或位置变化等。 4. 能感知和发现不同季节的特点,体验季节对动植物和人的影响。 5. 初步感知常用科技产品与自己生活的关系,知道科技产品有利也有弊。	1. 能察觉到动植物的外形特征、习性与生存环境的适应关系。 2. 能发现常见物体的结构与功能之间的关系。 3. 能探索并发现常见的物理现象产生的条件或影响因素,如影子、沉浮等。 4. 感知并了解季节变化的周期性,知道变化的顺序。 5. 初步了解人们的生活与自然环境的密切关系,知道尊重和珍惜生命,保护环境。

(二)幼儿园科学教育目标解读

完整意义的科学包括三个方面的内涵,即作为科学探究结果的科学知识、贯穿科学探究过程的科学方法和以科学探究态度为核心的科学精神。

而在《纲要》中,科学领域共提出5条目标:第4条是关于数学教育的目标,第1和第5条是关于科学情感、态度和价值观方面的目标;另外第2和第3条是关于科学方法和过程方面的目标。如何理解其中4条目标(不含数学目标)的内涵?如何理解知识目标的"缺失"?我们试图对其进行解读。

1. 科学情感和态度方面的目标解读

在《纲要》中,情感方面的目标突出了两个方面。

(1)发展幼儿的好奇心、兴趣和求知欲。《纲要》科学领域的目标第1条就是"对周围的事物、现象感兴趣,有好奇心和求知欲"。这一目标的具体内涵是:发展幼儿对周围各种事物(包括自然事物和科技产品)和现象(包括自然现象和科学现象)的好奇心,培养幼儿参与科学探索活动、科技制作活动的兴趣,激发幼儿的求知欲。

这一条目标的核心是培养好奇心和学习科学的兴趣。幼儿的好奇心常常表现为对新异刺激的注意、提出问题、操作、摆弄等行为倾向。

科学需要好奇心吗?当然需要。好奇心是学习科学的内在动机,它激发我们去探索;好奇心是问题的来源,它能使我们发现别人没有发现的问题。可以说,没有好奇心,就没有发现;没有人类的好奇,就没有科学的进步。

幼儿天生就具有好奇心吗?有,他们是天生的"科学家"。两三岁时是幼儿提问的高峰期。甚至一些对成人来说习以为常的事情,也会引起幼儿的好奇和疑问。有人做过统计,幼儿提出的问题,绝大部分都是和科学有关的,这些问题都有可能引发幼儿的科学探究的活动。但是,幼儿的好奇心好比是星星之火,还需成人的支持才能燎原。

成人该如何保护幼儿的好奇心呢?不同成人有不同的想法和措施,其中有一点是相同的——如果成人能够理解幼儿的好奇心,并且加以鼓励和引导,就能把幼儿导入科学探索的道路,激发他们的求知欲。否则,成人对幼儿的问题敷衍了事、不耐烦,会慢慢地磨灭幼儿的好奇心。

和好奇心相联系的是幼儿对科学的兴趣。兴趣是学习科学的强大动力。"兴趣是最好的老师"。在科学教育中培养幼儿科学兴趣的目标,就是使幼儿从对事物的外在、表面的兴趣,发展为对科学活动过程的兴趣。

(2)培养幼儿关爱环境的积极情感和态度。这主要表现在《纲要》科学领域的目标第5条中:"爱护动、植物,关心周围环境,亲近大自然,珍惜自然资源,有初步的环保意识。"这一目标的核心是建立人与自然的和谐关系。在世界环境问题日益严重的今天,提出这一条目标具有重要的意义。

自然是科学的研究对象,是人类赖以生存的环境。我们不仅要让幼儿形成对自然界的探究兴趣,还要萌发幼儿对于自然的责任感——关爱生命,尊重自然;还要引导幼儿发现自然界的美,学会欣赏自然界的美。只有这样,我们对大自然的热爱才具有完整的意义。

2. 科学方法和过程方面的目标解读

在科学教育中,方法常常被比喻成"点金术",用以说明它的重要性。幼儿因其认知发展水平的局限,也许不能像成人那样通过严密的观察和实验方法来进行科学研究,解决科学问题,但是这并不是说不能对他们进行科学方法的启蒙。

《纲要》中关于科学领域的第2条目标要求是"能运用各种感官,动手、动脑,探究问题",这正体现了科学方法方面的目标。《纲要》揭示了科学方法的实质在于探究问题,而幼儿科学探究的实质就是通过他们的感官观察、动手操作和动脑思考,来寻求问题的答案。同时,《纲要》还特别强调表达、交流的重要性。科学领域的第3条目标是"能用适当的方式表达、交流探索的过程和结果"。

下面我们具体分析《纲要》涉及的科学方法和过程方面目标的内涵。

(1)观察。《纲要》中提出的"运用各种感官"实质上就是指观察的方法。观察是一种基本的科学方法,它是指运用感官直接获取第一手资料的方法。对幼儿来说,观察是一种重要的科学方法。因为幼儿的逻辑推理能力十分有限,他们获取科学知识的途径就要更多地依赖于直接的观察。

幼儿观察方法的具体目标包括:学会运用多种感官感知物体的外部特征;学会观察比较不同物体或同类物体的特征;学会观察物体的运动和变化,即自然现象的观察。

(2)动手操作。操作并不同于简单的无目的摆弄,它是为了解决某个问题而开展的有意识活动。如在"沉与浮"活动中,幼儿操作的目的是为了判断哪些物品能浮在水面,哪些物品是浮在水中,哪些物品能沉入水底。

幼儿在进行操作活动时,也明显地表现出动作思维的特点,即"在动作中思维"。他们很少在头脑中对操作的过程作预先的计划,对自己的操作结果也很少预计,因此也很难预见能发生的错误。他们所获得的操作技巧完全来自直接的、尝试错误式的操作经验。操作活动的目标就是让幼儿在具体的操作中学会动手、动脑。

幼儿动手操作的具体目标是:学会使用简单工具及学习使用工具制作简单产品;在操作过程中根据操作目标不时调整操作过程;对操作过程和结果进行思考、调整和修正。

(3)动脑思考。思考泛指幼儿的思维活动,它贯穿于幼儿学科学的过程之中。幼儿的思维以动作思维和具体形象思维为主,他们虽然还不能进行完全的逻辑思维,但可以在具体形象和表象基础上思考事物和事物之间的关系,甚至进行某种程度的推理。

幼儿动脑思考的目标主要包括以下两个方面。

学会比较和概括,即对直接观察到的事实进行比较和概括,认识到事物的不同和相同。如从对各种家畜的观察中发现它们的不同,同时概括出它们都是家畜。

学习推论和预测,即根据观察到的现象,并结合自己已有的经验,推想它的原因,提出合理的解释,得出结论,并预测将来可能发生的现象。如从对鸭生鸭蛋的了解,推论鸡生鸡蛋。

(4)表达。表达是一种技能,在科学活动中是必不可少的信息交流的手段。通过表达和交流,我们不仅可以向别人介绍自己的科学发现,还可以从别人那里得到启发。对幼儿来说,表达就更为重要了。幼儿通过表达可以对自己的科学活动过程进行思考,强化自己的科学发现,同时也能增强自信心。

幼儿表达交流的目标主要包括:学习用准确、有效的语言表达、交流自己在科学活动中的做法、想法和发现;学会用适当的方式表达自己在科学活动中的情绪体验,如体态、动作、表情等;学会各种手段(如图表、绘画、作品展览等)展示自己的科学活动结果。

3. 科学知识方面的目标解读

《纲要》中值得注意的一个变化是它没有专门列出具体的科学知识目标。这个变化说明了什么呢?是科学知识不再重要了,还是科学教育没有必要教给幼儿知识?我们认为,科学教育不应该也不可能取消知识的目标。《纲要》中没有专门列出具体的科学知识目标。可从以下四个方面来理解。

首先,尽管《纲要》没有明确规定科学知识的目标,但是作为科学探索过程的结果,知识的目标已隐含在其他的目标中。如《纲要》明确提出了"求知欲"的目标,这是幼儿获取科学知识的最大动力;对科学探索的过程——"运用各种感官、动手、动脑,探究问题"提出了详细的要求,这是幼儿获取科学知识的必由之路;还特别强调"能用适当的方式表达、交流探索的过程和结果",实际上也暗示了幼儿需要通过同伴之间的表达、交流和分享来共同建构科学知识。

其次,幼儿的学习是一种个人性、经验性的学习,不同地域、不同经验背景的幼儿所获得的科学知识会具有很大的差异,如城市幼儿和农村幼儿的知识经验会有很大差别,北方幼儿和南方幼儿对季节的感受也截然不同。我们要强调学习的经验性,就不宜对幼儿应该获得哪些科学知识作具体的规定。

第三,从知识与能力的关系来看,两者之间既有联系,又存在差异。一方面,能力发展要建立在一定的知识基础之上,但从另一方面看,知识的获得并不必然导致能力的发展,如"高知低能"的现象。因此,不可以将知识等同于发展,更不可简单地用知识多少来评判幼儿发展水平的高低。举个简单的例子,农村的孩子没有见过"电梯",也不知道什么叫"神舟六号",但绝不能说农村幼儿的发展水平低于城市幼儿。

最后,《纲要》不专门列出具体的科学知识目标,还有利于纠正以往科学教育中"重知识"的错误观念,避免教育实践中片面追求知识的倾向的产生。

因此,真正需要我们讨论的不是要不要知识的问题,而是要什么样的知识,以及怎样让儿童获取知识的问题。

综上所述,当前的科学教育实践中,在怎样对待知识目标的问题上,有两点是需要强调的。

一是要注重幼儿科学经验的获得,不能脱离幼儿的实际水平,片面强调概念化的知识。什么是科学经验呢?科学经验是指幼儿在科学探索过程中,通过亲自操作、凭自身感觉获取的具体事实和第一手经验,如"铁块摸上去冷冷的、硬硬的,放在水里会沉下去"属于科学经验。什么是科学概念呢?科学概念是对事物的本质的、抽象的认识,是对具体事物进行概括的结果,如"固体"、"比重"等就属于科学概念。

二是要让幼儿通过自己的探索活动过程自行获取科学经验,也就是要强调让每个幼儿获取"自己"的科学知识,而不能由教师向他们灌输科学概念。例如,幼儿会用"化掉了"来表示"溶解",在他们的语言中"化掉了"这一语言就是对某些溶解现象的概括。

> 综合《纲要》及《指南》的表述,完整意义的科学教育目标包括三个方面的内涵,即作为科学探究结果的科学知识目标、贯穿科学探究过程的科学方法目标、以科学探究态度为核心的科学精神目标。

三、幼儿园科学教育的内容

汽车的秘密

在一次中班主题活动"汽车的秘密"中,教师将汽车的来源、汽车的内部结构、汽车的发展史等活动进行了计划安排,但在活动过程中,幼儿却对汽车的跑动产生了极大的兴趣。因而,教师依据幼儿兴趣和需要及时调整了计划,带领幼儿到草地、塑胶地、水泥地等不同的场所去,让幼儿感受汽车的跑动。通过观察体验,幼儿探究出在不同的地面上汽车跑动的速度不同。教师动态的计划调整,不但满足了幼儿的兴趣需要,同时也促进了幼儿的主题性发展。

案例中的教师在预设科学教育活动内容时,充分考虑了科学内容的生成问题。也就是说,教师在执行计划的过程中根据儿童的兴趣与需要以及活动情况调整了活动内容。这也就是当前幼教界所提的"生成课程"和"生成活动"。可见,当今科学教育的内容,较之过去的自然常识教育有了明显的改变,在原有的基础上有了更新和扩展。与此同时,还重视以现代的生态观和科技观为主导来组织科学教育的内容体系。其内容主要包括以下三个方面。

(一)自然生态环境

在过去的自然常识教育中,对自然环境的认识一直是比较重要的内容。随着科学教育的改革,尤其是生态观点的引入,幼儿认识自然环境教育被赋予了新的内涵,即生态环境教育。

什么是生态?生态学按其本义是研究生物和环境的相互关系的科学。从宏观的意义讲,整个地球是一个生态系统,地球上任何事物的变化、发展都和环境息息相关,它既受环境的影响,也会给环境造成影响。

生态学的观点为我们思考幼儿认识自然环境的教育内容提供了一个新的视角:即不能孤立地看待环境中的事物,而应是以一种联系的和整体的观点来看待。我们不必也不可能向幼儿介绍很多抽象的生态知识,但完全可以在各种具体的内容中渗透生态的观点。比如,关于鸟的教学,在幼儿已经了解了各种各样的鸟的基础上,教师可以引导他们认识鸟生活在不同的环境中:鸵鸟生活在沙漠中,丹顶鹤生活在沼泽地,企鹅生活在南极,海鸥生活在海边……由此体会生物和环境之间的关系等。

幼儿自然生态环境教育可以包括以下的内容。

1. 自然界中常见的动植物及其与环境的关系

(1) 观察常见动植物的生活及特征,探索动植物的多样性。

观察动植物的特征、认识它们的多样性,这是从小班到大班都要进行的重要内容。通过观察动植物(特别是观察真实的动植物),儿童可以认识常见动植物的典型特征,了解它们的生活习性,知道自然界中的动植物是多种多样的。例如,动物中有大的、有小的、有凶猛的、有温顺的、有多毛的、有皮肤光滑的、有会生蛋的、有会生"小宝宝"的、有爬的、有跳的、有飞的……;植物中有高高的树,有矮矮的树,还有低低的草,有各种各样的叶子,也有各种各样的花和种子等。

对于不同年龄的儿童,可以观察不同的动植物。小班儿童可以选择他们熟悉的、比较典型的动植物,如果观察的是动物,必须选择比较温顺的,如小鸡、小兔、小乌龟。中班幼儿可以选择一种以上的对象,让其在观察的基础上进行比较,如各种各样的树叶、石头、贝壳。对于大班的儿童,则可不限于观察真实的对象,可利用图片、录像等形式,让幼儿初步了解动植物的多样性,比如生活在不同环境中的动植物。还可启发幼儿思考动植物的形态结构和功能之间的关系,比如在观察啄木鸟时,可以引发幼儿讨论啄木鸟的嘴巴是什么样的,为什么会长成这样;爪子像什么,它有什么用等。

(2) 探索和初步发现动植物和环境的关系。

在观察动植物的同时,还可通过具体的事实,引导儿童探索和初步了解动植物和环境之间的关系,如在不同的环境中,生活着不同的动植物。那么,哪些动物是生活在水里的?哪些植物是生活在水里的?在不同的环境里有哪些不同的鸟等。

探索动植物的形态结构和环境的关系。例如,北极熊的皮毛是什么样的,为什么会很厚;大树的根是什么样的,为什么要深入地下很深的地方等。

探索动植物的生长和环境的关系。可以让幼儿在种植、饲养活动中,或通过实验来探索动植物的生长需要哪些环境条件,如种子发芽需要什么样的条件等。还可以让幼儿初步了解动植物对环境的影响,特别是植物对环境的净化作用。

探索动植物和季节变化的关系。例如,动物和植物如何过冬?有的动物会冬眠,有的动物会改变自己的身体状态,有的植物会落叶等。

探索动植物和人类的关系。可以让幼儿了解人类的生活中是怎样利用动植物的,如认识竹子和竹制品;还要让幼儿了解人类是怎样保护动植物的。

探索动植物之间的关系。例如,动物和动物的关系,动物和植物的关系。可以让幼儿了解动物之间的朋友和敌人,初步了解不同动物的食物。

2. 自然界中的无生命物质及其与人、动植物的关系

自然界中的无生命物质,主要指沙、石、土壤、水、空气以及太阳、月亮、星星等空间环境。它们都是幼儿经常接触的事物,也是构成自然生态环境的重要因素。

(1) 沙、石、土。幼儿非常喜欢玩沙、玩土,在玩中让幼儿感知并比较它们的特征;了解沙、石、土在日常生活中的用处;知道沙、石、土都是覆盖在大地上的物质,但是沙和石头上都很难长出植物,而只有土壤上能够长出植物来,让幼儿体会土壤和动植物及人类的关系,知道要珍惜土壤。

(2) 水。水是生命之源。幼儿也很喜欢玩水,但是并不一定清楚水的重要性。幼儿对水的认识,主要指对水的物理性质的探索和对水的生态意义的认识。

关于水的物理性质,可以让幼儿在玩水的过程中,感受它的无色、无味、无嗅、透明,但无须儿童用语言描述;探索一些和水有关的物理现象,如水向低处流,水有浮力,水能溶解一些物质等;让幼儿探索固态、液态和气态的水以及相互变化的现象。

关于水的生态意义,主要是让幼儿了解自然界中的水对于人和动植物生存的重要性;让幼儿了解自然界中的各种水源——江河湖海等;结合幼儿的生活经验让幼儿认识水对于生命的重要性,懂得要节约用水、保护水源的清洁。

(3) 空气。空气也是生命所不可缺少的物质。由于空气缺乏具体的形象供幼儿探索,因此幼儿较难理解。所以,只要让幼儿体会到空气就在我们的周围,我们看不见、摸不着它,但也离不开它即可。可以通过探索空气的流动(风)、充气等和空气有关的现象以及空气污染的现象来增强幼儿对空气的感性体验。

(4) 太阳、月亮和星星。儿童从小就对神秘的天空有着探索的兴趣。他们想知道太阳公公落山以后在

哪里休息,星星为什么会眨眼睛……但限于思维的水平,他们很难理解那些抽象的天文知识,于是就会产生很多离奇的想象。如有的幼儿认为太阳落山以后就"躲到山底下睡觉去了"。

在学前期,我们不必向幼儿解释各种抽象的天文知识,而要通过幼儿能够直接观察到的现象,使其获取相关的经验。例如,可以让幼儿通过实验体会到太阳能给我们带来光和热,是人、动植物生长所必需;可以让幼儿观察并记录月相的变化等。如果幼儿对更多的天文知识感兴趣,可以引导他们从图书等途径来获取知识。

3. 人与自然环境的关系

自然生态环境的教育,特别要体现人与自然的和谐关系。人与自然环境关系的教育,应该渗透和体现在认识自然界中的动植物和无生命物质的内容中。如在探索土壤时,让幼儿认识到土壤和人的关系,知道要珍惜宝贵的土壤。

除了以上的教育外,我们还可以选择幼儿能够直接观察和调查的现象和事件,向幼儿适当介绍周围生活环境的污染状况及其危害,如水污染、大气污染、噪声污染和生活垃圾的污染等及其危害。我们也要向幼儿介绍人类保护环境的行动,以及幼儿可以参与的环境保护的行动,并带领幼儿参加力所能及的实践活动,如植树等。

养成良好的保护环境的行为习惯也应该成为教育的重要内容。比如,教育幼儿爱护花草树木、爱护小动物、保持环境整洁。

(二) 自然科学现象

让幼儿学习有关自然科学现象的内容,不要求他们掌握和理解抽象的科学概念和原理。例如,"摩擦力"的内容,不是要让幼儿知道什么是摩擦力,或者用摩擦力来解释生活中的现象,而是让幼儿探索生活中和摩擦力有关的自然现象。我们还要注意让幼儿了解这些现象和动植物特别是人类的生活的密切关系,所选内容要结合幼儿的生活经验,而不是用复杂的装置做实验,以避免和实际生活脱节。

幼儿可以探索的有关自然科学现象的内容包括:气候和季节现象;常见的物理现象;简单、安全的化学现象。

1. 气候和季节现象

让幼儿观察和理解气候和季节现象有一定的困难。因为幼儿很难直接探索这类现象发生的原因和全部过程,如云雨的形成、四季的更替等。所以,这部分内容主要是结合具体的天气,引导幼儿观察、探索和熟悉可见的现象及其和人类、动植物的关系,重在积累这方面的经验,培养幼儿对周围自然环境的关注。具体有以下各个方面。

(1) 观察和感受不同情形下的风的不同。

(2) 观察空中的云及其运动和变化,特别是不同天气时云的变化。

(3) 观察并记录晴天、阴天、雨天等不同的天气现象。以及小雨和大雨等的不同。

(4) 观察和探索冬天常见的天气现象——冰、雪、雾、霜等,夏天常见的天气现象——雷雨、彩虹等。

(5) 认识四季的名称,观察四季的变化,感受并了解各个季节的典型特征,包括常见的天气、气温的变化、人类生活及动植物的变化等,初步了解季节变化和人类、动植物的关系,以及人是如何适应季节变化的等。

2. 物理现象

有关物理现象的内容很丰富,按照涉及的知识领域划分,主要包括力、光、热、声、电、磁等内容。

(1) 力和运动。力是物体间的相互作用,是我们日常生活中常见的自然现象。自然界中有各种各样的力,如重力、浮力、弹力、摩擦力等。儿童虽然不知道这些力的性质,但在生活中却处处和力打交道。我们让儿童探索力,主要是启发儿童探索和思考日常生活中的这些经验,从平常的事情中发现其规律性。例如,物体在不同光滑程度的平面上,运动的快慢会不同;玩跷跷板、天平、平衡架等探索平衡的条件,体验力的平衡;探索各种自然力(如风力和水力),了解人类对它们的利用。

(2) 光和颜色。光是自然界中普遍存在的现象,儿童可以探索的光的现象有:认识各种光源(自然的、人造的)以及它们的不同,了解光对于我们的重要性;通过玩各种光学仪器和日常物品、玩具,如望远镜、万花筒等,探索光的反射和折射现象;通过实验探索光和影子的关系。

(3) 热和温度。儿童对于热的生活经验比较多,但对于热的现象很难进行研究和探索。结合儿童的日常经验,儿童学习的内容有:感受有的物体热,有的物体冷;探索并发现热的物体会变冷,冷的物体会变热;

讨论可以用什么办法使物体变冷、变热;知道天气的冷热;讨论夏天怎样散热,冬天怎样取暖保暖,并了解几种取暖或散热产品。

(4) 声音。我们生活在一个充满声音的世界。在学前阶段可结合听力的培养让幼儿探索有关声音的内容:注意并辨别各种声音,包括自然的声音、人的声音、机器的声音等;探索各种能产生声音的物体和能产生声音的方法;通过游戏、实验等探索声音的传播;观察几种生活中常见的能传播声音的现代科技产品,探索它们是如何将声音传得更远的。

(5) 电。电在我们生活中的作用越来越大,现在的幼儿也接触到很多和电有关的物品:家用电器、电动玩具等。我们不能因为电有危险就禁止幼儿接触和探索电的现象,相反要进行适当的有关电的知识教育。这样既满足了幼儿的好奇心,又预防了事故。

通过游戏探索摩擦起电的现象;初步了解日常生活中电的来源,知道电是发电厂通过电线输送来的;初步了解干电池也能产生电;还应告诉儿童,废旧的干电池是有毒的,不能随便丢弃;初步了解电在日常生活中的应用;玩各种电动玩具或进行简单的实验操作,发现电能够产生光、声、热和动力;向幼儿介绍安全用电的常识。

(6) 磁。尽管幼儿并不理解磁究竟是什么,但是磁的现象由于其带有神秘和魔幻般的色彩,自古以来就吸引着幼儿的好奇。幼儿可以学习的磁的内容有:探索各种大小和形状的磁铁,发现磁铁能吸铁的性质。对于稍大的幼儿,还可探索不同磁铁的磁力大小;探索磁铁之间的相互作用,发现吸引和排斥的现象;玩指南针或磁针,探索指南针指南的现象;探索磁铁在生活中的应用,寻找哪些物品里用到了磁铁。

除了以上列出的内容,有关物理方面的内容还有很多。我们不必限于以上的具体内容,可以充分利用随机的情境,利用可利用的材料,引发幼儿探索这些物理现象。

3. 化学现象

化学现象在幼儿的生活中也是比较常见的。出于安全的因素,过去很少让幼儿探索这类内容。不过,有些化学现象的表现形式也是很有趣的,而且简单、安全。例如,可以用实验的形式让幼儿探索碘酒和淀粉产生变色反应的现象,也可从幼儿的生活中选择常见的化学现象让幼儿探索,比如食物发霉等等。

(三) 科学技术教育

现代科技的快速发展是一把双刃剑。一方面促进了人类社会的进步,为人们带来了幸福,另一方面又为人类带来了全球性的严重的社会问题,诸如生态平衡的破坏、环境的污染等。

为此,我们把科学技术教育作为科学教育内容的一个部分。其具体内容如下。

幼儿生活中常见的科技产品及其作用

生活中常见的科技产品是科学技术应用于生活的具体体现。可以让幼儿探索认识现代家用电器,如电灯、电话、电视机、空调、洗衣机等,初步学习简单的使用方法,并体会它们在家庭生活中的作用;探索、观察常见的各种交通工具,如摩托车、汽车、轮船、飞机等,比较它们的优缺点,并体会它们和人们生活的关系;初步了解几种农业科技产品,如温室种植的蔬菜、瓜果,人工饲养的水产、家禽,以及经过加工的食品等;可以让幼儿玩各种玩具如拖拉玩具、机械玩具、电动玩具等,体会玩具的发展。

1. 科技产品的发展

科学技术的发展史,就是人类生活方式改变的历史。可以向幼儿介绍常见科技产品的发展、进步,使其体会到它们与人们生活的关系。例如,向幼儿介绍灯的发展史,让幼儿了解从古至今的灯是什么样的,人们是怎样照明的,由此体会科学技术的发展给人们生活带来的影响。

2. 简单的科技小制作

我们可以让幼儿学习运用工具和材料制作简单的科技玩具,如做风车,做不倒翁等。对幼儿来说,幼儿完成一个科技小制作和探索一个科学现象是不同的经验。他们不仅获得了亲手制作的经历,还获得了一些具体的操作技巧。

3. 熟悉的科学家的故事

可以向幼儿介绍他们熟悉的科学家的故事,如果有可能,也可以请附近的科学家来给幼儿讲故事。这实际上是一种科学价值观的启蒙。它可以激发幼儿对科学家的崇敬之情,以及科学创造的欲望。

总之,幼儿的科学技术教育,不是向幼儿进行抽象的说教,而是要通过幼儿熟悉的内容,让幼儿在生动、具体的经验中,体会科学技术和社会的关系,萌发正确的科学价值观。

幼儿园科学教育的内容包括：1. 自然生态环境；2. 自然科学现象；3. 科学技术教育。

第二节 幼儿园科学教育活动的类型与方法

> **方形的车轮**
>
> 昨天，小朋友用橡皮泥做了各种不同大小和形状的轮子，今天都放在窗台上，老师还在旁边放了一些纸板、小棍和绳子等各种不同的材料。小莉看了一下自己的轮子还在，还发现了旁边的纸板等材料，她拿起她的轮子，挑选了一些小棍和大小不同的纸板，坐到一张桌子旁，把那些纸板分类后，挑选了一张小的告诉旁边的小朋友："我要做一个好玩的小汽车。"小莉将小棍穿过纸板上的洞，做成两个车轴，接着选了两个圆形轮子放在前面，两个方形轮子放在后面，她把手指放在轮子后面轻轻推，小车在桌面上滑动了。她低头仔细地看着轮子，不再推了，忽又笑了起来。她拆下后面的方轮子，跑到轮子堆中选了两个蛋形的轮子，迅速装在后面的轴上。她再推小车时，小车摇晃着向前滚动起来，她笑了起来。她又把车拿到地板上滚动，热情地让小朋友来看她的车颠簸着滚动向前的样子。

案例中，在教师理性的间接支持的基础之上，幼儿运用了观察、操作等方法，自由地探索，动手动脑，并乐在其中，成为科学学习的真正的主人。正如皮亚杰曾指出，"只有儿童自己建构的知识，才是真正符合儿童年龄特点并和他的认知结构相适应的知识，也是最牢固的、不会遗忘的知识。而通过记忆或训练达到的熟练，则并不构成真正意义上的学习，当然也不具有发展的价值。"也就是说，一方面，儿童的"学"离不开教师的"教"；另一方面，教师的"教"也离不开儿童的"学"。那么，具体的教与学的类型与方法有哪些呢？

一、幼儿园科学教育活动的类型

科学教育要达到理想的教育效果，不是靠简单的一次活动或者一堂课就能实现，它有多种类型多种途径，形成教育的合力，从而达到科学教育的目标。具体而言，可以从以下类型入手开展幼儿园科学教育活动。

（一）集体教学活动

集体教学活动是教师根据科学教育的目标，有计划、有目的地选择课题内容，提供相应的材料，面向全体幼儿开展的科学探索活动。

在集体教学活动中，学习内容统一、固定，由教师选择。学习材料由教师统一提供，并保证每个幼儿的操作机会。一般来说，教师要为幼儿提供人手一套的材料供每个幼儿进行操作，如果条件有限，也要通过交换的方式，保证每个幼儿都有操作各种材料的机会。

虽然集体教学的形式类似于中小学的课堂教学，但仍应强调幼儿的主动探索学习，而不能简单地等同于被动接受的你说我听的灌输式教育。在这样的活动中，教师准备充分，计划性、目的性强，所以往往能引起教师的普遍重视。

（二）区角科学学习活动

顾名思义，区角活动是在区角进行的学习活动。要使幼儿园的教育避免小学化的倾向，就必须充分重视区角这一形式在幼儿学习中的作用。就目前幼儿园教育的现状而言，活动区角的重要性并没有得到应有的关注，在很多地方，活动区角只是作为集体教学的一种补充和点缀，甚至在有的幼儿园中活动区角还是零。

科学区角的创设，就是在幼儿园里为幼儿创设丰富宽松的探索环境，为幼儿的科学活动配置充足的物质条件，随时满足幼儿求知欲的需要。

在科学实验区，我们可以为幼儿安排各种科学小实验。如"会转动的纸棒"，为幼儿提供电池、纸棒、圆珠笔,让幼儿自己来动手操作、探索,从而来发现塑料圆珠笔在头发上摩擦后会产生静电,引发幼儿对静电产生兴趣。

在劳作区,我们可以为幼儿安排各种科学小制作。如"蛋壳不倒翁",为幼儿提供蛋壳、牙膏、彩笔、剪刀等,让幼儿试着做一做、画一画、玩一玩,从中了解由于牙膏挤进蛋壳底部后,蛋壳的重心下移,呈上轻下重的状态,所以就不会倒了的科学原理。

在生活区,我们可以为幼儿安排一些简易、安全,并与幼儿生活中有关系的科技产品,让幼儿学会简单的操作。如"炖蛋",为幼儿提供微波炉、鸡蛋、打蛋器等让幼儿学习使用,打蛋器把蛋打碎、打匀,然后利用微波炉炖蛋。与同伴分享成果,体验劳动的快乐。

幼儿在区角活动中可以自由进入,独立或合作地进行观察、操作、尝试、实验。教师不直接介入,不随意评价,微笑等待,尊重和关注幼儿的个性活动方式,发现和肯定幼儿的创新思维和能力,观察分析孩子的兴趣和需要,在孩子求助时给予适宜的启发与合作。让幼儿感到学科学、做科学是一件轻松而愉快的事。

(三)一日生活中进行的科学活动

生活是丰富多彩、真实生动的,生活之中处处都蕴含着科学。新《纲要》就科学教育的内容与要求方面多次提到了如"利用身边常见的事物和现象"等要求。

从生活中幼儿熟悉的科技成果入手,这体现了幼儿园科学教育生活化的要求。幼儿天生好奇,他们对周围世界充满着惊奇,不仅喜欢触摸、摆弄、操作,还会提出种种问题,表现出他们渴望认识周围世界和学习科学的需要。在幼儿的一日生活中,科学现象无处不在,这种由外界情景所导致的围绕偶然发生的事情,例如:幼儿在餐后散步时发现,每当墙面瓷砖画上的天线宝宝"流汗"时,必定是天要下雨,这是怎么回事呢?这些在成人看来并不起眼的事,便引发了孩子的好奇心,我们可以及时捕捉、把握教育契机,随机进行科学教育,还可以通过多种途径启发诱导,进行交流。例如,幼儿在走平衡木时,引导幼儿思考用什么办法使自己走得更稳。在午餐吃蛋时,启发幼儿思考怎样让鸡蛋立在桌子上。在结构游戏《建高楼》中,鼓励幼儿多尝试,寻求用什么办法使楼建得又高又稳。教师要善于挖掘一日生活中的科学素材,因势利导,适时教育,让幼儿体验科学并不是什么神秘的事,它就在我们的身边,为我们的生活提供许多帮助,科学是人类的好朋友,我们离不开科学,这些科学的意识与情感将使幼儿终身受益。

集体科学教学活动、区角科学活动和一日生活中的科学活动是相互联系、相互补充、相互转换的。集体科学教学活动的内容可以延伸到区角科学活动继续探索,区角科学活动的内容也可能转换形成集体科学活动的内容。这三种科学活动的结合,既保证了全班幼儿得到科学启蒙教育,又为每个幼儿不同的科学兴趣、爱好和个性发展提供了可能。

> 幼儿园科学教育的类型包括:1. 集体教学活动;2. 区角中的科学学习活动;3. 一日生活中的科学活动。

二、幼儿园科学教育活动的方法

鸡为什么飞不上天?

某园小班的几个孩子正围在一起观察母鸡,只见母鸡扑着翅膀跳起来。一个男孩问其他几个孩子:"你们说,这只鸡为什么飞不上天?"其他孩子都说不知道,该男孩得意地说:"我知道!你们看它多胖啊,怎么能飞上天呢?"这时,老师在一旁纠正说:"真正的原因是因鸡的翅膀退化了才飞不上天的。"接着,老师带领几个孩子反复复述了几遍,孩子们都说懂了。但是,当老师再次提问那个男孩子时,他竟回答说:"因为鸡的翅膀化掉了才……"

这是一个极其普通的科学活动。这个案例给我们的启示是,不是建构在孩子自我探究基础之上的结论,孩子是没有办法懂的。教师没有办法把我们所理解的正确结论教授给孩子。科学不是可以教会的,强调的是探究精神,以及在探究的过程当中锻炼起来的探究方法。探究是幼儿园科学教育方法的指导思想。

方法是一种行为方式,泛指达到某种目的而采用的途径、步骤和手段。幼儿园科学教育的方法是指教师和幼儿在科学探索活动中,为完成教育目的所采用的具体方式和手段。幼儿园科学教育常用的方法有观察、科学实验、分类、测量、科学游戏、早期科学阅读等。下面对这些方法做一介绍。

(一)观察法

观察是知觉的一种特殊形式,它是有目的、有计划、比较持久地认识某种对象的知觉过程,是知觉的高级形式。观察是人类对客观现实认识的主动形式。同时,观察也是人类认识世界的重要途径,人对客观世界的认识是从感知觉开始的。通过感知觉,人们认识了客观事物的外部特征,经过分析综合,进一步了解事物的本质特征,并在认识新事物时,把新事物同化于已有的认知结构中,人类就是这样来认识和理解周围世界的。

观察活动为幼儿提供了直接与周围世界接触的机会,使幼儿获得最直接、最具体的反映客观事物的经验,把幼儿带入科学之门。在幼儿园科学教育活动中,观察法是教师有目的、有计划的指导幼儿运用多种感官去感知客观事物与现象的方法。

观察是幼儿园科学教育的基本方法。

组织幼儿观察活动的指导要点如下:

1. 教师首先要启发幼儿的观察兴趣

教师可以通过运用文学作品、情境表演、创设问题情境或从为幼儿准备的材料入手引起观察的兴趣。

2. 观察过程中教师应善于提出有质量的问题

在科学教育活动中,教师应较多地采用开放性的启发式提问,使幼儿从多方位去思考和探索,让幼儿在活动中感知、操作、比较、思考和发现,充分调动他们思维的活跃性和探索的主动性。例如在"制作不倒翁"科学活动中,提出问题:"你刚才在玩的过程中发现了什么?""不倒翁为什么不会倒呢?"

3. 引导幼儿利用多种感官参与观察活动

教师应积极引导幼儿运用视觉、听觉、嗅觉、触觉、味觉等去接触、感知周围物质世界,并提供反复多次感知的机会,让他们充分地与观察对象相互作用,培养他们学会运用多种感官,观察客观事物,感知事物属性的能力。例如:小班科学活动"可爱的小脚"中,不仅让幼儿用眼睛看看自己的小脚丫是什么样的,还摸一摸、揉一揉小脚丫,有什么感觉。又让孩子在室内的地板上、海绵垫子上、室外的水泥地上、沙土上、草地上、水里面走一走。

4. 教会幼儿全面有序的观察方法

教师应教会幼儿能从远处、近处、站着、蹲着、正面、侧面等各个角度进行观察,引导幼儿既观察客观事物的外貌又观察其内部结构,既观察客观事物的整体又观察其主要细节,从而对事物形成一个完整而全面的认识。

5. 引导幼儿在观察中学会比较不同事物的特征

在观察活动中,教师应教会幼儿学习用比较的方法进行观察。让幼儿学习对相似事物中的不同因素、对不同事物中的相同因素进行对照和辨别。通过比较观察的训练,有助于发展幼儿的分析、综合、推理、判断的能力。

(二)科学小实验

科学小实验是指教师或幼儿按照预想的目的或设计,利用一些材料,通过简单演示或操作,对周围常见的科学现象加以验证的一种活动。幼儿科学小实验和研究自然科学的实验方法不同,仅仅是重复前人的实验,不要求有新的科学发现。实验内容和操作简单易行,幼儿在较短时间内就能看到结果。实验形式多采用游戏,幼儿可在轻松有趣的活动中进行科学探索。幼儿科学实验可以培养幼儿对科学的兴趣,培养幼儿的动手操作能力,并获得初步的科学经验。

儿童的科学小实验和成人的科学实验不同,它用的材料比较简单易收集,不要求像成人的实验那样需要利用很正规的设备、精密的仪器。实验的内容和操作方法简单,实验活动的时间短,能较快地观察到实验的结果和变化。实验所产生的结果是成人早就有了结论,而对孩子来说却是新的发现或需要学习的,实验具有很强的趣味性,往往带有游戏的性质。

科学小实验的指导要点如下:

1. 教师要精心选择合适的实验内容,做好实验的准备工作。
2. 提供充足的实验材料和时间。根据实验内容为幼儿准备相应数量的用具和材料,人手一份或各组一份;充分的时间能保证幼儿反复进行实验活动,不能机械地用时间限制。
3. 教师要真正放手让幼儿实验、操作、探索。

4. 交代实验规则。实验开始前,要交代清楚有关的规则;在实验过程中,及时指导幼儿遵守规则;实验初期,教师应经常提示实验的过程;实验结束,指导幼儿收拾整理实验材料仪器。

5. 引导幼儿学习用多种方式表现、交流探索的过程和结果,记录实验结果。

6. 在实验活动中,要保证幼儿安全。主要体现在材料的选择和使用以及操作过程的设计方面。

(三)测量法

幼儿科学教育中的测量,是指通过观察或运用简单的测量工具,对物体进行简单和初级的测定,包括长度测量、重量测量、体积测量,即包括测量物体的大小、长短、高矮、粗细、轻重等内容。测量的类型,包括观察测量、非正式量具测量和量具测量。

测量活动的指导要点如下。

1. 进行测量活动,重在培养幼儿的测量意识。例如,两名幼儿比赛谁跳得远,但究竟谁更远,没有测量,便不能知晓,但这证明幼儿已开始建构测量概念。所以,要让幼儿从小树立应有的测量意识,特别是培养幼儿用量具对物体进行测量的意识,它是让幼儿更精确细致地认识事物的必不可少的手段之一。

2. 帮助幼儿学习运用非正式量具进行测量的方法。幼儿学习测量,首先从直接比较两个并列的物体入手,然后让他们按照有刻度的标准单位比较两个或两个以上物体,大约到了5岁半时,可用天平。

3. 用正式量具测量时,量具要精确。教师不可以因幼儿年龄尚小,还不能完全识别计量单位为借口,而让幼儿使用不精确的量具。

(四)分类法

科学教育活动中的分类,是指幼儿把具有某一个或几个共同特征的物体聚集在一起,也叫归类。它是获取和分析信息、鉴别信息的有效、经济的方法,是幼儿学习科学的核心问题。具体包括挑选式分类、是非式分类和根据特征分类。

分类活动指导要点如下。

1. 要使幼儿在观察、感知基础上分类;

2. 要在具体操作过程中分类;

3. 要允许幼儿多次操作,反复尝试。

(五)早期科学阅读

早期科学阅读是指幼儿阅读寓有科学知识的作品,包括儿童诗、儿歌、谜语、故事、科学童话等。早期阅读有益于扩大补充幼儿的科学经验,帮助他们进一步理解科学概念;能激发幼儿对科学的兴趣,引导他们学科学;能使幼儿凭借已有的科学经验,引起科学幻想,从而提高幼儿的创造潜力。

选择和指导幼儿阅读时要注意以下三点:

1. 教师要为幼儿创设早期科学阅读的环境,可购置一些适合幼儿阅读的科学类书籍画册,放在幼儿园的书架上供幼儿随时翻阅。

2. 为幼儿提供的早期科学阅读的图书和画册要符合幼儿的年龄特点和认知水平,插图要多,文字要少,内容要生动有趣。

3. 早期科学阅读的形式应该是灵活多样的,教师可以有计划地指导幼儿集体阅读,也可以让幼儿自由选择作品。

(六)科学游戏

科学游戏是指运用自然物质(树叶、贝壳、沙、土等)和有关图片、玩具等,进行带有游戏性质的操作活动。科学游戏或寓科学内容于游戏之中,或将自然材料作为玩具,使幼儿在轻松愉快的游戏活动中丰富科学经验,还可以复习巩固已获得的知识,更可激发幼儿对科学现象的兴趣和欲望,发展幼儿的观察能力和思维能力等。游戏可用于幼儿科学教育活动的各个环节。

科学游戏指导要点如下:

1. 选编游戏时,教师要考虑其科学性、趣味性、活动性和教育性。

2. 在具体指导时,教师要让幼儿有充分操作和活动的机会,不要急于求成。

3. 游戏的规则要服从科学教育的要求,允许幼儿多次操作,纠正错误。

此外,利用电化教育手段(如广播、电视、录像、VCD、录音等)进行教育,同样是向幼儿进行科学启蒙教育的方法。这种方法能超越时空的限制,将生动的形象展示在幼儿面前,在欢乐的情景中,使幼儿在不知不觉中受到了教育。但是,电化教育不能取代幼儿直接接触环境、探索自然科学的幼儿科学教育活动。

幼儿园科学教育的方法包括：1. 观察法；2. 科学小实验；3. 测量；4. 分类；5. 早期科学阅读；6. 科学游戏。

第三节　幼儿园科学教育活动的设计与案例评析

乌龟冬眠吗？

冬天里，某中班进行"动物怎样过冬"的科学活动时，讨论到有关乌龟的事情。有一位幼儿说"乌龟是会冬眠的"。这时另一位幼儿说乌龟是不冬眠的，并且说："我家里饲养的两只小乌龟一直没有冬眠……"教师面对这种情况，便想告诉大家：乌龟确实是冬眠的，后面那位幼儿说的不对。但是她又想到这样做岂不是成了知识的灌输？于是，她想到另一种处理办法——请大家一起来观察乌龟究竟是不是冬眠的。可她又担心：万一乌龟真的如这位幼儿说的那样不冬眠怎么办呢，岂不是给孩子一个错误的答案？这个"乌龟冬眠"的问题竟难住了老师！

"乌龟冬眠"的问题之所以会难住这位老师，是因为她从静止的、绝对的立场出发，把科学的结果理解成"科学结论"，急于给幼儿一个所谓的正确的答案。事实上，幼儿园科学教育的结果是幼儿科学探索过程的自然产物，而不是由成人给予幼儿的结论，过程比知识本身更重要，这是设计幼儿园科学教育活动必须确立的重要理念。

幼儿园科学教育活动的设计，是对科学教育活动的各要素（即目标、内容、材料、学习活动、媒介、时间、环境和方法）按一定的方式进行编制和处理，从而形成特定的相互关系的过程。它一般分为三个层次：学科领域层次、单元教育活动层次和具体教育活动层次。这里的科学教育活动设计是指具体活动层次的设计，是根据已经拟订的学期、月或周计划对某一具体活动的设计。

一、集体教学活动的设计

集体教学活动的设计包括活动目标的设计、活动内容的设计、活动过程的设计等几个方面。

（一）活动目标的设计

有了集体教学活动的课题之后，教师首先要考虑设计的是活动的目标。所谓活动目标，是指幼儿通过科学活动所应达到的学习结果。活动目标的设计必须依据科学教育的总目标，并参考年龄阶段目标。

1. 要结合幼儿的发展水平和具体特点，提出有层次性的目标

活动目标应具有层次性，因为幼儿的发展在不同年龄层次上呈现出明显的年龄特点，即使在同一年龄层次，同一班级的不同幼儿也会因其文化背景、教育基础、个人发展水平等因素的影响，呈现出较大的差异。这就要求我们在设计活动目标时要考虑幼儿所能达到的行为层次，并对不同的幼儿提出不同层次的要求。如"发展观察能力"是对每个年龄阶段都适用的目标，但这样的目标不够具体，缺乏层次性。例如，"能够在教师的指导下运用多种感官进行观察"和"能够主动运用多种感官进行观察"就体现了不同层次的要求，而如果是"能够系统、完整地观察事物的特征"或"能够注意到观察对象的细微特征"，就是更高层次的要求了。

2. 涉及科学知识、科学方法和科学态度三方面

科学教育目标要多关注能力培养，淡化知识技能；关注过程，淡化结果，不过于追求知识性的认知目标，在认知中融入情感和态度目标。

3. 表述应明确，尽量体现行为化和可操作性

学习结果应尽可能用可以观察的行为的形式表现出来，以便根据活动目标的要求设计活动过程，同时

也便于对活动的效果加以衡量和评价。例如,"激发对科学的兴趣"这一目标表述方式就不够行为化,如果将此目标改为"激发观察小动物的兴趣"或"喜欢探索有关冰的现象",就可以通过幼儿外在的行为表现加以衡量。

(二)活动内容的设计

1. 活动内容的针对性

活动内容的选择是为达成目标而服务的。活动内容的针对性即指与活动目标密切相关。例如,在大班科学活动"家乡的黄河"中,其主要目标是:帮助幼儿了解"黄河"是我国的第二大河及中华文明发源地,黄河自兰州穿城而过;通过游览、了解兰州四十里黄河风情线,培养幼儿热爱家乡的情感;知道黄河与我们人类的生存息息相关,必须保护它们,培养幼儿初步的环保意识。教师将认识长江作为了引入部分的重要内容,所占活动时间较多,但它与活动目标关系不大,而且内容抽象,幼儿不易理解,因此,可从正文中删去,作为附录,放在全文结束处,供教师酌情参考使用。

2. 活动内容要考虑幼儿年龄特点

活动内容应考虑幼儿年龄特点,在儿童的最近发展区内,既以儿童的心理发展水平为基础,又要有发展的空间。在大班科学活动"宇宙英雄奥特曼"中,教师计划告诉幼儿,"怪兽是一种叫碱的物质构成的,它是透明的没有颜色,但是有一种东西就能把它找出来,它的名字叫酚酞试剂,因为碱遇到酚酞就会变成红色,所以小朋友就能看到怪兽了。那么,什么东西能消灭怪兽呢?是一种叫做'酸'的溶液,因为酸能将碱中和掉。"酸碱中和是初中化学中的重要基础知识,它涉及相对复杂的物质结构变化与化学反应机制,设计者所表达的内容显然超出了幼儿的经验范围,幼儿既难于理解酸碱中和这种化学变化的道理,而这一内容也无益于儿童认知的发展。

3. 活动内容适切性

活动内容适切性即应选择那些需要幼儿集中探索、共同学习、相互启发的内容,以及需要通过教师的引导和总结让幼儿获得某个具体结论的内容。相反,有的内容虽然很重要或者很有趣,但不便于组织集体教学活动,如《种豆》这一活动则不宜作为集中教育活动中的内容,它可让幼儿在区角活动中完成,也可在家庭中通过亲子活动来完成。

(三)活动过程的设计

活动过程是为实现教育目标而对教育内容、教育方法的具体展开的运用,是集体教育活动的核心环节。对于一个优质的幼儿园集体科学活动而言,如果说活动目标定位是方向,那么过程设计就是实现目标的载体。因为优质的过程设计可以帮助教师轻松、自然地达成目标,推进幼儿在活动中的发展;相反,缺乏智慧的过程设计不仅不能完成活动目标,而且对幼儿的发展是无意义甚至是负面的。因此,活动过程的设计是关键。教师要依据活动目标,认真思考整个过程的各个步骤,认真指导。

一般来说,集体教学活动的结构可以简化为三个部分:开始部分、展开部分和结束部分。

1. 活动导入环节的设计

从活动一开始,老师就应让幼儿明确本活动的任务,激发幼儿的兴趣,使幼儿在好奇心的驱使下投入到科学探索活动中去。导入的设计可考虑以下五种方法。

(1)利用丰富的材料导入。如在"电动玩具"的活动中,教师可以先让幼儿自由地玩各种电动玩具,再谈谈自己的感受和发现,然后教师再引导他们进一步探索。

(2)利用各种文学作品导入。利用谜语、儿歌、故事导入活动,可以把幼儿的兴趣都集中到将要学习和探索的事物中来。如"好玩的磁铁"一开始教师让幼儿猜谜"黑黑的身体,专把铁来吸"导入。

(3)利用演示现象导入。如教师通过向幼儿演示一个奇妙的"变色魔术",从而激起了幼儿亲自探索的愿望。一些科技小制作的活动,也可以从演示导入。教师先演示一个制作的成品,如小小的降落伞,幼儿观看了降落伞的降落以后,不仅会感到新奇、有趣,还会激起自己制作的愿望。

(4)利用环境设置导入。如活动室布置好各种扇子,问幼儿"看到什么了"。

(5)利用直接指令或提问导入,即开门见山式的导入。如"看今天我们班来了个客人,他是谁呀"。

2. 展开环节的设计

集体教学活动展开部分的设计,一般是围绕目标,合理充分地发挥材料的作用,有步骤地引导幼儿运用多种感官、多种方法进行感知操作,并学习用各种方式进行表达,使幼儿真正成为活动的主体。主要有以下步骤。

(1) 教师提出有质量的问题,启发幼儿从多方面、使用多种方法与学习对象相互作用,去感知、操作、发现和思考问题。

(2) 教师观察、了解幼儿探索活动情况。为了解幼儿参与活动的主动性、积极性(如幼儿操作的方法、发现及问题),注意倾听幼儿的自言自语和同伴轻声细语,观察幼儿的情绪,是否在等待老师的帮助,等等。

(3) 要求和鼓励幼儿积极、勇敢地表达自己的发现。

(4) 教师以简短的语言,概括幼儿的发现,并再次提出有针对性的问题,启发幼儿在前面探索的基础上再作探索,寻求完整答案。

(5) 教师继续观察、了解幼儿情况,并给予幼儿及时的帮助(提供材料、解决困难等)。

(6) 再次鼓励和启发幼儿描述自己的探索过程和方法,陈述自己的发现和问题,以及在活动中的感受。此处要给足时间,用于幼儿表达、交流。

(7) 教师在幼儿充分交流信息的基础上作出小结和评价,包括知识点(幼儿获取的经验或幼儿主动建构的表象水平上的概念);幼儿参与活动的积极态度,探索发现的过程和使用的方法,尤其是善于思考、有所创造的幼儿和发展较差有待进步的幼儿,避免重结果、重纪律。

3. 结束活动要求

由教师运用多种方式在自然状态下结束活动并继续布置任务。例如,总结并评价方式结束;延伸活动方式结束,即让幼儿在自然角、科学发现室、家庭或社区继续探索;以幼儿相互展示自己的制作成品结束;以艺术的方式(如绘画、唱歌、跳舞)结束等。因此,结束活动应该是开放式的。还可以指导幼儿一起整理材料,培养幼儿良好的习惯。

> 集体教学活动的设计要点包括:活动目标的设计、活动内容的设计、活动过程的设计等几个环节。

二、区角科学学习活动的设计

给小鱼盖上被子

快要入冬的时候,某园幼儿奇奇发现自然角里那条挺活跃的小鱼不动了,于是急忙从鱼缸里把小鱼捞出来用手帕包好,然后小心翼翼地把它放进自己的被窝里。结果小鱼死了。有的小朋友责怪奇奇害死了小鱼,奇奇却委屈地哭了起来,说:"我是看到小鱼快要冻死了,才把它放进被窝里的……"

怎么处理"小鱼事件"?作为教师,应该认识到在区角科学探索活动中,幼儿出现错误是很正常的事,因为他们的观察尚存在局限,他们的思维也不够完善,他们的推理有可能不合逻辑。在这种情况下,在每一次探索活动中,无论幼儿的想法是对是错,教师都真诚地接纳和认可,不把教师的想法强加在没有相关经验的幼儿身上。应该建立一种平等、尊重、宽容、和谐的师幼关系,容忍幼儿的一些"过分"行为,对于他们的错误给予宽容和理解,只有在这自由、宽松的氛围中,幼儿才会有创造性的表现。

区角科学学习活动,是由教师为幼儿创设一个宽松和谐的区角环境,提供各种科学活动的设备和丰富多样的材料,引发幼儿的好奇心;每个幼儿都按照自己的兴趣和意愿,从自己的发展水平出发,运用方法和技能进行的科学探索活动。区角科学学习活动以个别活动为主,或两三人自愿组合;教师以间接指导为主,幼儿的自由度较大。

区角科学学习活动的设计,重点在于活动目标的设计、活动环境和材料的设置、活动过程的设计与指导等。

(一) 活动目标的设计

和集体科学教育活动的目标设计相同。在设计时还要注意以下两个方面。

1. 根据个别幼儿的情况设计具体活动目标。

2. 根据上一次集体科学教育活动的结果来设计。譬如,班上有的孩子在主动探索方面能力弱,教师可针对其设计具体目标;上次活动中,由于时间关系有许多小朋友对显微镜有进一步操作的愿望,就可在区角活动中具体设计活动目标。

(二) 活动环境和材料的设置

创造和提供环境及物质材料是幼儿开展区角科学学习活动的关键因素。具体提供的材料包括以下十三个方面。

1. 探索生物和非生物的材料

(1) 动植物的标本,如种子、树叶、花卉、果实、昆虫、鸟兽等等;实物,如各种岩石、矿物、贝壳、纵横切面的树段等等。

(2) 与生物和非生物有关的科技产品。

2. 探索光的材料

(1) 放大镜、平面镜、凹透镜、凸透镜、三棱镜、万花筒、调色板、调色盘、颜料、望远镜、显微镜等;能在放大镜下观察的各种标本和实物,如昆虫标本、化石、羽毛等等。

(2) 有关光学的科技产品。

3. 探索磁和电现象的材料

(1) 磁性材料:各种磁铁(马蹄形、棒状、条状、环状等)。

(2) 能磁化的材料:螺丝钉、指南针、铁夹、金属丝、别针、图钉、铁砂、铁片等等。

(3) 不能磁化的材料:果壳、纽扣(非铁质的)、塑料制品、玻璃弹子、纸、棉花等等。

(4) 其他材料:电池、铜丝、电珠、玻璃棒或塑料棒、毛皮以及电筒、小电扇、纸片等可观察产电现象的物品。

(5) 有关电和磁的科技产品。

4. 探索声的材料

(1) 乐器:三角铁、小铃、木鱼、锣、金属片琴、二胡等。

(2) 发声器和竹声器:音叉、发声盘、发声板(竹板)、传声筒。

(3) 敲击用的鼓棒:木棍、金属棒、竹条等。

(4) 有关声学的科学产品。

5. 探索力的材料

(1) 定滑轮、动滑轮、斜面板、天平、机械手、不倒翁、小推车、小降落伞、陀螺以及沙袋砝码、小球、木块、金属片等。

(2) 在水中沉浮的材料:各类石头、玻璃弹子、小钢球、金属品、砂、软木塞、棉花、积木、竹片、乒乓球、羽毛、泡沫塑料等等。

(3) 盛水容器:水盆、水箱、小水池。

(4) 幼儿常见的小机械和玩具。

(5) 各种玩具:电话机、电动或惯性汽车、电动火车、机器人、电动小汽艇等。

(6) 各种生活用小机器:如蔬菜喷洗机、仪器、磨碎机、水果榨汁机、铅笔削割机等。

(7) 有关力学的各种科技产品。

6. 探索物质形态及其变化的材料

(1) 水、油、牛奶、醋等液体材料。

(2) 蜡烛、冰块、奶粉、糖、盐等固体材料。

(3) 不同质地的纸、杯子、吸管、加热器等材料和器皿。

(4) 有关物质及其变化的科技产品。

7. 感觉训练的材料和实物

(1) 各种质地的纺织品和纸张,各种尺寸的无锋钉、螺丝钉,各种形状的物品,以及奇妙的箱子等以练习幼儿的触觉。

(2) 各种气味瓶:装有醋、水、牛奶、香水、芝麻、花生、药水等能散发出浓郁气味的小瓶子,以训练幼儿的嗅觉。

(3) 各种发声罐:装有砂子、豆子、玻璃球、石块、纸屑等能发出不同音响的罐子,以训练幼儿的听觉。

8. 测量工具

(1) 各种标准测量工具：尺、温度计、钟表、磅秤、天平、量杯等。

(2) 非正式测量工具：绳子、木条、杯子、盒子、短棍等。

9. 制作工具和材料

(1) 制作工具：锤子、剪刀、刀子、小刨子、凿子、磨子、订书机。

(2) 各种制作材料：纸片、纸板、纸盒、木块、木条、竹片、竹条、绒线、绳子、布、草编、泡沫塑料块、糨糊、胶水、针等。

10. 各种图书、画片和匹配小图片，供幼儿阅读、观看和做游戏用。

11. 其他材料、实物和设备

地球仪、草本植物、花卉、水箱、沙箱、吹泡盒、磁铁盘、标本柜、书架等。

12. 设置科学桌、科学角

在幼儿平时的活动室一角，教师为幼儿安放一张桌子，提供同类或不同类的可探索材料，让幼儿自主操作。具体材料可参照科学发现室设置清单，根据需要，数量可少可多。

13. 设置自然角

教师在幼儿活动室内或活动室门口附近的向阳处设置一个分层架（或桌子，或在窗前柜子上），放上易养的植物和金鱼、乌龟等小动物，也可放置一些贝壳、稻穗等等，以体现大自然，使幼儿随时可接近自然，探索自然。

（三）活动过程的设计与指导

区角科学学习活动不需要全班统一行动，也无固定步骤。活动过程的设计要表现出以下步骤。

1. 合理组织活动，为幼儿提供丰富多样的材料，让幼儿自主选择、探索。

2. 当幼儿进入活动室后，教师要向幼儿介绍材料的名称和操作方法，帮助每个幼儿做好选择。

3. 幼儿进入探索后，教师要耐心、全面、细致地观察幼儿的活动。若有幼儿遇到困难，不要急于去帮助他，可鼓励幼儿反复探索，努力自己解决问题。

4. 对于反应快、操作灵敏的幼儿，可启发其进一步探索；对行动迟缓、怕困难的幼儿，则要鼓励，给予其适时、适度的帮助，以增强其继续探索的信心。

5. 鼓励幼儿相互交流、相互合作。

6. 整个过程，教师要以热情、平等、尊重的态度对待每一个幼儿，并以探索者的身份参与活动，使幼儿有一个轻松、愉悦、安全的心境参与探索，从而专心致志于活动。

> 区角科学学习活动的设计要点包括活动目标的设计、活动环境和材料的设置、活动过程的设计与指导。

三、一日生活中进行的科学学习活动的设计

蜜蜂为什么会发出嗡嗡声

某个春天的下午，大班的幼儿在老师的带领下进行户外活动。有一位幼儿问老师："小蜜蜂飞的时候为什么会嗡嗡叫？"教师认为这是一个很好的问题，就引导大家讨论，嗡嗡的声音是从哪里发出来的。有的回答说是嘴巴，有的说是翅膀。教师又让他们每人手拿白纸做"翅膀"，一边抖动一边学蜜蜂飞。幼儿发现纸在抖动的时候会发出声响，终于理解了蜜蜂的嗡嗡声是翅膀的抖动引起的。还有的幼儿说："电风扇转的时候也会发出呼呼的声音。""我知道蚊子飞的时候也会嗡嗡叫，肯定也是它的翅膀在飞动。"他们把自己发现的知识又迁移到其他类似的情景中。

一日生活中处处有科学，教师捕捉住每个时机，能起到很好的教育效果。一日生活中进行的科学活

动,是教师事先无法估计到的,带有偶然性,因此,教师不能事先进行设计,但是要以积极的态度去关心、指导。

1. 随时关心、观察、发现幼儿的活动
2. 积极热情支持幼儿的自发性探索活动
3. 正确引导、鼓励幼儿的探索,和幼儿分享探索活动的成果

以上三种科学教育活动是相互联系、相互补充或相互转换的。集体科学教育活动内容可延伸到区角活动中去,区角和一日生活中偶发的探索内容又可能转换成集体科学教育活动的内容,三者有机结合,整体发挥效能,最终实现幼儿园科学教育的目标。

> 一日生活中的科学活动教师必须注意:1. 随时关心、观察、发现幼儿的活动;2. 积极热情支持幼儿的自发性探索活动;3. 正确引导、鼓励幼儿的探索,和幼儿分享探索活动的成果。

四、幼儿园科学教育活动的案例及评析

糖怎么不见了(小班)[①]

[活动目标]
1. 观察糖在水中溶解的过程及所发生的变化,并用语言大胆讲述自己的发现。
2. 对溶解的现象产生好奇,并愿意思考"糖怎么不见了"的问题。

[活动准备]
每人一小杯水,一块方糖,以及用于搅拌的汤匙。

[活动过程]
1. 让幼儿观察糖在水中溶解的过程,激发幼儿兴趣。

师:你们的桌上有什么?如果把糖放到水里去会怎么样呢?今天请大家自己试一试,仔细看看,糖到水里会怎么样?

幼儿试验、观察、表达、交流。

2. 引导幼儿讨论溶解现象

师:你们刚才看到糖放到水里怎么不见了?它真的没有了吗?到哪里去了呢?现在又变什么样了呢?你们可以尝尝水的味道,是不是甜了。水成了糖水吗?

幼儿讨论、交流、思考、讲述。

3. 引导幼儿联系其他溶解现象,扩展幼儿的经验

师:你还知道有什么东西像糖一样,在水里会"化掉"呢?

幼儿表达交流。

4. 小结

今天我们发现了一个有趣的现象:糖放到水里去就不见了。请你们回家以后再试一试,还有哪些东西也是这样的。

[活动评析]

该活动属于现象观察类活动。对小班幼儿来说,"溶解"现象是无法理解的,但又是容易观察的。该活动立足于观察溶解现象的发生过程,而不是讲解糖为什么溶解,符合小班幼儿的年龄特点。在活动中,教师引导幼儿自由讨论溶解现象,允许他们通过自己的想象来寻求解释,对于维护幼儿的好奇心以及养成其思考的习惯是有益的。

本章小结

本章意图对幼儿园科学活动设计的要素进行梳理,了解科学、幼儿科学及幼儿园科学教育的概念,理

[①] 王志明,幼儿园课程指导丛书——科学,南京师范大学出版社,2000年版。

解幼儿园科学教育的目标、类型及内容；了解幼儿园科学活动设计的具体方法并能加以运用。掌握幼儿园科学活动方案设计的一般流程，并学会设计幼儿园科学教育活动的具体方案。

▶ **主题词**

科学　幼儿科学　幼儿园科学教育　集体教学活动　区角科学学习活动　一日生活中的科学学习活动　活动目标　活动过程　活动内容　活动环境

▶ **阅读书目**

1. 张俊.幼儿园科学教育[M].北京：人民教育出版社.2004.8
2. 夏力.学前儿童科学教育活动指导[M].上海：复旦大学出版社.2005.7
3. 刘占兰.幼儿科学教育[M].北京：北京师范大学出版社.2000.11
4. 陈虹编.幼儿科学教育[M].北京：中国劳动社会保障出版社.1999.8
5. 赵小华等.幼儿园教育活动设计与指导——科学[M].南京：河海大学出版社.2007.8

第六章　幼儿园数学教育活动设计

学习目标

※　初步明确什么是数学,什么是幼儿的数学,什么是幼儿园数学教育。
※　通过解读《纲要》和《指南》中的数学领域目标,领会数学教育目标的精神。
※　理解和掌握幼儿园数学教育内容的范围,学会选编幼儿园数学教育的内容。
※　掌握幼儿园数学教育的基本方法,并能在实践中灵活地、创造性地加以运用。
※　能设计和组织幼儿园数学教育活动。

学习导引

　　本章从幼儿园数学教育的独特内涵出发,分析幼儿园数学教育的目标,幼儿数学的发展过程,结合幼儿园数学教育内容的范围以及幼儿园科学教育的基本方法,能在实践中灵活地、创造性地设计和组织幼儿园的科学教育活动。

知识结构

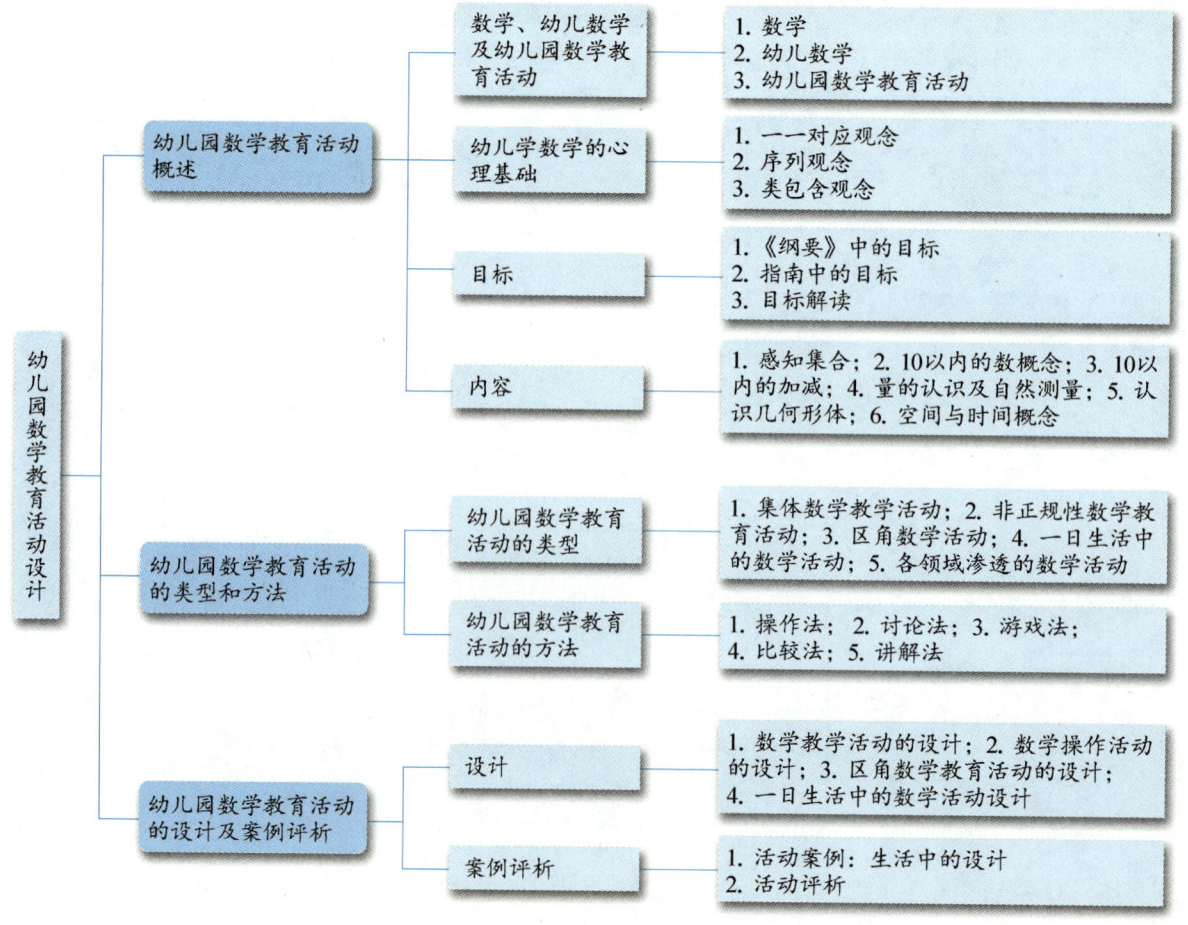

引子

数学是什么?[1]

数学是"计算器"。在超市里买东西时,假如波力海苔一包是5元,那么买2包是10元,我就可以知道自己带的钱够不够。

数学是"交换工具"。在跳蚤市场,我带去一本书价格5元,我就可以换到同学标价2元的自动笔两支和一张一元的贴花纸。

数学是"时间"。让我赶上了去春游的大巴车,学会看钟表我再也不会迟到了。

数学是"交通工具"。自行车、汽车、火车、飞机上都有轮子,圆圆的轮子带我们去世界各地。

数学是"望远镜"。根据日历,我可以知道明年的"六一"是星期几。

数学是"快乐"。还能跟我们做游戏,我和妈妈用54张不同颜色不同花色不同数字的扑克牌玩小猫钓鱼、抽乌龟,哈哈,开心极了!

数学还是"温暖的家"。长方形、正方形、三角形组合成牢固、安全的结构,为我们遮风挡雨。

数学,原来无处不在!

只要你发现数学,玩数学,找数学,谈数学,一定会觉得数学超有趣!

第一节 幼儿园数学教育活动概述

一、数学、幼儿数学及幼儿园数学教育活动

(一)什么是数学及幼儿数学

2002年8月,在北京召开世界数学家大会期间,我国著名数学家陈省身先生曾对记者说过,我们每个人一生中都接受了十几年的数学教育,然而很多人却只是学会了计算,而没有理解什么是真正的数学。那么,数学究竟是什么?

简单地说,数学是一种思维方式,是一种"数学化"的思维方式。数学的魅力,不仅仅在于它的精确计算,而在于它是一种思维方式——它把具体问题上升为抽象的数学问题,再通过解决抽象的数学问题,将其应用到具体的问题解决中。这个过程也被称为"数学建模"。因此有人提出,数学思维就是一种模式化的思维方式,数学就是关于"模式"的科学。数学知识具有两方面的特点:一方面,数学具有抽象性,它不同于具体的事物,而是从具体的事物中抽象出来;另一方面,数学又具有现实的有效性,它能够解决实际的问题。

那么,什么是幼儿数学呢? 先来看一个案例:某大班教师在一次活动中,让幼儿用"5元钱"去买两件"商品"。有一位幼儿成功地买来了两件"商品",标价分别是"1元"和"4元"。但是,当她按照教师的要求用一道算式记录自己做的事情时,却令人不解地写下了"1+4=0"的算式。就连她自己也感到奇怪:她明明记下了自己做的事情——用"5元钱"买了"1元"和"4元"的商品后钱全部花完,却得到了一个错误的算式。为什么会这样? 主要原因是幼儿尚处于数学抽象的初级阶段,她理解具体的数学关系,能够解决具体的问题,却不能将其归纳为一个抽象的数学问题,用抽象化的符号来表示具体的事情。因此,严格说来,这位幼儿不能算是掌握了数学。也就是说,幼儿数学与其他年龄段数学不同,幼儿获得的数学知识是经验性的、具体的知识,建构的是初级的数学概念,这种概念是幼儿从具体的实际经验中归纳出来的,是建立在表象水平上的概念。

---

[1] 俞嘉禾,数学是什么,[EB/OL]. http://czssx.com/blog/Item.aspx? Id=3&LogId=36。

（二）什么是幼儿园数学教育活动

幼儿园数学教育活动是幼儿园科学教育的重要组成部分，也是幼儿园全面发展教育的一个重要组成部分。全面理解幼儿园数学教育活动的内涵，应注意以下三个方面。

1. 幼儿园数学教育活动，是指在教师的指导下（有目的有计划地直接指导或间接影响），通过幼儿自身的活动，对客观世界中的数量关系及空间形式进行感知、观察、操作、发现并主动探究的过程。

2. 幼儿园数学教育活动，是幼儿通过有组织（多种形式）的活动，积累大量和数学有关的感性经验的过程，也是幼儿主动建构表象水平上的初步数学概念，学习简单的数学方法和技能，发展思维（尤其是逻辑思维）的过程。

3. 幼儿园数学教育活动也是激发幼儿的好奇心、求知欲，培养幼儿对数学的兴趣和良好的学习习惯的过程。

> 幼儿园数学教育活动，是指在教师的指导下（有目的有计划地直接指导或间接影响），通过幼儿自身的活动，对客观世界中的数量关系及空间形式进行感知、观察、操作、发现并主动探究的过程。

二、幼儿学习数学的心理基础

小明会做除法题吗？

小明4岁，刚上幼儿园中班，妈妈发现小明已能正确回答这样的问题："这里有六个苹果，我们两个人分，两个人要一样多，每个人可以分到几个苹果。"但是有时问他"3+3等于几"这样成人看似很简单的问题，小明却一时回答不上来，妈妈感到很奇怪。在她看来，前者属于除法题，后者是加法，为什么小明会回答前者而不会回答后者？

这种现象表明了幼儿的思维具有具体形象的特点，他不是通过算术公式来解决问题的，他之所以能回答前面的问题，是因为这个问题在他心中形成了直观的形象，而后一个题目仅仅是抽象的公式。所以正确地引导幼儿学数学，就必须了解幼儿学习数学的心理准备。

（一）一一对应观念

幼儿的一一对应观念形成于小班中期（3岁半以后）。起初，他们可能只是在一一对应的操作中感受到一种秩序，并没有将其作为比较两组物体数量的办法。逐渐地，发现仅靠直觉判断多少是不可靠的，通过一一对应来比较多少更加可靠一些。比如在"交替排序"活动中，有四种物品，其中既有交替排序，又有对应排序。教师问一个幼儿小鸡有多少，他通过点数说出有4只，再问小虫（和小鸡一一对应）有多少，他一口报出有4条。又问小猫有多少，他又通过点数得出有4只，再问鱼（和猫一一对应）有多少，他又一口报出有4条。这说明幼儿此时已非常相信通过一一对应的方法确定等量的可靠性。

（二）序列观念

序列观念是幼儿理解数序所必需的逻辑观念。幼儿对数序的真正认识，不是靠记忆，而是靠他对数列中数与数之间的相对关系（树权关系和顺序关系）的协调：每一个数都比前一个数多一，比后一个数少一。这种序列不能通过简单的比较得到，而有赖于在无数次的比较中建立一种传递性的关系。

我们可以观察到，小班幼儿在完成长短排序的任务时，如果棒棒的数量多于5个，他们还是有困难的。说明这时的幼儿尽管使用操作材料，也难以协调这么多的动作。中班以后，幼儿逐渐能够完成这个任务，而且他们完成任务的策略也是逐渐进步的。起先，他们是通过经验来解决问题，每一次成功背后都有无数次错误的尝试。我看到有一个幼儿在完成排序之前经历了12次失败，而且每次只要有一点错误就全部推翻重来。到了后一阶段，幼儿开始能够运用逻辑解决问题。他每次找一根最短（或最长）的，依次往下排。因为他知道，他每次拿的最短的棒棒必定比前面所有的长，同时必定比后面所有的短。这就说明幼儿此时已具备了序列的观念。同样，这种序列观念只是在具体事物面前有效。如果脱离了具体形象，即使只有三个物体,幼儿也很难排出它们的序列。

(三) 类包含观念

幼儿在数数时,都要经历这样的阶段:能点数物体,却报不出总数。即使有的儿童知道最后一个数就是总数,也未必真正理解总数的实际意义。

幼儿从小班开始,就能在感知的基础上进行简单的分类活动,但是在他们的思维中,还没有形成类和子类之间的层级关系,更不知道整体一定大于部分。作者曾经问一个幼儿,是红片片多还是片片多,他一直认为是红片片多。直到作者向他解释,片片指的是所有的片片,而不是(剩下的)绿片片,他才做出了正确的回答。而他得到答案的方式也是耐人寻味的。他不是像我们所想象的那样靠逻辑判断,而是一一点数,得出红片片是8个,片片是10个。片片比红片片多。我们可以清楚地看到,在幼儿头脑中,整体与部分之间并没有形成包含关系,而是并列的两个部分的关系。他们至多只是借助于具体的形象来理解包含关系,而绝没有抽象的类包含的逻辑观念。

> 幼儿学习数学,建立在以下概念形成与发展的基础上:1. 一一对应观念;2. 序列观念;3. 类包含观念。

三、幼儿园数学教育活动的目标

> **比较物体的多少**
>
> 在"比较物体的多少"活动中,王老师设计了比较兔子和胡萝卜哪个多哪个少的活动,她考虑到幼儿只有学会一一对应地摆放物体,才能更好地理解"每只小兔子都有一根胡萝卜吃",所以要求幼儿将画有兔子的卡片一张一张地排列整齐,摆成一排,然后将画有胡萝卜的卡片一对一地摆放在兔子卡片下面,即要求幼儿一一对应地摆放。最后幼儿得出"小兔子没有了,胡萝卜也没有了,小兔子和胡萝卜一样多"的结论。

在该活动中,因为教师让幼儿正确使用了操作材料,从而获得相关的数学关系的感知和认识。达成了《纲要》中规定的"会正确使用数学活动材料,能按规则进行活动,有良好的学习习惯,愿参加集体游戏"等目标。

幼儿园数学教育活动的目标,体现并规定了对幼儿进行数学教育的目的和要求,是向幼儿进行数学教育的依据和准则。只有明确了数学教育的目标,才有可能选择相应的数学教育内容;也只有明确了数学教育的目标,才能依据目标来评价数学教育的效果。因此,数学教育目标的确定是十分重要的。

(一) 幼儿数学教育总目标

1.《幼儿园教育指导纲要(试行)》中的科学领域目标

(1) 对周围的事物、现象感兴趣,有好奇心和求知欲。

(2) 能运用各种感官,动手动脑,探究问题。

(3) 能用适当的方式表达、交流探索的过程和结果。

(4) 能从生活和游戏中感受事物的数量关系并体验到数学的重要和有趣。

根据《纲要》科学领域的目标精神,幼儿数学教育总目标应包含以下具体内容。

(1) 对周围环境中事物的数量、形状、时间和空间等感兴趣,有好奇心和求知欲,喜欢参加数学活动和游戏。

(2) 能从生活和游戏中感受事物的数量关系,获得有关数、形、量、时间和空间等感性经验,体验到数学的重要和有趣。

(3) 学习用简单的数学方法,解决生活和游戏中某些简单的问题,能用适当的方式表达、交流操作和探索问题的过程和结果。

(4) 会正确使用数学活动材料,能按规则进行活动,有良好的学习习惯。
(5) 爱护动植物,关心周围环境,亲近大自然,珍惜自然资源,有初步的环保意识。

2.《3—6岁儿童学习与发展指南》中的数学领域目标

目标1　初步感知生活中数学的有用和有趣

3—4岁	4—5岁	5—6岁
1. 感知和发现周围物体的形状是多种多样的,对不同的形状感兴趣。 2. 体验和发现生活中很多地方都用到数。	1. 在指导下,感知和体会有些事物可以用形状来描述。 2. 在指导下,感知和体会有些事物可以用数来描述,对环境中各种数字的含义有进一步探究的兴趣。	1. 能发现事物简单的排列规律,并尝试创造新的排列规律。 2. 能发现生活中许多问题都可以用数学的方法来解决,体验解决问题的乐趣。

目标2　感知和理解数、量及数量关系

3—4岁	4—5岁	5—6岁
1. 能感知和区分物体的大小、多少、高矮、长短等量方面的特点,并能用相应的词表示。 2. 能通过一一对应的方法比较两组物体的多少。 3. 能手口一致地点数5个以内的物体,并能说出总数。能按数取物。 4. 能用数词描述事物或动作。如我有4本图书。	1. 能感知和区分物体的粗细、厚薄、轻重等量方面的特点,并能用相应的词语描述。 2. 能通过数数比较两组物体的多少。 3. 能通过实际操作理解数与数之间的关系,如5比4多1;2和3合在一起是5。 4. 会用数词描述事物的排列顺序和位置。	1. 初步理解量的相对性。 2. 借助实际情境和操作(如合并或拿取)理解"加"和"减"的实际意义。 3. 能通过实物操作或其他方法进行10以内的加减运算。 4. 能用简单的记录表、统计图等表示简单的数量关系。

目标3　感知形状与空间关系

3—4岁	4—5岁	5—6岁
1. 能注意物体较明显的形状特征,并能用自己的语言描述。 2. 能感知物体基本的空间位置与方位,理解上下、前后、里外等方位词。	1. 能感知物体的形体结构特征,画出或拼搭出该物体的造型。 2. 能感知和发现常见几何图形的基本特征,并能进行分类。 3. 能使用上下、前后、里外、中间、旁边等方位词描述物体的位置和运动方向。	1. 能用常见的几何形体有创意地拼搭和画出物体的造型。 2. 能按语言指示或根据简单示意图正确取放物品。 3. 能辨别自己的左右。

(二) 幼儿园数学教育目标解读

1. 幼儿园数学教育目标的核心是培养幼儿的情感、态度

《纲要》和《指南》提出培养幼儿对环境中事物的数、形特征、时间、空间等感兴趣,有好奇心和求知欲。兴趣、好奇心、求知欲等是幼儿学习数学的内部动力。幼儿对事物的数量、形状等产生了兴趣,这将为他们所进行的智力活动提供最佳的情绪背景,同时在积极探索活动中也将逐渐培养起幼儿对数学学习本身及一切学习活动的积极情感,使他们爱学习、会学习。"学会学习"是当今基础教育的重要内容。幼儿只有愿意参加数学活动,才可能观察到、感知到环境中事物的数量、形状等。幼儿只有喜欢数学活动,对数学活动有兴趣,才可能积极主动地投入到活动中去,才可能去探索、发现有关的数学现象,从而获得有关数、形、量、时间和空间的感性经验。

2. 数学知识方面,指出了幼儿应学习哪些数学知识,幼儿获得的数学知识具有什么性质,以及幼儿怎样获得数学知识

目标指出幼儿学习的数学知识包括数、形、量、时间和空间的感性经验,并逐步形成一些初级的数学概念。让人们明确幼儿数学教育与其他年龄段的数学教育有根本的不同。幼儿获得的数学知识是经验性的、具体的知识,建构的是初级的数学概念,这种概念是幼儿从具体的实际经验中归纳出来的,是建立在表象水平上的概念。例如,幼儿对"2"的概念的获得,是他们多次拿取和看到两个球、两个娃娃、两个苹果等两个物体,经过分析、概括,幼儿发现这些物体除"两个"这一特点始终存在以外,其他特点都不一样,这样

幼儿就逐步建构起"2"的概念。

同时,总目标还指出应引导幼儿从生活和游戏中感受事物的数量关系。数量关系反映了数学知识间的内在联系及其规律性。幼儿掌握现有大纲内容中的数量关系,一方面加深了对有关数量概念的理解,另一方面它要求相应的思维水平,从而促进了思维抽象能力和推理能力的发展,引导幼儿感受事物中数量关系的过程,实质上也是促进幼儿思维发展的过程。

另外,目标中还明确了数学知识不可能由成人传授给幼儿,必须让幼儿在与环境的交互作用中学习和掌握。例如,幼儿在多次点数蚕豆时会发现,蚕豆摆放成何种形式与蚕豆的数目没有关系,自己从哪儿起点数蚕豆也和蚕豆的数目无关,重要的是每粒蚕豆只能点数一次,点数时不能重复,不能遗漏,这样蚕豆的数目就是不变的。从这里可以看出,幼儿对数目的掌握是在其多次点数实物,多次摆放、拿取实物的过程中获得的。

3. 培养幼儿认识能力方面,强调了发展思维能力的目标

总目标指出在幼儿数学教育中应重视幼儿认识能力的发展,应引导幼儿学习用简单的数学方法去解决生活中、游戏中某些简单的问题,学习用适当方式表达、交流其操作、探索问题的过程和结果。

数学是一门培养和锻炼思维能力的基础学科,数学对幼儿的认知能力,特别是思维能力的发展有着特殊的价值。幼儿在构建一些初级的数学概念的过程中,需要对所操作的材料、所出现的数学关系进行充分观察,需要进行一番比较、分析、综合、抽象和概括,才可能将有关的数学概念的本质(或关键)属性从具体事物中抽象出来,这一过程对发展幼儿各种心理过程的有意性、自觉性十分重要,对促进幼儿观察力、注意力、记忆力、想象力,尤其是思维能力的发展有着十分积极的作用。

目标还提出让幼儿学习用简单的数学方法解答生活和游戏中某些问题,能用适当方式表达、交流其操作、探索问题的过程和结果。在解决问题中,需要对已掌握的方法、知识再次思考和重新组合,找出能解决问题的方法;当问题一旦解决了,幼儿的能力也随之发生变化,得到了提高。

> 幼儿园数学教育目标的核心是培养幼儿的情感、态度,数学知识方面,指出了幼儿应学习哪些数学知识,幼儿获得的数学知识具有什么性质,以及幼儿怎样获得数学知识。培养幼儿认识能力方面,强调了发展思维能力的目标。

四、幼儿园数学教育的内容

究竟谁找得对?

数学区里有一筐颜色、形状不同的几何图形片,教师让幼儿把一样的几何图形片放在一起。苏婷拿起一个小碗,把筐里的红片片拾进碗里(她最喜欢红色),她旁边的何奇奇也在拾片片。苏婷往何奇奇的碗里一看,发现何奇奇的碗里有红圆片、黄圆片,还有其他颜色的圆片片时,顿时大叫起来:"你找的是什么乱七八糟的东西呀!"这时,何奇奇也发现了苏婷的碗里有圆形、方形和三角形,于是也大声嚷道:"看你才是找得乱七八糟呢!"小朋友们都围了过来,有的站在苏婷一边,有的站在何奇奇一边,双方争执不休。只有李成看了他们的两碗片片说:"别吵了,你们俩找的都对!"经李成这么一提醒,苏婷、何奇奇还有许多小朋友忽然明白了过来,大家笑着纷纷散去。

这是教师组织的一次感知集合的活动。在这次活动中,苏婷与何奇奇分别发现了几何图形的颜色和形状的特性,因此,他们分别做出了不同的集合(其实还可以引导幼儿们想一想,这一活动还可以发现几何图形的哪些属性,还可以做出什么样的集合)。从这里我们也可以看出,幼儿感知集合的过程,实际上就是发现事物所具有的共同属性的过程。有了对集合的感知,才有可能进一步比较集合的元素,更好、更快地过渡到计数,形成最初的数概念。

幼儿园数学教育活动的内容是实现幼儿园数学教育活动目标的重要媒介(不是全部媒介),依据内容

而设计、实施的一系列数学教育活动,是将目标转化为幼儿发展的中介环节。因此,为幼儿选择的内容是否合适,内容的组织是否合理,将直接影响到幼儿的发展,影响到目标能否实现。

幼儿园数学教育活动的内容(课程内容)主要包括数量关系、空间关系和时间关系三大方面,具体内容如下。

(一)感知集合

1. 感知集合及其元素,进行物体的分类。
2. 认识"1"和"许多"及其关系。
3. 以对应的方法比较两个物体数量的相等和不等。
4. 初步感知集合间的交集、差集关系和包含关系。

以上几项活动可以为幼儿建构类、序及对应的心理运算结构奠定基础,为幼儿学习数学概念做好准备。皮亚杰曾指出:"三个数学结构(即代数结构、序的结构和拓扑结构)和儿童运算思维的三个结构之间有着非常直接的联系。"①

(二)10以内的数概念

1. 10以内的基数(包括数的实际意义、认数、数的守恒、相邻数和10以内自然数列的等差关系等)。
2. 10以内的序数。
3. 10以内数的组成。
4. 认读和书写10以内的阿拉伯数字。

数、计数和人们的生活有着密切的关系。例如,数可以表示物体的个数和多少:篮子里有5个苹果,桌上放着2本书;数也可以表示整体的多少:3盒糖,1箱苹果等;数还可以表示事物的顺序:第一名、第二名,一组队列中从左往右数小红排在第六位等。可以这样说,在我们的周围,到处都存在着数,数与人们的生活密切相关,数的用处很多。

(三)10以内的加减运算

1. 加减法的含义和运算。
2. 加减法应用题。

数的运算学习,可帮助幼儿较好地了解、认识周围事物中存在的数量关系,并学习用加减法解决生活中一些简单的问题。同时,加减运算的学习有助幼儿对加减互逆关系和加法交换关系的感知,可促进幼儿初步逻辑思维能力的发展。

(四)认识几何形体

1. 平面图形——圆形、正方形、三角形、长方形、半圆形、椭圆形、梯形、菱形。
2. 立体图形——球体、圆柱体、正方体、长方体。
3. 图形之间的简单关系。

几何图形是人们用来确定物体形状的标准形式,物体的形状在几何图形中得到概括的反映。几何图形有平面和立体两种。在人们生活的世界中,各种各样的物体都具有一定的形状,例如,楼房的结构呈直线形,花朵呈曲线形等,这些各种各样的形,大都能用数学中的直线和曲线构成。因而,从某一角度看,形比起数来,要更加具体、直观。幼儿学习、认识几何图形,可帮助他们逐步形成空间观念,并有助于对数的理解和数概念的建立,促进其观察力、想象力和创造力的发展。

(五)量的认识及自然测量

1. 比较大小、长短、粗细、高矮、厚薄、宽窄、轻重、容积等量的特征。
2. 量的正逆排序。
3. 量的守恒。
4. 量的相对性和传递性。
5. 自然测量。

量是表示事物所具有的能区别程度异同的性质,就是事物的多少、大小、长短、高低、轻重、快慢等的客观对象都叫做量。量有连续量和不连续量。例如,小班有多少小朋友、铅笔盒中有几支铅笔等是不连续量;长度、面积、温度、速度等是连续量。物体的大小、长短、轻重等连续量都是幼儿生活中经常接触的,因

---

① 皮亚杰,发生认识论原理,王宪钿等译,商务印书馆,1981年版。

而幼儿需要学习。在比较各种量的差异时,可让幼儿感知到量的相对性,并帮助幼儿建立序的概念,使幼儿对其中传递关系有所体验。

计量就是把一个暂时未知的量同另一个作为标准的约定的已知量做比较,这个比较的过程叫做计量。幼儿学习计量常利用各种自然物,如小棍、筷子、纸条、小瓶等作计量单位测量物体的长度、高低、容积等,这种测量方法称作自然测量。幼儿学习计量的意义在于,他们运用已有的数经验进行测量,可体验到把整体分解成部分,以及部分与部分置换的运算关系,并逐步建立测量单位体系的观念,为以后学习计量做好心理准备。

(六)空间与时间概念

1. 初步认识空间方位——上、下、前、后、左、右、里、外、远、近等。
2. 空间运动方向——向前、向后、向左、向右、向上、向下等。
3. 区分早晨、晚上、白天、黑夜、昨天、今天、明天、星期、年、月的名称及顺序。
4. 认识时钟(长针、短针及其功用,认识整点和半点)。

空间的概念是极为广泛的,包括对大小、形状、方向的认识,也包括对空间的区分。时间是物质运动过程中的持续性和顺序性,时间还意味着两个时刻间的距离,或指某一时刻。时间是一个人们看不见的量。

空间和时间与幼儿的日常生活有着密切联系,例如,幼儿做早操时就涉及动作的运动方向,平时他所处的位置需要其对前后上下有些什么人或物能够感知;幼儿一天的生活、游戏活动,使其对时间的顺序有所感知。幼儿对空间和时间的感知、认识,有助于他们空间知觉和时间知觉的发展,也有利于其生活能力的增强。

> 幼儿园数学教育的内容包括:1. 感知集合;2. 10以内的数概念;3. 10以内的加减;4. 量的认识及自然测量;5. 认识几何形体;6. 空间与时间概念。

第二节 幼儿园数学教育活动的类型与基本方法

> **我用积木量**
>
> 在六一儿童节前夕,教师和幼儿商量决定把自己的活动室装扮一下。他们找来长长的皱纹纸拉起了彩带,并在彩带上悬挂了一些挂饰。不过,他们对于挂饰之间疏密不一的间距感到不满意。正在他们为此犯难的时候,有一位幼儿想出了一个好主意。他拿来一块长积木,建议大家:"先用这块积木来量一下,然后再挂挂饰,这样它们之间就都是一块积木的距离了。"教师对这位幼儿的主意感到十分惊讶。因为连她自己也没有想到这样好的办法。

这个事例生动地说明了,数学教育的最高境界不是让幼儿学会计算,而是让幼儿能够"数学地思维",能够发现生活中的数学,认识到数学和生活的联系。教育部于2001年7月正式颁布的《幼儿园教育指导纲要》(试行)中,将"能从生活和游戏中感受事物的数量关系并体验到数学的重要和有趣"列为数学教育最重要的目标,也正是强调了这一点。在日常生活活动中进行数学教育、数学运用是幼儿园数学教育活动的一种重要类型。

一、幼儿园数学教育活动的类型

(一)在日常生活活动中进行数学教育

日常生活中的各种活动是向幼儿进行数学教育十分重要的途径。幼儿生活的周围环境中充满了和

数、量、形有关的知识和内容,利用日常生活进行数学教育,可以使幼儿在既轻松又自然的情况下获得简单的数学知识,引发对数学的兴趣。如上下楼梯时,可让幼儿一面走、一面计数阶梯的数量;午餐时,可以让幼儿比较一下碗、勺数量的多少。整理玩具或积木时,可启发幼儿思考一下如何分类等等。同样,在组织幼儿散步、劳动、游览等活动时,均可随机灵活地引导幼儿认识和复习数、形的有关知识,使幼儿知道在自己生活的周围世界中充满了各种数学知识,从而引发他们探索、学习数学的兴趣。

(二)在各种游戏(或区域)活动中进行数学教育

在幼儿生活中的各种游戏(区域)活动,也涉及大量有关数量、空间、时间、形状等方面的知识。因此,利用游戏也是对幼儿进行数学教育的重要途径。如建筑游戏的主要材料——积木正是现实生活中各种形状的再现。幼儿在运用积木搭建各种建筑物和物体的过程中,可以获得并巩固各种数学知识。运用积木进行的建筑游戏涉及的数学知识,包括了空间、几何形体、测量等,而这些方面又与分类、排序、数及数量的比较(相等与不等)相联系。幼儿在选择积木、辨认形体、拼搭建筑物的过程中,激活并运用了有关的数学知识,从而起到学习和巩固数学知识的作用。再如角色游戏是幼儿自己创造的反映现实生活的游戏,在各种主题的角色游戏中都不同程度地运用了数学知识和技能,从而促进了幼儿在生活中运用数学知识和技能的能力。例如,"菜场游戏"模仿买卖过程,能帮助幼儿复习数的加减运算;"娃娃家游戏"中布置娃娃家家具,能帮助幼儿运用分类的能力。这些活动使幼儿通过扮演角色,在游戏情节中获得了数的经验。总之,寓数学教育于游戏活动之中,能使幼儿在自由活动和有趣新奇的游戏体验中获得数、形的经验和知识。

(三)集体数学教育活动

集体数学教育活动是指教师有目的有计划地组织全体幼儿,通过幼儿自身的参与和操作,掌握初步的数概念,并发展幼儿思维的一种专项活动。其特点是事先经过缜密的筹划,而不是偶发和随机的;内容是专项指向数学的,而不是综合的;形式一般为集体活动方式和小组操作活动方式相结合。它不仅能使全体幼儿接受一定的数学教育,而且是幼儿数学教育顺序性和系统性的保证。它是向幼儿进行数学教育的主要活动形式。

在集体数学教育活动中,教师是活动的直接指导者。然而,尽管教师的直接指导较多,但幼儿仍然是活动的主体。

(四)组织各种非正规性数学教育活动

非正规性数学教育活动,是指由教师为幼儿创设一个宽松和谐的环境,提供各种数学活动设备和丰富多样的学具、玩具,引发幼儿自发、自主、自由进行的数学活动。可以专为幼儿开设数学活动室,让幼儿自愿地自由选择、操作、摆弄材料,感知体验;也可以在教室里设置数学角,投放一些供幼儿选择的数学学具、玩具,让幼儿进行探索,非正规性数学活动不仅能作为集体数学活动的延伸,而且具有自身的结构和特点,其主要优点如下。

(1)能够更好地培养幼儿对数学活动的兴趣,满足幼儿求知探索、主动探究的愿望。

(2)能适合不同发展水平的幼儿参与不同的活动或同一种活动体现不同层次的操作,使每个幼儿在原有的水平上都有所收获和提高,从中既获取丰富的感性经验,又增强自信心和成功感。

(3)能充分发挥幼儿的独立性、自主性、创造性,最大限度地发展幼儿的思维和动手操作能力。

(4)有利于培养幼儿乐于思考、勤于思考的好习惯及增强同伴间的相互合作和交流。

(五)在其他各领域的教育活动中渗透数学教育

在幼儿生活的周围环境中,各种知识是相互联系和相互渗透的,而且都不同程度地表现为一定的数量关系和空间形式。因此,数学以外的其他幼儿活动(如科学、社会、艺术、健康等)都与数学教育有关。在这些活动中结合或渗透数学教育,不仅能巩固、加深、补充和促进幼儿数学概念的发展,而且能使幼儿学习数学更为生动和有效。例如,幼儿数学教育过程可结合科学教育的内容来进行。在认识物体(如动物)时,既了解它们的习性,又进行量的比较(大小、高矮、粗细等)或数数活动。再如,进行美术活动时幼儿在绘画、泥工、剪贴的过程中,往往要准确辨认物体的形状、大小比例及位置等。同样,体育活动和体育游戏中的走、跑、跳等动作,都是认识和复习上、下、前、后、左、右等空间方位和向上、向下、向左、向右等运动方向的十分有效、生动的手段与途径。

以上几种数学教育活动有区别,同时又紧密联系,各具有自己独特的教育功能,因此,在实际教育过程中,应使这几类活动相互结合,相互补充,使多种活动之间保持一种动态的平衡,以使幼儿获得更好的发展。

> 幼儿园数学教育活动的类型包括：1. 集体数学教学活动；2. 非正规性数学教育活动；3. 区角数学活动；4. 一日生活中的数学活动；5. 各领域渗透的数学活动。

二、幼儿园数学教育活动的基本方法

小鸡找家

让幼儿区分圆形、三角形、正方形这一内容时，教师创设了"小鸡找家"的游戏活动。在活动现场，教师用积木搭了3只小鸡的家，上面分别贴有不同几何图形作为家的标记，教师扮演鸡妈妈，其中一名幼儿扮演狐狸，其余的幼儿带有图形卡片扮演小鸡。鸡妈妈带着小鸡在草地上边玩边唱儿歌："小小鸡，叽叽叽，尖嘴巴，圆身体。身上穿着绒毛衣，爱吃小虫爱吃米。"

儿歌唱完后，扮演狐狸的幼儿大声喊："狐狸来了！"随即，狐狸就开始追逐小鸡。鸡妈妈要求小鸡按自己带的图形卡片分别找家，身上带着什么图形卡片，就找什么图形标志的家，并赶快钻进家里去。如果小鸡躲进家里，狐狸就不能捉了。游戏结束时，检查一下有没有找错家的小鸡。数一数有几只小鸡找错了家，然后把他们送回家，再数一数狐狸捉到了几只小鸡。幼儿交换卡片，重复游戏过程。

游戏是幼儿的基本活动，更是幼儿喜欢的活动形式。在活动中幼儿不仅感知着图形之间的不同，而且培养了幼儿的学习兴趣，激发了幼儿的学习愿望。游戏法是幼儿数学教育的重要方法

数学教育活动的方法，既包括教的方法，也包括学的方法。在选择学前儿童数学教育方法时，应从幼儿学习数学的思维特点出发，采用生动活泼、手脑并用、多种感官参与的形式，灵活运用多种方法，以保证幼儿园数学教育活动取得良好的教育效果。

幼儿园常用的数学教育活动方法如下。

（一）操作法

教师为幼儿提供合适的材料、教具、环境，让幼儿在自己摆弄的实践过程中进行探索，获得数学感性经验和逻辑知识的一种方法。操作法是幼儿学习数学的基本方法，也是幼儿园数学教育的主要方法。当代心理学研究证明：幼儿对数学知识的获得方式始于幼儿对物体的行动，也就是说，幼儿学习数学首先依靠的是作用于物体的动作。皮亚杰在论述数理知识与其他知识的不同时曾用"反省抽象"这一术语来解释，他指出"反省抽象"包含了物体之间的关系的建立，而这种关系在客观现实中是不存在的，它只存在于能够形成物体关系的人的大脑中，儿童对这种关系的获得就是儿童的大脑从他们与物体相互作用的动作中抽象出来的。比如，幼儿在点数4个皮球时，"4"这一数理知识不存在于任何一个皮球上，而是由幼儿把连续点数的每个动作加在一起，在头脑中建立了4个皮球之间的整体关系以及手点物体动作与口念数词动作的一一对应关系（手口不一致就会出错），这样得出了这几个皮球数目为4的结论。由此可见，数的知识存在于物体之间的关系上，而这种关系是幼儿通过各种作用于物体的动作在大脑中建立的。所以，从数理知识的抽象特点来看，幼儿是通过动作即操作活动学习数学的。幼儿的自律性差，注意力集中时间短，不能较长时间安静地看和听，而操作法正符合幼儿好动的天性。所以，我们强调在幼儿园的数学教育中应以幼儿的操作活动为主要的教育方法，因为这种方法既符合数学知识的抽象特征和幼儿学习数学的认知特点，又适于幼儿好动的天性，能诱发幼儿的学习兴趣，有效地利用数学教育促进幼儿思维逻辑性的发展。

运用要求如下。

1. 明确操作顺序。一般遵循以下操作顺序：动手操作材料——发现问题——语言表述动作结果——教师引导讨论操作结果。

2. 交代操作目的、要求及方法。尤其应注意向幼儿传授有关操作的技能和方法，以保证操作活动能顺利有序地进行，达到操作活动的目的。

3. 在操作过程中，教师应注意巡回指导，注意做好个别教育指导工作。

(二) 讨论法

在幼儿园的数学教育中,讨论是一种常用的学习方法。讨论的时机选择在操作的不同阶段,就会对幼儿的具体操作及思维活动起不同的作用。

1. 操作前进行的讨论:目的是了解操作内容、操作材料及操作规则。这种讨论主要伴随着对范例和演示活动的分析进行。例如,"看看珠子是怎么排列的?"通过这一讨论,可以使幼儿懂得要先找出珠子的排列规律,才能按排列规律接着穿。这样,既有利于幼儿掌握操作要求,又有助于提高幼儿的分析能力。

2. 操作后进行的讨论:目的是帮助幼儿将他们在操作中获得的感性经验予以整理、归纳,从而获得正确的数学概念。如在有关形体的操作后,讨论形体的特征;在有关数组成的操作后,讨论数组成的关系等。这些讨论的着眼点都在于帮助幼儿进行抽象概括,使他们把自己对事物的外部特征的认识转向内在的、有规律的思考。

3. 操作中随机进行的讨论。有的讨论则是根据操作的进展随机进行的,如在图形块分类的操作中,大多数幼儿是按颜色、形状的标准给图形块分类的,当发现有人按厚薄标准分类时,便可乘机让幼儿讨论:"你们看,这个小朋友和你们分的有什么不同?"这样就能扩展幼儿的思路。虽然这种讨论不是列入计划的,但它针对性强,是有目的、有计划教育的一种完善和必要的补充。

在具体运用讨论方法时,为了取得预期的教学效果,我们还要注意以下三点。

1. 要有讨论的基础。对幼儿来说,没有一定的知识经验,讨论是无法开展的。因此,讨论往往是伴随着操作活动而展开的,操作体验是讨论的基础。幼儿有了一定的感性认识,才能对要讨论的内容做出积极的反应,也才能接受讨论的最终结果。例如,我们出示 8 个贴绒圆球(其中 3 个是红色的,5 个是绿色的),当我们讨论"是圆球多还是绿球多?为什么"时,多数幼儿都认为绿色的圆球多。幼儿得出这个错误结论的原因是幼儿还不具备认识类包含关系的心理基础,他们对整体与部分的关系还不理解。于是,我们有意识地安排幼儿在以后的一段时间内进行了类似的操作活动。当后来再次进行讨论时,就有越来越多的幼儿反映出认识的进展,得出了"是圆球多,因为红球、绿球都是圆球"的结论。

2. 要重视讨论的过程。幼儿数学教育的重点不在于传授知识,而在于促进幼儿思维的发展,因此讨论的过程比结论更重要。在讨论过程中,教师要注意倾听幼儿的操作体验,观察分析幼儿在讨论中的反应,了解幼儿的思维形式和思维活动的过程,在这基础上再进行有的放矢的教育,效果就会比告诉幼儿结论好得多。

3. 注重差异,因人施教。有些能力较弱的幼儿往往很少参与讨论活动,这对树立他们的自信心、发展思维都是不利的。所以,我们在讨论中常常从简单问题引入,采取多肯定、多鼓励的方法,帮助幼儿克服自卑感,树立自信心。当他们有了一定的基础之后,再渐渐地提高问题的难度,使他们在原有的水平上得到发展。对胆小的幼儿,则引导他们参加新颖有趣的数学游戏,帮助他们消除紧张感,大胆地说出自己的意见。此外,教师平时多参与他们的数学活动,多组织随机讨论,也是使他们对讨论产生兴趣的一种好办法。

(三) 游戏法

游戏法是指将抽象的数学知识寓于幼儿感兴趣的游戏中,让幼儿在各种自由自在、无拘无束的游戏活动中学习数学的一种方法。它是学前儿童数学学习中一种十分重要的途径和方法。

1. 操作性数学游戏

这类游戏是指让幼儿通过操作玩具或实物材料,从中获得数学知识的一种游戏。它也有一定的游戏规则。例如,小班幼儿学习分类时做的"图形娃娃找家"游戏,即安排三个动物玩具,分别贴上"△"、"□"、"○"的标记,让幼儿把"图形娃娃"送到有相应特征的玩具动物"家"里去。

2. 情节性数学游戏

这类游戏是指有一定的情节、内容和角色,通过游戏情节的安排来体现所要学习的数学知识的游戏活动。例如,为小班幼儿学习"1 和许多"而设计的"猫抓老鼠"游戏,教师、幼儿分别扮"猫妈妈"和"小猫",以游戏口吻要求"小猫"们去抓老鼠,按"猫妈妈"要求抓老鼠,最后"猫妈妈"奖励"小猫"们吃"鱼"。在这一系列情节中,渗透了"1 和许多"的数学概念。这类游戏一般以一个主题贯穿整个游戏。教师在设计这类游戏时,应注意情节的安排须有助于幼儿更熟练地掌握数学初步知识,有利于促进幼儿观察力、注意力、想象力和思维能力的发展。游戏的过程不宜太新奇,规则不宜太复杂,以免分散幼儿的注意力。

3. 运动性数学游戏

这类游戏是指寓数学概念或知识于体育活动之中的游戏。例如,小班幼儿感知形成集合概念,可以玩

"占圈"的体育性游戏；大班幼儿学习数的组成，可通过掷飞镖、投沙包、打"保龄球"等运动性游戏，来记录不同数量的投掷结果，根据对投掷结果的归纳来学习数的组成。这类游戏既满足了幼儿好动的天性，又渗透了数学的初步概念。

4. 多感官参与的数学游戏

这类游戏主要强调通过不同的感官进行数学学习，强调幼儿对数、形知识的充分感知。例如，在幼儿学习认数的过程中，可以让幼儿通过看看、听听、摸摸等活动多方面地理解数的实际意义。在学习认识、区别几何图形时，可在"奇妙的口袋"游戏中，通过触摸来感知、区别图形的不同特征。

5. 数学智力游戏

这是一种以发展智力为主要任务的运用数学知识进行的游戏。数学智力游戏能极大地调动幼儿思维的积极性，培养幼儿思维的灵活性、敏捷性、独创性以及综合运用数学知识解决问题的能力。比如，让幼儿数"重叠图形"或玩"数学接龙"等游戏就属于数学智力游戏。

6. 竞赛性游戏

竞赛性数学游戏是指带有竞赛性的数学游戏，它更适合于中、大班幼儿。这类游戏不仅符合幼儿的好胜心理，而且有助于幼儿巩固所学知识和发展思维的敏捷性和灵活性。

运用游戏法的要求如下。

（1）提供的游戏必须具备趣味性。幼儿数学教育决不能单纯教知识，而必须寓教于乐，在幼儿感兴趣的游戏或活动中渗透粗浅的数学知识，让幼儿在感知知识时获得满足感。游戏法将抽象的数学知识寓于幼儿感兴趣的游戏中，让幼儿在游戏活动中学习，有利于调动积极性和激发兴趣。

（2）游戏内容与数学教学目标应该有一致性，切忌为了游戏而游戏，即为了游戏而忽略了教学目标和教学内容。

（3）游戏结束要及时总结经验，评价练习结果，指出要改进的问题。

（四）比较法

比较法是指通过对两个或两个以上物体的比较，让幼儿找出它们在数、量、形等方面的异同，是幼儿园数学教育中常用的一种方法。无论是数的教育还是量的教育，都经常使用这种方法。比较法可分为对应比较和非对应比较两种方法。对应比较是把两个(组)物体一一对应加以比较。具体分三种：(1)重叠式：把一个(组)物体重叠在另一个(组)物体上，形成两个(组)物体元素之间的一一对应关系，从而进行量或数的比较；(2)并放式：把一个(组)物体并放在另一个(组)物体的下面，形成两个(组)物体元素之间的一一对应关系，进行量或数的比较；(3)连线式：将图片上画的物体和有关的物体、形状或数字等，用线联系起来进行比较。常用于小班和中班来区别两个或两组物体(或两组以上)量或数的差异。非对应比较也可以分为三种形式：(1)单排比较：将物体摆成一排或一行进行比较；(2)双排比较：将物体摆成双排进行比较，包括异数等长、异数异长、同数异长；(3)不同排列形式的比较：将一组物体以不同形式排列，进行数量比较。由于幼儿容易受到物体排列形式的干扰，因而这种形式一般在大班使用。

比较法的运用过程中必须注意：(1)比较过程中要引导幼儿进行认真观察比较；(2)教师要以启发性的提问(问题要围绕重点要求进行)，指导幼儿进行比较；(3)观察的过程中要引导幼儿积极思考，努力发现，并学会总结和归纳。

（五）讲解演示法

讲解演示法是指教师通过语言和运用直观教具把抽象的数、量、形等知识加以说明和解释，以帮助幼儿理解有关数学知识的一种数学方法。例如，教师边演示贴绒教具小兔边讲解："草地上有3只小兔，又跑来了1只，3只小兔加上1只小兔是几只小兔呢？"在这一过程中幼儿直观地感受到了数形成的过程。可见，讲解演示法能通过教师的语言和直观教具的演示，讲清楚基本数学知识，引导幼儿分析、抽象、概括数学经验。它是学前儿童数学教育的一种传统方法。当幼儿在学习一些不易理解的新内容或某个难点时，适当地讲解演示，可以帮助幼儿克服困难、启发思路，使幼儿获得科学、系统的知识和分析、推理的方法。但是，在使用这种方法时，应避免以教师为中心，努力做到以下三点。

（1）讲解突出重点，且语言简练、直观，启发性强。

（2）教具新颖，形式多样(但不宜新奇、太多，以免分散幼儿的注意力)，教具演示应与语言讲解良好地结合。

（3）讲解演示法应与其他方法结合使用。

> 幼儿园数学教育的方法有：1. 操作法；2. 讨论法；3. 游戏法；4. 比较法；5. 讲解法。

第三节 幼儿园数学教育活动的设计及案例评析

"3＋4＝7"表示什么意思？

大班的某幼儿对于 10 以内的加减运算已经对答如流。在一次测查中教师询问该儿童"3＋4＝7"表示的是什么意思。他除了回答"表示 3 加上 4 就是 7"之外，任凭教师提示，也不能举出一件能够用这个算式来表示的具体事情。

能熟练地解答数学问题，却不能将其还原为具体的问题。幼儿能够进行抽象符号运算的表面现象掩盖不了他理解上的缺陷——他不懂得抽象符号所表示的具体意义。也就是说，尽管数学起源于现实的世界，但它是对现实世界的形式抽象。设计幼儿园数学教育活动，就要考虑数学的这种本质属性。

一、幼儿园数学教学活动的设计

数学教育活动设计一般包括活动名称、活动目标、活动准备、活动过程，有时还包括活动建议和活动延伸。

（一）活动名称

一般有两种取法：一种是按教学活动的要求，用数学术语定名称。例如：学习 6 的加减法，认识序数。这样定名称可以使幼儿从名称上就可以了解活动的内容和要求，但名称不够儿童化，缺乏生活气息。一种是按活动内容或选用的材料，用生活的语言定名称。例如：给数字口袋送礼物。

（二）活动目标

根据单元目标结合活动内容的具体特点（发展价值），制定出适宜的活动目标（通常从认知、情感态度和动作技能三方面考虑）。

（三）活动准备

数学活动的准备一般包括以下三个方面。

1. 学习经验的选择

要考虑所选的经验幼儿是否能理解，并能得到满足的；所选的经验是否能对幼儿发生多种作用，即能给予幼儿整体发展以影响的一种经验；所选经验是否达到同一目标的各种不同经验，即可以在不同发展层次上获得的经验。

2. 要分析幼儿在进行这一学习活动时，已具有哪些知识技能，具有哪些能力，还缺什么，教师要为幼儿创设什么条件。数学教育活动所需教具、学具和环境创设等方面的准备主要有以下两种：

实物教具、学具：玩具和一些生活用品、收集到的各种自然物、废旧物品、专门用于数学活动的教学用具；形象直观教具、学具：画有各种物体的图片、实物卡片、几何图形卡片。

教师在选制、运用教具学具时要注意以下几个问题：要有助于幼儿对数学概念的学习和掌握，有利于幼儿思维能力的发展；应尽可能使其具有多种用途，充分发挥教具和学具的多种使用价值；要注意不同年龄班幼儿的认知特点。

（四）活动过程

一般分为三个部分：活动开始、活动进行、活动结束。

教师在设计与组织教学活动过程中应注意以下问题。

教师应通过创设问题情境，运用各种方式、方法引起幼儿的学习兴趣，使幼儿主动、积极地进行学习。

在幼儿操作的过程中，教师要给他们足够的时间和空间，让其充分地尝试和探索，寻求解决问题的办法,并感受和发现其中的数学关系。

对于幼儿在活动中获得的经验,教师应帮助他们归纳整理,并通过提问,组织幼儿讨论,使幼儿获得的知识系统化。

(五)活动延伸

在数学教育中,活动之间的联系是十分紧密的,教师注意到这一问题,才能使幼儿已获得的数学经验在后面的活动中得到巩固,得到强化,同时前一活动所获得的经验也将成为进行后一活动的基础和准备。此外,数学教育与其他教育活动的关系也是密切的。例如,一些数学内容的学习,将成为幼儿科学学习的方法和工具,如分类、测量、统计等。又如,幼儿学习了10以内的计数后,教师就可以在日常生活中,引导幼儿去数一数今天班上有几位小朋友没有来;找一找四条腿的动物有哪些;比一比谁拍的球次数多;结合几何图形的学习,可引导幼儿找一找,什么东西像圆形,什么东西像正方形等等。这样可使幼儿获得的数学经验在其他教育活动中得到运用,从而使幼儿在同一段时间内,从不同的活动中获得的经验融为一体,构成一个整合的经验。

二、幼儿园数学操作活动的设计

5 的 组 成

在"5 的组成"数学操作活动中,王老师让幼儿分 5 个苹果、5 个梨子、5 个玩具……,结果她惊讶地发现,幼儿把这些具体的操作都看成孤立的、不同的事情,而没有看到它们在本质上的共同点。而在进行了一段时间的操作练习以后,孩子们才突然发现,分 5 个苹果和分 5 个梨子的结果是一样的,因为"它们都是分 5"。再以后,只要遇到是分 5 个东西,他们都知道怎样分了。

在这个过程中,幼儿不仅理解了数的组成的抽象含义,而且也发展了初步的抽象思维能力。此外,在"数的组成"的学习中,幼儿的逻辑思维也通过数学教育得到了初步的发展。

在数学教育活动中,不论是一般的数学教育活动还是数学操作活动,不论是集体活动形式还是小组活动形式,幼儿的操作活动都是教育活动的基本部分。因为幼儿动手操作材料,与材料发生相互作用,是他们学习数学的主要方式。

数学操作活动的设计,就是要将数学概念的属性,或运算技能的要素转化成幼儿可以独立操作学习的活动,这种活动能让幼儿在操作过程中积极主动地与实物、教具、材料、同伴和教师发生相互作用,从中收获有关数学的感性经验和知识,并在活动中萌发学习数学的兴趣,促进思维的发展。

每一个数学操作活动,一般都由六个要素组成,即目标、材料、规则、形式、指导和评价。因此,教师在设计时,应紧扣这六个要素,设计出一个较为完整的操作活动来。

1. 目标。这是指某一数学操作活动所要实现的预期目的。目标应适宜而具体,并直接指向幼儿能获得的数学知识(经验)和技能,直接指向幼儿的全面发展。

2. 材料。这是指幼儿操作的工具和材料,包括实物、图片、印章、示范性材料、工具性材料和操作作业单等。其具体要求如下。

(1) 材料要充分。要充分满足幼儿反复练习的需要。

(2) 同一类活动的材料要有实物、图片、符号三个层次,以遵循从动作—形象—符号的逻辑思维发展过程。

(3) 学习同一概念或认识同一关系的材料要多样化,以帮助幼儿积累数学经验,并有利于幼儿概括和抽象出数学概念的属性,形成初步的数学概念。

3. 规则。这主要指幼儿完成活动必需的步骤和要求,让幼儿知道怎样操作材料等。活动规则要注意以下三点。

(1) 规则要体现数学概念的属性及关系、运算的性质和规律。

(2) 规则要让幼儿领会和掌握。根据幼儿认知能力,可以通过不同方式让幼儿领会规则,把规则寓于材料和操作之中。如用范例板表示规则,让幼儿照做,也可用语言表述规则等。

(3) 通过改变活动规则以充分利用材料,使材料一物多用。

4. 形式。这是指幼儿操作的方式。可分为个别操作、合作操作和班级操作。前两种操作形式采用较多。

5. 指导。这主要指教师怎样把活动的材料和规则介绍给幼儿,说明教师在幼儿活动过程中指导的要点及改变材料和规则后的活动要求。

6. 评价。活动评价的目的是确定教育效果。教师应把评价项目看作是观察幼儿行为的依据和帮助幼儿学习的活动。评价内容可以是幼儿的直接行为表现,也可以是活动的结果。评价时要尊重幼儿的个别差异。

三、幼儿园区角数学活动的设计

猫多还是鱼多?

某中班数学区角挂着一幅图,老师让幼儿判断图画中是猫多还是鱼多。在这幅图画中,教师设置了一个障碍,即猫的数量比鱼少,但是它的体积大,所占空间也大。有的幼儿说"猫多","因为我看出来的";也有的说"鱼多","因为我数过,发现鱼有7条,猫只有6只"。

在这个案例中,儿童如果不逐一点数,而是凭直觉的感知,就不能正确地判断。在这个问题中,对数学问题的敏感性成为解决问题的关键。有的幼儿把它看成一个对具体形象的感知和比较,而有的幼儿则看到了其中的数量关系。也就是说,数学教育能够养成幼儿对数学问题的敏感性,即用数学的方法解决日常所遇到的问题。

活动区、角数学活动的设计与组织必须注意以下三个方面。

1. 活动空间的设置和准备

教师应为幼儿活动区、角提供一定的空间,在这里既可摆放各种活动材料,同时又有可以让幼儿进行操作活动的桌椅。摆放材料的橱柜要便于幼儿拿取和摆放。室内如果是地板地,有些数学活动也可在地面上进行。活动空间应相对固定,这有利幼儿活动的开展。例如,可以在活动室的一角,摆放数学活动材料,作为数学活动的区、角。一些条件较好的幼儿园安排数学活动专用室,让幼儿在专用室中进行区、角数学活动。

2. 活动区、角数学活动材料的摆放和提供

活动区、角数学活动与数学教学活动两者是密切相关、紧密联系的。教师可以根据幼儿在数学活动中的活动表现提供有关材料让幼儿再次学习,也可以根据教育内容将有些活动材料直接安排在活动区、角中,让幼儿主动探索,自行学习。区、角活动材料还应根据幼儿活动情况及时地进行调整与补充。

3. 活动区、角数学活动的组织

教师要向幼儿提出在区、角活动的要求和规则。如向幼儿交代各种材料摆放的位置,使用中要爱护玩具、材料,用后要放回原处等。

摆放新材料、增添新内容后,教师应向幼儿介绍新材料的使用方法,新活动的要求和规则,使幼儿知道怎样做、怎样玩。

活动区、角数学活动,一般都是由幼儿自由选择,自己进行学习的。由于每个幼儿存在着个体差异,存在着学习速率的不同,教师对个别幼儿还需进行引导,如使每个幼儿在一周中都有进活动区、角活动的机会;帮助幼儿学习玩某种活动或材料。

四、幼儿园一日生活中的数学教育活动的设计

排队中的数学

一天午饭后,我像往常一样准备组织幼儿排成一队去散步,这时安琪跑过来对我说:"我们也像大班的哥哥姐姐一样分成两队,男小朋友站一队,女小朋友站一队,好不好?"这不正是引导孩子进行分类计数的好机会吗?我说:"好呀,我们比赛。看哪队站得又快又好。"队伍站好后,我提议孩子们

数一数男小朋友和女小朋友各有多少，谁多谁少。每一队小朋友开始派代表点数，最后他们数出男孩子有11个，女孩子有8个，得出结论：男孩子比女孩多。我又问："有什么办法可以知道男孩子比女孩子多几个呢？"，这下孩子们可被难倒了。短暂的沉默后，洋洋大声说："我有办法了。"按照他的要求，两队小朋友一个一个拉起手来，多出来的男孩子没有人牵手，洋洋便走到他们中间数起来，很快就数出来是3个。在无法直接运算的情况下，洋洋运用所掌握的一一对应比较多少和点数相结合的方法解决了这一难题。更加令人高兴的是，幼儿竟能够自觉运用课堂上学到的数学知识解决生活中的实际问题，这确实是数学教育的良好契机。

幼儿日常生活是指幼儿一天中进行的各种活动，这里主要介绍幼儿生活活动和游戏活动中的数学教育。

1. 生活活动

生活活动在幼儿一日生活中，不仅占有一定的时间，而且对幼儿的发展也具有重要的影响。在幼儿的生活中，蕴含着许许多多可对其产生数学影响的情景和事例，而且这些情景和事例是经常地、反复地发生，因而对幼儿的数学学习产生了潜移默化、日积月累的作用和影响。例如，幼儿稳定的、前后一贯的一天生活活动的顺序，就可使他们体验各种活动时间的长短、时间的间隔，如起床时间、上幼儿园时间、做早操的时间、上课时间和游戏时间等。每天早上教师和幼儿一起数一数今天班上来了多少小朋友，还有几人没有来，今天星期几，哪几位小朋友做值日生等。有的中、大班幼儿还学习记气象日记，日记中记载着每天的日期、星期几和气温等情况。

教师带幼儿外出散步时，幼儿可观察到各种物体的形状，如有的房顶像三角形，房子的门和窗像长方形，树干粗、树枝细、马路宽、小巷窄等。秋天，幼儿可用拾来的落叶进行分类、排序活动，还可用落叶拼搭物体和图形。

在整理、收放玩具、图书、衣物时，幼儿学习将各种物品进行归类的技能。

在日常生活中，还经常会出现一些偶发事件，这些事件教师也都可以加以引导，让幼儿观察、认识和讨论，帮助他们积累数学经验。例如，某小朋友过生日，他带来一盒蛋糕，这时教师就可启发幼儿讨论：怎样分使每人都分得一块，而且每人分得一样大小？星期一早上，小朋友从家中带来了各种玩具，在幼儿交换玩具之后，可以启发幼儿谈谈：这些玩具怎么会动？再说说、数数电动玩具有哪些？有几个？惯性玩具有哪些？有几个？

总之，幼儿生活活动中的数学是十分丰富多样的，对幼儿各方面的发展影响也是积极、深远的，教师要善于利用这些数学教育资源，引导幼儿发现、感受和学习。

2. 游戏活动

游戏是幼儿的基本活动。在各种游戏活动中，蕴含着各种数学信息，幼儿参加游戏，不仅愉快地进行着各种活动，学习着各种游戏技能，同时也感受着其中的数学信息，积累丰富的数学感性经验。例如，积木游戏可使幼儿对平面和立体的图形有所认识；娃娃家游戏让幼儿学习按顺序、有条理地做各种事情；玩水、玩沙游戏使幼儿对量和量的守恒有所感知和体验；超市游戏（或商店游戏）使幼儿学习将各种物品分类摆放、学习记数、认识钱币和数的运算等。

各种体育、音乐、语言和民间游戏中，也都蕴含着向幼儿进行数学教育的因素。例如，

儿歌：《拍手歌》

你拍一我拍一　　一个小孩坐飞机
你拍二我拍二　　二个小孩梳小辫
你拍三我拍三　　三个小孩吃饼干
你拍四我拍四　　四个小孩写大字
你拍五我拍五　　五个小孩敲大鼓
你拍六我拍六　　六个小孩吃石榴
你拍七我拍七　　七个小孩架飞机
你拍八我拍八　　八个小孩吹喇叭
你拍九我拍九　　九个小孩去跑步
你拍十我拍十　　十个小孩猜谜语

重视日常生活中的数学教育,这是幼儿数学教育中一个重要的环节,因为在教师的引导下,它可以让幼儿在轻松、愉快、自然的气氛中学习数学,感受数学,积累丰富多样的数学经验。日常生活中的数学教育,对幼儿各方面的发展具有极为重要的价值。

> 幼儿园教育活动设计涉及:1. 数学教学活动的设计;2. 数学操作活动的设计;3. 区角数学教育活动的设计;4. 一日生活中的数学活动设计。

五、幼儿园数学教育活动的案例及评析

大班数学教育活动:生活中的数字[①]

活动目标

1. 发现生活中的数字,了解他们的不同用途。
2. 通过游戏,体验对数字的兴趣。

活动准备

1. 收集生活中常见的数字物品(遥控器、钟、人民币等)。
2. 数字,在活动室内布置"数字王国"。
3. 录像资料:如路牌、交通、餐饮业、超市、银行。
4. 操作用的铅笔,记录纸,数字卡等。

活动重点

发现生活中的数字,了解他们的不同用途。

活动过程

1. 找一找、猜一猜,发现物品上的数字。

(1) 小朋友,今天"数字王国"要召开一个数字展览会,你们想去参加吗?现在老师请小朋友开着自己设计的小车去参加。(幼儿寻找自己课前设计的小车。)

(2) 启发提问:小朋友找到自己的车吗?你是怎样找到的?(看自己的车牌号……)

(3) 幼儿听音乐"开车"律动进活动室。

(4) 播放录音:小朋友,欢迎你们来到数字王国。我为你们准备了许多的礼物,希望你们喜欢,但我有个要求,我希望小朋友去礼物中找到和我们车牌号有关的数字。

(5) 幼儿在准备好的礼物中寻找数字,相互交流自己的发现。提问:你发现哪些礼物上有哪些数字?(组织幼儿用语言进行表述。)

(6) 请你们猜猜:如果这些物品没有了数字会怎么样?

2. 了解数字的用途。

(1) 启发提问:

你拿的是什么礼物?上面有什么?标在它们身上的数字有什么用处?(如遥控器、钟、温度计等。)

你觉得数字在我们生活中还有哪些用处呢?(请幼儿回忆讲述生活中见过的数字及用途。)

(2) 老师在生活中也发现了一些数字,请小朋友看一看。(观看录像:哪些地方有数字,这些数字有什么用?观看顺序:路牌、交通、餐饮业、超市、银行。)

3. 想一想:怎么办。

(1) 提问:

① 如果你在数字王国遇到坏人时,怎么办?拨打什么数字号码请求帮助?(110)

② 数字王国的房子着火了,小朋友会想到什么数字?拨打什么数字号码请求帮助?(119)

③ 数字王国里发现病人需要急救或需要帮助时,小朋友会想到什么数字?拨打什么数字号码请求帮助?(120)

教师小结:110、119、120 这些数字是我们生活中的特殊号码,平时没事不能随便拨打。

[①] 改编自陈子清,大班数学活动:生活中的数字,[EB/OL] http://jsjxxx.lcjyw.net/newsInfo.aspx?pkId=3960.2010-07-4。

(2) 组织幼儿讨论：如果生活中没有了这些数字,会怎么样？

(3) 小朋友在生活中还发现了哪些数字？如果发现了,你会用什么方法来告诉老师呢？（写信、打电话等。）

4．编写电话号码

(1) 幼儿为"数字王国"里的数字娃娃编写电话号码。

(2) 幼儿用数字卡摆出不同的数字组合,并将其记录下来。

（通过游戏,巩固幼儿对数字的认识。感知数字排列顺序的多样化,体验数字的有趣和神奇。）

5．结束

小朋友们,你们知道我们数字王国的神奇了吧。数字的用处很多,也给我们带来了方便,我们把刚才编写的电话号码送给数字王国中的数字娃娃们。

送完的小朋友,在活动室内找出带有数字的东西,然后告诉你的好朋友或老师说说你找到的数字。在欢乐的音乐声中结束教学。

方案评析

数学来源生活、存在生活、应用生活,课程标准要求教师结合幼儿的生活经验和已有的知识来设计有意义和有情趣的活动,使幼儿切实体验到身边的数学,用数学可以解决生活中的实际问题,从而对数学产生亲切感,增强幼儿对数学知识的应用意识,培养幼儿的自主创新能力。该教学设计体现了以下三个特色。

1．教学内容生活化

让幼儿找一找礼物中的数字、门牌号、车牌号,这是引导幼儿从数字的应用发现过渡到运用数字解决生活中遇到的实际问题,运用生活素材让幼儿真正感受到生活中处处有数学,从而激发他们学习数学的兴趣。

2．教学情境生活化

当遇到以下麻烦或困难时你会采用什么办法解决问题呢？这一环节加深了幼儿在生活中运用数字的兴趣。要使教学过程在整个生活情境中进行,这样让幼儿将生活中自然积累的常识带入课堂,培养了幼儿的应用意识,又调动了幼儿在生活中运用数学的积极性,真正体现了数学来源于生活,又应用于生活。

3．知识训练生活化

幼儿学习了数学知识,为的是解决生活的问题,让数学走进生活,学以致用。教师充分利用幼儿已有的生活经验,引导幼儿把所学的数学知识应用到现实生活中去。例如,幼儿为"数字王国"里的数字娃娃编写电话号码,教师引进相关的生活问题使幼儿学用结合,幼儿用学过的知识来解决实际问题不仅激发了学习兴趣,而且提高了所学知识解决实际问题的能力,让数学走向生活,更好地服务于生活,应用于生活。

本章小结

本章意图对幼儿园数学活动设计的要素进行梳理,了解数学、幼儿数学及幼儿园数学教育的概念和幼儿学习数学的心理基础,理解幼儿园数学教育的目标、类型及内容,了解幼儿园数学活动设计的具体方法并能加以运用,掌握幼儿园数学活动方案设计的一般流程,并学会设计幼儿园数学教育活动的具体方案。

▶ **主题词**

数学　幼儿数学　幼儿园数学教育　一一对应　序列　类　感知集合　几何图形　活动目标　活动过程　活动内容

▶ **阅读书目**

1．林嘉绥,李丹玲．学前儿童数学教育[M]．北京：北京师范大学出版社,2000．

2．金浩,黄瑾．学前儿童数学教育[M]．上海：华东师范大学出版社,2005．

3．张慧和,张俊．幼儿园数学教育[M]．北京：人民教育出版社出版,2004．

第七章　幼儿园社会教育活动设计

学习目标

※ 初步明确什么是幼儿园社会教育，了解幼儿园社会教育的意义。
※ 了解《纲要》和《指南》中的社会领域目标的概念、构成。
※ 理解和掌握幼儿园社会教育内容的范围，学会选编幼儿园社会教育的内容。
※ 掌握幼儿园社会教育的基本方法，并能在实践中灵活地、创造性地加以运用。
※ 能设计和组织幼儿园社会教育活动。

学习导引

本章从幼儿园社会教育的独特内涵出发，阐述幼儿园社会教育的目标和幼儿社会性发展的特点，结合幼儿园社会教育内容的范围以及幼儿园社会教育的基本方法，帮助使用者在实践中灵活地、创造性地设计和组织幼儿园的社会教育活动。

知识结构

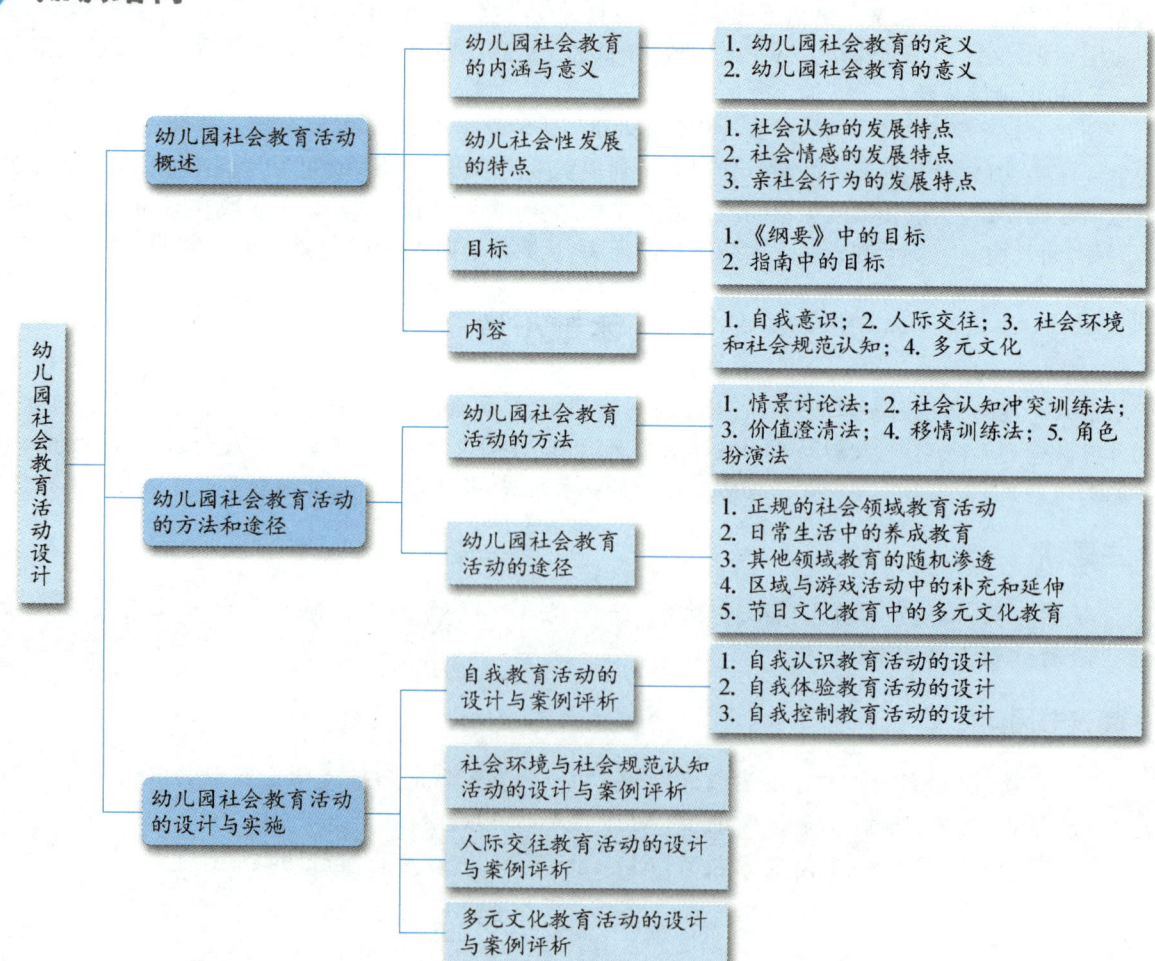

引子

温柔地坚定 ①

朱丽不肯把从家里带来的玩具放进专门的架子里。我要求她这么做,她走到架子旁边,却立即转身离开,手里还拿着她的玩具。我拿过她的玩具,替她放进架子里。她把它拿出来,我再次从她手里把玩具拿走,放在她够不到的地方。她尖叫着打我,我抱起她,她用脚踢我(我脱掉她的鞋),并大声喊叫。这种情况持续了大约5分钟,然后她安静下来,我又抱着她约10分钟。她要她的玩具,我拿给她,她把玩具放进架子里,对我笑笑,然后和其他孩子一起去玩了。

从这一情景中你看到了什么?孩子们在这一情景中学习了什么?老师为何要采取这种处理方式呢?孩子需要学会在群体中生活,学会改变原有的习惯,建立新的生活原则,这是他们适应社会生活的开始。帮助孩子学会积极地适应社会生活是幼儿园老师的重要职责,这就需要我们对社会、对孩子、对教育甚至包括我们自己都有深刻的理解。幼儿园社会教育就是力图增加我们对这些问题的探究与理解。

第一节 幼儿园社会教育活动概述

一、幼儿园社会教育的内涵与意义

作为幼儿教师,不是建构幼儿园社会教育这门学科,而是把握作为课程领域的幼儿园社会教育的实质及其实施的原理,所以我们要从课程领域实施的角度来阐释幼儿园社会教育的内涵。

(一)幼儿园社会教育的定义

幼儿园社会教育是指以发展幼儿的社会性为目标,以增进幼儿的社会认知、激发幼儿的社会情感、培养幼儿的社会行为为主要内容的教育。

1. 教育的方向:以社会及人类文明的积极价值为引导

教育的依据是社会及人类文明的积极价值与幼儿社会性发展规律,前者是外在根据,后者是内在根据,幼儿发展是内外因素相互作用的结果。教育应当是引导社会发展的活动,它应当倡导积极的文化价值,自觉引导幼儿批判与反思消极的社会文化价值。

2. 教育的内容:幼儿的社会生活事务及其相关的人文社会知识

幼儿园社会教育并不以掌握系统的人文社会生活知识为目的,而是以丰富幼儿心灵、发展幼儿社会性、培育幼儿良好品德与社会行动能力为目的,心灵的丰富是在对生活的丰富体验中获得的,良好的社会理解力、品德与行动能力是在与社会环境积极互动的基础上形成的。由此,幼儿社会教育的内容是基于幼儿生活事物的人文社会知识,它是具有启蒙性的、基础性的与具体性的知识。

3. 教育的目标:陶冶幼儿性灵,培育有着良好社会理解力、社会情感、品德与行动能力的完整、健康的儿童

儿童性灵的陶冶是基础。性灵作为儿童发展的精神潜质,它是一切禀赋与才能发展的前提,社会理解力、社会情感、品德与社会行动能力发展都是以此为前提的,性灵是幼儿生命发展的基石。品德与社会理解力和行动能力相关,但又超出它们,它是社会理解力与行动能力的方向与灵魂,我们追求的是孩子养成有品德的性灵,有品德的理解力以及有品德的行动,一切都要以道德和善为原则。

(二)幼儿园社会教育的意义

幼儿期是儿童社会性发展的奠基期与敏感期,通过恰当的教育帮助,为幼儿社会性与道德发展奠定一个良好的基础,是幼儿园社会教育的重要任务。

---

① 选自 Rebecah Freeling,奇妙的规矩,吴蓓译,http://www.waldorfchina.org/。

1. 帮助幼儿学会理解别人、尊重别人,并正确认识自己

现代家庭中,家长往往视子女为"小皇帝"、"掌上明珠",一切活动以幼儿为中心,但在幼儿园,每一个幼儿都是平等的,家庭中的生活习惯和处事方式在幼儿园的集体生活中往往行不通。在幼儿园,通过教师的教育活动和与同伴之间的交往,幼儿逐渐学会理解他人的想法,学会尊重别人;通过同伴和教师的评价,初步学会客观地认识和评价自己,有助于良好个性和品德的形成和发展。

2. 帮助幼儿学会控制自己,掌握人际关系准则,提高交往技能

自我控制是个体对自身的心理与行为的主动掌握,是个体不受外界因素的影响,自觉地选择目标,控制自己的情感和行为,从而保证目标的实现。它不仅是人类个体意志力的表现,也是个体完成各种任务、协调与他人关系、成功地适应社会的必要条件。在幼儿园社会教育中,幼儿学习如何与同伴沟通、合作,学习如何化解冲突,从而逐渐掌握基本的人际关系准则,并学会控制自己的情感,调节自己的情绪,从而提高自己的交往技能。

3. 帮助幼儿学会生存、学会生活、学会做人

生活自理能力、良好的生活习惯以及交往的技能、技巧,既是幼儿园社会教育的主要内容,又是幼儿未来生活和发展的基础。教师通过引导幼儿在日常生活中逐渐学会自己穿衣、系鞋带,自己吃饭、洗脸、擦手,自己收拾玩具,并乐于帮助同伴解决困难;在与同伴交往中,初步学会合作、分享、谦让的交往技能,学习做一个受欢迎的人等,可以帮助幼儿养成良好的生活习惯和积极的生活态度,形成热爱生活的情感。

4. 促进幼儿独立性、自主性和应变能力的发展

幼儿在幼儿园中,需要独自面对老师和同伴,并需要逐渐适应幼儿园的集体生活。幼儿自己穿或脱衣服、自己吃饭、收拾玩具、自己睡觉等,这些都能促进幼儿独立性、自主性的发展。此外,在老师的引导下,幼儿通过面对和解决纠纷,逐渐学会正确处理人与人之间的关系,从而提高自己的自主性和社会应变能力。

> 幼儿园社会教育是指以发展幼儿的社会性为目标,以增进幼儿的社会认知、激发幼儿的社会情感、培养幼儿的社会行为为主要内容的教育。
>
> 幼儿园社会教育帮助幼儿学会理解别人、尊重别人,并正确认识自己;帮助幼儿学会控制自己,掌握人际关系准则,提高交往技能;帮助幼儿学会生存、学会生活、学会做人;促进幼儿独立性、自主性和应变能力的发展。

二、幼儿社会性发展的特点

> **幼儿喜欢"抢银行"**
>
> 幼儿园里有一个活动区域叫"社会一条街",由一排小房子组成,里面有超市、理发店、娃娃家、银行、警察局等,构成了一个微型社会,大班的孩子每个月都会轮流在这里玩一次。一天,轮到某大班的幼儿在这里玩,老师让幼儿自由选择自己所要扮演的角色:警察、银行职员、理发师等,并要求他们扮演好自己选择的角色。但是,有几个男孩玩起了"抢银行"的游戏,不亦乐乎地奔来跑去,到"银行"里抢钱。老师皱起了眉头……

如果你是这位教师,你会如何处理这个问题?幼儿是怎么习得这样的行为的?这些幼儿哪些方面的社会性值得关注?这样的行为反映了幼儿处于怎样的发展阶段?

个体社会性发展主要包括社会认知、社会情感和社会行为三个方面。幼儿社会性发展体现在很多方面,从操作层面来看,可以把幼儿社会性发展的特点分为社会认知、社会情感、亲社会行为和道德发展等方面。

(一)幼儿社会认知的发展特点

社会认知是个体对社会信息的获得、表征和提取的过程,以及对这些过程中出现的社会规范和原则进

行理解、认识的过程,包括自我的认知、他人的认知、环境的认知、规则的认知等四个方面。

1. 幼儿社会认知发展是一个逐步区分认识社会性客体的过程

首先,婴儿的社会认知的发生是一个逐步区分认识社会性客体的过程,即区分认识人类客体与非人类客体、一个个体与另一个个体、自我与非我的过程。其次,这一过程还表现在幼儿不同情绪情感、行为意图及社会规则的认识上。塞尔曼认为,在幼儿观点采择能力的发展中,能否区分他人有意与无意行为是早期发展中的关键一步,之后幼儿才能逐渐理解人们在同一行为中可能有多种意图。在此基础上,幼儿发现对于同一事件自己和他人有着不同的观点和反应,也就能区分自己和他人的观点。

2. 幼儿社会认知各方面的发展是非同步、非等速的

幼儿对自我、他人、社会关系、社会规则以及对人的情绪、情感、行为意图、态度动机、个性品质等的认识并非同时开始,发展也是非等速的。其发生发展的总趋势是从认识他人到自我,到相互关系;从认知情绪到行为,再到心理状态;从认识身体到心理再到社会。同一年龄的幼儿各方面的发展水平也是有差异的。

3. 幼儿社会认知的发展遵循认知发展的普遍规律,但不完全受认知发展的影响

研究者也认为,幼儿社会认知发展与一般认知发展并非完全平行。不少研究证明,幼儿智商与其观点采择能力之间的相关系数一般是中等或偏下。因为当幼儿的一般认知达到一定水平后,个体社会认知能力就更多地受社会、文化、教育等因素的影响和制约。

4. 幼儿社会认知的发展水平与社会交往密切相关

幼儿社会认知的对象既包括人及由人构成的社会关系,也包括其生活的社会环境。幼儿不仅是认知者,而且是积极的行为者,他是通过与他人的社会交往、相互作用的过程中认知社会的。已有研究表明,幼儿社会认知的发展与其社会交往存在着密切关系。

(二) 幼儿社会情感的发展特点

幼儿进入幼儿园后,情绪、情感越来越与社会交往密切联系在一起。幼儿的情绪、情感的动因从满足生理需要向满足社会性需要过渡,如刚进入小班的幼儿非常喜欢身体接触,愿意老师牵着他的手,喜欢让老师抱一抱、亲一亲、摸一摸等。到了中、大班,幼儿非常希望被人重视、关爱,喜欢与人交往,如幼儿遭到同伴的排斥就会产生痛苦的情绪,受到老师的表扬就会产生愉快的情绪。具体地说,幼儿的情绪情感还表现为以下三个特点。

1. 容易变化,呈现出两极化的特征

幼儿的情绪情感容易受外界事物所支配,情绪情感很容易从一端变化到另一端。前一分钟还为失去了心爱的玩具哭泣,后一分钟可能因为老师的表扬破涕为笑。

2. 容易受感染

幼儿的情绪容易受到他人的影响,一般体现为受成人和同伴的影响。例如,在幼儿园中如果一个幼儿因为害怕某件事物而不安,其他的孩子也会表现出这种情绪。

3. 具有冲动性

幼儿调节控制自己情绪情感的能力还比较差,不太会用理性调节自己的情绪,需要成人的安抚。如早晨被父母送到幼儿园,因为分离焦虑而放声大哭,可能需要很长时间才能平息下来。

(三) 幼儿亲社会行为的发展特点

亲社会行为是指人们在社会交往中对他人有益或对社会有积极影响的行为,如谦让、帮助、合作、分享等。反社会行为指违法行为或为社会所不能接受的行为,在幼儿中体现为打人、骂人、破坏物品等。幼儿社会教育的目的主要在于培养和促进幼儿的亲社会行为,预防和矫正幼儿的反社会行为。

1. 亲社会行为随着年龄的增长而增多且不存在性别差异和文化背景差异

幼儿亲社会行为并非随着幼儿年龄的增长而必然增多,它需要教育者有意识、有目的地进行相关教育。一般认为,对幼儿进行共情训练、榜样教育、正面强化等方式可以在一定程度上促进幼儿亲社会行为的发展。

2. 幼儿亲社会行为的指向对象在不断变化且存在年龄差异

幼儿亲社会行为主要指向同伴,极少数指向教师或指向不明。小班幼儿指向同性、异性同伴的次数接近;大班幼儿的亲社会行为指向同性伙伴的次数不断增多,指向异性伙伴的次数不断减少。

3. 各种类型的亲社会行为分布不均

合作行为发生频率最高,分享行为和助人行为次之,公德行为和安慰行为很少。同伴对幼儿的合作行

为基本上是做出积极反应,即回报以积极的社会互动——合作游戏。

> 幼儿社会性发展的特点分为社会认知、社会情感、亲社会行为和道德发展等几个方面。

三、幼儿园社会教育的目标

伟大的男人和女人[①]

提姆是个男孩,打人之前会弓肩。哈瑞特是个女孩,推人之前会深深吸口气,发出一声尖叫。卡尔是个男孩,踢人之前,他会站得直直的。当提姆3岁时,我发现了弓肩的信号。他不能忍受挫折,容易发怒。他以攻击别人的方式表现出来。我密切地注视他,了解什么情况下,他容易受到挫折。当他一旦处于其中一种情况时,我赶紧走到他的旁边,当他的肩弓起来时,我立即把手放在他的胸上。通常,我不需要说一句话,他就能平静地继续他的活动。有时候我会小声对他说去做什么,或去说什么。我从来没有对他说过:"喂,你的肩膀弓起来了。"然而,到了4岁,他能发现自己的某些信号,意识到需要帮助。他会四处找我,我走过来站在他的旁边,或向他微笑以示鼓励。5岁时,他做了一件令人惊讶的事情。班上有一位新生朱莉叶,她到处跟着我,非常紧张。我去卫生间时,她就不停地哭闹。提姆走到她跟前,把手臂放在她的肩膀上(就像我对提姆做过的许多次那样),安慰她说:"没关系,Rebecah上卫生间了,一会她就来了。我帮你把外套穿上好吗?"我站在卫生间里,流出了感激的眼泪。这个孩子,以及其他像提姆一样发生转变的孩子打动了我,他们找到了自己的中心。他们发现了真正力量和权力(power)的秘密。和我们相处的具有这种力量的孩子将成为伟大的男人和女人。他们将根据自己的远见卓识形成他们的世界。

我们究竟要将孩子培养成什么样的人,这是我们首先需要思考的,只有明确了我们的培养目标,提高教师的目标意识,才能选择恰当的内容与方法去实现这一目标,才能逐渐减少教师"眼中无幼儿,心中无目标"的现象。

(一) 幼儿园社会教育的总目标

1. 《幼儿园教育指导纲要(试行)》中的社会领域目标

在教育部2001年7月颁布的《纲要》中,"社会教育"被明确列为幼儿园教育内容的五大领域之一。《纲要》规定的社会领域的目标如下:

1. 能主动地参与各项活动,有自信心。
2. 乐意与人交往,学习互助、合作和分享,有同情心。
3. 理解并遵守日常生活中基本的社会行为规则。
4. 能努力做好力所能及的事,不怕困难,有初步的责任感。
5. 爱父母长辈、老师和同伴,爱集体、爱家乡、爱祖国。

2. 《3—6岁儿童学习与发展指南》中的社会领域目标

人际交往

目标1 愿意与人交往

3—4岁	4—5岁	5—6岁
1. 愿意和小朋友一起游戏。 2. 愿意与熟悉的长辈一起活动。	1. 喜欢和小朋友一起游戏,有经常一起玩的小伙伴。 2. 喜欢和长辈交谈,有事愿意告诉长辈。	1. 有自己的好朋友,也喜欢结交新朋友。 2. 有问题愿意向别人请教。 3. 有高兴的或有趣的事愿意与大家分享。

[①] 选自 Rebecah Freeling,奇妙的规矩,吴蓓译,http://www.waldorfchina.org/。

目标2　能与同伴友好相处

3—4岁	4—5岁	5—6岁
1. 想加入同伴的游戏时，能友好地提出请求。 2. 在成人指导下，不争抢、不独霸玩具。 3. 与同伴发生冲突时，能听从成人的劝解。	1. 会运用介绍自己、交换玩具等简单技巧加入同伴游戏。 2. 对大家都喜欢的东西能轮流、分享。 3. 与同伴发生冲突时，能在他人帮助下和平解决。 4. 活动时愿意接受同伴的意见和建议。 5. 不欺负弱小。	1. 能想办法吸引同伴和自己一起游戏。 2. 活动时能与同伴分工合作，遇到困难能一起克服。 3. 与同伴发生冲突时能自己协商解决。 4. 知道别人的想法有时和自己不一样，能倾听和接受别人的意见，不能接受时会说明理由。 5. 不欺负别人，也不允许别人欺负自己。

目标3　具有自尊、自信、自主的表现

3—4岁	4—5岁	5—6岁
1. 能根据自己的兴趣选择游戏或其他活动。 2. 为自己的好行为或活动成果感到高兴。 3. 自己能做的事情愿意自己做。 4. 喜欢承担一些小任务。	1. 能按自己的想法进行游戏或其他活动。 2. 知道自己的一些优点和长处，并对此感到满意。 3. 自己的事情尽量自己做，不愿意依赖别人。 4. 敢于尝试有一定难度的活动和任务。	1. 能主动发起活动或在活动中出主意、想办法。 2. 做了好事或取得了成功后还想做得更好。 3. 自己的事情自己做，不会的愿意学。 4. 主动承担任务，遇到困难能够坚持而不轻易求助。 5. 与别人的看法不同时，敢于坚持自己的意见并说出理由。

目标4　关心尊重他人

3—4岁	4—5岁	5—6岁
1. 长辈讲话时能认真听，并能听从长辈的要求。 2. 身边的人生病或不开心时表示同情。 3. 在提醒下能做到不打扰别人。	1. 会用礼貌的方式向长辈表达自己的要求和想法。 2. 能注意到别人的情绪，并有关心、体贴的表现。 3. 知道父母的职业，能体会到父母为养育自己所付出的辛劳。	1. 能有礼貌地与人交往。 2. 能关注别人的情绪和需要，并能给予力所能及的帮助。 3. 尊重为大家提供服务的人，珍惜他们的劳动成果。 4. 接纳、尊重与自己的生活方式或习惯不同的人。

社会适应

目标1　喜欢并适应群体生活

3—4岁	4—5岁	5—6岁
1. 对群体活动有兴趣。 2. 对幼儿园的生活好奇，喜欢上幼儿园。	1. 愿意并主动参加群体活动。 2. 愿意与家长一起参加社区的一些群体活动。	1. 在群体活动中积极、快乐。 2. 对小学生活有好奇和向往。

目标2　遵守基本的行为规范

3—4岁	4—5岁	5—6岁
1. 在提醒下，能遵守游戏和公共场所的规则。 2. 知道不经允许不能拿别人的东西，借别人的东西要归还。 3. 在成人提醒下，爱护玩具和其他物品。	1. 感受规则的意义，并能基本遵守规则。 2. 不私自拿不属于自己的东西。 3. 知道说谎是不对的。 4. 知道接受了的任务要努力完成。 5. 在提醒下，能节约粮食、水电等。	1. 理解规则的意义，能与同伴协商制定游戏和活动规则。 2. 爱惜物品，用别人的东西时也知道爱护。 3. 做了错事敢于承认，不说谎。 4. 能认真负责地完成自己所接受的任务。 5. 爱护身边的环境，注意节约资源。

目标3　具有初步的归属感

3—4岁	4—5岁	5—6岁
1. 知道和自己一起生活的家庭成员及与自己的关系，体会到自己是家庭的一员。 2. 能感受到家庭生活的温暖，爱父母，亲近与信赖长辈。 3. 能说出自家所在街道、小区（乡镇、村）的名称。 4. 认识国旗，知道国歌。	1. 喜欢自己所在的幼儿园和班级，积极参加集体活动。 2. 能说出自己家所在地的省、市、县（区）名称，知道当地有代表性的物产或景观。 3. 知道自己是中国人。 4. 奏国歌、升国旗时能自动站好。	1. 愿意为集体做事，为集体的成绩感到高兴。 2. 能感受到家乡的发展变化并为此感到高兴。 3. 知道自己的民族，知道中国是一个多民族的大家庭，各民族之间要互相尊重，团结友爱。 4. 知道国家一些重大成就，爱祖国，为自己是中国人感到自豪。

（二）幼儿园社会教育的目标解读

根据《大纲》与《指南》的精神，可以把幼儿园的社会教育目标概括为"人际交往"与"社会适应"两个方面。

1. 人际交往

从心理学的角度看，人际交往有如下几个基本功能：交流信息、组织共同活动、形成和发展人与人之间的关系、增进人们之间的相互了解。人际交往的这些职能对幼儿来说更具有特殊的发展意义：(1) 交流信息；(2) 组织共同活动；(3) 形成和发展人际关系；(4) 增进对自己、对他人的认识。鉴于交往对幼儿发展的重要性，《指南》将人际交往列为社会领域的重要子领域，将愿意与人交往，能与同伴友好相处，具有自尊、自信、自主的表现，关心尊重他人四个目标归入这一子领域。《纲要》中的乐意与人交往，学习互助、合作和分享，有同情心，也同样属于这一子领域。

2. 社会适应

社会适应是个体在与社会环境相互作用中，不断地学习或修成各种行为和生活方式，最终达到与社会环境保持和谐与平衡的过程，也是个体逐步接受所在社会群体的生活方式、行为规范和价值观的过程。社会适应，即幼儿与社会环境建立起和谐关系的过程，对幼儿的学习与发展具有重要意义。适应不同的社会群体或组织的过程是儿童社会化的重要途径。在社会适应过程中培养起来的适应能力是儿童生存发展所需要的基本能力。在社会适应过程中形成归属感是儿童的精神需要。美国著名心理学家马斯洛提出的"需要层次理论"，将"归属与爱的需要"列为人的重要心理需要，这是一种精神需要，一种对"心灵家园"的渴望。马斯洛需要层次金字塔模型对幼儿来说，与周围的社会环境建立和谐关系，即适应社会是社会学习的重要内容之一。而喜欢并适应群体生活，遵守基本的行为规范，具有初步的归属感是社会适应的基本内涵。因此，《指南》将其作为社会适应子领域的三个目标提出来。《纲要》中的理解并遵守日常生活中基本的社会行为规则，也是这方面要求的体现。

> 根据《大纲》与《指南》的精神，可以把幼儿园的社会教育目标概括为"人际交往"与"社会适应"两个大的方面。

四、幼儿园社会教育的内容

喜欢做事的乐乐①

已经是小班下学期了，乐乐的规则意识还是比较淡薄。

---

① 浙江师范大学杭州幼儿师范附属幼儿园，名师名园·我们的表扬到哪里去了，浙江教育出版社，2009年版。

> 一天午睡前,老师组织小朋友进厕所解小便,乐乐却还坐在建筑区里玩。老师看到了,就催乐乐:"赶快去解小便,马上就要睡午觉了。"乐乐没有理会。
> 老师俯下身,轻轻地对乐乐说:"乐乐,今天能帮老师一个忙吗?请你把小朋友放乱的鞋子摆好。但是,你先得去解小便,行吗?"
> 乐乐见老师请自己帮忙,赶紧穿好鞋子进了厕所。解完小便之后,乐乐很有耐心地将小朋友们的鞋子整整齐齐地配对放好。
> 在以后的几天里,每到午睡时,老师还没有说,乐乐就会主动地去解小便,然后开始帮助小朋友们把鞋子放整齐。

幼儿园社会教育的内容并不是指那些写在书本上的内容,或者是由教师直接教给幼儿的那些知识和技能。一切有助于达到教育目标,能使幼儿获得必要的情感体验、知识经验和生活方式经验的东西,都可以作为幼儿园社会教育的内容,我们将幼儿园社会教育的内容分为四个相互联系的方面,即自我意识、人际交往、社会环境与社会规范认知,以及多元文化。

(一)自我意识

其一,帮助幼儿认识和接纳自己,增进幼儿的自我价值感和自信心。如从表面上认识自己,知道自己的特点;让幼儿从内心层次认识自己,明白自己的优点和缺点,比较全面客观地认识自己;引导幼儿接纳自己的优缺点。

其二,帮助幼儿学习认识、理解和适当地表达自己的情绪,控制自己的行为,如生气了,可以告诉别人:"我生气了!"也可以暂时不理人、有控制地哭等,但是不能打人、骂人、摔东西等。

其三,帮助幼儿学习自由选择、自我决断,培养其独立性、自主性和自己对自己的行为负责的意识。

其四,支持、鼓励幼儿大胆地表达自己的意志、想法和态度。

其五,帮助幼儿主动地参与各项活动,能体验到与同伴交往的快乐。

其六,帮助幼儿努力做好力所能及的事,不怕困难,有初步的责任感。

(二)人际交往

其一,培养幼儿乐意与人交往,学习互助、合作和分享,有同情心。

其二,培养幼儿关心、理解、尊重和赞赏他人,学习并掌握基本的交往技能。

其三,帮助幼儿学习协调自己与他人的兴趣和想法,学会与人友好相处。

(三)社会环境和社会规范认知

其一,社会环境的认知。幼儿生活在特定的社会环境下,如家庭、幼儿园、社区及公共场所等社会环境中的特定的物质设施、人物关系、职业角色及行为准则。

其二,道德规范与行为准则的认知。如公德意识、环保意识、文明礼貌用语、文明行为规范以及日常卫生习惯等。

其三,观点采择能力的发展。区分自己与他人的观点,并进而根据当前或过去的有关信息对他人的观点做出准确推断的能力。

其四,理解人与环境之间相互依存的关系,培养其爱护、保护环境的意识,逐渐萌发社会小公民的意识。

(四)多元文化

其一,民族文化。了解幼儿自己的成长与家人的关系,感激父母长辈的辛勤养育之恩;了解周围不同职业人们的劳动及与自己生活的关系,尊重他们的劳动;了解祖国传统的民俗节日,对祖国的传统文化感兴趣;感受周围自然环境、文化环境的美,萌发爱周围环境、爱家乡、爱祖国的情感。

其二,世界文化。引导幼儿主动接触和了解不同国家、不同种族的外国人,感受他们的风俗习惯等。

> 幼儿园社会教育的内容分为四个相互联系的方面,即自我意识、人际交往、社会环境与社会规范认知,以及多元文化。

第二节 幼儿园社会教育的方法与途径

趴着滑滑梯的孩子们[①]

滑梯是小朋友都喜欢玩的大型器械。有一天,小朋友们一改往日坐着滑下来的玩法,全都趴着往下滑。这样比较危险,一不留神就容易碰到头部。

倪老师走上前,想请小朋友们坐着滑。她首先问孩子们:"你们能不能告诉倪老师,为什么要趴着朝下滑呢?"

小朋友纷纷告诉倪老师:

"倪老师,坐着滑得慢。"

"倪老师,趴着滑速度会快一些。"

"倪老师,趴着滑感觉不一样的。"

原来是小朋友发现了滑滑梯的阻力问题。

倪老师表扬了小朋友们:"动过脑筋的小朋友真棒。可是,倪老师要请大家想想看,趴着滑,怎么保护自己的头部呢?趴着的时候速度太快,如果被前面的小朋友碰到,或者被滑梯下面碰到怎么办呢?"

小朋友们想了想,又提出了自己的解决办法。可是,这些办法都不能很好地保护头部。于是,倪老师说:"小朋友都开动脑筋想了许多好办法,但是最安全的办法还是坐着滑下去,对不对?"

小朋友们开心地接受了倪老师的建议。

教育家陶行知曾经说过这样一句话:"在你的嘲笑里有爱迪生,在你的责骂中有爱因斯坦,在你的教鞭下有牛顿。"如果倪老师按照自己的想法责骂孩子,直接要求孩子按照一般坐着滑的方法去滑滑梯,那么就不会有孩子们对阻力的发现与实验,他们的探索能力和创造精神可能被扼杀。同时,孩子也不会愉快地接受老师的建议。

社会生活既丰富多彩又纷繁复杂,要想让幼儿充分感知社会生活的丰富内容,激发相应的社会情感,深刻理解相关的社会行为规范,逐渐形成良好的道德意识,必须有机地结合多种多样的教育方法和途径。

一、幼儿园社会教育的方法

幼儿社会教育的特殊性决定了其方法的独特性和针对性。情境讨论法、社会认知冲突训练法、价值澄清法、移情训练法、角色扮演法等是幼儿社会教育的特殊方法,也是我们重点学习的内容。

(一)情境讨论法

情境讨论法是指在教师提供或创设的一种或多种社会情境中,启发和组织幼儿对情境中所出现的社会性问题与现象大胆发表自己的看法,并与教师和同伴互相交换观点和认识的一种教育方法。情境讨论法一方面寓教育目标于教育情境中,以美育手段培养幼儿的亲社会行为。这种有感染性、直观形象性和教育性的方法的根本特征就是寓德于境,使幼儿在生活中掌握亲社会行为的道德标准,丰富了幼儿的道德思维,增强其是非判断能力和社会认知能力。另一方面又是以生动直观的语言情境出现,可以让幼儿各抒己见、畅所欲言,学会互相尊重、互相学习,帮助幼儿逐步摆脱自我中心。这种方法既有利于培养幼儿的语言表达能力,又有利于养成独立思考和灵活应变的能力。运用此方法,要注意以下五个方面。

1. 创设与社会性教育目标及内容相一致的社会教育情境

在幼儿社会教育活动中,要创设一个与社会性教育目标和内容相一致的教育情境,使幼儿置身于社会

---

① 浙江师范大学杭州幼儿师范附属幼儿园,名师名园·我们的表扬到哪里去了,浙江教育出版社,2009年版。

教育情境中,并能受到与之相应的刺激与暗示,从而学习一定的社会经验、提高幼儿独立思考、是非判断和观点采择的能力。

在日常的生活和户外活动中,教师应尽量为幼儿创设便于同伴之间交流与合作、关心与帮助、谦让与分享的社会情境,让幼儿在主动参与和体验的过程中受到教育。

2. 创设宽松、自由的交谈氛围

教师在组织幼儿开展社会教育活动时,应有意识有目的地为幼儿创设宽松、自由的交谈氛围,让幼儿想说、敢说,有机会说。教师不要轻易地对幼儿的观点做出正确与否的判断和评价,以耐心倾听、微笑、欣赏、肯定的态度鼓励幼儿大胆地发表自己的看法和意见。对于幼儿不尽如人意的回答,教师不要急于去阻止、打断、纠正等,让幼儿在讨论中充分感受集体交谈、讨论的乐趣。

3. 创设符合幼儿认知水平的社会教育情境

随着幼儿年龄的增长,他们的社会生活经验会不断丰富,社会交往范围会不断扩大,但是其经验仍然比较贫乏和零碎,范围比较单一和狭窄。因此,在幼儿社会教育活动中,教师所提供的社会教育情境应该是幼儿比较熟悉的或符合幼儿认知水平的。教师提供给幼儿讨论的话题,应是他们认知过或接触过的,有较多感性认识的,这样才能有谈话和讨论的基础。同时,应该注意话题的难易程度。过于简单或难度太大,都会降低幼儿讨论的兴趣和动力。

4. 运用开放式提问法拓展讨论的深度

在幼儿社会教育活动中,教师可以运用开放式提问法来拓展讨论的深度与难度,并调节讨论的节奏,使讨论不跑题。例如,在"我来帮助你"的活动中,老师应该这样提出三个层面的问题:①"生活中你得到过别人的帮助吗?""别人是怎样帮助你的?"②"你帮助过别人吗?""你是怎样帮助别人的?"③"哪些人需要我们帮助?""我们应该怎样帮助他们?"依据幼儿的年龄特点,从他律到自律、从熟悉到陌生、从一般到特殊,紧紧围绕幼儿的亲身体验提出一连串的问题,这样比较清晰地对"帮助"进行阐释,并使幼儿知道社会上有许多需要我们帮助的人。要在讨论中激发幼儿的同情心,体验帮助他人的快乐心情,学习帮助他人的不同方法,从而培养幼儿乐于助人的行为习惯。还要创设一定的情境,让幼儿分别扮演需要别人帮助和帮助别人的角色,如帮助老师打扫教室、整理玩具与物品、做值日生等。

5. 阐明正确的观点和认识

幼儿在情境讨论中会产生各种意见和想法,有时还很难达成共识。因此,教师要以参与讨论者的身份,在讨论结束后对所讨论的问题进行归纳总结,阐明正确的观点和认识,以强化幼儿对某个问题的正确认识,加深幼儿对社会情境和所讨论话题的理解与把握。

(二)社会认知冲突训练法

这是指使幼儿在社会教育活动中发生认知上的冲突,通过情景表演、谈话、讨论等活动,让幼儿寻找正确的解决冲突的办法并付诸实践。这个方法能使幼儿正确而牢固地掌握社会概念,有效地提高幼儿的社会认知水平。这是发展幼儿社会认知的教育模式。这种方法与情境讨论法有相似之处。

运用此方法,教师要注意以下四点:一是努力创设能诱发幼儿社会认知冲突的客观情境;二是不急于向幼儿揭示正确的社会规范和要求;三是引导幼儿在社会认知冲突中主动寻求正确的答案;四是在幼儿经历社会冲突和解决冲突的过程之后,再给予正确的意见。

(三)价值澄清法

该方法是由美国心理学家、教育学家路易斯·拉思斯(Lais E. Raths)在与他人合著的《价值与教学》一书中提出来的。这一理论的基本内容是:每个人都有自己的价值观,而且每个人都依照自己的价值观行事。尽管价值是个人的、相对的,是不能被他人灌输的,但是有理智的人类应该有能力学会运用"评价过程"进行价值澄清,从而形成稳定的价值观。

一个婴儿呱呱坠地的时候只是一个生物体、一个自然人,需要得到成人的精心照料和教育培养,才能逐渐成为一个社会人。他在成长的过程中对周围的世界形成种种态度,从而逐渐形成一定的价值观。按照拉思斯等人的观点,幼儿只有通过心理内部的价值澄清,才能建立正确的价值观和恰当的生活方式。因此,所谓价值澄清法,就是通过幼儿内部心理活动进行价值选择、价值确定,然后付诸于外部行动的一种社会教育方法。有关价值澄清的方法很多,运用于幼儿社会教育中比较典型的方法主要有以下四种。

1. 澄清应答法

这是价值澄清法中最基本、运用最灵活的一种方法。它主要是指教师通过与幼儿的交谈引起幼儿的

思考,在相互交流中不知不觉地让幼儿进行内省与价值评价。教师在运用澄清应答法时一定要注意:第一,针对当时的具体情景,要适时、及时地与幼儿进行澄清应答,引导和鼓励孩子进行价值思考;第二,要对幼儿的言行表现出一种非常在意的态度,这样做的目的并不是完全赞同幼儿的言行,而是使幼儿觉得教师对他的关注和尊重,教师在提问和回答时要尽量避免是非的评价与判断,使师生之间的交谈宽松、自由、和谐;第三,要鼓励幼儿对自己的兴趣、爱好、选择和行动进行慎重的思考与评价;第四,价值澄清应答的时间不能过长,只要触发幼儿进行有关价值思考就适可而止,要将思考的机会与答案留给幼儿。

2. 价值表决法

这是指教师事先拟订一系列幼儿关心的价值问题,让全体幼儿一起来表达自己意见的一种方法。教师在运用价值表决法时要注意:第一,编制表决的价值问题要有一个主题,如"环保小卫士"、"救救大海"等;第二,让幼儿表决的问题不要太多,一般不超过10个问题;第三,表决时要注意面向全体幼儿,让每个幼儿都有表决的机会,因为价值表决的目的就是向幼儿提供公开自己价值观的机会。

3. 价值排队法

这是指让幼儿以三四种事物为对象,按自己认为重要与否为它们排名次并说明理由的一种方法。在幼儿的日常生活中,常常会遇到需要做出价值选择的事情。价值排队法就是要训练幼儿对事物的价值进行分析、比较、筛选的能力,帮助幼儿进一步了解各种事物的价值,并公开表达自己的选择。

下面是一组可供大班幼儿进行价值排队的实例:

① 公共汽车上的三个人中你最不喜欢哪一个?

A. 上车时拼命拥挤。

B. 在车上大声说话。

C. 不给老人让座。

② 当看到人行道上有个空的易拉罐时,下面三种行为中你认为哪个做得最好?

A. 一脚把它高高地踢出去。

B. 捡起来扔到废物箱里。

C. 就像没看见一样跨过去。

③ 一个小朋友不小心把妈妈最喜欢的茶杯打碎了,你最喜欢哪种做法?

A. 妈妈问起来就说"不知道"。

B. 妈妈问起来就说"是隔壁阿婆家的猫打碎的"。

C. 主动向妈妈承认是自己打碎的。

教师在设计价值排队的题目时要注意:一是题目的难易程度要符合幼儿的年龄特点和认知水平;二是价值排队的事物数量不能太多,最好是3—4个;三是价值排队事物的内涵不能有交叉和包含关系,否则幼儿很难正确地对它们进行价值排队。

4. 展示自我法

这种方法是教师或家长创造条件,提出一个中心话题,给幼儿提供自由表达的机会,让幼儿围绕这个话题充分地表达表述,如"假如我有一双翅膀"、"假如我有一朵七色花"、"我所知道的环境保护的方法"、"爱护我们的地球"、"我想这样给爸爸妈妈过生日"等。

展示自我法的目的在于系统地为幼儿提供审视自己的机会,使他们逐渐学会分析自我、检查自我和发现自我。

(四) 移情训练法

移情又叫感情移入,是一种积极的社会性情绪情感,是在特定的情况下个体对他人情感体验的理解和分享,也就是设身处地站在他人的立场上理解和体验他人的情感。心理学研究表明,幼儿情绪情感发展的主要特点之一,就是其情绪的易感染性。因此,移情可以使幼儿产生某种情感共鸣,从而成为推动幼儿社会行为发展的内在动因。移情还可以使幼儿摆脱"自我中心",学会设身处地地站在他人的位置思考问题,逐渐形成助人、利他、同情心等亲社会行为,体验由此而带来的友爱与快乐的情绪。然而,幼儿的移情并不是自然而然产生的,而是需要通过一系列移情教育和训练才能够掌握的。

移情训练法是幼儿社会领域的一种比较特殊的教育方法,主要涉及社会认知和社会情感两个方面。它是通过讲故事、续编故事、情景表演、生活情境体验、主题游戏等形式,训练幼儿去理解和分享他人的情绪情感,以使幼儿在日后的生活中对他人类似的情绪情感能主动、自然、习惯性地理解和分享,并与之产生共鸣。运用此方法要注意以下几点：

第一，所提供的需要幼儿情感移入的情境或情节，必须是幼儿所熟悉的或能够理解的，还要符合幼儿的年龄特点和认知水平。

第二，移情训练要充分调动幼儿已有的经验和体验，通过让幼儿角色互换来学习换位思考问题，设身处地地体验他人的情绪情感，尝试理解他人的所思所想，以唤起幼儿对情境、情节、角色等的理解与共鸣。

第三，要注重训练幼儿的移情表现，从而形成良好的行为习惯，不能仅仅停留在情感同情与共鸣上。

第四，在移情训练中，移情的对象要由人到物、由有生命的到无生命的、由近到远、由熟悉到陌生、由一般到特殊，不断扩大移情的范围。

移情训练法通常要与价值澄清法、角色扮演法、社会认知冲突训练法等方法结合起来使用，才能取得更好的教育成效。

（五）角色扮演法

角色扮演，顾名思义，就是通过扮演角色的方式来达到体验及学习的目的。角色扮演最早为临床心理学家莫雷诺（Moreno）于1959年创立，指导患者在心理剧中扮演各种角色，用以协助当事人探讨其内在世界，以便达到宣泄和产生顿悟，达成治疗目的。心理学中，行为学派的吴普（Wople）则利用角色扮演进行系统脱敏训练。此后，行为的角色扮演法便迅速运用于社会技能训练方面。

在幼儿社会教育中，角色扮演法是指模仿现实社会中的某种情境，让幼儿扮演其中的社会角色，使幼儿表现出与该角色一致的、符合角色规范的社会行为。幼儿在角色扮演的过程中，能够亲自体验社会角色在不同情境下的内心情感，感知社会角色及其规则、角色之间的关系。这有利于丰富幼儿的社会认知、强化社会情感，培养良好的行为习惯。角色扮演法一般较多地运用于以下一些社会行为的训练：

社会技巧训练：利用角色扮演学习具体的技巧，如娃娃家、做客、乘车、购物、就医等。

价值澄清训练：通过扮演不同的角色，让幼儿感知与了解多元价值的存在，学习思考与澄清自己的价值观。如在"节假日里不休息的人们"活动中，幼儿通过扮演各种节假日不休息的社会角色，如营业员、公共运营行业的司机及售票员、艺术工作者、医务工作者、记者、服务行业工作者等。他们放弃休息时间为大家服务的价值观为幼儿所感知和理解，对帮助幼儿树立"我为人人、人人为我"的价值观很有帮助。

社会冲突问题解决的训练：具体学习解决社会冲突问题可行的技巧与态度，有助于解决社会现实生活中的问题。

释放与排解情绪训练：有时候，问题的困境在于情绪的压抑与抗拒，角色扮演可以让幼儿安全地释放与排解情绪情感。

同情心的培养训练：扮演角色可以发展幼儿对于各种社会角色的情绪情感与动机的了解，透过角色体验产生对人的包容、同情与理解。如通过扮演盲人走路，体验盲人由于无法看到外面的世界而产生的无助、惊慌、恐惧的情感，自然地萌发幼儿对残疾朋友的理解和同情心。

运用角色扮演法，应当注意以下五点：

第一，应创设幼儿熟悉、理解和有一定的生活经验的社会角色活动情景，尽量让幼儿扮演他们喜爱、了解的社会角色。

第二，教师千万不能分配角色和导演角色，要给幼儿提供一定的自主选择角色、变化角色、创造角色的权利和机会。教师必须强调同一角色可以有不同的扮演和表现方式，同一情境可以有不同的发展与结果，应鼓励幼儿主动、创造性的扮演。

第三，尽量以扮演正面角色为主，角色扮演不应"脸谱化"。更不能为了处罚某个幼儿而故意让他担任特定的角色。尤其注意在角色选派时，其他幼儿的推荐是否有嘲笑和作弄的用意，以免让角色扮演者感受到不安或困窘。

第四，教师要个别指导幼儿的角色扮演，特别需要给予那些个性内向、不善于或羞于扮演的幼儿充分的启发和鼓励。因此，角色扮演活动后的总结或讨论应避免扮演好坏的评价，着重评价社会活动情境的处理和情境的理解力。

第五，角色扮演法有相当大的团体互动作用。教师应平行参加和协同幼儿共同扮演角色，这样既可以提高幼儿对活动的兴趣，又可以有效地指导活动。如在幼儿由于出现不同的观点而陷入矛盾、僵局时，教师可以从角色本位出发组织幼儿进行讨论，加以正确引导。此时，教师的平行角色将产生较大的影响，幼儿会乐于接受教师的意见和建议，因此常常具有意想不到的教育效果。

> 幼儿园社会教育的方法包括情境讨论法、社会认知冲突训练法、价值澄清法、移情训练法、角色扮演法。

二、幼儿园社会教育的途径

小小班主题活动：我可爱的家

过家家一直是小小班孩子最喜欢的游戏活动，他们喜欢抱着娃娃，有时候和小娃娃讲讲话，有时候一个人烧饭做菜，拿着厨房玩具捣鼓很久，乐此不疲，专心投入。老师也根据孩子的兴趣爱好投入这类的玩具，创设环境……但我们发现孩子更多的是自己玩，玩法也很简单，以"点状"为主。能否将孩子现有的"点式经验"串成游戏？小小班孩子的游戏特点是平行游戏，但他们也有少数交流。我们是否可以根据他们的兴趣点设计一些活动来增加增进他们之间的联系，提高社会性交往的能力呢？我们是否可以找到这样一个高度，让我们的游戏水平交往能力跳一跳，上一个台阶呢？因此，我们根据幼儿社会教育的目标、内容、方法和幼儿的年龄特点，把这些点状的现象和兴趣拉成一条线，展开了"我可爱的家"的主题活动。通过不同的教育途径，有针对性地开展社会教育活动。

（一）在幼儿园社会领域课程中开展正规的社会性教育活动

正规的社会领域教育活动是一个重要的教育途径。这是指幼儿园有目的、有计划、有组织地对幼儿进行社会教育的活动。根据幼儿的身心发展规律和年龄特点，选择合适的教育活动内容，采用正确有效的教育方法，具有相对保证的教学时间和教学效果，幼儿教师对幼儿的社会性指导才能直接、明显、更具针对性。

教师要精心设计每一个具体的社会教育活动，其目标要明确、具体，具有较强的针对性与可操作性；寻找能承载目标的教育内容，采用有针对性的各种方式方法。比如，对于新入园的幼儿必须进行社会适应性教育，让他（她）喜欢幼儿园，喜欢老师和同伴。为此，可以选择"高高兴兴上幼儿园"或"我上幼儿园了"为活动的主题与内容，可以采用课堂教学活动方式，也可以采用"大带小"的混龄教育活动方式，还可以采用参观、体验、游戏等方法。通过教师精心设计的一系列入园适应性教育活动，达成入园教育目的。

（二）在日常生活中进行良好行为习惯的养成教育

在日常生活中，蕴涵着许多社会教育的因素，既可以有目的、有计划、有组织地对幼儿进行社会教育活动，又可以随机开展社会行为规范的养成教育活动。养成教育既是幼儿社会性教育的目标，又是幼儿社会性教育的途径。对于它的解释概括起来主要有两种：一种是培养幼儿良好的行为习惯，包括道德行为，也包括其他方面的行为，如学习行为；另一种解释只针对道德行为。但人们都承认养成教育应重在培养良好的行为习惯。总而言之，养成教育是指综合多种教育方法和途径，按照一定的道德规范、行为准则培养一个人的道德品质和行为习惯的教育。它以社会公德、言谈举止、待人接物等规范为主要内容，以幼儿为主要对象，旨在使其养成自觉遵守社会公德和行为规范的良好的道德品质和行为习惯。

养成教育应该在日常生活中随机进行。幼儿时期，日常生活中的养成教育效果最佳的。例如，在幼儿早晨来园活动和下午离园活动中，可以渗透人际交往、文明礼貌、自我服务等养成教育。盥洗时，可以进行个人卫生教育和环境保护、资源再利用教育，培养幼儿节约用水的良好习惯，并保持地面的清洁和干燥。进餐时，可以对幼儿进行爱惜粮食、用餐礼仪等教育，还可以介绍博大精深的中外各国、各地区的饮食文化。午睡时，可以进行不干扰、不影响他人的礼仪教育。值日生服务活动和班级集体劳动活动，既可以渗透幼儿的独立生活能力培养，又可以对幼儿进行为集体、为他人服务的教育。教师应具有高度的日常生活养成教育的意识，提高在日常生活中进行随机养成教育的能力，有效地对幼儿进行生活习惯、社会行为的养成教育。

（三）在幼儿园其他领域教育活动中随机渗透社会性教育

《幼儿园教育指导纲要》中明确指出："幼儿园的教育内容是全面的、启蒙性的，可以相对划分为健康、语言、社会、科学、艺术等五个领域，也可作其他不同的划分。各领域的内容相互渗透，从不同的角度促进幼儿情感、态度、能力、知识、技能等方面的发展。"这说明幼儿园教育是促进幼儿全面发展的教育,幼儿的发展是整体的、和谐的、充实的发展,各发展领域是有机联系、相互关联和相互支持的,幼儿园各领域的教育内容也必然是有机联系、相互渗透的。例如,在大班的主题社会教育活动"我国的民间传统节日"中,其内容和要求必须通过其他课程领域或幼儿园全部的教育来实现,在实现这一主题的内容和要求的过程中必然渗透其他各领域的内容和要求。这里有健康领域的教育内容,如"赛龙舟"、"着火了,怎么办"、"朋友车"等合作运动、安全活动;有语言领域的教育活动,如"大话广告"、"我的名字"等谈话活动,"屈原投江"、"年的故事"、"清明节的传说"等神话故事和民间传说教育活动等,"重阳节"、"妈妈的节日"等想象讲述活动;有科学领域的"幼儿园班级指示标志"、"环保小卫士"、"饼干加工厂"等内容;有数学教育活动如"果子丰收"、"分月饼"、"爷爷奶奶的相片框"等内容;有艺术教育活动如"买菜"、"折龙舟"、"包粽子"、"做月饼"等内容。

由此可见,幼儿园社会领域教育不是封闭的,总是要借助其他领域的教育内容、手段和方式。同时,健康、语言、科学、艺术等领域的教育也必然渗透社会领域教育的目标和内容,不同程度地反映亲近社会和自然,反映人类的关爱与合作、同情与帮助等思想,蕴涵着积极向上的社会价值和高尚的道德情操。

(四)在幼儿园区域活动与游戏活动中补充和延伸社会性教育

区域活动和游戏活动既是幼儿园集体社会教育活动的补充和延伸,也是开展幼儿社会教育活动的主要途径之一。区域活动主要是通过创设活动区角,如角色游戏区、建筑区、美工区、音乐区、表演区、语言区、小社会区、饲养区、种植区、阅读区等,给幼儿提供自主选择、自由交往、大胆表达、共同合作、探索发现的机会和空间。教师可以通过活动区域的创设、活动材料的投放来满足幼儿的现实需要,实现社会教育的功能,达成社会教育的目标。如教师为了培养幼儿的团结合作能力,可以有意识地专门辟出一个积木区,投放一些需要幼儿互相合作、互相帮助的游戏材料,指导和鼓励幼儿共同协商、分工合作,让幼儿在与活动材料、环境、同伴的互动中实现社会性发展。

在区域活动中,可以针对幼儿近阶段所关心的热点问题组织专题研讨活动,开展社会新闻话题漫谈活动。教师可以给幼儿布置任务,要求幼儿了解和关心社会新闻,在晨间谈话活动或某一个固定的活动时间里,让幼儿围绕一则社会新闻自由谈论,发表自己不同的观点和见解,培养幼儿关心和关注社会新闻,提高幼儿的是非判断能力。还可以开展小组合作学习,提供小组成员之间合作的机会,增强活动中同伴之间合作、互动的频率和强度,从而有利于促进幼儿社会化。

游戏是幼儿园最基本的活动形式。游戏对幼儿社会化的影响,早已被许多心理学家、教育家所证实。苏联著名教育家马卡连柯曾说过:"未来的活动家,首先是在游戏中培养出来的。"游戏可以促进幼儿社会交往能力的发展和协作行为的发展,使其社会角色意识和社会角色规范得到强化。在游戏活动中,可以对幼儿进行合作、分享、助人、利他等亲社会行为的教育。例如,在户外体育锻炼时,教师可以有意识地给幼儿提供2—3人合作的体育运动器械或体育游戏,如接力球、板球、两人三脚的竞走游戏等,从而培养幼儿与同伴合作的能力。

游戏还可以较好地解决幼儿要求参加社会实践活动与能力经验缺乏之间的矛盾,特别是角色游戏,更是促进幼儿社会性发展的有效手段。教师要针对幼儿的年龄特点和社会现实需要,通过幼儿扮演的社会角色,引导幼儿树立正确的社会行为意识,体会角色的社会职责,逐渐形成良好的社会行为习惯。比如,扮演医生角色,学习医生对病人的关爱、耐心、和蔼,以及认真、仔细的工作态度和工作作风;扮演警察角色,学习警察爱憎分明、公私分明、忠于职守、无私奉献的精神;扮演售货员,学习他们热情周到的规范服务、文明礼貌的态度等。

(五)在节日文化教育活动中对幼儿进行多元文化教育

各种重要节日和纪念日都是对幼儿进行社会教育的宝贵资源和重要机会,也是幼儿分享不同风俗习惯的好时机。幼儿园应当适时地加以充分利用。教师可以利用春节、元宵节、清明节、端午节、中秋节、重阳节等传统节日,对幼儿进行优秀的传统文化教育。比如:在清明节带领幼儿祭扫烈士陵墓;在端午节对幼儿讲述我国民间"包粽子"、"划龙舟"的由来,学习包粽子的制作手艺;在中秋节组织幼儿一起欣赏"嫦娥奔月"的故事,与全班小朋友学习制作月饼,或是一起赏月、品尝月饼等;在农历正月十五元宵节组织幼儿包汤圆、吃汤圆、挂灯笼、赏花灯、猜灯谜,使幼儿逐渐了解和热爱我国的传统民族文化,热爱祖国和家乡。

又如,在重阳节到来的时候,可以开展"爷爷奶奶我爱你"的教育活动,邀请敬老院的老人和社区里的独居老人到幼儿园参加联欢活动,指导幼儿做礼物、做贺卡送给老人,献上自己精心准备的节目供爷爷奶奶欣赏,培养幼儿热爱老人、孝敬长辈的优良品德和思想情感。在国庆节(10月1日)时对幼儿进行爱国主义教育,萌发幼儿爱祖国的情感。三八妇女节(3月8日)、六一儿童节(6月1日)、植树节(3月12日)、学雷锋纪念日(3月5日)等一些重要的节日,都是开展社会教育活动的好时机。

> 幼儿园社会教育活动的类型包括:1. 在幼儿园社会领域课程中开展正规的社会性教育活动;2. 在日常生活中进行良好行为习惯的养成教育;3. 在幼儿园其他领域教育活动中随机渗透社会性教育;4. 在幼儿园区域活动与游戏活动中补充和延伸社会性教育;5. 在节日文化教育活动中对幼儿进行多元文化教育。

第三节 幼儿园社会教育活动的设计与实施

我错在何处

近段时间,我们大班开始开展"我是中国人"的主题活动,目的是激发幼儿热爱祖国的情感。我觉得京剧是中国传统文化的代表,所以设计了艺术活动《京剧脸谱》,想让孩子们通过认识京剧脸谱并在自己的脸上画脸谱,来感受京剧的特点,并激发民族自豪感。

可是,在我播放京剧《空城计》选段的课件时,孩子们开始嬉笑,说是鬼戏。当我请幼儿观察脸谱特点时,有调皮的男孩回答:"鬼脸!像鬼一样!"当我在脸上示范画油彩脸谱时,孩子们都惊奇得尖叫:"呸!呸!"然后,我请幼儿自己照镜子画时,有许多孩子嚷道:"我不要画!我不画。这么难看的!像鬼一样。"结果,活动一团糟。我在手忙脚乱中结束了活动。

我本来是想让孩子喜欢京剧的,可现在孩子们都说京剧是鬼戏,我根本都没有机会提关于爱祖国、爱民族文化的话题。我到底什么地方出错了呢?

从这位老师活动设计中的问题可以看出,教师仅仅有教育理念和知道"是什么"还远远不够,教师还需要具备从教育观念到教育实践转化的能力。简而言之,就是教师需要思考如何根据儿童的不同年龄选择活动内容,并通过恰当的组织形式把社会教育的功能落实到儿童身上去的过程,也就是教师在一定的活动内容和方法的设计与实施中贯彻正确的教育观念的能力。幼儿园社会教育活动的设计与实施可以具体分为幼儿自我教育活动、人际交往教育活动、社会环境和社会规范认知活动和多元文化教育活动。

为了实现幼儿社会教育的目标,使社会教育活动更具有目的性和计划性,在确定活动目标、选好活动内容以及活动方式后,还需要拟订一份合理的社会教育活动方案。一般说来,社会教育活动方案包括以下一些内容:活动名称、活动目标、活动准备、活动过程、活动延伸和活动评价。

活动名称要写清楚社会教育活动的类型,使用于何种年龄班,具体的内容是什么。

活动目标要写清楚本次活动要达到的目的,如要形成幼儿怎样的认识,培养幼儿怎样的情感,提高幼儿哪些能力等。在目标的表述上,要做到明确而详细地说明目标内容;要用特定的术语描述幼儿在活动前后的变化,即认知目标、情感目标和能力目标,以便于检测。

活动准备是指在活动之前,教师和幼儿应做好的准备。一般包括两个方面:一是物质准备,如有的活动需要录音机、磁带、多媒体、flash课件,有的活动需要一定的场景布置,有的活动需要图片、挂图、实物等;二是经验准备,这是针对幼儿而言的,如开展"生活中有用的标志"这一活动时,需要幼儿在活动前对生活中的一些标志有较多的观察与记录。

活动过程一般按活动环节的先后顺序写出几个步骤即可:写清楚导入的方式,引导幼儿积极主动地参与、表现、表达以及提问的方式,以及如何总结。

活动延伸是指在活动结束后,教师准备通过哪些途径使幼儿在活动中获得的经验得以延续和巩固。例如,开展"有用的标志"活动后,让小朋友为班级、幼儿园设计一些路标、摆放物体的指示标志等。

前面五项是在活动开展前需要完成的,活动评价则是在活动开展后进行的。这主要是教师根据制订的评价指标对本次活动进行评价和反思,分析成功之处和有待改进的地方。

一、幼儿自我教育活动的设计与实施

《纲要》提出:"幼儿园要为每个幼儿提供表现自己长处和获得成功的机会,引导幼儿认识自己,增强其自尊心和自信心。""认识自己",也即"自我认识",就是认识自己的一切,包括认识自己的生理状况、心理特征以及自己与他人的关系等等。只有在自我认识的基础上,才能让幼儿进行自我的教育。开展幼儿自我教育活动有助于幼儿认识和接纳自己,增进自我价值感和自信心;有助于幼儿学习认识、理解和恰当地表达表现自己的情绪情感,控制自己的行为;有助于幼儿学会自由选择、自我决断,培养独立性、自主性和对自己行为负责的意识和能力。因此,幼儿自我教育活动可以按照自我认识、自我体验和自我控制三种类型来进行设计和实施。

(一)自我认识教育活动的设计与实施

幼儿园要通过一系列活动让幼儿认识自己的一切,包括认识自己的生理状况,自己的心理特征,自己与他人的关系,自我评价等。幼儿园可以设计丰富多彩的主题活动,促进幼儿认识自我,逐步形成自我概念。自我认识教育活动设计步骤如下。

1. 引发认知,导入课题

儿童对自我的认识处在朦胧状态,如何引导儿童关注自我和他人的不同是有效引发学习目标的第一步。教师可以设计几个有趣的活动,如"猜猜他是谁"的活动,由教师描述每个孩子的相貌特征,让大家观察后猜测,由此感受每个人独特的地方。还可以运用好玩的手指游戏和直接展示教具等导入方法,用直观的方法让幼儿开始关注自我,为接下来的活动做充分准备。这个环节重点在于激发幼儿认知的兴趣,产生探究的冲动。

2. 讨论交流,实践体验

教师创设幼儿相互交流、分享的环节,调动幼儿生活经验,表达自己的感受和想法。如在"认识自己"的主题中,教师可以通过组织语言交流活动"喜欢和不喜欢",让幼儿讲述喜欢吃的东西和不喜欢吃的东西、喜欢的玩具和不喜欢的玩具等,引发幼儿对自己情绪的体验,并由己及彼地了解别人的情感。教师还应为幼儿提供多种实践操作的机会,在实践活动中认识自己的能力,如让幼儿整理玩具,体验为他人服务的乐趣。教师还可以为幼儿提供模仿的榜样,让幼儿通过直接学习进行行为练习,建立良好的自我意识。

3. 经验积累,行为建立

通过设计多种形式的活动帮助幼儿积累丰富的实际经验,完成认知的迁移和良好社会性行为的落实。例如,"认识自己"主题活动,通过组织若干个相互联系的活动让幼儿认识自己的外貌、姓名和与众不同的特点,知道自己有喜怒哀乐情绪反应,发现自己家人、朋友等周围的人际关系,并通过实践让幼儿了解自己的能力,从而建立起全方位的对自我的认识。

小班自我认识教育活动:能干的小手[①]

活动目标

1. 了解小手的功能,认识小手的多种作用。
2. 探索双手活动的丰富性,提高手的活动能力。
3. 体验双手活动的趣味性,增强相应责任意识。

活动准备

1. 布置娃娃家场景。
2. 一幼儿在家、在园的劳动录像。
3. "我有一双小小手"的音乐等。

---

① 改编自朱爱武,小班社会活动:能干的小手,幼教园地,2012年第4期。

活动过程

1. 问候、游戏,导入课题。

小朋友,今天来了很多客人老师,请大家举起小手,跟大家打个招呼吧!

咱们一起来玩个"五门开开"的手指游戏吧。

2. 讨论交流、实践体验,感受"人人都有一双会劳动的手"。

(1) 讨论交流:小手能为自己做什么事?

(2) 竞赛活动:解、系扣子。

教师一边观察、鼓励,一边提醒"如有困难可以请老师或能干的小朋友帮忙",并及时为孩子提供帮助。

幼儿边说"我真棒"边送大拇指表扬自己。

(3) 观看录像,了解在家、在园能做的事情。

幼儿边欣赏录像边说出相关的活动内容。

(4) 整理娃娃家,体验为他人做事的乐趣。

教师分别出示玩具积木、衣裤、书架分类框,提问:这是什么标记,你们认识吗?这儿又是放什么东西的呢?

幼儿在音乐声中开始整理娃娃家的活动。

教师分别将孩子们整理好的材料放在前面进行展示评价。

3. 演示交流,了解"人人都有一双会说话的手"。

教师边说边用手势表示:给整理玩具的小朋友送个大拇指,你们能按颜色标记来分积木,真棒!给整理图书的小朋友送个"OK",你们能按大小标记把书分开来放,真好!给整理衣服的小朋友送掌声,你们不但把衣服裤子分开来,而且还叠得很整齐,真能干!

刚才小朋友得到了大拇指、掌声,得到了"OK",开心吗?那老师的大拇指、掌声、OK 表示什么呀?

请小朋友用小手做个动作,摆个姿势,让老师猜猜,你用小手说了什么。

孩子们边摆造型边随着老师的评价变换着不同的动作。

4. 游戏"我说你猜"。

刚才,小朋友做,老师猜,现在老师也来做一做,请小朋友猜一猜吧。

原来,我们的小手真神奇,我们都有一双会说话的手,我们也一起来用小手学一学说话吧。幼儿集体跟老师练习一遍,边说边用手势来表现。

5. 歌表演"我有一双小小手",了解"人人都有一双会表演的手"。

案例评析:

幼儿园是以游戏为主导活动,对小班孩子来说,突出游戏尤为重要。老师一开始就请幼儿举起小手跟大家打招呼,巧妙地与活动的主题"能干的小手"相呼应。接着在老师的提议下,师生一起玩"五门开开"的游戏,让孩子体验用小手来做游戏的乐趣,从而激发孩子的活动愿望。幼儿解、系扣子时,老师看似一句很随意的提醒"如有困难可请老师或能干的小朋友帮忙",巧妙地将竞赛活动转化为学习互助、合作、分享的交流活动,既给能力弱的孩子提供了缓冲压力、接受帮助的机会,又给能力强的孩子提供了提升自信、给予他人帮助的机会,进而教给了幼儿与他人交往时的一些简单策略。教师先通过用不同的手势给予幼儿不同的表扬,一方面让幼儿体验成功的快乐,另一方面为老师承上启下的自然过渡埋下了伏笔,使幼儿在轻松的氛围中,学一学、说一说、动一动,体验了小手会说话的神奇效果。进而对手的功能、作用进行了有效的拓展,丰富了孩子们的经验,让幼儿轻松地理解并初步掌握了手势在生活中应用的广泛性、多样性及趣味性。通过表演再一次彰显了小手的能干,同时把本次活动又一次推向了高潮。课间活动时,幼儿在操作区继续探索,意犹未尽。"我们都有一双能干的小手"的意识已悄悄地渗入了孩子们的心田。

(二) 自我体验教育活动的设计与实施

所谓自我体验,是自己对自己怀有的一种情绪体验。主要有自信心、自尊心、责任感、成功感、自豪感、挫折感、羞耻心、内疚感等,它们都是幼儿成长与今后成才不可缺少的社会性品质。幼儿园要精心设计和实施让幼儿自我体验的活动,使其在丰富多彩的主题活动中感受到趣味性、愉快感、成就感等。自我体验教育活动的设计环节主要有:

1. 创设情境,体验情绪

在教学设计中,教师通过创设一定的情境,调动幼儿视、听觉的融入,产生共情。教师可以运用拟人化手法进行共情训练,促进幼儿亲社会情感的发生。如讲故事、木偶表演、情境导入等方法,使幼儿把自己的感受引申到情境角色上,在亲历过程中感受某种愉悦或痛苦的体验。

2. 实践尝试,讨论表达

第二环节,教师可以通过观察图片、戏剧表演、角色游戏等活动形式,表达自己的感受和情绪。在体验的基础上,引导幼儿讨论、表达,形成共识,使活动具有实践意义。

3. 教师小结,活动延伸

教师最后的小结很重要,帮助幼儿提升对自我情绪识别、表达和调控的能力。结束环节,组织一些艺术延伸活动,也是一种有效的情感表达方式。例如,组织幼儿自制情绪卡,唱一唱快乐的歌,把自己的想法画一画。把自我情感教育活动延伸到幼儿园一日生活中,体现生活即教育的真谛。

小班自我体验活动:轻和响①

活动目标

1. 体验轻、响不同的声音给人带来的不同感受。
2. 知道自己发出的声音有时需要轻,有时需要响。
3. 尝试在不同的情境中,发出轻、响不同的声音。

活动准备

1. 经验准备:幼儿在园生活已有一段时间。
2. 录有幼儿嘈杂声的磁带、相关图标等。

活动过程

1. 以讲故事的方式引出轻、响不同的声音,帮助幼儿体验什么时候该用响的声音说话。
(1) 教师创设讲故事的情境,声音越说越轻,体验轻的声音有时会让大家听不清楚。
(2) 幼儿用响亮的声音说出自己的名字,体验一个人发言时声音应该响亮。
2. 听录有幼儿嘈杂声的磁带,帮助幼儿体验什么时候该用轻的声音说话。
(1) 播放一段幼儿游戏时发出的嘈杂声。
(2) 体验大家都在说话的时候应该用轻轻的声音。
3. 回忆幼儿园的生活,想一想什么时候需要轻,什么时候需要响。
(1) 我们在幼儿园里,每天要做哪些事情呢?
(2) 什么时候需要轻? 什么时候需要响呢?
(幼儿回答,教师摆放图标。)
4. 情景练习,深入体验不同的情境需要不同的声音。
(1) 发出响的声音:向客人老师问好;学习解放军有精神地走路,用响响的声音喊口令。
(2) 发出轻轻的声音:轻轻地搬椅子;大家一起轻轻地唱摇篮曲,哄宝宝睡觉;宝宝睡觉了,大家轻轻地走到活动室门口。

案例评析:

活动的核心理念是体验。从社会领域切入,把握幼儿的发展需要和已有经验,为幼儿提供一个在最近发展区内的支架,帮助幼儿体验不同的情境需要不同的声音,从而更加清晰地理解了班级各项活动规则。对于小班初期的孩子而言,如何才能有效地帮助其体验声音的轻和响呢? 1. 巧用故事,体验什么时候该响。轻的情境是很难人为营造的,教师通过创设讲故事的情境,巧妙地抓住孩子想听清故事内容的心理,声音越说越轻,帮助孩子体验轻的声音有时会让大家听不清楚,从而理解一个人发言时声音应该响亮。2. 听真实的噪音,体验什么时候该轻。倾听一段真实情境中的嘈杂声,引导幼儿谈感受:"你们能听清楚他们在说什么吗? 为什么听不清楚?"从而体验大家都在说话的时候应该用轻轻的声音。3. 在真实的情境中,发出轻、响不同的声音。教师创设轻、响不同的真实情境,使幼儿有机会在实践中进一步体验轻、响不同的声音给人带来的不同感受:和别人打招呼、喊口令时,声音应该响亮;当别人睡觉、休息时,声音应该轻些,不要影响和打扰别人。

---

① 张艳,小班社会活动:轻和响,早期教育,2012年第7、8期。

(三) 自我控制教育活动的设计与实施

幼儿自我控制能力主要由自制力、自觉性、坚持性、自我延迟满足四个方面组成。幼儿的自我控制能力相对较差,正处于不断发展变化之中,教师要有意识地设计和实施自我控制教育活动,自我控制教育活动设计环节与自我体验教育活动相似,主要步骤如下。

1. 情境体验

运用任务交代、真实场景、游戏活动、操作实践等活动,让幼儿直接感受、体验在真实情境中自我控制的具体操作方法。

2. 移情训练

组织幼儿观看图片、视频,欣赏文学作品,帮助幼儿顺利地移情,从理解自身到理解他人,认识到自我控制的重要性和方法。

3. 讨论表达

引导幼儿结合生活经验阐述自我控制的方法,教师可以运用符号、图谱、文字等多种形式记录幼儿的表达,或鼓励幼儿以小组为单位记录,相互评价。

4. 小结提升

教师对幼儿自我控制的经验、方法进行梳理、小结。

大班自我控制活动:我会等待[①]

活动目标

1. 知道边等待边做事能让等待变得充实、快乐。
2. 了解几种积极等待的方式,形成乐观开朗的心态。
3. 能大胆表述自己的感受与想法。

活动准备

1. 定时器,纸笔若干。
2. PPT课件:反映不同等待方式的图片,小雨等待爸爸来接的图片,世博会某场馆前人们等待的图片。

活动过程

1. 体验两种等待方式给人的不同感受。

(1) 请幼儿体验两种等待方式给人的不同感受:第一种是什么也不做,干等;第二种是边做游戏边等。

(2) 说说自己在等待时的体验。

在刚才的两次等待中,你们的心情一样吗?为什么?

(3) 小结。

2. 了解生活中几种积极等待的方式。

(1) 讨论发生在幼儿园中的等待情景。

① 通过谈话了解在时间较短的等待中适合采取的方式。

在幼儿园里,哪些事情需要等待?

你是怎么等待的?等待的时候如果没有耐心会怎么样?

② 结合具体情境了解在时间较长的等待中适合采取的方式。

A. 出示图片,感受小雨的心情。

天快黑了,别的小朋友都回家了,小雨已经等了好久,可爸爸还没来接她。你们能想象小雨现在的心情吗?

B. 移情训练,帮助小雨想办法。

小雨的爸爸没来接她,可能是因为路上堵车,也可能是因为临时有急事。这时,小雨该怎么做呢?除了要有耐心,还有其他办法能让她感觉时间过得快一点、心情好一点吗?

你们和周围的小朋友讨论一下,然后把办法画下来。

C. 交流分享,积累等待的方式。

把你想到的办法告诉小雨好吗?

[①] 改编自曹霞,陆波,我会等待(大班),幼儿教育,2011年第12期。

③ 肯定幼儿在刚才的活动中注意倾听,耐心等待别人发言的表现。

(2) 讨论发生在其他地方的等待情景

① 启发幼儿思考在家里或公共场所等地的等待方式。

除了幼儿园,在其他地方有什么事情也需要等待呢?(如去餐馆吃饭、去超市购物后付费等。)这时可以怎么做?

② 引导幼儿结合具体情景进行讨论。

我的朋友说三点钟要到我家来做客,但我两点钟就把水果、点心准备好了,我还需要等一个小时,感觉特别心急,请你们帮我想想办法吧。

3. 总结活动。

我们在生活中经常需要等待。短时间的等待需要耐心排队,注意观察和倾听;长时间的等待除了需要耐心,还可以做一些自己喜欢的、不影响别人的事情,让等待变得充实一些、快乐一些。

案例评析:

本次活动目标明确,符合大班幼儿的认知特点。每个环节内容的设计紧扣目标的达成,特别是教师用心设计的第一环节,使幼儿有了真实的体验。为后面环节的展开做了很好的经验铺垫,幼儿顺利完成从自身到他人的移情训练。教师材料准备充分,活动形式多样,选择了幼儿熟悉感兴趣的内容,帮助幼儿理解认同等待行为,学会在游戏中等待,体验等待带来的满足和快乐。活动过程层次分明,结构严谨、紧凑,各个环节过渡自然、逐步递进。教师通过让幼儿体验、移情、讨论、总结,很好地完成了教学目标。

> 幼儿自我教育活动可以按照自我认识、自我体验和自我控制三种类型来进行设计和实施。自我认识教育活动设计步骤为:引发认知,导入课题;讨论交流,实践体验;经验积累,行为建立。自我体验教育活动的设计环节有:创设情境,体验情绪;实践尝试,讨论表达;教师小结,活动延伸。自我控制教育活动设计主要步骤为:情境体验,移情训练,讨论表达,小结提升。

二、幼儿社会环境与社会规范认知活动的设计与实施

把玩具送回家

玩具乱七八糟落在地上和桌子上,摆设不整洁,活动室的地面上到处是玩具、图书,连下脚的地方也没有,孩子们要走进活动室,可是没法进。老师就问孩子们:"活动室里到处是玩具,玩具迷了路,找不到自己的家了。如果你找不到家会怎么样?""很着急。""我会哭的。"孩子们你一言我一语地说了起来。"小朋友快想想办法,这么多玩具找不到家,我们该怎么办?""把玩具送回家吧。""谁来送呢?"最后大家同意一起把玩具送回家。孩子们高兴地动手把玩具整理好,放进了篮子里。活动室又是一片整洁。

巴克指出,周围的环境常常会引起人们对其一定社会行为的联想,从而影响我们的社会认知,幼儿也不例外,如在图书馆、影剧院等公众场所,人们一定要保持安静,尽量不要大声喧哗,以免影响他人。幼儿用这样的评判标准很容易判断出在公共汽车上用手机大声通话是不合适的社会行为。社会环境和社会规范认知两者之间是互为关联的,不能截然分开。对社会环境的认知,必然伴随对这个环境的社会规范的认知。由于幼儿具体形象的思维特点,社会规范的认知更应该强调在社会环境中进行,并注重规范的直观性、情境性和易操作性。

社会环境与社会规范认知教育活动的目标、对象、方式的特殊性,在活动的设计与实施结构中都有所反映。一般说来,有以下四个环节。

(一)运用多种方式引出活动主题

所谓引出活动主题,是指教师在活动开始时,开门见山地告诉幼儿本次活动中究竟要做什么,是参观

某一社会环境,还是观看图片、影片,或者讲故事,来认识社会环境,学习相关的社会规范。在引出活动主题时,教师要灵活地采用多种方式,如唱相关的儿歌、情境表演、直接告知等方式,激起幼儿对活动主题的好奇心和参与活动的积极性。

(二)引导幼儿充分观察认知对象

此环节的主要目的是在教师的指导下,使幼儿对新的认知对象如社会环境和社会规范进行初步的认知。外出参观、实地观察等,都是幼儿社会认知和社会学习的主要形式。因此,在社会环境和社会规范认知教育活动中,教师要充分发挥观察的重要作用,让幼儿在细致的观察中认识新的认知对象。例如,在活动"我当一天小学生"中,教师要带领幼儿到小学进行实地观察,寻找小学生活和幼儿园生活不同的地方。观看哥哥姐姐做操,和哥哥姐姐一起上课,观察哥哥姐姐的课间活动,采访小学生,做采访记录等。

(三)组织幼儿自由表达、表现自己的认知体验

通过前面的活动,幼儿对新的认知对象已有初步的认识和了解。这时,教师有必要提供一个供幼儿交流、讨论、对话的平台。以上述"我当一天小学生"的活动为例,参观结束后,教师可以组织幼儿对话交流:"哥哥姐姐是怎么做操的?和幼儿园的早操一样吗?""下课后要做些什么事情?""小学和幼儿园有什么不同?"此外,教师也可以让幼儿把自己的观察和记录画出来,以小组为单位,进行讨论交流,梳理对小学的认识。这样的表达、表现,有助于加深幼儿对新的认知对象的认识。

在幼儿社会认知的过程中,对话是一种适宜的方式和途径。师幼之间所进行的主题谈话,这种谈话时双方出于共同的兴趣而进行的对等的交流,是双方共同为主题的明确、深化、扩展等,做出他们各自的和共同的贡献。在对话中,双方不是相互对抗,而是共同合作。如在主题"大话广告"活动中,教师先让幼儿观看两组不同的"卖牛奶"情境表演。看完后,教师和幼儿开展了交流与对话:"你会到哪一组买牛奶?为什么?"幼儿全部选择相同的一组,理由是:"他们服务态度好","很热情","卖得便宜"。接着教师又抛出问题:"请你来帮助另一组卖牛奶,可以有哪些好方法?"幼儿结合生活经验纷纷讲述,可以降价、大声吆喝、有礼貌、免费品尝、买一送一、发放宣传单等方法。这些方法在主题后续的大卖场活动中,幼儿通过现场售卖,积累了社会生活经验。这样的社会教育活动魅力无穷,将改变过去那种"我说你听"、"我讲你记"的价值主宰式教学方式变为价值引导式教学方式,让幼儿在对话、争论、思考和体验中心情愉悦地建构适应现代社会生活的社会认知和价值观。

(四)引导幼儿正确认知社会环境和社会规范

在教育关系上,教师与幼儿是平等的。按后现代教育理论的观点,教师是"平等中的首席",应与幼儿共同参与学习、思考、探究、体验。在这一环节中,教师与幼儿共同沉浸在对话、交流与游戏之中。教师应用符合时代要求的社会规范来引导幼儿,用自己对社会环境的认识来影响幼儿。当幼儿对社会环境和社会规范的认知发生冲突时,教师应对幼儿进行合理而积极的引导。例如,对"小学生上课时可不可以上厕所""下课可不可以吃东西"等问题进行讨论,当幼儿争论不休的时候,教师要对幼儿合理引导,启发幼儿思考,从而找到真正的答案。

活动名称:幸福的家(小班)[①]

活动目标

1. 了解家庭成员,知道自己拥有一个快乐幸福的家。
2. 感受亲人对自己的关心和爱护,萌发爱父母的情感。

活动准备

1. 动画片《大头儿子和小头爸爸》全家外出野餐的片段。
2. 将每位幼儿的全家福照片做成PPT;一名幼儿和父母的生活视频(包括吃饭、玩气球、玩"老鹰捉小鸡"游戏);每位幼儿在家帮爸爸妈妈做事情的照片(活动前放在椅背上的布袋里)。
3. 《我爱我家》音乐。

活动过程

1. 向同伴介绍自己的家庭成员。

(1) 今天老师带来一段好看的动画片,小朋友想看吗?(播放《大头儿子和小头爸爸》动画片片段,引发

[①] 改编自王娟,小班社会活动:幸福的家,早期教育,2013年第3期。

幼儿兴趣。)

(2) 动画片里面都有谁啊? 他们玩得开心吗?

(3) (出示幼儿全家福PPT)老师这里有你们的全家福照片,谁愿意来介绍一下自己的家庭成员? 请个别幼儿介绍家里有哪些人,爸爸妈妈在哪里上班。

(4) 小结:小朋友和大头儿子一样,也有一个幸福的家。

2. 体验父母对自己的关爱。

(1) 爸爸妈妈爱你们吗? 他们陪你们做什么?

(2) 桐桐小朋友的爸爸妈妈陪她做什么? 我们一起来看看。(爸爸妈妈陪桐桐吃饭、玩气球、玩"老鹰捉小鸡"游戏。)

(3) 提问:你的爸爸妈妈陪你做什么?

(4) 小结:爸爸妈妈平时上班很辛苦,下班后还要烧好吃的饭菜给你们吃,放假了要陪你们玩游戏、逛公园,你们生病的时候还要带你们去医院……

3. 激发幼儿爱父母的情感。

(1) 爸爸妈妈为你们做了这么多,他们为什么这么做?

(2) 小朋友爱不爱你们的爸爸妈妈呢? 你是怎么爱爸爸妈妈的? 在家里你为爸爸妈妈做了什么?

(3) 请幼儿从布袋中取出帮父母做事的照片,向大家介绍自己帮爸爸妈妈做了哪些事。

(4) 小结:小朋友长大了,会关心爸爸妈妈了,自己能做的事自己做,真棒!

4. 集体表演,结束活动。

小朋友们都有一个快乐、幸福的家,爸爸妈妈爱你们,你们也爱自己的爸爸妈妈,你们爱自己的家吗? 我们一起来唱首歌吧。

播放音乐《我爱我家》,师幼集体表演,在愉快温馨的气氛中结束本次活动。

案例评析:

小班幼儿能初步感受到家庭生活的温暖,爱父母,亲近与信赖长辈,具有初步的家的归属感。活动开始,教师用幼儿喜欢的动画片营造父子一起玩乐的愉悦氛围,利用幼儿"自我中心"的特点,从讲述动画片的内容自然过渡到介绍自己的爸爸妈妈,结合生活视频,直观形象。第二个谈话环节,教师充分尊重幼儿表达的意愿,问题重点放在亲子互动的内容上,为幼儿大胆讲述提供感性的支架,激发幼儿生活经验的回忆,理解体会父母的爱,符合小班幼儿思维特点。最后环节引导幼儿尊重、关心长辈和身边的人,使幼儿了解做力所能及的事也是表达爱的一种方式。而教具的准备和问题的设置,都十分符合小班幼儿的年龄特点,给予幼儿充分感受、表达的机会。

活动名称:哪里有"安静"的标志(大班)[①]

活动目标

1. 认识"安静"标记,知道它代表的含义。
2. 通过设计安静标记,增强幼儿遵守社会规范的意识。
3. 懂得在看见"安静"标记时,应当遵守安静的原则。

活动准备

"安静"标记。

活动过程

1. 认识"安静"的标记。

教师出示"安静"字标记,提问:"这是什么? 你在外面什么地方看见过这个标记?"(医院、银行、餐厅等。)

它表示什么意思? 这些地方为什么要设立这个标记?

小结:"安静"其实是一种好习惯,看见"安静"标记,表示在这里的每一个人都应该保持"安静"来做事。

2. 组织幼儿讨论:在班级哪些地方需要设立安静标记?

教师提问,组织幼儿讨论后,请幼儿讲述:为什么要在这些地方设立安静标记? 设立标记后我们应该

[①] 引自 http://rj.5ykj.com/HTML/15313.htm。

怎么做?

3. 设计"安静"标记。

怎样设计"安静"标记,使人一看就明白这是"安静"的意思?

幼儿想象,进行自由设计,教师巡回指导,帮助能力较弱的幼儿。

4. 评价幼儿作品,教师总结。

(1) 将幼儿作品进行展示,共同选出最佳"安静"标记设计,并将优秀的设计放在班级需要安静的地方。表扬所有参与设计的幼儿,鼓励幼儿回家后和家长一起设计各种标记。

(2) 当我们看见这个"安静"标记时,应该怎样做呢?

培养幼儿遵守公共环境秩序的意识,知道在标有"安静"标记的场所里,要注意自己的言行,做到不影响他人。

案例评析:

本次活动目标具体,符合大班幼儿的生活需要。环节设计紧凑,能够在活动中层层落实。通过认识"安静"的标记,结合社会生活实际,理解"安静"的规则意义。规则的学习渗透、融入幼儿一日生活的各个环节中,在活动的第二三环节,教师引导幼儿讨论:如何在幼儿园使用"安静"标记,鼓励幼儿自主制定规则。幼儿在自制标记的过程中,潜移默化地将公共规则内化为个人规则意识,所以教师很自然地在最后环节倡导遵守共同约定的规则,顺利地完成幼儿从他律到自律的第一阶段。

> 社会环境与社会规范认知教育活动设计环节:1. 运用多种方式引出活动主题;2. 引导幼儿充分观察认知对象;3. 组织幼儿自由表达、表现自己的认知体验;4. 引导幼儿正确认知社会环境和社会规范。

三、幼儿人际交往教育活动的设计与实施

打抱不平的婷婷[①]

中午吃完午饭,孩子们都在隔壁的活动室进行餐后的自由活动。每个孩子都在专注地做着自己的事情。

忽然,泽泽红着眼睛跑过来,对老师说:"婷婷抢我的玩具!"

婷婷?不会吧,她平时可是个蛮乖巧、懂事的孩子呀!为了弄清楚情况,老师把他们两个都叫到了办公室。

一了解,原来是泽泽不跟扬扬商量就拿了扬扬手上的玩具,还把扬扬推倒了。婷婷看扬扬被欺负了,为扬扬打抱不平,把玩具从泽泽那里抢回,还给扬扬。

在指出了泽泽不正确的行为后,老师单独跟婷婷谈话:"泽泽用了不恰当的方法解决问题,而你原本是想帮助扬扬,帮他们解决这个问题,但结果你也用了不恰当的方法。你认为自己的这种方法帮助他们解决问题了吗?"

"没有!"婷婷摇了摇头。

对于幼儿来说,人际交往是指幼儿在生活、学习中与他人的接触与交往。幼儿的交往主体是家长、教师、同伴和其他社会成员。学前阶段对幼儿进行人际交往教育,不仅有利于幼儿学会与教师、同伴、家长以及其他社会成员交往,而且对幼儿长大后的人际交往也有着深远的影响。因此,幼儿园要为幼儿提供人际之间相互交往的机会和条件,促进幼儿人际交往能力的健康发展。

幼儿园人际交往教育活动的类型多种多样,但由于其拥有共同的特点,其设计和实施的基本结构如下。

---

① 浙江师范大学杭州幼儿师范附属幼儿园,名师名园·我们的表扬到哪里去了,浙江教育出版社,2009年版。

(一) 创设人际交往情境

兴趣是最好的老师。通过情境的创设,如朗诵诗歌、观看动画片、看图片、听故事、做游戏、猜谜语等,引发幼儿参与的兴趣。通过教师创设的人际交往环境,让幼儿在轻松、友好、快乐的交往氛围中,积极与人交往。例如,大班社会活动"微笑"的设计者,就是通过观看小蜗牛微笑的卡片,以及欣赏微笑的故事,将幼儿引入到人际交往活动中来。

(二) 学习人际交往技巧

人际交往教育活动的主要目标就是帮助幼儿掌握一定的人际交往技能技巧。因此教师向幼儿介绍人际交往技巧是非常重要的一个环节。介绍人际交往技巧可以采用两种方法:一是直接呈现法,就是让幼儿直接接触人际交往技巧,如面带微笑,使用礼貌用语,并让幼儿感受到这种交往技巧能够给人带来快乐,从而使他们愿意使用交往技能;二是间接呈现法,这是指教师通过呈现一些反面事例,让幼儿进行讨论,逐步引出人际交往技巧。例如,教师请幼儿观看一个短片:幼儿A想参与其他几个幼儿的游戏,但是他们不同意。于是,A开始捣乱。其结果不但没能和大家一起玩,还引起了争执和冲突。观看短片后,教师组织幼儿讨论:短片中哪些孩子做得好?哪些孩子做得不好?最后,引出人际交往技巧——学会与人协商的方法。

(三) 运用人际交往技巧

幼儿接触人际交往技能后,教师要结合具体情境,指导幼儿学习交往的基本规则和技能,这是人际交往教育活动的核心环节,其主要目的在于帮助幼儿掌握所学的人际交往技巧在哪些场合可以使用,对什么人可以使用等。在这一环节中,教师可以采用角色扮演法,如设计一些需要运用技巧的交往情境,让幼儿分组或集体表演;可以采用讨论法,利用相关的图书、故事,结合幼儿的交往经验,和他讨论什么样的行为受大家欢迎,想要得到别人的接纳应该怎么做。例:

活动名称:玩具分享日(中班)[①]

活动目标
1. 学会用征询的语言与同伴交换玩具。
2. 愿意与同伴交往,懂得与同伴礼貌交往能给别人带来快乐。

活动准备
1. 幼儿选择一件或两件自己最喜欢的玩具带到幼儿园来。
2. 教师撰写一封"给家长的信",请家长知晓并融入这个活动中来。
3. 幼儿对自己的玩具有一定的了解,能进行简单的介绍。
4. 4张摆放玩具的照片。

活动过程
1. 体验交往。
幼儿自由地玩自己带来的玩具,并与小朋友自由交换自己的玩具。
看到小伙伴有这么多好玩的玩具,你们想玩一玩吗?现在你们去找小伙伴交换玩具吧!如果成功地交换到别人的玩具,就取一个"笑脸"小贴片贴在自己的身上。
2. 说说想想(玩具放在凳子下)。
(1) 让幼儿说说自己交换到的玩具,说说是如何交换的,并向小伙伴演示。
你换了几件玩具?(数数身上的小贴片)你是怎么换到这么多的玩具的呢?
你身上的小贴片很少,遇到了什么困难吗?你是怎么做的呢?谁能帮助他?(请能干的小朋友来与他合作演示。)
(2) 师生讨论:想与别人分享玩具时,应该怎么办呢?
3. 分享时光。
(1) 幼儿练习用新经验去获得分享玩具的机会。教师告诉幼儿,如果别人使用的礼貌用语让你觉得快乐,你就奖励他一个小贴片。(另一种颜色的贴片,与前一种有区别。)
(2) 教师也参与到分享游戏中,在游戏中给个别幼儿以隐性的指导和鼓励性评价。
(3) 集体交流。让幼儿说说分享游戏给自己带来的感受,以后还想玩这样的游戏吗?(共同商定"玩具

---
① 改编自刘秀文,玩具分享日,全国优秀幼儿社会教育活动课例评析,西南师范大学出版社,2010年版。

分享日"的时间。)

4. 爱护玩具。

带来的玩具能否整天放在自己身上？为什么？

教师引导幼儿看4张照片,说说图片中的小朋友是怎样放置玩具的？(分类摆放、轻拿轻放。)

请小朋友按照片的标志(毛绒玩具、小车玩具、其他玩具)将自己带来的玩具分类放到不同的篓子里。

案例评析：

幼儿社会性方面的学习常需要在具体的情境中进行,并在实际生活中进一步运用,从而获得社会性的良好发展。在这个活动中,以玩具为媒介,开始时不给幼儿任何提示,让幼儿尝试交换玩具,互相交往,当幼儿有了一定的成功或失败的体验后,再进行分析和总结,帮助幼儿形成正确的交往经验和交往方法,然后鼓励幼儿用获得的新经验再次尝试,获得成功的体验。在活动中设置了两次动态评价的环节。一是对自我评价的环节,当幼儿初次成功交换到玩具时,就粘贴"笑脸图片"让幼儿明白,原来这样就能交换成功,及时给自己肯定。同时老师也能通过"笑脸图片"的数量意识到幼儿遇到的不同问题。二是对他人评价的环节,面对同伴有礼貌的行为,通过奖励别人"笑脸图片"让同伴明白,这样的行为是大家喜欢的,同时也让自己明白,别人做得好的地方也是自己应该做到的。两次的评价环节都很好地实现了不同的教育目的,促进了幼儿对自己交往行为的自省。

活动设计符合幼儿的年龄特点和社会性发展的需要,目标明确、层次清晰,尤其是小贴片这个小道具的运用非常巧妙。教学过程流畅自然,体现了"教者有心,学者无意"的教育境界。

活动名称：大班社会活动：和平玫瑰①

活动目标

1. 理解《和平玫瑰》绘本的内容,初步懂得站在他人角度上看待问题。
2. 通过"和平玫瑰"情境迁移,学习相互倾诉、友好协商解决矛盾冲突的方法。
3. 体验同伴间接纳、关爱的温馨情感。

活动准备

本班幼儿发生矛盾冲突的视频,《和平玫瑰》绘本的PPT,"和平玫瑰"若干朵,《朋友越多越快乐》音乐。

活动过程

1. 观看本班幼儿发生矛盾冲突的视频,引发讨论。

你和班上的小朋友闹矛盾了,心里难过吗？你们想听听佳佳小朋友当时的心声吗？

怎样才能和好呢？你会怎么做呢？

闹矛盾的时候,大家心里都很难受,都有心里话要跟对方说,有什么样的好方法能让我们听到同伴想说的话,又能很快解决不开心的事呢？

2. 欣赏绘本,学习相互倾诉心里话,通过协商友好解决矛盾冲突。

(1) 欣赏绘本,引发讨论。

绘本中的小朋友遇到冲突时,怎么做的？

教师用语言创造情境,引发幼儿学习说心里话的方法。

听了对方的心里话后,他们和好了吗？看到他们和好,你心里有什么感受？

(2) 创设情境,同伴间倾诉心里话。

请你拿着"和平玫瑰",找一个跟你发生过矛盾的小朋友,到你们都喜欢的地方,相互说说心里话。

幼儿拿着"和平玫瑰"找同伴说说心里话,最终友好拥抱。

3. 交流自身感受,分享同伴间接纳、友好的温馨情感。

刚刚看到好多小朋友拿着"和平玫瑰"都开心地笑了,谁来和大家分享一下,你们为什么那么开心？

4. 在《朋友越多越快乐》的音乐互动中,结束活动。

幼儿邀请好朋友,手拉手围成一个圈,一起开心地唱起《朋友越多越快乐》。

活动延伸

在活动室一角创设温馨的"玫瑰角",摆上一瓶玫瑰花和孩子们喜欢的毛绒玩具,还根据孩子们的提议

---

① 改编自罗燕,大班社会活动：和平玫瑰,早期教育,2013年第3期。

准备了头饰。鼓励有了矛盾的小朋友到这个温馨的角落,扮演绘本中的角色,停止争执,放下不满,友好地说说话、拉拉手,把"和平玫瑰"送给对方。

案例评析:

维果斯基的鹰架理论指出:教师的角色就是在讨论中,以逐渐引导大家完全参与对话,来鹰架孩子的参与。为了促进大班幼儿观点采择能力的发展,帮助他们"从他人的眼中看世界"或"站在他人的角度看问题",在活动的第一个环节,通过班级中孩子实际发生的冲突视频,引发幼儿讨论如何解决矛盾冲突,让孩子结合自身的前期经验进行情感及方法的分享。幼儿解决矛盾冲突的能力就像童年时其他的能力一样,是一种发展的才能,因此,在第二个环节,通过引导幼儿欣赏绘本,激发起幼儿对故事中主人公的情感。在情感体验的基础上,再通过教师的语言模仿指导,帮助幼儿学习人际交往的技能。从故事角色的角度看问题时,幼儿往往能够较为快速地转换思维,接纳教师的指导。

> 幼儿人际交往教育活动的设计和实施的基本结构包括创设人际交往情境、学习人际交往技巧、运用人际交往技巧。

四、幼儿多元文化教育活动的设计与实施

多元文化地球村①

为期184天的上海世界博览会于2010年10月31日精彩谢幕。上海世博会是继北京奥运会后我国举办的又一国际盛会,共有264个国家和国际组织参展,接待中外游客7 300万人次,来自世界各地的参展方以展览、论坛、表演等形式,展示各自的文化风俗。各种文明之间沟通、融洽、共进,成为上海世博会一道亮丽的风景。

随着世界经济一体化时代的到来,国家之间的交流互动越来越频繁,社会日益多元化。要使幼儿在这样的环境中成为一个具有责任感的合格公民,能够成功而又幸福地生活,幼儿园必须为他们打下理解和接纳多元文化的基础。而建立这个基础的最佳途径,就是在幼儿园开展多元文化教育活动。国际21世纪教育委员会委员鲁道夫·斯塔问哈根提出:"真正多元文化的教育应当既能满足全球和国家一体化的迫切需要,又能满足农村或城市具有自己文化的特定社区的特殊需要。"多元文化教育主要是对幼儿进行世界文化的启蒙教育,应以本国文化为主、外国文化为辅,培养幼儿公平、公正的意识。②

(一) 在环境布置中营造多元文化的氛围

多元文化教育需要"创造一个尊重与重视差异的学校氛围"。《全球幼儿教育大纲——21世纪国际幼儿教育研讨会文件》中指出:"应为不同种族、性别、民族或有特殊需要的幼儿提供多样的学习环境,这个环境应反映当地幼儿及家庭的文化背景和传统。"因此,我们在布置和营造幼儿园的环境时,应该把民族文化和世界文化融合起来,注意在环境中渗透对幼儿的多元文化教育。例如:有的幼儿园在墙上既张贴中国地图,又张贴世界地图;有的幼儿园在装修幼儿园环境时,把中国版图直接刻在活动场地上,这样让孩子们在游戏和自由活动中随时随地学习;有的幼儿园在环境布置中充分体现家乡的文化特色,如设计茶艺、布艺、地方戏曲、民族歌舞等。

(二) 在日常生活中渗透多元文化

在幼儿的日常生活中,处处都蕴藏着多元文化学习和教育的契机。不同的文化有不同的饮食结构和餐饮习惯。幼儿园在每天的餐饮活动时,可以让幼儿品尝不同国家有代表性的食品,如日本料理、西餐、韩国烧烤等,直接感受其饮食传统所代表的各国文化;也可以让幼儿尝试制作本国或外国食品,如学包饺子、

---

① 引自 http://www.mofangge.com/html/qDetail/08/c2/201208/hwhic20870089.html。
② 李生兰,学前儿童多元文化教育的途径,早期教育,2003年第10期。

做汤圆、包粽子等,学制作西餐,如水果色拉、蛋糕、汉堡等,初步了解并比较东西方不同的饮食文化和饮食习惯。这样,多元文化的教育内容有机地组合进幼儿园一日生活之中。

(三) 在节日庆祝活动中感受多元文化

各种重要的节日、纪念日都是宝贵的多元文化教育资源,幼儿园要适时地加以利用。要注意从幼儿的兴趣、需要、能力、经验和文化背景出发,不仅围绕着本国的节日,如中国的春节、端午节、中秋节、重阳节等开展活动,而且要适时精心挑选和利用各国具有代表性的一些重大节日,如圣诞节、母亲节、感恩节、万圣节等,开展主题庆祝活动,使幼儿有机会接触各个国家地区和各民族不同的文化、不同的风土人情以及生活习惯,以形成幼儿的多元文化意识,养成对多元文化的积极态度。①

(四) 在学习和娱乐活动中体验多元文化

将多元文化与幼儿园课程紧密地结合在一起,渗透在不同领域的教育活动中。可以通过正规的社会教育活动、艺术活动、娱乐活动等形式,对幼儿进行多元文化教育,帮助幼儿了解人类不同文化之间的相似性和独特性,使幼儿学会分享共同的文化,容纳和接受不同的文化。组织幼儿在社会教育活动中了解我国各个民族和其他国家的文化,通过音乐活动、美术活动、戏剧表演活动、建筑活动等形式,通过故事、歌曲、图片、工艺品等资料收集,学会从不同的视角审视不同文化的特色以及他们之间的差异,利用不同的途径如唱歌、舞蹈、绘画、木偶表演、各国动画片等,了解我国各民族、世界各国的文化传统。

(五) 在社会教育活动日中挖掘和利用多元文化资源

幼儿园要创设"社会教育活动日",充分利用大自然和社会的有效资源对幼儿进行多元文化教育。幼儿的周围环境中储藏着丰富的多元文化教育资源,只要合理挖掘和利用,就能开阔幼儿的视野,扩展幼儿的信息量,拓宽幼儿学习的空间,提高教育的效果。比如,可以组织幼儿到博物馆、海洋馆、美术馆、歌剧院等社会场所参观、游览,让他们亲身体验东西方文化的异同。还可以在社会活动日中将各民族、各国的朋友请进幼儿园,与幼儿一起联欢,共同进行分享和体验活动。要鼓励拥有不同文化背景的家长给幼儿讲故事,和幼儿一起唱歌、装饰、绘画、制作;鼓励去国外工作或旅行过的家长,给幼儿讲述他们的所见所闻,共同观赏他们拍摄的异国风情的图像资料。

活动名称:世界真精彩(大班)②

活动目标

1. 了解世界上有不同肤色的小朋友,大家都是相亲相爱的一家人。
2. 初步感受非洲和欧洲的不同文化风情,民族特征,生活方式和习惯等。

活动准备

1. 世界地图一张。
2. 非洲舞蹈视频一段。
3. 非洲、欧洲文化风情图片若干张。
4. 圣诞节日图片一张。

活动过程

1. 图片导入。

教师出示五大洲地图,让幼儿了解欧洲和非洲的位置。

2. 幼儿自由发言对非洲的印象和观察非洲小朋友的特征(肤色,头发,眼睛等)。

(1) 小朋友们,你们去过非洲吗?或者你知道非洲的一些情况吗?请和我们分享一下吧。

(2) (出示图片)请你们仔细观察,告诉老师,这些小朋友和我们长得一样吗?哪些地方不一样?

3. 感受非洲文化风情。

(1) 非洲舞蹈(视频展示):

非洲的叔叔阿姨也非常的热情,他们想跳一段舞给我们看,大家说好不好?小朋友们说一说他们是怎么跳舞的?

(2) 非洲文化风情(出示一组图片):

---

① 李生兰,学前儿童多元文化教育的途径,早期教育,2003年第10期。
② 引自 http://www.baby611.com/jiaoan/db/sh/201311/24120127.html。

请小朋友仔细观察这些图片,说一说非洲小朋友的生活和我们有什么不同?

4. 幼儿自由表达对欧洲的印象和观察欧洲小朋友的特征(肤色,头发,眼睛等)。

你们之前有谁去过欧洲或者对欧洲有什么了解吗?

欧洲的小朋友长得和非洲的小朋友一样吗?他们又有哪些地方不一样呢?

5. 感受欧洲文化风情。

(1) 欧洲文化风情(出示一组图片):

欧洲的小朋友的生活和非洲小朋友一样吗?分别有哪些不同?

(2) 欧洲的节日——圣诞节(出示图片):

小朋友们,欧洲的小朋友呀最近可开心了,因为他们要过一个和我们中国的春节一样重要的节日,你们知道是什么节日吗?他们是怎么庆祝节日的?

6. 小结。

小朋友们,今天我们去了非洲和欧洲,看到了世界各地,不同肤色的小朋友们的生活,你们有什么想法?你最喜欢哪里呢?

7. 延伸。

小朋友们,如果外国的小朋友要来我们中国旅游,你们欢迎他们吗?那我们该怎样介绍我们的祖国呢,请小朋友回去画一画好吗?

案例评析:

跳出周围的环境,放眼世界。如何让幼儿接纳遥远的非洲、欧洲文化,并产生兴趣,教师选择的内容非常重要。面面俱到,包罗万象的盘点式解说肯定不合适。通过这次活动让幼儿初步了解世界的多元性,懂得人类的多样性,学会接受、欣赏、包容、丰富彼此,才是本次活动的意图。所以,活动内容选择了三个维度让幼儿直观地感知:不同肤色的小朋友、非洲激情桑巴舞、圣诞节。肤色的对比、视觉的冲击、再加上风格迥异、富有吸引力的过节方式,使幼儿充分领略了非洲和欧洲文化的特色风情,西方的文化元素自然地渗透进了幼儿的心中,激发了幼儿对他国文化的兴趣。最后的延伸活动前后呼应,真正体现多元文化的融合。

> 幼儿园多元文化教育活动的设计与设施包括:在环境布置中营造多元文化的氛围;在日常生活中渗透多元文化;在学习和娱乐活动中体验多元文化;在社会教育活动日中挖掘和利用多元文化资源。

▶ **主题词**

幼儿 社会教育 社会性发展 幼儿园社会教育 自我教育活动 人际交往 社会环境 社会规范认知 多元文化 活动目标 活动过程

▶ **阅读书目**

1. 张明红. 学前儿童社会教育[M]. 上海:华东师范大学出版社,2007.
2. 高杰英. 幼儿园教育活动设计与指导[M]. 保定:河北大学出版社,2012.
3. 李季湄,冯晓霞.《3—6岁儿童学习与发展指南解读》[M]. 北京:人民教育出版社,2013.
4. 甘剑梅.《学前儿童社会教育》[M]. 北京:中央广播电视大学出版社,2007.
5. 浙江师范大学杭州幼儿师范附属幼儿园.《名师名园·我们的表扬到哪里去了》[M]. 杭州:浙江教育出版社,2009.

第八章 幼儿园美术教育活动设计

学习目标

※ 初步明确什么是美术,什么是儿童的美术,什么是幼儿园美术教育。
※ 通过解读《纲要》和《指南》中的美术领域目标,领会美术教育目标的精神。
※ 理解和掌握幼儿园美术教育内容的范围,学会选编幼儿园美术教育的内容。
※ 掌握幼儿园美术教育的基本方法,并能在实践中灵活地、创造性地加以运用。
※ 能设计和组织幼儿园美术教育活动。

学习导引

本章从幼儿园美术教育的独特内涵出发,分析幼儿园美术教育的目标,幼儿美术的发展过程,结合幼儿园美术教育内容的范围以及幼儿园科学教育的基本方法,能在实践中灵活地、创造性地设计和组织幼儿园的科学教育活动。

知识结构

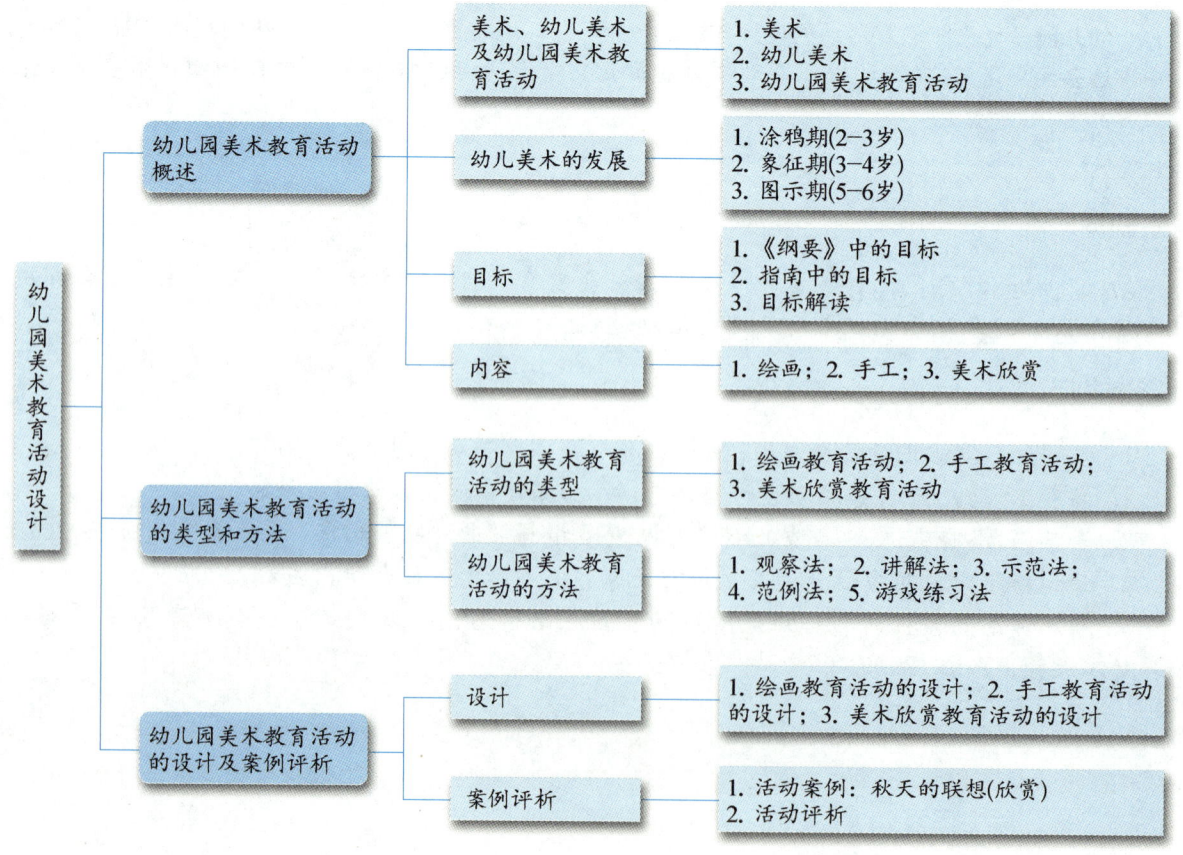

引子

颠倒的世界

小海是个实习生,听说学校的实习指导老师要来观摩她的教学活动,特别准备了一个语言和美术相结合的教学活动。为了使指导老师满意,不仅精心准备了活动方案,还进行了试教。

活动过程是先讲一个故事,叫"颠倒的世界",故事内容说的是在一个颠倒的世界里,样样事情都反了,比如长颈鹿变短颈鹿了,乌龟跑得飞快,小兔子挪动身子很慢,房子会走……故事很好玩,孩子们听得哈哈大笑。然后,老师让幼儿自己想象,在你的颠倒世界里,还有什么事情反过来了,把它画下来以后进行交流。

令小海老师没有想到的是,事实真的颠倒了。试教时,她找来的一半孩子,都是平时被认为画画不好的,而留下准备正式上课的那一半幼儿,都在外面学画,有的还得过奖。遗憾的是,试教很成功,而正式教学很失败。试教时的那批孩子想象力丰富,讲了很多稀奇古怪的相反事,大家笑得前仰后翻。比如,有个孩子说:在我的颠倒世界里,我变成了妈妈,妈妈变成了我;我看电视,命令妈妈写字。而正式教学中,那些很会画画的孩子却抓耳挠腮的,想不出要画什么,总是说这个东西不会画,那个东西不会画的,还有相互模仿的。最不可思议的是,他们的绘画水平一点也不显得比另一些孩子好,也不比自己平时绘画课上画得好。

小海老师陷入了深深的沉思。

为什么被认为画画好的幼儿,这时的画画水平,并不显得高呢?这还得从美术、幼儿美术及幼儿园美术教育活动的本质开始谈起。

第一节 幼儿园美术教育活动概述

一、美术、幼儿美术及幼儿园美术教育活动

(一)什么是美术及幼儿美术

美术是用一定的物质材料,如颜色、纸张、画布、泥土、石头、木料、金属等,塑造可视的平面或立体的视觉形象,以反映自然和社会生活,表达作者思想观念和感情的一种艺术活动,也叫造型艺术、视觉艺术,主要包括绘画、雕塑、工艺美术、建筑艺术等。

幼儿美术指的是3—6岁的幼儿所从事的造型艺术活动,它反映了幼儿对周围现实生活的认识、情感和体验。幼儿的美术活动,大致可分为绘画、手工和美术欣赏。

幼儿美术是幼儿感性地把握世界的一种方式。人类把握世界的方式有理性的和感性的两种。幼儿在美术活动中所呈现的是一种感性的对世界的把握,它主要包括想象、幻想、直觉、灵感、猜测等方法,其特点是非逻辑的、无固定秩序和操作步骤的。美术作为幼儿感性地把握世界的一种方式,是表达对世界的认识的另一种"语言"。美术对于幼儿来说除了有其本体的审美价值外,还有衍生的价值,这主要是指通过艺术活动使幼儿获得其他领域发展所需的态度、能力与知识技能,从而获得多方面的发展。

幼儿美术是幼儿的游戏。游戏是美术活动的初级形式,游戏是幼儿产生高级心理现象的重要源泉,是儿童社会化的重要途径。游戏也是幼儿的天性,是符合幼儿年龄特点的一种独特的活动形式。在幼儿园里,游戏已被纳入有目的、有计划的教育活动。

美术的材料和工具是幼儿的玩具,他们把玩这些材料和工具的肢体动作,声音和图形进行想象,表征不在眼前的事物,反映他们所见所闻所感,象征性地实现在现实中不能实现的愿望,因此他们只对过程感兴趣而不在乎结果。

幼儿美术是幼儿个性的表现。不同的生理遗传特质和不同环境的作用,使得幼儿有着不同的个性特

点。这种不同的个性特点,又使得每个幼儿以不同的方式作用于外部世界,这便是其独特个性的表现。幼儿美术是幼儿身心活动的反映,它能体现幼儿的发展水平和个体差异。我们从幼儿美术作品线条的特性、色彩的喜好、题材的选择,以及美术活动过程中幼儿与同伴相处的态度、活动的进行方法、注意集中的程度,均可观察到幼儿个性的表现。正如美国著名的美术教育家罗恩菲尔德曾声言:"在一位怯弱且敏感的儿童所画的人的象征符号中,我能够在圆的、未封闭的、不确定的线条中发掘出他的焦虑,正如我能在另一位儿童的长方形人体中发现他果断的特征,这两种人都代表儿童整个人体组织的特征。"[1]

(二) 什么是幼儿园美术教育

幼儿园美术教育,是由幼儿园、美术、教育三位一体组成的,幼儿是美术教育的对象,是美术教育活动的主体。幼儿园美术教育是指教师有组织、有目的、有计划地借助美术手段,根据美术规则对幼儿美术活动进行适时适宜的干预和指导,使幼儿在愉悦的氛围中学会感受美、表现美、创造美、建立和遵守美的规则,发展美感,开启心智和创造意识的系统教育活动。幼儿园美术教育具有以下特征。

1. 幼儿园美术教育是一种审美教育

幼儿园美术教育从本质上说属于审美教育的范畴,美术教育的根本任务应该是对个体进行审美、创造美的教育。因此,在幼儿园美术教育活动中,必须选择符合幼儿认识美之特点的内容,引导幼儿充分感知,丰富和发展幼儿的审美情感,培养幼儿的审美表现能力,并能按照幼儿的审美标准和美的规律,将幼儿感受世界的审美能力变为他们的内心需要和自我发展的内在动力,进而健全和完善幼儿的人格。

2. 幼儿园美术教育是一种创造教育

正像加登纳所言:"差不多每一个孩子到了4—7岁时,在合适环境的鼓励下,都是极富创造性的。对于所有的孩子来说,这个阶段正是最自由的阶段。"[2]幼儿美术活动的创造力是指他们利用物质材料及过去的经验重新组合材料,制作出对其个人来说是新颖的、有价值的美术作品的能力。这种能力不仅在作品中反映出来,还从其制作的过程中显示出来。在幼儿的美术作品中,他们可以表现出许多打破成人有关美术创作的条条框框,出现一些在成人看来既可笑又非常可爱的现象。例如,不合逻辑的构思、不合比例的造型、主观想象的色彩、随意安排的空间构图等。这种超常规的、独特的现象,体现出幼儿大胆的想象和神奇的创造力。在幼儿美术创作的过程中,他们先是通过感官对外部世界审美客体的有情感的感知,继而是视觉和大脑理性思维对感知获得的审美经验的加工,伴随审美经验在记忆中的储存,再经过手的技能运作活动,创造性地用作品来传达内心活动。而这一过程,又带有明显的个人色彩。因此,可以说幼儿的美术作品及其创作过程充分体现了他们的创造力。

3. 幼儿园美术教育是一种情感教育

幼儿对美术有一种自然的需要。他们天生喜欢涂涂画画,正是这种需要的表现。幼儿时期其心理发展的一大特色是自我中心,因此,他们常常不自觉地把自己的情感投射到客体上。例如,他们会把墙棚上的一段裂缝看成是一只面目狰狞的怪物,把飘零的落叶看成是离开了大树妈妈的可怜孤儿,漫天的星星是万盏点亮的小灯……这种移情作用为幼儿美术教育提供了情感基础,而美术活动则为幼儿提供了一个情感沟通与满足的机会,从而使美术活动成为他们喜爱的活动。

在美术欣赏教育中,教师精心选择适合幼儿的美术作品,引导他们亲身感知和体验其审美特征,促使他们内心情感与美术作品所表达的生命动态模式达到同构,满足其审美情感的需要,增强他们对审美对象的敏感性。

> 美术是用一定的物质材料,如颜色、纸张、画布、泥土、石头、木料、金属等,塑造可视的平面或立体的视觉形象,以反映自然和社会生活,表达作者思想观念和感情的一种艺术活动;幼儿美术指的是3—6岁的幼儿所从事的造型艺术活动,大致可分为绘画、手工和美术欣赏;幼儿园美术教育是指教师有组织、有目的、有计划地借助美术手段,根据美术规则对幼儿美术活动进行适时适宜的干预和指导,使幼儿在愉悦的氛围中学会感受美、表现美、创造美、建立和遵守美的规则,发展美感,开启心智和创造意识的系统教育活动。

---

[1] 罗恩菲尔德著,创造与心智的成长,王德育译,湖南美术出版社,2011年版。
[2] 加登纳著,艺术与人的发展,兰金仁译,光明日报出版社,1988年版。

二、幼儿美术的发展

打　针

这是图示期幼儿的典型作品。在这一时期幼儿开始试图表达某种内容，用不同图形标志不同事物。打针是幼儿印象深刻的一种童年经历，绘画表现出了一种对打针的可怕情境的强烈的夸张，画中突出的是心里想到的，而不是看到的，从中显示出稚嫩的童心和风趣可爱的特征。了解幼儿美术发展各个阶段的特点，教师会格外珍视儿童美术活动中表现的童心、童趣，就不会把自己的意愿强加给幼儿。

国内外学者对幼儿美术的发展过程做过大量的研究。例如，法国心理学家吕凯在其著作《儿童的研究》，美国美术教育家罗恩菲尔德在其著作《创造与心智的成长》，我国著名儿童心理学家和儿童教育家陈鹤琴在其著作《从一个儿童的图画发展看儿童心理之发展》中都有过描述，这里将幼儿美术活动的发展综合归纳为三个阶段。

（一）涂鸦期（2—3岁）

涂鸦属于无目的的乱笔画。这个时期的婴幼儿常常是五个手指头抓着笔（如粉笔、蜡笔等较粗易抓住的笔）在纸上乱涂乱画些杂乱的线条，这是缺少视觉控制的肌肉运动，并无明确的作画意图。涂鸦后期，出现简单的目的，但不能成形，不注意色彩变化，常常使用单色笔，偶尔换另一种颜色笔涂画。（见下图左：命名涂鸦画——火车。）

（二）象征期（3—4岁）

象征期是在涂鸦期基础上的进步。其特点是乱线条略有减少，开始有了简单的、不太明确的构思，偶尔也能有意识地画出一个类似某种东西的图像，但这些图像与事物实体没有直接的关系，仅仅是简单的图形和线条的组合，是粗略的、不完全的，往往会遗漏部分特征，没有整体感，结构有时不合理。从色彩上看，此阶段的幼儿画面上颜色的种类通常达到3种以上。他们喜欢在每种物像上都涂上颜色，并开始注意按物体的固有色选择相应的颜色涂染，如树叶是绿色，树干是棕色。（见上图右：好朋友。）

（三）图式期（5—6岁）

图式期是幼儿开始真正用绘画的方法有目的有意识地描绘周围事物和表现自我经验的时期，也是幼儿绘画最充满活力的时期，在造型、色彩、构图方面比象征期有了明显的发展。

从造型上看，能用较为流畅、熟练的线条表现物体的整体形象，试图将部分与部分融合为整体，并用一些细节来表现事物的基本特征，其结构较合理，各部分之间的关系基本正确。

从色彩上看，随着认识能力的发展，他们注意按照物体的固有色来着色。有研究表明，5岁幼儿能选择与对象相似的颜色来表现客体；6岁幼儿则在表现出对象固有色的基础上，添加上对比色或类似色，画面色彩丰富多样,且用色彩来表达情感的能力也有明显提高,如暖色表现热闹和快乐、冷色表现伤心和神秘等。随着幼儿动作的灵活性和准确性的提高,他们在涂色时,不仅能做到均匀涂色,而且能不涂出轮廓线。

　　从空间构图上看,这时的幼儿画形象丰富,开始注意物体的大小比例,但还不能把握住分寸。虽然还不能自发地表现物体的空间遮挡关系,但已有想表现的趋势。从整个画面上看,出现了基底线的画法,即在画纸的底部画出一条长长的线条作为地面的标志,把整个画面分成地上和地下两部分,所有地面上的物体都在基底线上排列成一排,表示这些物体处于同一水平高度上。逐渐地,这种并列式构图发展为散点式构图,即把画面上原来并列的物像分解离散开来,分布在画面的下面2/3部分,使得画面看上去立体化了。这一阶段的后期,少数儿童能画出多层并列式构图和遮挡式的构图,使画面看上去有纵深感。(见左图:天热。)

　　我们应根据幼儿的不同发展阶段,适时地提供不同条件,给予恰当的指导,促使幼儿的绘画从低级阶段向高级阶段过渡。

> 幼儿美术的发展可以分为:1. 涂鸦期(2—3岁);2. 象征期(3—4岁);3. 图示期(5—6岁)。

三、幼儿园美术教育的目标

老师画的树和幼儿画的树

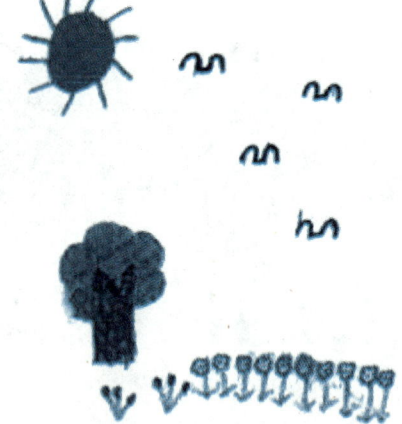

左图:请爱护小树(老师)　　　　右图:不许砍小树(幼儿)

　　儿童画的表现内容与形式是丰富多样的,"不许砍小树"构思天真无邪,无拘无束,展示的是一个生动的故事,不合常理而通画理。相反,教师的画反而是模式化了。这正体现了《纲要》规定的"能大胆地表现自己的情感和体验"、"能用自己喜欢的方式进行艺术表现活动"这一幼儿园美术教育的总目标。目标是行为的先导,幼儿园美术教育如能体现出教育的真谛,首先要把握幼儿园美术教育的目标。

(一)幼儿园美术教育的总目标

1.《幼儿园教育指导纲要(试行)》中的美术领域目标

　　在教育部2001年7月颁布的《纲要》中,"美术教育"明确列为幼儿园教育内容的五大领域——艺术的组成部分之一。《纲要》规定的美术领域的目标如下。

　　(1)能初步感受并喜爱环境、生活和艺术中的美。

(2) 喜欢参加艺术活动,并能大胆地表现自己的情感和体验。
(3) 能用自己喜欢的方式进行艺术表现活动。

2.《3—6岁儿童学习与发展指南》中的美术领域目标

(1) 感受与欣赏

目标1　喜欢自然界与生活中美的事物

3—4岁	4—5岁	5—6岁
1. 喜欢观看花草树木、日月星空等大自然中美的事物。 2. 容易被自然界中的鸟鸣、风声、雨声等好听的声音所吸引。	1. 在欣赏自然界和生活环境中美的事物时,关注其色彩、形态等特征。 2. 喜欢倾听各种好听的声音,感知声音的高低、长短、强弱等变化。	1. 乐于收集美的物品或向别人介绍所发现的美的事物。 2. 乐于模仿自然界和生活环境中有特点的声音,并产生相应的联想。

目标2　喜欢欣赏多种多样的艺术形式和作品

3—4岁	4—5岁	5—6岁
1. 喜欢听音乐或观看舞蹈、戏剧等表演。 2. 乐于观看绘画、泥塑或其他艺术形式的作品。	1. 能够专心地观看自己喜欢的文艺演出或艺术品,有模仿和参与的愿望。 2. 欣赏艺术作品时会产生相应的联想和情绪反应。	1. 艺术欣赏时常常用表情、动作、语言等方式表达自己的理解。 2. 愿意和别人分享、交流自己喜爱的艺术作品和美感体验。

(2) 表现与创造

目标1　喜欢进行艺术活动并大胆表现

3—4岁	4—5岁	5—6岁
1. 经常自哼自唱或模仿有趣的动作、表情和声调。 2. 经常涂涂画画、粘粘贴贴并乐在其中。	1. 经常唱唱跳跳,愿意参加歌唱、律动、舞蹈、表演等活动。 2. 经常用绘画、捏泥、手工制作等多种方式表现自己的所见所想。	1. 积极参与艺术活动,有自己比较喜欢的活动形式。 2. 能用多种工具、材料或不同的表现手法表达自己的感受和想象。 3. 艺术活动中能与他人相互配合,也能独立表现。

目标2　具有初步的艺术表现与创造能力

3—4岁	4—5岁	5—6岁
1. 能模仿学唱短小歌曲。 2. 能跟随熟悉的音乐做身体动作。 3. 能用声音、动作、姿态模拟自然界的事物和生活情景。 4. 能用简单的线条和色彩大体画出自己想画的人或事物。	1. 能用自然的、音量适中的声音基本准确地唱歌。 2. 能通过即兴哼唱、即兴表演或给熟悉的歌曲编词来表达自己的心情。 3. 能用拍手、踏脚等身体动作或可敲击的物品敲打节拍和基本节奏。 4. 能运用绘画、手工制作等表现自己观察到或想象的事物。	1. 能用基本准确的节奏和音调唱歌。 2. 能用律动或简单的舞蹈动作表现自己的情绪或自然界的情景。 3. 能自编自演故事,并为表演选择和搭配简单的服饰、道具或布景。 4. 能用自己制作的美术作品布置环境、美化生活。

(二) 幼儿园美术教育目标解读

结合《幼儿园教育指导纲要(试行)》中对艺术教育的目标定位和要求,结合《指南》艺术领域目标的表述,以及我国学前儿童美术教育的实践,我们把学前儿童美术教育的目标分为认知目标、情感目标、技能目标和创造目标。

1. 审美情感目标

《指南》要求"喜欢自然界与生活中美的事物","喜欢欣赏多种多样的艺术形式和作品","喜欢进行艺术活动并大胆表现",目标中连用了三个"喜欢"词语进行表述,明确了对幼儿艺术兴趣培养的重要性。审美情感目标的制定,是将日常生活、周围环境以及幼儿喜爱并能理解的美好的人和事,通过绘画和手工活动形式表达出来,并在表达的过程中融入自己的情感和体验,同时体验各种美术作品和美术工艺品中的形状、线条、色彩所表达的思想和情感。审美情感目标的制定与实施，能够帮助幼儿提高审美欣赏和感受能力，丰富幼儿的审美体验，形成幼儿健康的审美态度，完善幼儿审美心理结构，从而逐渐培养幼儿完善的人格，走出"重技能，轻感受；重技能，轻表现"的现实误区。

2. 审美认知目标

《纲要》指出"能初步感受并喜爱环境、生活和艺术中的美"，美术活动和艺术作品集中表现了美的普遍规律，具有美的典范性，易为幼儿认知。通过教师有计划、有步骤的美术审美感知活动，能让幼儿在美术作品中发现美的形态，体验美的韵味，感知美的因果关系以及表达方式，获得对多种美术形象的认知能力。

3. 审美技能目标

"能用自己喜欢的方式进行艺术表现活动。"合理的知识和技能是指符合幼儿年龄特点的，幼儿易于理解和掌握的，能帮助幼儿进行审美表现和创造的，自然的、最基本的美术知识技能。美术教育本身包含着技能技巧的学习和运用，教给幼儿适度的美术知识技能，是幼儿美术教育的基本任务。只有使幼儿掌握一些基本知识和技能，他们才能在各种不同类型的美术活动中更好地表现和创造艺术形象，表达自己的审美情感，从而有效实现美术教育的目标。

4. 审美创造目标

《指南》要求"具有初步的艺术表现与创造能力"，幼儿具有造型的本能，美术活动在很大程度上是一种创造活动，培养幼儿创造美，就要为幼儿提供大量感性材料、工具媒介，在教师生动的、具有启发性的语言引导下，激活幼儿已有经验，在幼儿积极主动的配合、吸纳、变形中加工出新的形象。

> 幼儿美术教育的目标可以分为审美情感目标、审美认知目标、审美技能目标、审美创造目标。

四、幼儿园美术教育的内容

贝贝看海

妈妈和贝贝在海边玩，看见波浪起伏的大海，贝贝兴奋地说："妈妈，你看你看，大海像一只皮球，滚来滚去。"妈妈说："怎么会像皮球呢？大海像绸缎一样，又像镜子一样。"

妈妈眼中的海与幼儿眼中的海是那么的不同，可见，幼儿对事物的感受不同于成人，所以幼儿园美术教育内容的选择，在遵循幼儿心理逻辑和生活逻辑的同时，也要考虑美术学科所具有的独创和审美这一本质特点，让幼儿在美术教育中接受创造教育和审美教育。

（一）幼儿绘画

在绘画、手工及欣赏这几种美术形式中，绘画可以说是孩子最早探索和掌控的一种方式。幼儿园绘画教育活动的内容主要有以下三个方面。

1. 绘画工具和材料的使用方法

绘画工具和材料是幼儿绘画过程中不可或缺的媒介和手段，能否正确、合理、灵活地运用各种绘画工具和材料，直接影响着幼儿绘画的成效和美感，所以帮助幼儿认识和掌握一些基本绘画工具和材料的使用方法，是幼儿园绘画教育的一个重要内容。

（1）各种绘画工具和材料的基本性质和特点。

（2）各种绘画工具和材料的使用方法。

2. 绘画的各种形式语言

绘画的形式语言主要是指线条、形状、色彩、构图等美术要素，是绘画表现的手段和方式。

（1）线条

线条是造型的基本要素之一。

（2）形状

形状是由线条构成的轮廓和结构，幼儿绘画就是用简单的形状组成事物形象的过程，当幼儿能够用越来越复杂的形状去组成形象,也就说明幼儿绘画水平在不断地提高。

(3) 色彩

色彩是绘画的基本要素之一。

幼儿对色彩的学习主要包括常用色彩的辨认。例如,红、黄、蓝三原色,橙、绿、紫三间色,蓝灰、紫灰、绿灰等常见的复色,以及黑、白、灰无彩色等。

(4) 构图

构图是指对自己想要表现的形象进行组织安排,形成形象的部分与整体之间,形象空间之间特定的结构、形式,简言之,构图是造型艺术的形式结构,包含全部造型因素与手段的总和。

3. 不同种类的绘画题材

绘画题材是创作者创作艺术形象的源泉,具体是指创作者根据创作意图而选取的生活场景或现象。幼儿绘画的题材十分广泛,大都来自幼儿的生活。幼儿学习绘画的题材有自然景物、人物、日常用品、动植物、交通工具、建筑物、简单的生活事件和自己想象中的人、事、物等。

(二) 幼儿手工

幼儿园手工教育活动的内容主要有以下三个方面。

1. 手工工具、材料及其性质

(1) 手工工具

适合幼儿使用的手工工具比较简单,主要有剪刀、泥工板、木刻刀、牙签、糨糊、胶水及其他辅助材料。

(2) 手工材料

用于幼儿手工的材料种类丰富形态多样,如各种种子、废旧布料、毛线、盒子以及蔬菜、瓜果等。

2. 手工材料的基本制作技法

(1) 串连　(2) 粘贴　(3) 剪　(4) 撕　(5) 折　(6) 染　(7) 盘绕　(8) 编织　(9) 塑　(10) 插接

3. 手工的题材

幼儿手工题材主要有以下几种:玩具,如折纸玩具、泥塑、面塑等;节日装饰物,如剪窗花、做拉花、做花球等;游戏饰品,如头饰、胸饰、面具等;日常装饰用品,如染纸、粘贴画、瓶盒造型等;贺卡,如生日贺卡、节日卡片等。

(三) 幼儿美术欣赏

幼儿园美术欣赏教育活动的内容主要有以下两个方面:

1. 各种类型的美术作品

幼儿园美术欣赏教育活动的内容,包括各种类型的美术作品。

(1) 绘画作品

适合幼儿欣赏的绘画作品,特别是美术大师的经典作品,是学前儿童美术欣赏教育活动可以选择的主要内容。

(2) 雕塑作品

雕塑是最具有立体性的造型艺术类型,从表现形式来看,可分为圆雕和浮雕。雕塑的基本技术包括删削、挖凿掉多余部分的雕和堆积捏制的塑两种。

(3) 建筑艺术

建筑艺术是实用性和审美性相结合的艺术类型。欣赏建筑艺术更多地应从其艺术形式的特性和审美价值的角度来进行。幼儿欣赏建筑艺术,既是对美的事物的欣赏,也是对社会文化知识的扩展。

(4) 工艺美术

工艺美术是美术门类中一个品类繁多的系统。和建筑艺术一样,工艺美术也是实用性和审美性相结合的艺术类型,一般可分为实用的工艺美术和陈设欣赏的工艺美术两类。工艺美术与日常生活关系密切,是美化生活用品和生活环境的美术。

(5) 民间美术作品

民间美术来源于日常生活,是民间大众为了满足自身社会生活的需要而创造的视觉艺术形象。

(6) 儿童美术作品

儿童的美术作品是有一定艺术性的作品,有其独特的视觉样式和审美效果。各种富有童趣和创意的优秀儿童作品,周围同伴的作品,乃至幼儿自己的作品,都是可以作为欣赏对象用来欣赏的。

2. 一定的欣赏知识和技能

幼儿园美术欣赏教育活动的内容,还包括一定的欣赏知识和技能。这些美术欣赏知识和技能都只是初步的、启蒙性的。

> 幼儿美术教育的内容包括:幼儿绘画——绘画工具和材料的使用方法、绘画的各种语言、不同种类的绘画题材;幼儿手工——手工工具、材料及其性质、手工材料的基本制作技法、手工的题材;幼儿美术欣赏——欣赏各种类型的美术作品、一定的欣赏知识和技能。

第二节 幼儿园美术教育活动的类型与基本方法

我自己不会画

阿姨:你喜欢画画吗?

小女孩:喜欢。

阿姨:请你画一张画让我看看,好吗?

小女孩:我不会画。

阿姨:在幼儿园不画画吗?

小女孩:在幼儿园老师教我们画,我自己不会画。

阿姨:那么,请你画一个人吧。

小女孩:我不会画人,老师没教我们画人。

母亲指着一本有画的书说:你就画这条鱼吧。

以上是一名五岁女孩与其阿姨的对话,她只习惯于模仿画,就是照着现成的图画或者别人教她怎样画她跟着学。她自由画画的本领受到了束缚,没有感受到用图画进行自我表现的乐趣,所以对自己独立画画畏怯不前,将自己置于"不会画"的无能境况。

幼儿天生喜欢画画,为什么幼儿园学了画画后反而不会画了呢?让我们来探索美术教育方法的奥秘吧。

一、幼儿园美术教育活动的类型

幼儿园美术教育活动,大致可分为绘画、手工和美术欣赏教育。

1. 幼儿绘画教育

幼儿绘画教育是指导幼儿运用简单的物质材料(如蜡笔、彩色水笔、毛笔、颜料等),通过线条、形体、色彩等表现形式,在纸上塑造可视的形象,以表达幼儿对周围生活的认识和情感的活动。

(1)幼儿绘画从所使用的工具材料上区分,可分为彩笔画、毛笔画、棉签画、印章画、手指画、拓印画、蜡笔水彩画、吹画、滚画、喷洒画、泡泡画等。

彩笔画包括用蜡笔、油画棒、彩色水笔、彩色铅笔等工具在纸上绘画。

毛笔画包括水彩画、水粉画和水墨画,是用毛笔和不同的颜料进行绘画。

印章画是用橡皮、土豆、萝卜等的切面,以及用积木、笔帽、牙膏盖或纸团、布团、手、脚等蘸上颜料印盖在纸上。

手指画是幼儿用手指蘸上颜料在纸上作画。

拓印画是将硬币、钥匙、树叶等放在图画纸下面,然后用铅笔在纸上来回涂,拓印出纸下的物体形象,或将物体涂色后印在纸上。

吹画是先将颜料滴在纸上,然后吹出不同的形状。

滚画是先准备浅盒子(不要盖,大小与图画纸相同)、各种颜料、玻璃球,然后将玻璃球蘸着颜料放入纸盒中来回滚动,让带有各种颜色的线条不规则地留在纸上。

喷洒画是在图画纸上摆放不同形状的纸片或窗花等,然后用牙刷蘸上颜料,用小竹片往自己的身体方向轻轻地拨牙刷,让颜料均匀地喷洒在图画纸上;当颜料覆盖纸面后,轻轻拿开纸片、窗花等,纸上就出现物体形象的覆印。

泡泡画是在吹泡泡的肥皂水里调入不同的颜料,然后用吸管蘸上肥皂水吹,将吹出来的泡泡轻轻地碰在图画纸的适当位置,泡泡破了,就在纸上留下了图形。

(2)幼儿绘画从教师是否命题上区分,可分为命题画和意愿画。

命题画是指教师确定绘画的主题,明确要完成的某种技巧任务和教育要求,幼儿按指定的主题绘画的方式。

意愿画是指幼儿自己确定绘画的主题,按照自己的想法自由自在地表达创作的绘画方式。

(3)幼儿绘画从内容上区分,可分为物体画和情节画。

物体画是指以单一物体为描绘对象,培养幼儿的造型能力。

情节画是以一件事情为主要描绘对象,反映一定的主题,表达一定的思想感情,培养幼儿的构图能力及处理物体间相互关系的能力。

图案画是指幼儿利用各种纹样和色彩在不同的纸形上进行和谐的有规律的美化和装饰。

2. 幼儿手工教育

幼儿手工教育是指幼儿运用一些物质材料,如纸、泥等,用手和一些简单的工具,通过撕、折、剪、贴、捏等手段,制作成平面的或立体的物体形象的艺术形式,表达审美感受。幼儿手工对于发展幼儿通过视觉、触觉、动觉之间的配合,锻炼手部小肌肉动作的协调性、灵活性,提高形象思维的能力和形成立体概念有着重要作用。它主要包括泥工、纸工和自制玩具。

3. 幼儿美术欣赏教育

幼儿美术欣赏教育是指指导幼儿通过对美术作品、自然景物和周围环境中的美好事物的认识和观赏,受到艺术的感染,得到精神的愉悦的活动。它对于提高幼儿的审美情趣和审美能力,陶冶幼儿的情操有着重要的作用。

> 幼儿园美术教育活动的类型包括幼儿绘画教育、幼儿手工教育、幼儿美术欣赏教育。

二、幼儿园美术教育活动的基本方法

孩子的心里有童话

《月亮的家》

这是一名6岁男孩的作品,月有阴晴圆缺,是不是因为天上住有月亮一家,每天月亮兄弟姐妹轮流出来溜达呢?这种想法只有幼儿才有,这种画面只有幼儿能够画,打破时空,打破常理去做,这个阶段在人的一生中非常短暂,因为他们很快就会被引入到教育,你应该这样,而不应该那样;这是不对的,那是对的。所以人们常说,当你知道人不能飞的时候,你就没有童话了,所以孩子在他还以为人能飞的时候,在他心里还有童话。这是人生非常宝贵的一个阶段,对人的一生极为重要,有一个非常美好的童年,在这个童年里面可以奇思妙想,可以天马行空,各种想法居然还能从艺术的角度得到肯定,自信会像一粒种子种在心里,而且这个来源都不光是来自生活,还来自内心的想象。幼儿园美术教育活动的方法就要建立在保护童话,也就是理解幼儿、尊重幼儿的基础上。

幼儿园美术教育活动的方法,是指在美术教育活动中,为了达到活动目标,教师和幼儿所采用的工作方式和手段。教育方法的采用,应考虑幼儿的年龄特征、实际水平和美术学科本身的特点等。幼儿美术教育的方法多种多样,大致有以下五种。

(一)观察法

观察法是指在教师的指导下,幼儿通过多种感官感知事物的造型、结构、色彩、运动模式等审美特征,用脑思考,进行比较的一种方法。其目的在于帮助幼儿积累内在图式,深化表象,使幼儿获得鲜明、深刻、完整的视觉形象,激起表现的愿望。

中班的牛牛、王子豪思维活跃,每个话题都能激起他俩争先恐后地回答。什么草地上的蚂蚁王国、宇宙中的流星陨石、强大威猛的机器怪兽……他们简直无所不知。开始作画了,小朋友们都安静地画自己刚才想好的内容。活跃的牛牛、王子豪却在座位上大喊:"老师怎么画呀?我不会。"刚才说的那么热闹,这会怎么会不会画呢?原来这些幼儿对情节感兴趣却没有掌握观察事物的方法。当问到蚂蚁有几条腿?身体分几节?眼睛长在哪?一问三不知。头脑里没有蚂蚁具体的形象。这就需要老师在活动中多帮助幼儿进行物象分析并教会幼儿正确的观察方法。如画"淘气的小猫"时,要引导幼儿分析:猫的身体有哪几部分?都是什么样的?当幼儿观察到小猫的尾巴长长的,再进一步提问他:猫尾巴像什么呢?只有一步一步把幼儿头脑中的形象、语言调动出来,使之转化为具体的物象,再回到大脑中才能使幼儿逐步做到说得出来画得出来。

观察被看作是美术活动的基础,观察看似简单,其实,它包含了很大的学问。瓦特通过观察壶盖的跳动,发明了蒸汽机;人们从蜻蜓身上受到启迪,制造出直升机等,这些无不始于观察。在美术活动中观察是重要的学习手段,教幼儿观察,首先,要明确目的;其次,观察要有秩序,或由整体到局部,或由上及下,由外及内等。例如,通过观察金鱼画一幅金鱼的画,可运用从整体到局部的观察方法,即先看鱼的身体与尾巴在水中游动时的形态,再看眼、口、鳞、鱼鳍的位置及形态,在他们之间反复比较,经过这样的观察过程,找出鱼与鱼之间的异同。在动笔之前,最好用语言叙述出来,这样既锻炼了观察能力又提高了语言表达能力。当然,观察的方法也很多,观察实物之外,可以观察图片、作品等。

(二)讲解法

讲解即口授法,在美术活动中可以运用语言对幼儿进行启发、讲解、描述等,让幼儿明确要求和表现方法,使幼儿有目的地进行造型活动。教师直接讲解是美术活动中常用的方法,这样幼儿可以直观地通过听觉和视觉掌握美术活动方法、握笔姿势、材料的运用等。

运用讲解法要注意以下两点。

第一,有明确的讲解计划,主次分明,主要讲解重点、难点。

幼儿对于已经学会的知识经验不会注意,示范讲解时选择幼儿没掌握的难点会激发他们的主动性。

第二,讲解时,语言要准确、简练、生动,前后连贯,要有启发性,能激发幼儿感受美、表现美的情趣。

随着幼儿想象力的发展,教师还可以运用语言艺术——讲故事、念儿歌或者播放乐曲等启发幼儿的想象力,培育幼儿美好的情感。也可以结合实物、范例等进行讲解。例如,可以启发幼儿用连环画的方式,创造性地画出幼儿熟悉的"兔龟赛跑"、"一把红雨伞"等故事中的几个主要情节。

(三)示范法(演示法)

示范是教师在美术教学中以自己的正确动作向幼儿传授美术知识和技能,使幼儿通过直观的过程获得有关绘画和制作的具体方法和技能技巧。教师当场表演一种绘画和手工的表现方法对于幼儿学习美术是十分重要的,尤其是在学习技能性较强的内容时更是如此。有人认为,幼儿绘画既然是要发展幼儿的创造性,就不应教幼儿模仿,因此忽视示范的作用。这种观点是不完全的。因为幼儿美术虽然对幼儿来说是他们表达形象思维和想象的一种活动,但是这种表达要依靠美术的语言。试想,一个人如果连词都不能掌握,怎么能用语言表达好意识呢?而且,经过几百年艺术教育积累下来的经验和适合幼儿特点的绘画、手工制作方法完全有必要教给幼儿,而没有必要让幼儿自己慢慢地摸索。这样才能使幼儿的绘画语言丰富起来,才能运用这些学会的语言表达出自己的想法,才能更好地发挥其创造性。示范有三种基本形式,可以根据教学内容和幼儿年龄的特点和实际情况灵活运用。

1. 分步示范

分步示范是指教师把绘画和手工的绘制过程分成若干步骤,教师演示一步,幼儿跟着做一步,这样一步一步地进行下去,直到全部完成。一般来说,技艺性越强的活动步骤分得越细。例如,折纸教学就必须分步示范,幼儿才能掌握。

2. 连续示范

连续示范是把绘画或手工制作的全过程,一次性连续、完整地向幼儿演示。它既便于教师操作示范和支配时间,又有利于幼儿从整体上去把握绘画过程,形成完整的印象。如果教材难度不大、幼儿基础较好,教学中就可以尽量采用连续示范,如泥工课和水墨画教学。这样,幼儿既有整体感受,又知道最后的效果是什么样的,目的明确。

3. 重点示范

重点示范是指教师只演示绘画或手工制作中的一部分重点内容,而对幼儿已经掌握的部分不再示范。另外,就是对教学中的难点和重点、绘制过程的关键部分、幼儿难以完成的部分,进行反复示范,一般常作为巡回指导时的示范。

幼儿教师在示范中的基本要求是:要面向全体幼儿,注意选择站、画、做的位置和姿势,使全班幼儿都可以看清楚。在示范过程中要伴随语言的说明和解释。要抓住其中的要点、难点和关键点,反复交代清楚。示范中使用的纸张或物质材料要大一点,示范动作要明确,稍慢一些,还可以伴随着提问,以便集中幼儿的注意力。

(四) 范例法

范例是指用来向幼儿演示的直观教具,如图片、模型、画册、教具、实物以及教师绘制好的样品等。范例的运用在幼儿美术教学中具有很大的作用,可以帮助幼儿认识和表现对象的形状、颜色、结构以及细节,也可以帮助教师完成教学任务。对范例的要求是:

1. 形象明确、清晰,能够反映事物的基本特征。篇幅要大一些,使全班幼儿都能看清楚。
2. 富于美感,有一定的艺术水平,能够激发幼儿的兴趣与情感。
3. 描画方法和制作方法易于被幼儿所理解和接受,大多数幼儿通过努力能够完成。

在使用范例中应注意以下五点。

首先,要对范例有明确的使用目的。

其次,运用范例要和示范、讲解相结合,因为幼儿仅仅看范例,还难以明白其绘制过程。

第三,有时,范例应有一定的数量,能从各个角度反映事物,启发幼儿的思路,也为其创造性地表现事物提供借鉴和参照。

第四,正确处理好运用范例和创造表现的关系。范例是为幼儿学习提供的参照物,而不能机械划一地作为统一的范本。

第五,要掌握好出示范例的时间。一般在交代课题后才出示范例,在上课前可以用白布或白纸将它们遮盖好。

范例并不是每一节课都使用,在教师的影响下,幼儿的观察力越强,表象积累越丰富,技巧越熟练,他们的创造性就越强,而范例的地位就越小。相反,美术活动中创造的成分越少,利用范例的机会就越多。在美术教学中,教师应该创造一切机会让幼儿亲自观察,丰富感情,提供想象和创造,补之以适宜的范例,为幼儿在美术活动中发展创造能力提供条件。

示范与范例的运用都对幼儿的创造性有一定的影响,因此在美术教育活动中教师须因地制宜,用得恰到好处。

(五) 游戏练习法

游戏练习法是指通过游戏的形式,引导幼儿在愉快、积极的状态下学习美术技能,把视觉形象转化为视觉——运动形象,提高手眼协调能力,培养幼儿对美术活动的兴趣。

游戏练习法符合幼儿的年龄特点,它的使用是灵活多样的,游戏性的命题、游戏化的练习方式、对美术成果的游戏性处理以及美术活动中游戏性材料的使用等,都可以把美术和游戏结合起来。例如,"吹泡泡"、"煮元宵"等游戏化的命题,能提高幼儿绘画的兴趣;"装饰背心",每个幼儿穿上纸做的背心,用水粉颜料在其他小朋友背上画画。这种绘画方式的变化,使得幼儿学习兴致很高。有时教师可以在美术活动中运用谜语的趣味性,增加游戏的成分,巩固绘画的技能,教师可以出一些简单的谜语,让幼儿把谜面简单迅速地画下来。如"星星点点朵儿小,黄色小花缀细条,不要嫌它不火红,春天一来它报到"(迎春花)。另外,喷洒画、泡泡画、滚画、印章画等等,这些材料本身就给了幼儿极大的兴趣,激发他们参加美术活动的热情。

为了让幼儿在轻松愉快的气氛中无拘无束地进行美术活动,提高参与兴趣,发展他们美术表达的能力,应当将练习与游戏结合起来,即以游戏的方式进行练习,这对年龄小的孩子尤为重要。

> 幼儿园美术教育活动的方法包括观察法、讲解法、示范法、范例法和游戏练习法。

第三节 幼儿园美术教育活动的设计与方案评析

一位美国老师的做法

一天,汤姆拿着自己的作品走到老师身边,他对老师说,"老师你看,这是我画的,我认为我比安妮(与汤姆相邻的孩子)画得好",老师很认真地看了汤姆的作品,然后又起身走到安妮的身边,看了一下安妮的作品,轻轻地对汤姆说:"我觉得你们的内容不一样,安妮和你的作品都是不同的。"汤姆听了老师的话,又看了看自己的作品,对老师说:"我的比安妮的好。"老师看着汤姆,坚定地对汤姆说:"我觉得,你们的内容是不一样的,安妮与你的作品都是不同的。"

对幼儿的美术作品,该美国教师重其意义而不苛求其形,重其趣而不苛求其法,幼儿艺术创作过程中独特的笔触、动作和语言都蕴含着他们丰富的想象和情感,该美国教师对每个幼儿的艺术表现给予充分地理解和尊重。这种做法是可取的,是设计与指导幼儿园美术教育活动的基本前提。

幼儿园美术教育活动的设计与指导,包括幼儿绘画教育活动、幼儿手工教育活动和幼儿欣赏教育活动的设计与指导。每种类型教育活动的方案设计,包括活动目标、活动准备和活动过程、活动延伸等步骤。

每个具体教育活动目标的设计,最直接的依据是年龄阶段目标,但要结合本班幼儿的实际发展水平和上次美术活动的情况,目标的内容要考虑幼儿认知、情感和技能三方面的整合,并符合一定的表述要求。

活动准备一般包括知识经验的准备和工具、材料的准备,有些是教师所做的准备,有些是教师和幼儿共同做的准备。幼儿的准备往往需要家长的配合,应在活动前提前通知,得到家长的协助和支持。例如,大班绘画"暑假里的高兴事",幼儿要有经历过暑假生活的经验,最好教师事先组织幼儿进行这个主题的谈话活动,这些是经验的准备。活动准备中,有些常用的工具应做到人手一套,如剪刀、彩色水笔等;有些要根据活动的需要,临时准备,如印章画中所用的萝卜、印章、纸团印章等。在手工教育活动中,废旧挂历纸、各种纸盒、易拉罐等废旧材料的运用,需要平时加以收集和积累。总之,活动的准备也是活动得以顺利而有效进行的保证。在活动设计中,应该用简洁明了的语言写清楚。活动过程的设计与指导将在后面分类型具体叙述。

活动延伸在美术教育活动中是指围绕本次活动的主题、目标,在活动后的游戏或美工区(角)中,适当安排一些相关的内容来巩固幼儿初学的新经验、新技能。在活动延伸的设计方面,以绘画教育的活动延伸为例,教师有意识地安排专门的交流时间,让幼儿把自己画的画编成故事讲给同伴、幼儿园的哥哥姐姐、弟弟妹妹或家长听;还可提供手工制作材料,在美术区(角)里让幼儿通过动手制作来反映对绘画主题的感受;可在游戏中提供练习、巩固技能的机会等。除此之外,活动延伸还可把绘画活动与幼儿园的其他各科教育活动结合起来,促进幼儿能力的全面发展。

一、幼儿园绘画教育活动的设计

幼儿园绘画教育活动过程,包括创作引导、作业辅导、作品评价几个主要步骤。其设计与指导如下所述。

(一)创作引导

创作引导阶段主要采用全班集体活动的形式,指导主要是用语言启发、讲解,帮助幼儿明确本次活动的要求,使幼儿的绘画活动能围绕主题来开展。大致分为以下三个步骤。

1. **导入活动**

引导幼儿感知或回忆、提取与本次活动相关的经验。在物体画中,主要是引导幼儿用多种感官感知所要描绘事物的特征。在情节画中,主要引导幼儿回忆并提取与本次活动相关的经验。导入活动应注意精练、游戏化,最好能在最短的时间内调动起幼儿的积极思维,激发幼儿创作的愿望。

2. **讲解示范**

引导幼儿学习本次活动的重点和难点。讲解的语言要简练,富有启发性,示范动作要清楚,让幼儿能掌握本次活动的基本技能。在讲解示范中,教师应注意为幼儿留下宝贵的思维空间,不局限幼儿的创作。

3. **交代本次活动的具体要求**

在幼儿创作前,教师要向幼儿明确地提出一些要求,以便幼儿能够准确明了地去描绘。一般包括交代绘画程序。例如,小班活动"草地上的鲜花",教师要求的绘画顺序是先在纸上用蜡笔画好草地,然后用手指蘸水粉颜料点画鲜花;提醒技能要求,如色彩搭配、合理布局、均匀涂色等;提醒养成好的习惯,如正确使用工具、专心作业、爱惜作品等。以上几方面的要求在实际运用时,应根据本次活动的特点,所使用工具材料的不同,以及幼儿实际水平等灵活地、有侧重地提出。

创作引导在绘画活动中是最关键的环节。要求教师仔细推敲,在最短的时间内完成并达到相应的效果,留下充足的时间供幼儿进行绘画创作。

(二)作业辅导

作业辅导包括如何构思、如何造型、如何使用色彩、如何构图等几方面的内容。教师在了解每位幼儿构思、造型、色彩、构图几方面不同发展水平的基础上,针对每位幼儿的特点采用分层指导法,有针对性地进行辅导,让每位幼儿在自己原有的发展水平上再向前一步。

(三)作品评价

教师对幼儿作品评价的态度、标准,直接影响幼儿参与美术活动的兴趣和积极性,也影响幼儿对作品的态度和对美的鉴赏能力。一般从以下几方面来评价,即符合同龄幼儿的一般水平,有童趣,有一定的艺术性(表现为线条有力、连贯,图形、形象清晰完整,画面饱满、均衡,色彩明快,内容丰富、充实)。

教师的评价应以鼓励为主,结合不同幼儿的水平,以发展的眼光来对待幼儿的作品。

在组织作品评价时,小班幼儿作品可以教师评价为主,中大班幼儿作品可采取教师评价与幼儿评价相结合的方法。在评价的过程中,教师应注意把评价的标准慢慢教给幼儿,并帮助他们学习积极地评价同伴的绘画作品。幼儿自身评价与相互评价,不仅有利于其评价能力的提高,还有利于其社会性的发展。

二、手工教育活动的设计

我们来做"梨"

这是刚入园幼儿的一次泥工活动——做"梨",教师让幼儿有节奏地念儿歌来模仿做的动作:

一二三四团呀团,

二二三四搓呀搓。

三二三四压呀压,

四二三四抹抹光。

随着儿歌的节奏,幼儿很快就做好了"梨"。下课后,还不时地念儿歌做各种动作。就这样,幼儿在游戏中掌握了泥工的基本技能。

幼儿手工教育活动与绘画教育活动,既有共同的方面又有独特的地方,教师在设计与指导中,应遵循其发展的年龄特征和手工工具、材料本身的特点,真正发挥手工活动的作用。

(一)泥工教育活动过程的设计与指导

1. **导入活动**

明确所要制作的形象,激起幼儿创作表现的愿望。教师引导幼儿直接感知或回忆,提取相关的经验,帮助幼儿分析所要制作的事物的外形特征。教师可以以欣赏优秀手工作品为开端,引起幼儿的学习欲望。其主要作用在于激发幼儿的兴趣,为更好地开展教学活动作铺垫。教师在设计组织这一层次活动时,要注意以下问题:一是欣赏的作品不能太难、太多,要符合幼儿的年龄特点;二是不能太杂、太乱,使幼儿能够接受。

2. 讲解示范

引导幼儿学习本次活动的重点和难点。对不同年龄班的幼儿,教师的指导各有侧重。小班幼儿刚开始接触泥工活动时,要让幼儿玩泥,体验泥的柔软和可塑性,教师要引导幼儿学习用团、搓、压的技能,塑造一些幼儿熟悉的、外形简单、容易表现的物体。如"元宵"、"饼干"等。在泥工塑造技能学习方面,教师要边示范、边讲解,让幼儿跟着教师的动作模仿。中、大班幼儿进一步学习分泥、连接、捏边、砌合、伸拉等技能,老师应重点示范所学的技能。

3. 作业辅导

采用巡回指导、分层指导的方法。

4. 评价作品

以积极鼓励为主,教师评价与幼儿评价相结合。重点看幼儿是否按照技能的要求塑造的。

在泥工制作活动中,教师还应注意培养幼儿养成良好的卫生习惯,操作时卷起长袖,随时将泥块放在泥工板上,以免弄脏桌面等。

(二) 纸工教育活动的设计与指导

纸工包括粘贴、撕贴、折纸、剪纸等。

纸工教育活动包括导入活动、作业辅导、评价作品。

讲解示范如下。

1. 粘贴

粘贴是幼儿用教师事先准备好的(规则的或不规则的)纸,粘贴出某种形象(形象轮廓可以是教师画好的),或经过想象粘贴成自己喜欢的作品。前者较为简单,一般在小班进行,重点指导幼儿如何用糨糊涂抹;后者可在中、大班进行,重点启发构思主题,展开丰富的想象。

2. 撕贴

撕纸可以锻炼幼儿手对形的控制能力。撕纸的材料可以是普通彩纸或报纸等,撕纸的方法大致有自由撕、按折痕撕、按轮廓线撕、折叠撕等。一般来说,要求幼儿所撕的物像,应该是特征明显、外形简略的。让幼儿随意撕纸后,根据所撕的形象想象添画,发展幼儿的想象力。教师重点指导按活动所要求的技能撕及粘贴的方法。

3. 折纸

折纸是幼儿喜欢的活动之一。折纸取材方便,彩色蜡光纸、旧挂历纸、废报纸等都可。

折纸的基本技能,有对边折、对角折、集中一边折、集中一角折、对中心线折、角对中心折、双正方折、双三角折、菱形折等。折纸活动要按照由浅入深的规律、由易到难的顺序安排。

对小班最初的折纸练习,教师主要指导幼儿对齐、抹平。由于折纸的过程易忘记,到中班时,教师可以引导幼儿学习看图折纸。教师事先按折纸顺序画好步骤图。图上线条要简明,要教幼儿认识和熟悉折法符号。一开始,教师可以边教幼儿识图边进行演示,帮助幼儿理解图上的符号。演示时,教师用的纸要比幼儿的大,要有正反面,手的动作要明确,语言要简练明确。待幼儿理解图示后,教师可逐步过渡到仅演示重点和难点,其他部分让幼儿自己看图折。大班幼儿增添了组合折叠,即把折好的几部分组成一个整体。教师应重点指导几个部分的插接,引导幼儿思考如何插接才不会松散。

4. 剪纸

剪纸的主要方法,有目测剪、沿轮廓线剪和折叠剪。剪的技能学习应按由易到难的顺序安排。从小班下学期开始,幼儿就可以学用剪刀。在小班和中班初期,以学剪直线和曲线为主。指导沿轮廓线剪时,重点指导幼儿应用左手转动底片,防止边剪边拉,使物像周围不整齐;折叠剪的指导重点是折叠部分,只有折叠好了,才能剪出对称的或有规律的图形。

在日常生活中,教师可在美术区(角)投放一些废旧的挂历纸或有物像的旧画书,让幼儿在游戏时间多加练习。这样,能提高幼儿剪纸的技能,更好地满足幼儿剪纸的兴趣。

幼儿园的手工包括泥工与纸工。纸工包括粘贴、撕贴、折纸、剪纸等；泥工有团、搓、压等技能。手工教育活动的设计包括导入活动、讲解示范、作业辅导、评价作品。

三、幼儿园美术欣赏教育活动的设计

她咬着手绢哭得多伤心呀！ ①

有一次，电视台播放了绘画大师毕加索的作品《哭泣的女人》，一位曾到过国外留学的研究生看了这幅画后认为看不懂，也不好看，而一个7岁的女孩却认为这幅画挺好看的，并说："你看她咬着手绢哭得多伤心呀！"

幼儿与成人对艺术作品的评价相去甚远，7岁孩子的欣赏水平比留学研究生还高吗？答案自然是否定的。幼儿欣赏美术作品凭的是直觉，是非理智的思维活动，其过程不是被动接受的过程，而是能动的再创造的过程，他们会调动自己以往的生活经验和情感，再按照自己的审美习惯，通过想象，补充和丰富美术作品中的艺术形象，在自己头脑中重新创造自己所理解的形象，这个过程会有效地提高幼儿的审美能力。幼儿是最富有想象力的，成人感到不可思议或者难以想象的东西，在幼儿头脑中都可能出现，而且被用以再创造。幼儿美术欣赏活动就应小心翼翼地保护这种天赋的直觉和敏锐的感受力，使之不被破坏。

完整的幼儿美术欣赏活动是对美术作品、自然景物、环境布置的具体可视形象的欣赏。美术欣赏活动的设计与指导应注意以下两个方面。

（一）美术作品的选择

幼儿所欣赏的作品不应局限于教师的范画、幼儿的美术作品和墙饰等，还应选择名人名作，让幼儿直接与大师交流。不断流动和变化的现代派大师的作品和儿童的心灵特别容易沟通，米罗童心的符号、马蒂斯强烈的装饰色彩、毕加索夸张变形的图形，都是孩子们乐于接受的图像。还有的名家喜欢画一些富有生活情趣的小品，这恰恰与幼儿的经验相吻合。齐白石画的昆虫、小虾，吴作人画的熊猫等，均深受幼儿的喜爱，还有民间工艺品、手工等作品所表达的纯朴稚拙的艺术追求，很适合儿童欣赏。总之，为儿童选择艺术欣赏作品必须遵循高度艺术性和儿童可接受性相结合的原则，使之符合儿童的兴趣和理解能力，符合儿童的生活经验。

选择美术作品还应注意复制品的印刷质量要尽可能与原作接近，并且画幅要尽可能大一些，以便让幼儿能看清楚。作品可用幻灯、投影、电视录像和电影等方式呈现给幼儿。指导幼儿欣赏美术作品，教师首先要加强自身的美术修养，了解作品产生的时代背景、作者要表达的思想感情及作品的表现手法等。在自然景物和环境布置的欣赏中，最好能让幼儿有身临其境之感，这样才能激发幼儿的审美情感，陶冶其情操。

（二）美术欣赏过程的设计与指导

美术欣赏过程的设计与指导可以框定为如下四个阶段：感知、分析、评价、创作。这四个阶段与幼儿欣赏活动过程中心理活动的四个层次——感觉、智慧、表现、创造相吻合，符合幼儿心理活动的过程，可以收到良好的效果。

1. 第一阶段：感知与叙述（即从感觉层次认识作品，对作品有一个初步的印象）

教师以开放的态度，利用艺术作品本身的感染力激发幼儿的探究欲望，要求幼儿用直接的感知与美感

---

① 杨景芝，美术教育于人的发展，人民美术出版社，2000年版。

意识接触作品,避免把教师的期望灌输给幼儿,多提描述性、研究性的问题,将幼儿想象思考的重点移向对作品画面、意蕴以及表现手法的理解。

2. 第二阶段:分析与解释(即从智慧的层次有意识地进行观察)

艺术活动有赖于智慧的运用,而艺术认知层面的活动是需要学习的,在幼儿欣赏作品时,要引导幼儿从主题、形式、象征、材料等方面进行有意识的观察,分析作品中各种图形的关系、造型的特点、作者处理作品的方式等,以便进一步了解画面的形式及其内涵。让幼儿从观察中认识造型的要素,提高幼儿的知觉敏锐性、推理能力、美的判断与美的感受能力。

3. 第三阶段:作品的评价(即从表现的层次表达对作品的感受)

欣赏是以培养幼儿审美情趣和评价能力为主的,因此评价也是一个非常重要的环节,评价时,要求幼儿表达对作品的感受。教师可启发诱导,着重分析作品中视觉元素的特征。如作者是如何安排和组织,以达到创作的预期效果的。在与幼儿的交谈中,教师要用幼儿可接受的语言巧妙地呈现艺术品的内涵与意境,并对所知觉的作品结构做必要的说明、解释和评价。

4. 再创作(即从创造的层次,挖掘所欣赏的艺术品的潜在的美感价值)

幼儿了解了作品形式上的优点,在充分展开想象、体验美的情趣后,他们逐渐产生了绘画创作的热情,这时就可以进行创作了。创作是一个非常重要的环节,是幼儿提高审美能力的过程。幼儿从作品中获得的启迪,拓展了他们的表现空间,对他们表现美有潜移默化的作用。这种潜在的影响表现为审美感受向审美创造水平的质的飞跃。

在欣赏活动中,教学方法的运用很关键。首先,教师要注意调动幼儿审美的积极性,启发要做到饱含感情、充满兴趣。活动开始时,教师不要急于作讲解分析,因为教师的讲解极易给幼儿造成思维定式,影响幼儿自身主动的感知和体验。其次,教师不要过多过深地讲解分析,避免对幼儿进行填鸭式的灌输;应主要通过提问的方法,对幼儿加以引导,使他们沿着一定的程序积极地进行思考、联想、感受,提高审美能力。教师的总结应事先设计好,做到言简意赅、通俗易懂,使幼儿能理解;语言要充满联想,以调动幼儿的情感与想象。

> 幼儿园美术欣赏教育活动的设计要点包括美术作品的选择、美术欣赏过程的设计与指导——感知与叙述、分析与解释、作品的评价、再创作。

四、幼儿园美术教育活动的案例及评析

大班美术活动方案:秋天的联想[①]

活动目标

1. 喜欢参加水粉画美术活动,感受用水粉作画带来的乐趣。
2. 能迁移生活经验,运用相似联想描画秋天。
3. 能用黑色的线条进行创作,大胆发挥想象力、创造力。

活动准备

1. 教具和学具的准备:白色土布5米,海绵垫子两块(拼在一起和白色土布大小相似,课前大面积泼上橙色、蓝色、黄色、红色、绿色等,海绵泼色之后将白色土布覆盖在上面),鞋套每人一双(课前穿上),一次性桌布、排笔各若干。水粉颜料,丙烯颜料,香水。
2. 乐曲三首:《世纪秋雨》、《郊游》、《森林狂想曲》。
3. 知识经验准备:幼儿感受过秋天的季节特征,学过有关秋天的儿歌或诗句、歌曲等,有画水粉画的前期经验。

活动过程

1. 准备部分:欣赏、感受。

[①] boly,幼儿园大班美术活动教案,[EB/OL]. http://www.gxtd.gov.cn/whly/ShowArticle.asp? ArticleID=21516. 2013-05-14,收录时有删改。

(1) 欣赏乐曲,描述感受。

① 幼儿欣赏歌曲《世纪秋雨》,感受秋天的季节特征。

师:现在是什么季节?

师:今天老师带来一首关于秋天的音乐请大家一起欣赏,你们仔细听听音乐里的秋天是什么样的?你们听到了什么?仿佛又看到了什么?闻到了什么?

② 请幼儿闭上眼睛完整地倾听一遍音乐。(在幼儿欣赏音乐时教师喷一点桂花香水。)

③ 引导幼儿讲述自己的感受。

师:音乐中你们听到了什么?(流水声、小鸟叫声等。)

师:秋天,小河里有什么动物在玩呢?(小鱼、乌龟、螃蟹,教师讲解一下螃蟹的样子。)

师:秋天里还有什么动物飞到南方去过冬?

教师小结:秋天来了,小河的水潺潺地流动着,小鱼、小乌龟在水里快活地游戏着,就连四处横行的螃蟹也从河里跑出来找小鱼、小乌龟玩,天空中有一群排着"人"字形的大雁往南飞,飞到暖和的南方去过冬。

师:你们还闻到了什么?(桂花香。)

师:秋天还有哪些花开呢?

师:秋天也是水果丰收的季节,有哪些水果是我们在秋天才能吃到的呢?它们是什么颜色的呢?

(2) 说说秋天的诗、秋天的歌、秋天的舞。

师:有谁能说说关于秋天水果的儿歌或者诗歌。如儿歌《秋的画报》:黄澄澄的梨,红彤彤的枣,金灿灿的苹果,亮晶晶的葡萄,风娃娃钻进树林,在翻着秋的画报。诗歌:采菊东篱下,悠然见南山。

师:何老师前段时间吃了一种食物(做动作)。对了,就是螃蟹。秋天有一句话——菊黄蟹肥。

教师小结:原来秋天是这么美好!有香气扑鼻的桂花,各种颜色的菊花,还有各种颜色的水果和好吃的螃蟹。说到这我还想问问小朋友,你知道有哪些描写秋天的歌曲吗?你们可以唱一唱、跳一跳吗?(幼儿边唱边跳《秋天多么美》。)

师:啊,跳得好极了!我也想跳了,我想邀请你们和我一块儿在这块布上跳。你们愿意吗?

2. 基本部分:舞蹈后联想作画。

(1) 彩色足迹。

① 播放音乐《郊游》,师生一起在棉布上随音乐"舞蹈",棉布上留下了彩色足迹。

② 舞蹈过程中教师有目的地指导幼儿,观察踩踏出来的色块。

师:你们看。白布现在有什么变化没有?

师:有哪些颜色呢?(红色、绿色、蓝色、橙色、黄色——五颜六色。)

(2) 丰富感受,展开相似联想。

① 展开相似联想。

教师根据画面提问,引导幼儿展开相似联想。

哪一块是橙色?——秋天里什么东西是橙色的呢?

哪一块是蓝色?——秋天里什么东西是蓝色的呢?

哪一块是黄色?——秋天里什么东西是黄色的呢?

哪一块是红色?——秋天里什么东西是红色的呢?

② 教师提出作画的要求。

幼儿根据棉布上的足迹进一步展开相似联想。

师:啊,我终于明白了,秋天有这么多漂亮的颜色。我们把刚才说的都画下来好吗?

师:今天我们画画用丙烯颜料还有小排笔,你们是第一次用,老师有个要求你们可要听好了。用小排笔沾上颜料之后,要在杯子的旁边舔一舔、刮一刮,然后再开始画。

(3) 幼儿作画,教师巡回指导。

教师提出活动要求:先想一想棉布上的舞蹈足迹像什么,然后用黑色的丙烯颜料,在印有足迹的棉布上进行相似联想勾画或添画秋天的景象。

教师指导:鼓励幼儿根据足迹的形状,大胆地进行相似联想并用黑色线条勾画,再说出自己所画的秋天。

3. 结束部分:相互评价,体验成功。

教师展示幼儿作品,引导幼儿欣赏并评价。

（1）幼儿相互评价作品,说说自己最喜欢作品的哪个部分？为什么？

（2）教师评价总结。如"我今天非常高兴,我喜欢黄颜色的这一块,因为小朋友把它想象成××,线条很流畅,构图也很美。我还喜欢蓝色的这一块……"

（3）师：秋天,真是一个丰收的季节。

案例评析：

本次活动的设计有如下三个特点。

1. 以相似联想为依托,打开幼儿想象之门。相似联想是开启幼儿创造性想象的一把金钥匙。幼儿每天说的儿歌以及古诗,如"小时不识月,呼作白玉盘"等,经常用到相似联想。相似联想是在不同的形象和事物之间,找出相同的部分,利用事物之间的本质和共同性来孕育一个新的创意。本次活动,教师以颜色作为一个思维的维度,扩散幼儿的想象和操作。当幼儿踩出黄色时,追问：秋天里什么是黄色的？看到黄色,你会想到什么？由此调动幼儿已有的知识经验,运用相似联想,去建构新知识,获得新的情感体验和感受。

2. 日常审美经验和欣赏活动以及幼儿的创造力有机地结合。幼儿的美术表现力、创造力以及审美体验,来源于幼儿对生活的观察与感悟,艺术来源于生活,最后又还原于生活。大班幼儿已积累了相当多的关于秋天的审美体验,如何让孩子将这"秋天的审美体验"表现出来,是此次教学活动的关键。本次活动教师立足于幼儿的年龄特点,联系他们的日常审美经验,突破了传统教学过多依赖范画的教学惯性。

3. 多元评价提升幼儿已有的美术技能。在幼儿尽兴画完后,教师给幼儿足够的时间让他们互评,最后再由教师进行评价。这样安排的依据是：此年龄段的幼儿评价带有很大的他律性,教师的评价往往左右他们的想法,让幼儿充分自评,教师作为一名参与者、合作者,一起聆听幼儿对于作品的理解,感受幼儿内心的世界。就像庄子说的："子非鱼焉知鱼之乐！"这就需要教师耐心、细致地解读童心,感受童真。在理解幼儿作品基础上,教师适时地介入,从情感体验、表现方法上提出相关的构图、线条等绘画技能技巧的要求。

本章小结

本章意图对幼儿园美术活动设计的要素进行梳理,了解美术、幼儿美术及幼儿园美术教育的概念；掌握幼儿美术发展各阶段特点,理解幼儿园美术教育的目标、类型及内容；了解幼儿园美术活动设计的具体方法并能加以运用。在此基础上掌握幼儿园美术活动方案设计的一般流程并学会设计幼儿园美术教育活动的具体方案。

▶ **主题词**

美术 幼儿美术 幼儿园美术教育 涂鸦期 象征期 图示期 绘画教育活动 手工教育活动 美术欣赏教育活动 活动目标 活动过程 活动内容

▶ **阅读书目**

1. 杨景芝.学前儿童数学[M].北京：北京师范大学出版社,2008.
2. 屠美如.学前儿童美术教育[M].重庆：西南师范大学出版社,2000.
3. 李慰宜.走进幼儿绘画世界[M].上海：上海教育出版社,1998.
4. 朱家雄等.学前儿童美术教育[M].上海：华东师大出版社,1999.
5. [英]赫伯·里德.通过艺术的教育[M].吕延和译.长沙：湖南美术出版社,1993.
6. [美]维克多·罗恩菲德.儿童美术与成长(台)[M].李睿明译.台北：世界文物出版社,1991.

第九章　幼儿园音乐教育活动设计

学习目标

※ 初步明确什么是音乐，什么是幼儿的音乐，什么是幼儿园音乐教育。
※ 通过解读《纲要》和《指南》中的音乐领域目标，领会音乐教育目标的精神。
※ 理解和掌握幼儿园音乐教育内容的范围，学会选编幼儿园音乐教育的内容。
※ 掌握幼儿园音乐教育的基本方法，并能在实践中灵活地、创造性地加以运用。
※ 能设计和组织幼儿园音乐教育活动。

学习导引

本章从幼儿园音乐教育的独特内涵出发，分析幼儿园音乐教育的目标，幼儿音乐的发展过程，结合幼儿园音乐教育内容的范围以及幼儿园科学教育的基本方法，能在实践中灵活地、创造性地设计和组织幼儿园的科学教育活动。

知识结构

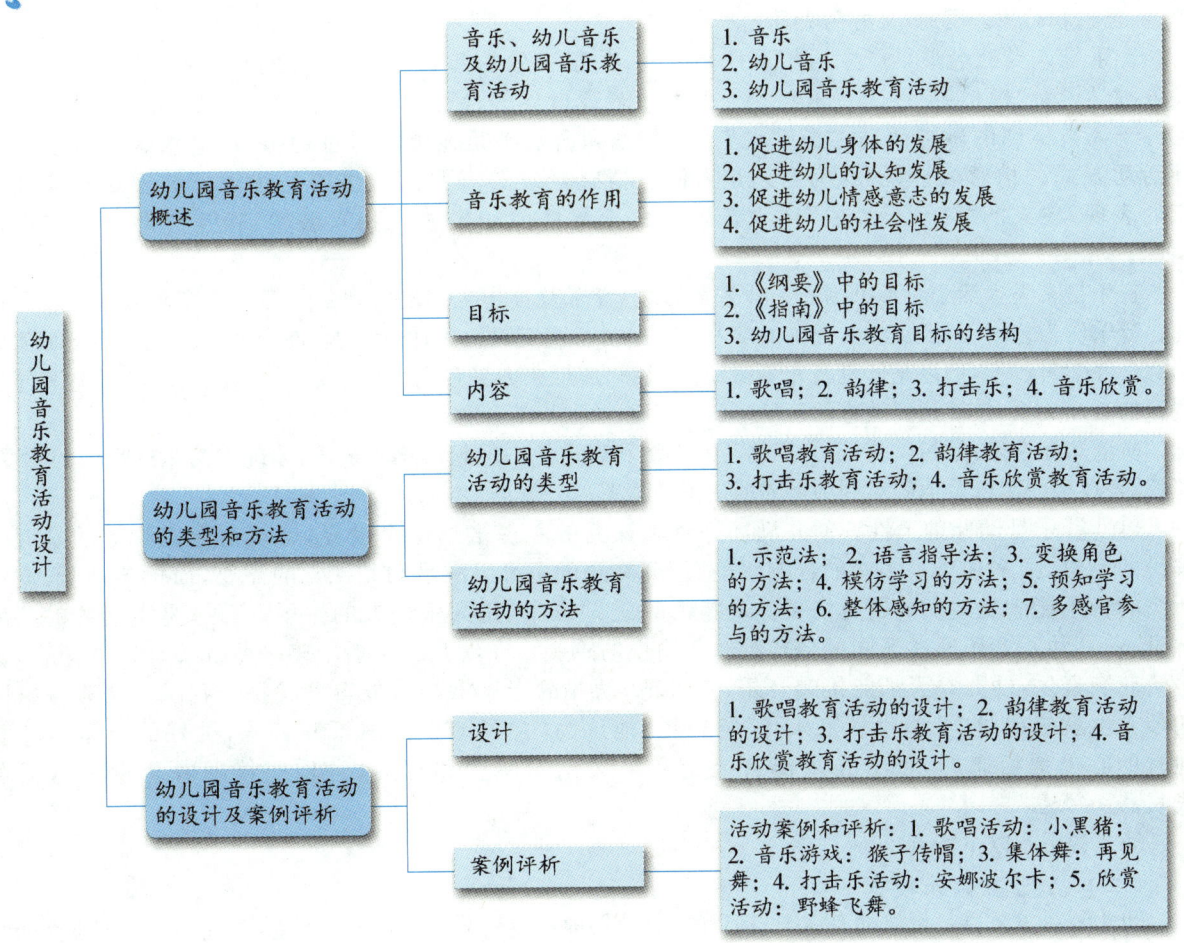

> ### 引子
>
> #### 当一个小女孩投币后
>
> 在西班牙街头,当小女孩向街头艺人的帽子里投下一枚硬币后,神奇的事情发生了!大提琴手缓缓拉出了贝多芬《d小调第九交响曲》第四乐章《欢乐颂》,其他的乐手依次进场,陆续地汇集到一起,形成了一个乐队。所有路人都驻足倾听,演奏者专注、潇洒、自然,观众们礼貌、热情、惊喜,连趴在灯杆上观看的孩子也随着乐曲挥舞起手臂。这时,时间仿佛凝固,就连空气仿佛也被神圣的光芒照亮了!……这是在网上被传了无数次的一个音乐小短片,虽然只有短短的五分钟,却感动了无数的观众,也震撼了无数人的心灵。这就是音乐的力量!
>
> 对于幼儿园教育来说,音乐教育是重要的内容,该怎样用音乐启迪孩子呢?这得从音乐的特质以及幼儿音乐、幼儿园音乐教育特点谈起。

第一节 幼儿园音乐教育活动概述

一、音乐、幼儿音乐及幼儿园音乐教育活动

(一) 什么是音乐及幼儿音乐

音乐是通过有组织的音响运动,创造音乐形象,表现感情思想,反映社会生活的艺术形式,它有自己独特的表现方式和意义,主要是通过人类的听觉系统来感知,能够表现和传达文字和视觉艺术等不能传递的感情、思想和心智。因此,又称为听觉艺术。

音乐是人类社会最早产生的艺术种类之一,关于音乐的起源,古今中外的哲学家、美学家曾提出过各种学说。"模仿说"认为音乐起源于人类对客观世界的各种声音现象的模仿;"巫术说"认为音乐起源于人类早期的敬神活动;"游戏说"认为艺术和游戏都是人类宣泄过剩精力,追求娱乐愉悦的一种活动方式;"情感表达说"认为音乐是人们有情感抒发的需要而产生的是音乐家的主观想象和情感的表现;狭义的"劳动起源说"认为音乐是由于集体劳动中人们相互鼓舞、相互协调的需要而产生的。

音乐是人类生活中必不可少的一种艺术形式,音乐教育与人的发展问题是音乐教育领域最基本的问题。音乐作为艺术不是独立的,音乐的学习不止是对音高、节奏、旋律的掌握,而是一个获取更多领域知识的综合性学习过程,可以充分发展儿童敏锐的理解力、想象力和创造力,可以了解知识、技能、情感和感官之间的交互关系,最终达到教育的目的。

所谓幼儿音乐,是指反映0—6岁幼儿的生活和表达他们思想情感的艺术,体现了幼儿对音乐的感受、理解、表现和创造以及他们对周围世界的认识和情感。

热爱音乐是幼儿的天性。幼儿满怀好奇和探究的心理来到这个世界,展现在他们眼前的是五彩缤纷的色彩、图案和丰富多变的音响。美丽、鲜艳的色彩可以满足幼儿视觉的需要,而优美动听、欢快活泼的音乐能满足他们的听觉需要。冼星海说过:"音乐,是人生最大的快乐;音乐,是生活中的一股清泉……"幼儿音乐通过不同的形式给幼儿愉悦的感受。在幼儿的生活中多一些优美动听的声音,让生活充满音乐,幼儿每天都能接触音乐,慢慢地,幼儿的音乐潜能就能得到发挥。我国著名教育家陈鹤琴先生就提出过"儿童生活音乐化"的思想,他认为,儿童的生活离不开音乐,美好的音乐与儿童纯真的心灵是相通的,每个儿童都有接受音乐文化的愿望和权力,音乐应伴随着儿童的生活和成长。

幼儿音乐有以下特点:

(二) 幼儿园音乐教育

幼儿园音乐教育是指教师有组织、有目的、有计划地通过音乐学科本身的情感性、感染性、愉悦性的特

点来引发幼儿的情感体验,从而获得审美的感受的活动。由于幼儿天性活泼好动,要有更强的形象性、情感性,这种需求是由幼儿生理和心理发展的特殊性所决定的,因此,幼儿园音乐教育的内容、手段和形式更贴近幼儿的天性,呈现以下特点。

1. **趣味性与游戏性**

游戏是幼儿教育的基本方法,利用音乐的娱乐性引导幼儿在玩中学,在乐中学,把音乐教育寓于愉快的音乐感受和音乐表现之中,把"乐"、"趣"作为对幼儿进行音乐能力培养及整体发展和教育的有效手段,更好地促进幼儿形成活泼开朗的特性以及积极向上、主动探索的精神。

幼儿音乐教育的趣味性、游戏性体现在内容上、形式上、方法上。幼儿园音乐教育的内容有歌唱、韵律活动、打击乐演奏、音乐欣赏活动领域。音乐作品节奏鲜明、歌词富有童趣,还有许多的游戏,幼儿在听听唱唱、跳跳、动动、玩玩的过程中获得愉快的情绪情感体验。

2. **想象性与创造性**

音乐是对现实生活的反映,它通过想象性和创造性的艺术形象来反映自然界和社会生活。音乐虽然是流动的、非视觉的、依靠听觉来感知,但可以通过联想、表象、想象,甚至创造等活动来构成有思想情感的、有审美价值的内容。3—6岁幼儿的思维主要依赖于具体形象事物的联想及对事物表象的拟人化的想象而进行的,在幼儿音乐作品中,无论是歌曲、还是器乐曲,无不有鲜明的音乐形象,并通过这些形象反映幼儿所熟悉的生活、事物,通过幼儿对音乐的联想产生生动的形象、栩栩如生的音乐画面,从而感知、理解具体的事物形态。在呈现音乐的过程中,图片的展示、语言的讲解、动作的表演等外在形式帮助幼儿展开丰富的想象和联想,从而领略、体验到音乐的意境。

3. **表现性和感染性**

音乐艺术的美不仅是具体、形象的,而且还具有很强的感染力,以情动人、以情感人、以情娱人是音乐艺术的魅力所在,音乐的感染力不仅表现在内容上,也不是单纯表现在形式上,而是从内容和形式的统一中体现出来的。幼儿在接触音乐作品、学习音乐的过程中,通过感知音乐作品的艺术美,在情感上产生共鸣,从而培养对音乐作品及事物的是非、善恶、美丑的初步鉴赏和辨别能力。因此,让幼儿多参加各类富有感染力、情绪性的音乐活动,不仅能使幼儿的积极情绪逐步丰富、深刻起来,又能对幼儿的思想意识、道德行为、情绪体验、个性特征等方面产生潜移默化的影响。感染力也是音乐教育的特殊性之一。

4. **技能性和综合性**

音乐是一门艺术,任何艺术都有它必须具备的技术,早期音乐启蒙教育虽然不是为培养专业音乐人才打基础,但是,基本的技能技巧训练也是幼儿重要音乐能力。技能性是幼儿园音乐教育区别于其他学科教育的显著特征之一。因此,作为教师,需要运用一定的音乐技能技巧去启蒙儿童,为儿童示范、演奏,带领并指导儿童学习;儿童学习音乐、探索音乐必须具有一定的音乐技能技巧作为基础,有了这些基本的音乐表达,儿童才能在听、唱、跳、奏等各种音乐教育活动中大胆地表现,积极地探索和创造。

综合性是指幼儿园音乐教育是在形式、过程、方法上的综合。在音乐教育活动中,常常是歌、舞、乐、游戏多种形式融合,在过程中创作、表演、欣赏三位一体,示范法、语言讲解法、练习法、引导探索法等多种方法灵活变化,共同应用于幼儿音乐活动的实践之中。

> 音乐是通过有组织的音响运动,创造音乐形象,表现感情思想,反映社会生活的艺术形式;幼儿音乐是指反映0—6岁学前儿童的生活和表达他们思想情感的艺术,体现了学前儿童对音乐的感受、理解、表现和创造以及他们对周围世界的认识和情感;幼儿园音乐教育是指教师有组织、有目的、有计划地通过音乐学科本身的情感性、感染性、愉悦性的特点来引发幼儿的情感体验,从而获得审美的感受的活动。

二、幼儿园音乐教育的作用

> **音乐的魅力**[①]
>
> 法国大文豪雨果有一句至理名言:"开启人类智慧的宝库有三把钥匙,一把是数字,一把是文字,一把是音符。"美国有一所中学每年都会培养一大批优秀学生,而且他们的学生最后很多都成就斐然。有个记者去调查采访,当问及校长为何他能培养出这么多的人才时,校长笑道:"因为我们注意开发学生的思维。"原来在他的学校读书,如果想要毕业的话,不仅需要各门成绩都达标,还有一点额外的要求就是每个学生必须学会一门乐器,这就是他们的秘诀。这个秘诀很简单,但是很科学,因为音乐能开发学生的思维,也就是智力。音乐能让人变得敏锐,思维更加活跃,能培养一个人开拓创新的能力。

古希腊哲学家柏拉图认为:"节奏与乐调有最强烈的力量,能浸入心灵的最深处。如果教育的方式适合,它们就会拿美来浸润心灵,使它也就因而美化。"音乐就像是千年积雪融化的雪水,干净无瑕,纯洁无比,聆听音乐就仿佛沐浴在这纯净的冰水之中一样,它可以让你的心灵得到净化,精神得到升华陶冶。我国最早的一部关于音乐思想和音乐理论著作《乐记》中说:"德者,性之端也;乐者,德之华也。"学习"乐"可以陶冶内心,"致乐以治心,则易直子谅之心油然生矣"。我国古代思想家荀子也指出:"声乐之入人也深,化人也速。"这肯定了音乐在人的品行、性格形成中的作用。近代学者梁启超也谈道:"盖欲改造国民之品质,则诗歌音乐为精神教育之一要件。"

音乐就像流了五千年的河,净化了一代又一代人的心灵。幼儿园的音乐教育又有哪些作用呢?

(一)音乐教育与幼儿的身体发展

1. 促进大脑发育

音乐教育能促进学幼儿大脑两半球机能的发展。人的左右大脑两半球的功能有一定的分工。大脑左半球掌管语言学习、数字理解、概念构成、时间连续性感受以及分析性思维活动等。大脑右半球则掌管音乐、图形感知、面孔识别、空间知觉、距离判断以及综合型思维活动。音乐、美术等以发展形象感知、思维能力为主的活动领域,能使幼儿大脑的潜力得到应有的开发,最优发挥整个大脑工作能力。

2. 提高运动能力

幼儿期是人身体发展最迅速的阶段之一,运动对于处在这一时期中的幼儿有着特别重要的意义。与身体运动联系紧密的音乐活动也具有其特殊的价值。在各种伴随音乐进行的动作表演和乐器演奏活动中,幼儿可获得锻炼身体各相应部分的大小肌肉、骨骼和韧带,提高神经系统反应的速度和协调能力,增强心肺等器官的耐受力。经常参加韵律活动的幼儿,更有可能获得健美的体型、端正的姿态和良好的发育。歌唱活动对发音器官、共鸣器官和呼吸器官的发育起到一定的促进作用。因此,可以有意识地利用音乐教育活动来促进幼儿的身体发展,提高他们的身体运动能力。

3. 增进身体健康

音乐教育活动与幼儿身体健康的另一种联系渠道是:科学的音乐教育活动给幼儿提供更多获得积极情绪体验的机会,而积极的情绪体验不仅是保证幼儿心理健康的重要基础,也是维护增进身体健康的重要条件。因此,应该充分发挥音乐的作用,更好地促进幼儿身心的和谐发展,提高他们的身体健康水平。

(二)音乐教育与幼儿的认知发展

1. 促进幼儿感知能力的发展

音乐是一种听觉的艺术。音乐活动主要是借助听觉器官来进行的,幼儿阶段是听觉能力发展最迅速的时期,众多的研究表明,学前期是培养听觉能力的最佳期,应及早地、更多地为幼儿提供各种音乐活动的机会和环境,并有意识地引导幼儿进行听觉的感知和分辨活动。

[①] 选自 http://wenku.baidu.com/link?url=GkSNE4WHZcsKfRKQNjLI8aXbWy_Mt-p38x8vNlgS3i8nJChTLRdaYPf5G47D59rAoQNUVKAevyElWxgWmnkgAlKx8efJdfFRPL6OKl2UzeG,收录时有删改。

2. 促进幼儿记忆能力的发展

音乐是在时间持续过程中展开其形象的,因此,音乐记忆能力更直接影响到个人感知音乐形象的能力。任何音乐的表演、欣赏或创作活动,都不可能脱离对音乐表象的记忆、再认和再现。一个人只有在能够对音乐进行记忆的基础上,才可能追踪音乐的发展,对音乐的形象进行审美感知。同时,音乐表演和音乐创作活动,也都不可能脱离对音乐表现的记忆、再认和再现。幼儿的音乐学习和体验能使他们增强记忆表象的能力。

3. 促进幼儿想象力、联想、思维能力的发展

音乐教育对幼儿认知发展的促进作用,还表现在能发展幼儿的想象、联想和思维能力。正如音乐活动离不开记忆表象一样,音乐活动也往往离不开想象和联想,它是幼儿沉浸于音乐活动之中并获得快乐的重要表现之一。幼儿对音乐的感知、理解带有明显的直观、形象性,幼儿的音乐思维方式是以一种外化的、直觉的、整体的、形象的把握方式为主,但音乐思维本身有形象思维,又有抽象思维,因此,教师有必要在音乐教育的活动中利用一切机会和手段来帮助儿童加深对音乐与音乐之间、音乐的整体与部分之间、音乐与其表现的客观事物之间、音乐与主体的感知体验之间关系的把握和理解,逐渐建立起最初的音乐抽象概念。

4. 促进语言发展

一首好的歌曲往往同时又是一首好的诗歌。幼儿在大量接触优秀歌曲和有节奏的诗歌朗诵的过程中,不仅积累了音乐语汇,而且也扩大了词汇的积累,增加了对文学语言的理解和运用能力。语言学习也是一种听辨、记忆、再现声音符号的学习。教师在教儿童唱歌时,坚持要求正确的咬音吐字,会帮助幼儿养成口齿清楚的语言表达习惯。此外,音乐与口头语言同样具有高低、强弱、快慢、声色变化等表情因素,在音乐活动中教师可以有许多机会促进幼儿认识这些表情因素,这对提高幼儿的口语表达能力大有帮助。音乐和语言都有节奏、句子,都有音调起伏,也都有韵和重复。经常听音乐可使幼儿的听觉要素更加敏感,学习歌唱还能够在喉部形成一种肌肉运动的模式,这对说话能力也会起到积极影响作用。

(三)音乐教育与幼儿的情感意志发展

1. 促进幼儿的情感发展

所谓情感,是指人的社会需要是否得到满足而产生的体验。它虽然无影无形、捉摸不定,但却伴随着人的认识活动而产生,同时又对认识的发展起推动或阻碍作用,因此,培养积极情感是教育的重要任务之一。音乐是通过旋律、音响等手段来表现人类最为细腻的心理活动和感情波动的艺术。音乐艺术的最大特点在于以情动人、以情感人,音乐就是情感,没有情感就没有音乐。因此,通过音乐教育促进幼儿情感的发展,就成为音乐本身应有的题中之意。

学前期的幼儿正处于个人情感由低级向高级逐步发展的重要阶段。随着幼儿社会交往活动的日益增加,情感体验的日趋丰富及逐渐细腻,富有情感性的音乐活动已逐渐成为能促进幼儿情感发展的有效手段之一。音乐,既能够帮助幼儿明确建构自己的感情,也能帮助幼儿与自己的感情沟通,并与其他人的感情沟通。一首好的音乐作品,一次成功的音乐教育活动,都能使幼儿产生对音乐的情感共鸣,培养和激发起幼儿良好的情绪情感。如幼儿学了歌曲《我的好妈妈》后,激起他们对妈妈的热爱。此外,在音乐教育活动中,幼儿能广泛接触到表现不同情感、内容的音乐,由此他们的情感世界会逐渐变得丰富而充实。

2. 促进幼儿的意志发展

意志是人根据一定的目的对自己的行为进行激发、维持、抑制等调节的一种心理过程。音乐教育也具有促进幼儿意志品质得到发展的潜力。这是因为,音乐教育活动是一种有目的、有计划的实践活动,无论是学习歌唱还是乐器演奏,都需要有一定的音乐技能的学习。对于幼儿来说,没有坚持不懈的刻苦精神和克服困难的勇气、意志,是无法达到一定目标的。另外,音乐教育是一种情感参与的活动,幼儿作为一个个体,不仅需要调控自己的行为配合音乐,而且还要协调自己与他人之间的关系,这样才能达到和谐统一。

(四)音乐教育与幼儿的个性发展

所谓个性,是指区别于他人的稳定的、独特的、整体的特性。个性化作为幼儿人格发展过程的一个侧面,是个体在生理上、心理上获得独立的过程,即自我确立、自我形成的过程。它强调的是个体的需要、特征、独特的权力、个人发展、自我实现、个体在世界上的唯一性等等。

1. 促进个性意识倾向性的发展

音乐教育活动对幼儿个性发展的促进作用,首先表现为能促进幼儿积极的个性意识倾向性的发展。

在音乐学习活动中,幼儿不仅获得了认知、情感和音乐操作技能等方面的有效发展,享受并获得了快乐的体验,同时更促发了幼儿对人和事物的积极态度的初步养成,而这种积极态度、探究精神、创造精神及自信心等在适当的条件下又是发展成为积极人生态度的重要基础。

2. 促进自我意识的发展

音乐教育对幼儿个性发展的作用,还表现为能促进幼儿自我意识的发展。所谓自我意识,是指个体对自己存在的感觉,即自己认识自己的一切,包括生理状况、心理特征以及与他人的关系等等。在音乐教育活动过程中,幼儿对音乐的感受和表现正需要幼儿能有意识地认识到自己的活动状况,有意识地调控自己的身体动作和活动与音乐协调一致。

(五)音乐教育与幼儿的社会性发展

幼儿的社会性是在与周围人群的交往中发展起来的。音乐的重要功能之一,就是提供给幼儿人际交往的机会,满足他们的交往需要。成人与幼儿,幼儿与幼儿之间的音乐交往,可以给幼儿提供大量的交往机会和经验。音乐活动是一种有秩序的社会活动,它要求参加者学会按照一定的规则来活动,同时也要求参加者明确认识并自觉担负起一定的社会责任。音乐本身内在的节奏、韵律、合奏中各声部间的配合及律动、舞蹈中动作的编排、音乐游戏的规则等等,都能使幼儿在一种愉快的、"不强迫"的形式下养成自愿遵守规则的习惯,从而培养幼儿形成自律、责任感和自我激励的意识,而这些正是幼儿将来进入有秩序的社会交往活动所必须具备的基本准则。

> 幼儿园音乐教育的作用:促进幼儿身体的发展;促进幼儿的认知发展;促进幼儿情感意志的发展;促进幼儿的社会性发展。

三、幼儿园音乐教育的目标

从舞蹈班退出的女孩

香香和韵韵几个大班的女孩子从一个舞蹈培训机构的退出舞蹈学习,不想再跟着学了。这个舞蹈培训机构的声誉在当地还不错,学员表演的节目获过不少奖,而香香她们又酷爱跳舞,这是为什么呢?老师纳闷了,就对孩子们说:"能不能把你们学过的舞蹈或动作表演给老师看看?"孩子们扭捏了一阵,推出模仿力强、学习最认真的香香来表演。香香很认真地做了一个走步的动作,香香走了几步,老师就不忍再看下去了,香香的走步动作姿势标准,一板一眼,梗着脖子,表情僵硬,这完全就是一个小木偶呀!老师明白了喜欢跳舞的孩子们不愿继续学舞蹈的原因,是因为舞蹈培训机构过于强化技能的学习,而忽略了孩子们的审美、情感的体验。《指南》指出:幼儿艺术领域学习的关键在于充分创造条件和机会,在大自然和社会文化生活中萌发幼儿对美的感受和体验,丰富其想象力和创造力,引导幼儿学会用心灵去感受和发现美,用自己的方式去表现和创造美。如何对幼儿进行音乐艺术教育,理解和把握艺术教育的目标是至关重要的。

(一)幼儿园音乐教育的总目标

1.《幼儿园教育指导纲要(试行)》中的音乐领域目标

音乐教育在教育部 2001 年 7 月颁布的《纲要》中,被明确列为幼儿园教育内容的五大领域——艺术的组成部分之一。《纲要》规定的音乐领域的目标如下。

(1) 能初步感受并喜爱环境、生活和艺术中的美。

(2) 喜欢参加艺术活动,并能大胆地表现自己的情感和体验。

(3) 能用自己喜欢的方式进行艺术表现活动。

2.《3—6 岁儿童学习与发展指南》中的音乐领域目标

(1) 感受与欣赏

目标1　喜欢自然界与生活中美的事物

3—4岁	4—5岁	5—6岁
容易被自然界中的鸟鸣、风声、雨声等好听的声音所吸引。	喜欢倾听各种好听的声音,感知声音的高低、长短、强弱等变化。	乐于模仿自然界和生活环境中有特点的声音,并产生相应的联想。

目标2　喜欢欣赏多种多样的艺术形式和作品

3—4岁	4—5岁	5—6岁
1. 喜欢听音乐或观看舞蹈、戏剧等表演。 2. 乐于观看绘画、泥塑或其他艺术形式的作品。	1. 能够专心地观看自己喜欢的文艺演出或艺术品,有模仿和参与的愿望。 2. 欣赏艺术作品时会产生相应的联想和情绪反应。	1. 艺术欣赏时常常用表情、动作、语言等方式表达自己的理解。 2. 愿意和别人分享、交流自己喜爱的艺术作品和美感体验。

(2) 表现与创造

目标1　喜欢进行艺术活动并大胆表现

3—4岁	4—5岁	5—6岁
经常自哼自唱或模仿有趣的动作、表情和声调。	经常唱唱跳跳,愿意参加歌唱、律动、舞蹈、表演等活动。	1. 积极参与艺术活动,有自己比较喜欢的活动形式。 2. 能用多种工具、材料或不同的表现手法表达自己的感受和想象。 3. 艺术活动中能与他人相互配合,也能独立表现。

目标2　具有初步的艺术表现与创造能力

3—4岁	4—5岁	5—6岁
1. 能模仿学唱短小歌曲。 2. 能跟随熟悉的音乐做身体动作。 3. 能用声音、动作、姿态模拟自然界的事物和生活情景。	1. 能用自然的、音量适中的声音基本准确地唱歌。 2. 能通过即兴哼唱、即兴表演或给熟悉的歌曲编词来表达自己的心情。 3. 能用拍手、踏脚等身体动作或可敲击的物品敲打节拍和基本节奏。	1. 能用基本准确的节奏和音调唱歌。 2. 能用律动或简单的舞蹈动作表现自己的情绪或自然界的情景。 3. 能自编自演故事,并为表演选择和搭配简单的服饰、道具或布景。

(二)幼儿园音乐教育活动目标的结构

根据《幼儿园教育指导纲要》以及《指南》中艺术领域的目标,以及我国幼儿音乐教育的实践,我们把幼儿音乐教育的目标分为认知目标、情感目标、技能目标。

1. 认知目标

认知目标表述的是幼儿音乐教育中各种有关的音乐知识,以及认识能力方面的发展要求。例如,"能正确地感知和理解歌曲中歌词和曲调所表达的内容、情感";"能认识并辨别各种常用打击乐器及音色特点"等。

2. 情感与态度目标

情感与态度目标包括在幼儿音乐教育中幼儿情感的体验和表达能力的发展,以及对音乐活动的兴趣和爱好的发展。例如,"乐意参与音乐欣赏活动,体验并享受音乐欣赏过程的快乐","喜欢操弄打击乐器,喜欢参加集体的打击乐演奏活动"等。

3. 操作技能目标

操作技能目标是指在幼儿音乐教育中幼儿运用身体动作进行音乐体验和表达的技能。例如,"能够较自如地运用身体动作进行简单的随乐动作表演","能够掌握一些最基本、最初步的歌唱技能"等。

(三)幼儿园音乐教育分类目标

分类目标从歌唱、韵律活动、欣赏和乐器演奏这四个不同内容的角度描述,每种内容中又包含认知、情感态度和操作技能三个方面的具体要求。

1. 歌唱

认知目标:能记住歌曲名称;正确地感知、理解歌曲中歌词、曲调所表达的内容、情感;并能用自然、美好的声音进行歌唱表现。

情感与态度目标：喜欢唱歌；积极地体验参与歌唱活动的快乐以及追求用歌唱的方式与他人进行交往的快乐。

操作技能目标：掌握一些最基本、最初步的歌唱技能，能够正确地咬字、吐字和呼吸；能较自然地运用声音表情和身体动作表情；能够在集体歌唱活动中控制和调节自己的声音使之与集体相协调。

2. 韵律活动

认知目标：能够感知、理解韵律动作与音乐的关系，尝试进行创造性的动作表现；能符合音乐的情绪要求以及音乐表现手段和表情作用来做动作。

情感与态度目标：喜欢参加韵律活动和音乐游戏；积极体验参与韵律活动和音乐游戏的快乐；主动地追求用身体动作探索、表达音乐以及与他人合作表演的乐趣。

操作技能目标：能够较自如地运用和控制自己的身体动作；能够掌握运用较简单的道具；能够在合作性的韵律活动中运用动作和表情与他人交流、配合。

3. 打击乐演奏

认知目标：能够认识、辨别各种常用打击乐器及音色特点；掌握一些简单的节奏型；了解有关打击乐器的一些基本知识；能够理解指挥的手势含义并与指挥相配合。

情感与态度目标：喜欢参与打击乐演奏活动；乐意探索乐器的不同演奏方法和尝试创造性的表现；积极体验并享受与他人合作演奏的快乐。

操作技能目标：熟练掌握一些常用打击乐器的演奏方法；能够在集体的演奏活动中有意识地控制、调节自己奏出的音色，使其与集体的演奏相协调；能够学习并掌握使用、整理和保护乐器的一些简单规则。

4. 音乐欣赏

认知目标：能够感受、体验音乐欣赏作品所表达的内容和情绪；能够理解音乐作品最基本的表现手段；能够再认和区分已欣赏过的音乐作品。

情感与态度目标：乐意参与音乐欣赏活动，有积极的欣赏态度；体验并享受音乐欣赏过程的快乐。

操作技能目标：初步学习运用文学、美术、韵律动作等各种艺术表现手段来表达自己对音乐作品的想象和情感体验；能够在音乐欣赏的过程中尝试与同伴交流和配合，共同协作来表达对音乐的感受和理解。

> 幼儿园音乐教育的目标结构为认知目标、情感与态度目标、操作技能目标。

四、幼儿园音乐教育的内容

快乐的想象

一个6岁的女孩，一天在随母亲去外婆家的路上突然哼起了一首欧洲风格的进行曲，随后在大约30分钟的时间里，她一边不断地用改编速度、力度、音色、节拍和节奏的方式重复哼唱该曲调，一边就每一种方式向母亲讲解：这一次我在草地上捉蝴蝶，这一次是我在花丛中睡觉，这一次是一只老猫在想它小时候的事情，这一次是一只金红色的树叶小船在蓝绿色的湖水里漂，这一次是小朋友坐着飞船在太空里飞……

凭借音乐的翅膀，孩子的想象就像任意飞翔的小鸟，自由自在，又充满童趣。幼儿园的音乐教育应该发挥它的独特作用，让幼儿接受具有创造性和审美性的音乐教育。

（一）歌唱活动

歌唱是人类表达、交流思想感情的最自然的方式之一，也是幼儿表达自己思想的一种方法。对于幼儿来说，歌唱是他们童年生活中不可缺少的一个重要组成部分。歌唱是幼儿音乐教育的一个重要内容。

幼儿园的歌唱活动包括以下简单的知识和技能。

1. 歌词

3岁前的幼儿已经能够部分地重复再现一些歌曲的片断,但是他们对歌词含义的理解十分有限,只是把歌词当作一种声音来加以重复。3岁幼儿的语言发展已有了一些进步,他们已经能够较完整地再现一些短小的或歌曲中的比较完整的片断。4—6岁的幼儿掌握歌词的能力又有了进一步的提高。他们一般已经可以比较完整准确地再现熟悉歌曲的歌词,在这个阶段中幼儿所接触过的歌曲篇幅较长,内容也较复杂,因为这时他们一般对歌词的听辨、理解、记忆的能力已有了较大的提高。

2. 音域

2岁以前的幼儿还处于嗓音游戏阶段,歌唱和说话正在慢慢从嗓音游戏中分化出来。2岁以后,幼儿开始逐步学会较完整地唱一些短小的歌曲或歌曲的片断,一般情况下这一阶段的幼儿可以唱出3—4个音,大约在$d^1—g^1$范围之内的音。3—4岁的幼儿,一般可以唱出5—6个音($c^1—a^1$),其中听起来最舒服的是在$d^1—g^1$之间。4—6岁的幼儿的音域会稍有扩展,向上一般可以达到b^1或者c^1,向下一般可以达到b或者a。在4—6岁幼儿中,音域发展的个别差异仍然存在。有个别幼儿能唱出很高的音,如d^2甚至e^2、f^2。但也有个别幼儿连唱a^1都有点勉强。

3. 节奏

一般由二分音符、四分音符、八分音符所构成歌曲的节奏,3岁幼儿是比较容易接受的。4—6岁的中、大班幼儿在唱歌的节奏表现能力方面可以有较大的发展。他们对歌曲中的二分、四分、八分音符的节奏已掌握得较好,甚至也能够较好地掌握带附点的节奏和切分节奏。3拍子歌曲的节奏,弱起乐句的节奏虽然对幼儿来说比较困难,但在正确方法的指导下,有可能在大班阶段逐步掌握的。

4. 音准

音准是幼儿在唱歌活动中最难掌握的一项技能。在学前阶段,幼儿最容易掌握的是歌词,节奏第二,速度第三,呼吸第四,最难掌握的是音准。音准把握能力是幼儿唱歌能力中发展最慢的一种能力。即使在进入小学以后,仍然会有许多幼儿没法解决基本的音准问题。

3岁幼儿在没有乐器伴奏的情况下,独立歌唱时的"跑调"现象相当严重。4—6岁幼儿在音准把握的能力上有了一定的进步,如有琴声伴奏,加上唱的歌曲难度适宜的话,一般幼儿都能够基本唱准音高。在适宜的音域范围内,比较容易掌握的音程首先是小三度、大二度,其次是大三度、纯四度、纯五度。小二度音程和六度以上的大音程比较难以掌握。另外,下行音程一般来说要比上行音程容易掌握。

5. 呼吸

3岁前,幼儿的肺活量很小,呼吸很浅,因此往往一句歌词没有唱完就要换气,有些幼儿甚至会一字一顿地歌唱。3岁以后,他们常常会不顾歌曲的乐句,通常是根据自己使用气息的情况来换气,所以因为换气而中断句子、中断词意的情况时有发生。4—6岁幼儿经过良好的训练,一般在呼吸时自然而迅速,不耸肩,不发出很响的吸气声,能有节制地消耗气息,能按照音乐的意思来换气,不中断音乐的句子。

6. 表情

与声音表情有关的歌唱技能主要有速度、力度及音色变化,咬字、吐字和气息运用等。4—6岁幼儿,在良好的教育影响下,已有了一定的表现意识;已能较熟练地应用一些简单的表现技能。同时,他们对歌曲的形象、内容、情感的体现理解能力也在一定程度上增强了。

7. 独立歌唱

3岁以前,幼儿在家庭中或在托儿所里的歌唱活动比较自由,歌唱的能力较弱,多数情况下有成人或同伴陪伴一起歌唱。进入幼儿园以后,大多数3岁幼儿都愿意在集体中跟着大家一起歌唱。在班级气氛比较宽松的情况下,到5岁末期,大多数幼儿都愿意独自面对大家演唱,当然也不排除个别差异。

8. 协调一致

在进入幼儿园以后,集体歌唱活动中会出现有人唱得慢,有人声音特别响,有人音色特别突出的情况,但在良好教育的影响下,幼儿能逐步开始注意自己的声音是否与集体相一致,并会自己找出一些调整的方法,例如,降低自己的音量,以便于听到他人的歌声;中途放慢或加快速度以求与集体一致。

9. 创造性表现

3岁幼儿进入入幼儿园以后,在良好的教育影响下,他们初步形成创造性表现的意识,创造性表现的技能会逐步获得发展。4—6岁幼儿,在良好的教育影响下,已经积累了一定的歌曲作品和创造性歌唱表达的经验;发展起了一定创造性表现意识,能较熟练地应用一些简单的创造性表现技能,创造性表现的兴趣和自信也逐步增强了。

(二)韵律活动

韵律活动是指在音乐的伴奏下以协调性的身体动作来表现音乐的活动。在幼儿的音乐活动中,身体动作和音乐往往是密不可分的,动作是幼儿表达和再现音乐的一种最直接而自然的手段。韵律活动既能够满足幼儿对音乐的参与、探究的需要,获得表现和交流的快乐体验;更能够促进幼儿身体运动能力和协调性的发展以及音乐感受力、表现力和创造力的培养。因此,幼儿韵律活动能力的发展有一个渐进的过程,体现出一定的年龄阶段特点。

幼儿韵律活动包括以下的简单知识和技能。

1. 动作

3—4岁的幼儿能逐步学会自由地运用手臂和身躯来做各种单纯动作;能逐步用稍快的速度做动作。4—6岁幼儿在良好的教育影响下可以获得较大的进步,他们可以学会做比较精细的腕部动作;可以比较随心所欲地根据需要变化上肢和躯干的动作速度和幅度。可以做出比较复杂而且协调的联合动作,如在做摘果子的动作时,腰部、胸部、头部和眼睛都能协调地配合臂和手的动作。

2. 随音乐做动作能力

随音乐做动作能力是指在进行韵律活动的过程中使动作与音乐协调一致的能力。

3. 协调一致

韵律活动中的协调一致主要是指运用动作与人配合、沟通。构成韵律活动中协调一致能力的基础主要是:动作关系的判断、调节能力;情感关系的判断、调节能力;空间关系的判断、调节能力。

4. 创造性表现

创造性表现在此是指在进行韵律活动的过程中运用动作创造性地表现自己的想法和对音乐的理解及感受的活动。

(三)打击乐演奏

适合于幼儿学习和操作的常用打击乐器一般有以下几种。

碰铃(也称小铃):

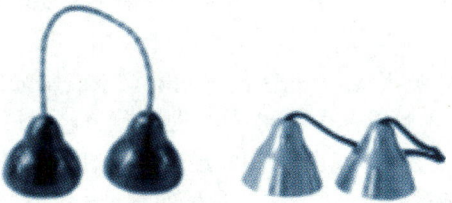

这是一对用金属制成的小铃,通过相互撞击引起振动而发音。碰铃的音色清脆、柔和,且高而轻,在打击乐器中属高音乐器,是幼儿园用得最为普遍的一种乐器。

串铃:

这是用金属串成的马蹄形(或半圆形、棒形等)的若干个小铃,通过敲击、抖动或摇晃引起的振动而发音。

铃鼓:

这是用皮革(或塑料)蒙在带有可活动的金属小钹的木制围框上,通过手指(或手腕肘)的敲击或手腕的抖动、摇晃引起的振动而发音的一种乐器。

大鼓：

这是用皮革蒙在筒状的共鸣箱上，通过鼓槌敲击引起的振动而发音的一种乐器。其音色低沉，音量较大。

三角铁：

这是一根弯成等边三角形的圆柱形钢条，用绳子悬挂一端，通过另一根金属棒敲击而发音的一种乐器。其音色接近于碰铃，但音量比碰铃大，延续音比碰铃长。

响板（也称圆弧板）：

这是由两片贝壳状木块，中间用松紧带相连而构成的一种乐器，通过两片木块的撞击引起的振动而发音。其音色清脆而圆润。

木鱼：

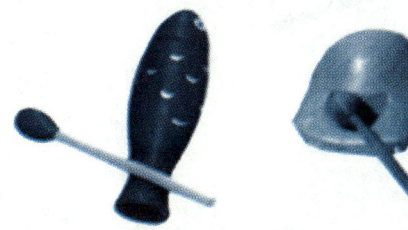

这是用木头刻制的、形似鱼状、中间空而头部开口的一种乐器。通过另一根木制的敲棒击鱼头而发音。其音色接近于响板。

双响筒：

这是一段中间有节的木筒，下端装有握柄，通过另一木制敲击棒的敲击而发音的一种乐器。其音色与木鱼相似，干脆而清亮，没有延续音。通常用来模拟马蹄声。敲击双响筒由节分开的两端会发出不同高低的音响，一般两个音之间通常相差约五度。

蛙鸣筒：

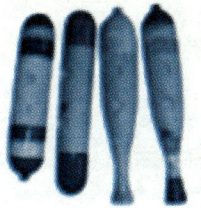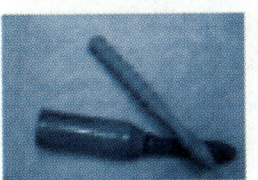

这是由一节毛竹或木头制成的,刻有一道道楞子的筒状乐器。通过另一木制小棒刮、擦筒身而发音。其音色类似于青蛙的鸣叫声。

沙球:

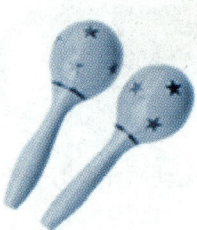 

这是一种用椰壳或塑料制成的空心球体,内装有细小的沙粒状物体,下端装有握柄,依靠臂的抖动、摇晃而振动发音。其音色轻柔而干脆。

钹:

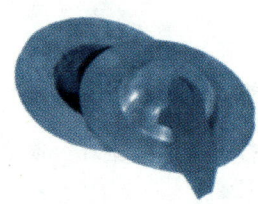 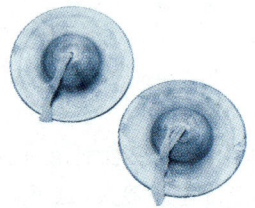

这是一对用铜合金制成的圆盘,中间微凸,靠敲击、摩擦而发音。其音色响亮,有较长的延续音,在绳拍上演奏能造成强烈、刺耳的音响效果。

锣:

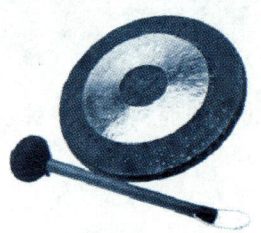

这是一个由铜合金制成的圆盘,由绳子固定在可抓握的木柄上,通过锣槌敲击锣面引起的振动而发音。一般可以用在强拍的伴奏上,以突出节奏、渲染气氛。

(四)音乐欣赏

音乐欣赏的教育内容如下。

1. 倾听周围环境中的音响

在我们周围的环境中,无论是自然界还是社会生活中都充满着各种音响:鸟叫,蛙鸣,暴风的呼啸,雨水的滴答,汽车的滴滴声,火车、飞机的隆隆声等。如果能从小培养幼儿对周围生活中各种声音的倾听兴趣和倾听能力,将会为他们的欣赏音乐作品打下良好的基础。因此,应充分利用一切机会,自然地、有意识地引导幼儿倾听周围生活中的声音,丰富他们对声音的各种感性经验。

2. 音乐作品

在音乐欣赏活动中,幼儿能接触更多、更丰富的音乐作品。除了专门为幼儿创作的歌曲外,幼儿可以接受的音乐作品如下。

(1) 优秀的中外少年歌曲,如《听妈妈讲那过去的事情》、《卖报歌》、《请来看看我们的农庄》、《春天来了》(德国儿童歌曲)等。

(2) 由歌曲改编的器乐曲,包括由中外优秀儿童歌曲及优秀民歌改编的器乐曲,如《小白船》(根据朝鲜族童谣改编)、《茉莉花》(根据江苏民歌改编)、《洋娃娃和小熊跳舞》(根据波兰儿童歌曲改编)。

(3) 专门为儿童创作的简单器乐曲,如《小鸭的舞》。

(4) 专门为儿童创作的音乐童话剧的片段,如《龟兔赛跑》、《彼得与狼》。

(5) 中外名著音乐作品或其中的片段,如《牧童短笛》。

> 幼儿园音乐教育的内容包括歌唱活动、韵律活动、打击乐活动和音乐欣赏活动。

第二节　幼儿园音乐教育活动的类型与基本方法

> **在音乐中听到……**
>
> 一位2岁女孩听到录音机中播放的河北民歌《小白菜》时,对奶奶做出假装哭泣的样子;一位3岁女孩听到教师弹奏的一首进行曲后说"我想甩膀子";另一位5岁男孩看了电视上一位穿着华丽现代服装的女演员演奏的二胡曲《阳关三叠》后说:这个音乐讲的是古时候穷人受苦的事情;三位5岁男孩在听音乐画图画活动中,听了《江河水》的录音后,一位画了许多褐色的枯树、坟墓和黑色的十字架,另一位画了一棵枯萎的果树和一片枯萎的花草,第三位则画了一个伤心痛哭的妇女、一个正在毒打这位妇女的坏蛋和一个正在赶来救助这位妇女的好汉。

幼儿已经能够根据音乐的旋律形态、节奏特点、音乐风格、音乐情绪进行判断、分析、概括、推理,教育者应该努力利用幼儿园音乐教育活动培养幼儿的音乐思维能力,促进幼儿对生活、对周围一切事物的敏锐洞察力和感受力。

一、幼儿园音乐教育活动的类型

幼儿的音乐教育活动,可分为歌唱、韵律、打击乐和音乐欣赏教育活动。

1. 幼儿歌唱教育活动

不同的歌唱表演形式可以表达出歌曲不同的演唱效果。在幼儿的歌唱活动中,可以根据参加歌唱者的人数及合作、表演方式的不同,将歌唱的形式分为以下几种:

独唱:独唱是指一个人独立地歌唱或独自表演唱。

齐唱:齐唱是指两个或两个以上的人在一起整齐地唱同一首歌曲。它是幼儿园集体歌唱活动的一种最主要形式。

接唱:接唱是指将一首歌曲分成几个乐句,由幼儿分组轮流一句句接唱。如:《山谷回音真好听》。

对唱:对唱是指个人与个人、小组与小组之间以问答的方式各自唱歌曲中的问句和答句。如:《我爱我的小动物》。

领唱齐唱:领唱齐唱是指由一个人(或几个人)唱歌曲中比较主要的部分,集体唱歌曲中配合的部分。如:《加油干》。

轮唱:轮唱是指两个声部按一定间隔先后开始唱同一首歌曲。如:《欢乐颂》。

合唱:合唱是指两个不同声部相配合的集体演唱形式。

2. 幼儿韵律活动教育活动

幼儿园的韵律活动,一般包括律动及其组合、舞蹈和音乐游戏三种类型。

(1) 律动及其组合

① 律动:律动是指在音乐伴奏下的韵律动作。它可以分为基本动作、模仿动作和舞蹈动作三种。

基本动作:所谓基本动作是指幼儿在反射动作的基础上发展起来的日常生活动作。如:走、跑、跳、拍手、点头、屈膝、晃手等。

模仿动作:所谓模仿动作是指幼儿模仿特定事物的外在形态和运动状况所做的身体动作。大致有以下几方面的内容:动物的动作——鸟飞、兔跳、鱼游等;自然界的现象——花开、风吹、下雨等;日常生活的动作——洗脸、梳头、照镜子等;成人劳动或活动的动作——摘果子、锄地、骑马、打枪等;幼儿游戏中的动作——跷跷板、拍皮球等。

舞蹈动作:所谓舞蹈动作是指经过多年文化积淀、已经基本程式化的艺术表演性动作。幼儿要学习和掌握的舞蹈动作主要是一些基本舞步。如小班幼儿要掌握碎步、小跑步;中班幼儿在此基础上要基本掌握蹦跳步、垫步、侧点步、踵趾小跑步、踏点步、踏踢步;大班幼儿要掌握进退步、交替步、溜冰步、跑跳步、跑马步、秧歌十字步等。

② 律动组合:律动组合是指按照一首结构相对完整的乐曲组织起来的韵律动作组合。一般可以分为身体节奏动作组合、模仿动作组合及舞蹈动作组合三种。

身体节奏动作组合:这是指最基本的身体动作的组合。如击掌、跺脚、拍腿、捻指等身体动作组合,其动作本身没有特别的意义,注重的是动作的节奏性。

模仿动作组合:这是指以模仿动作为主的韵律动作组合。如小树苗睡着——醒来——长成大树——开花、结果……既注重模仿动作的组织结构,更注重对模仿对象的表现。

舞蹈动作组合:这是指以舞蹈动作为主的韵律动作组合。它比较注重动作的组织结构,可以有表现简单情节的表演舞组合,也可有结构较自由、松散的自娱舞组合和以队形变化、舞伴间交流为主的集体舞组合。

(2) 舞蹈及其表现形式

舞蹈是动作的艺术。它是以经过提炼加工的人体动作作为主要表现手段,运用舞蹈语言、节奏、表情和构图等多种基本要素,塑造舞蹈形象、表达人们思想感情的一种表演艺术。在学前阶段,幼儿舞蹈的表现形式主要有以下几种。

集体舞:集体舞是有许多幼儿一起参加的、有一定的队形和动作规定并可交换舞伴的一种舞蹈形式。它是有利于幼儿交流和分享音乐感受的一种很好的形式,如《找朋友》。

邀请舞:它是集体舞的一种变形,是幼儿比较喜欢的一种舞蹈形式。通常有一部分幼儿作为邀请者,与被邀请者跳完一遍以后,可以互换角色再继续跳舞,如《猜拳游戏舞》。

双人舞:它是指两个人相互配合的一种舞蹈形式(也包括3个人或3个人以上的组合形式),如《小世界》。

表演舞:它是一种带有表演性质的舞蹈形式,可以在一般歌曲表演或舞蹈动作组合的基础上加工而成。一般限定舞蹈者人数,还可以适当采用一些舞蹈道具等辅助材料,通常在节日活动或文艺演出活动中被采用。

独舞:它是指1个人独立进行的一种舞蹈形式。即使是许多幼儿一起表演,也是各自单独地跳,相互间没有任何协作和交流。

自编舞:它是幼儿在掌握基本舞步和动作的基础上,根据音乐的性质、情绪创造性地自编舞蹈动作,自娱自乐式的一种舞蹈形式。

(3) 音乐游戏及其种类

音乐游戏是在音乐伴随下进行的游戏活动。它是一种比较特殊的韵律活动,其特殊性主要表现在游戏和音乐的相互关系上。

音乐游戏是多种多样的,分类方式也各不相同。根据目前幼儿园音乐游戏活动的实践,大致分为以下四类。

① 角色游戏

这一类音乐游戏一般有一定的内容或情节的构思,有一定的角色。幼儿在音乐游戏中根据游戏中的角色模仿一定的形象,完成一定的动作。如《小猫敲门》。

② 歌舞游戏

这类游戏一般是在歌曲的基础上产生的,即按照歌词、节奏、乐句和乐段的结构做动作并进行游戏。游戏的规则通常定在歌曲的结束处。如《猫捉老鼠》的游戏,幼儿在熟悉并学会演唱歌曲的基础上,可以根据歌词的词意自由做表演动作,分别扮演大猫和老鼠;当唱完歌曲的最后一个音后,扮演大猫的幼儿才可去抓"老鼠"。

③ 表演游戏

这类游戏是按专门设计、组织的不同音乐来做动作或变化动作而进行的游戏。从游戏内容上看,一般有一定的情节和角色;从游戏形式上看,带有较强的表演性。如小班音乐游戏《小动物和狼》。

④ 听辨反应游戏

这类游戏比较侧重于对音乐和声音的分辨、判断能力的要求,以培养幼儿对音乐的高低、强弱、快慢、音色、乐句等的分辨能力。它一般没有固定的游戏情节或内容,以对音乐要素的反应和理解为主。

如音乐游戏《什么乐器在唱歌》,要求分辨的是小乐器的音色;游戏《来把门儿敲》,训练辨别同伴声音的能力。

3. 幼儿园打击乐活动教育

打击乐器是幼儿最易掌握的乐器之一。它是以身体大肌肉动作参与为主,运用一定的节奏和音色,通过打击乐操作来表现音乐的一种活动。它是幼儿表达音乐的一种最自然最直接的工具,也是令幼儿感到快乐的活动。

幼儿园的打击乐演奏活动一般是一种集体配合、由多个声部组成的乐器演奏活动。对于幼儿来说,需要了解和掌握的有关知识和技能包括以下四个方面。

(1) 乐器的名称和分类

认识乐器,知道并记住打击乐器的名称,能根据乐器的音色给打击乐器分类。如碰铃和三角铁,音色都比较明亮、柔和,通常归为一类;响板、木鱼、双响筒等,音色都比较干脆、圆润,可以归为一类;铃鼓、串铃等,摇动时都有一种颤音的效果,可以归为一类;大鼓、锣及钹音色各具特点,通常归为特色乐器或加强乐器一类。

(2) 正确的演奏方法

在集体参与的、多声部的乐器合奏活动中,正确的演奏方法包括:用自然、协调的动作来演奏;用适中的音量和好听的音色来表现;在演奏过程中,随时注意倾听音乐和其他声部的演奏,使自己的演奏与集体的整体音响相协调一致。

(3) 配器

在幼儿的音乐学习中,"配器"主要是指:教师引导、组织幼儿,用集体讨论的方式,选择适当的节奏型以及合适的乐器,为幼儿所熟悉的歌曲或乐曲设计伴奏的一种活动形式。首先,指导如何按乐器的音色分类,如三角铁、碰铃等音色较明亮、柔和,可作为高音乐器;圆弧板、木鱼、单响筒等,音色较为干脆、坚实,可作为中音乐器;串铃、沙球、铃鼓等摇奏时都有一定的毛糙感、波动感;大鼓音色沉着、厚实可作为低音乐器,钹、锣、镲等音色较为尖锐、粗糙和带有撕裂感,通常单独使用。再次,指导如何利用乐器的搭配制造某种特定的音响效果,如要制造强烈的效果,可用更多的乐器加上大鼓和钹,用可摇响的乐器持续猛烈摇奏;如要制造轻快、柔和的效果可用较少的乐器,用较长延续音的乐器柔和地弱奏,可用较短促声音的乐器轻快地弱奏,可用摇响的乐器轻柔地持续摇奏等。最后,通过集体讨论等方法,为指定的歌曲或乐曲选配合适的节奏型及音色安排方案,并能用简单的图形、语音、动作等符号记录设计好的配齐方案。

(4) 指挥

打击乐中幼儿要学习"指挥"和"看指挥演奏",幼儿在打击乐中的指挥与成人专业的指挥有很大不同,主要学习的是如何与人沟通、与人合作以及与人协调。这包括用手势动作表示"准备"、"开始"和"结束",能明确地让演奏者做出反应;知道用眼睛注视演奏者,用微微前倾的身体姿势与演奏者沟通、交流,用体态和表情激起演奏者的热情;能用指挥动作来表现节奏和音色的变化。根据指挥的要求进行协作演奏,使自己的演奏与集体的音响协调一致,奏出和谐、美好的整体音响效果。

4. 幼儿园音乐欣赏活动教育

幼儿的音乐欣赏,是让他们通过倾听音乐对作品进行感受、理解和初步鉴赏的一种审美活动。音乐欣赏不仅可使幼儿接触更多的优秀音乐作品,开阔他们的音乐眼界,丰富他们的音乐经验,发展他们的想象、记忆和思维;而且还能在音乐的欣赏过程中,培养幼儿听觉的敏感性和良好的倾听习惯,培养幼儿对音乐稳定而持久的兴趣以及初步的审美情趣和审美能力。

在音乐欣赏教育中发展幼儿一些欣赏的简单知识技能:了解著名音乐作品的主要内容和常见表演形式;知道几种乐器的名称;听出并理解作品的主要情绪、内容、形象以及作品的主要结构;分辨常见人声和乐器的音色;根据音乐作品状况想象、联想;运用一定的媒介表达对音乐的感受。

> 幼儿园音乐教育的内容包括:歌唱教育活动——独唱、齐唱、接唱、对唱、领唱齐唱、轮唱、合唱;韵律教育活动——律动、舞蹈、音乐游戏;打击乐教育活动;音乐欣赏教育活动。

二、幼儿园音乐教育活动的方法

孩子是音乐的天使

齐齐参加了韵律活动课,开始,他和参加其他活动时一样,一个人在旁边,有时地上躺一躺,有时玩具摸一摸,有时什么也不做,从不和其他小朋友一起做动作。一天,在老师播放一首古典音乐时,齐齐跟着音乐做了一个舒展的手臂动作,教师看到了,微笑着大声说:"齐齐的手臂像一只美丽的天鹅张开翅膀在飞!"齐齐又做了个风吹树摇的动作,他的动作越来越协调,而且变化越来越多,从中感到了快乐。慢慢地,齐齐喜欢上了韵律活动课,甚至在其他的活动中也专注了很多。

每个孩子都是音乐的天使,每个孩子都喜欢音乐,用什么样的方法让孩子们乐意接受音乐的熏陶和教育是幼儿园音乐教育的关键问题。

幼儿园音乐教育的方法,既包括教师为发展幼儿音乐素质而运用的指导方法,也包括幼儿在教师的启发下为实现音乐教育的目标而采用的学习方法。

(一)以教师为主体发起的音乐活动指导方法

1. 示范法

在音乐教育中,示范法是指教师通过现场的演唱、演奏、动作表演以及图片、实物以及幻灯、投影、录像等直观性手段,使幼儿获得清晰的音乐表象,提高学习兴趣,从而优化学习的效果的一种方法。

在使用示范法时应注意:教师的示范应准确、熟练、真挚、自然而富于感染力;教师示范时应有明确的目的,并应该让幼儿知道如何观察示范和在观察后如何做出反应;动作示范应辅以适当的语言讲解和提示;示范要多样化,应尽量发挥幼儿表演的示范作用;示范应考虑幼儿的年龄因素,注意适度、适时、谨慎而灵活;注意示范的位置,应使每个幼儿都能清楚地观察、感知到。

2. 语言指导法

语言指导法是指音乐活动中的讲解、提问、描述、反馈、激励等诸多以语言为主要教学方法的总称。在音乐教学中,适当、确切地运用语言是很重要的辅助方法,能帮助幼儿掌握一定的音乐技能、启发幼儿探索。音乐活动中常用的语言指导方法一般有以下三种。

(1)讲解

讲解主要是指对于音乐活动有关的信息及活动方法、程序和规则的讲述、说明或解释。在幼儿园的音乐活动中合理地运用讲解法,既可加深幼儿对活动内容和要求的理解,也有利于促进幼儿的音乐探索和创造。

(2)提问

提问是幼儿园音乐活动中常用的一种语言辅助方法。采用提问的方法,可以促进幼儿在观察的基础上更好地迁移和探索。

提问时应注意:教师的问题应具有启发性、开放性,如"把放在胸前做小花,还可以用什么动作表示小花呢";问题的设计既要考虑与活动内容、要求相适应,也要考虑幼儿的知识经验和发展水平,问题要便于幼儿记忆、理解和回答。

(3)反馈

反馈是指教师在音乐活动中运用语言促进幼儿及时地了解自己对音乐所做的反应,并及时地调整自己的活动行为,反馈的方法不仅能够增加幼儿了解自己、调整自己的机会;也能使幼儿了解同伴和他人的想法,并自由地吸收这些想法;还能够帮助幼儿逐步建立起学习的自我监控、自我调整、自我建设的内部机制。

3. 变换角色的方法

变换角色指的是音乐教育活动中教师运用角色身份的变化,对幼儿的活动进行一定的指导,有以下两种方法。

(1)参与

参与是指教师以活动加入者、幼儿活动的合作者或音乐表演中某一特定角色的身份进行音乐活动的指导。教师的参与,不但可以给幼儿的音乐探索和变形提供简洁的指导,更能够使幼儿体验享受到师幼共同活动的自由和乐趣。教师在使用该方法时必须注意要以平等而不是权威的身份加入活动。

(2) 退出

在幼儿园音乐教育活动中,教师的"退出"包含三层含义:一是指教师从"参与"的状态中退出,恢复教师的身份,重新对活动施以影响;二是指教师从心理上理解"退出",不在活动进程中占据权威的、中心的地位;三是指教师在活动的空间位置上退出,把中心位置让给幼儿,以观察者、旁观者的身份对活动进行指导。

(二) 以幼儿为主体参与的音乐活动学习方法

从幼儿的学习活动方式来看,幼儿园音乐教育活动的方法主要有以下四种。

1. 模仿学习的方法

模仿学习是指在音乐活动中幼儿通过教师提供的活动范例,在观察的基础上模仿并反复练习,最终达到记住并再现某一音乐作品或掌握某一音乐技能。模仿学习能帮助幼儿较为迅速而有效地掌握音乐的基本技能,了解粗浅的音乐知识,逐渐积累起音乐的语汇。因此,模仿学习的方法一直是幼儿园音乐教育实践过程中被普遍采用的方法之一。

2. 预知学习的方法

"预知学习"一词源于德国的奥尔夫音乐教育体系。它是一种通过教师的引导,帮助儿童将原有的知识、技能应用到新的问题情境中去的特殊的学习方法。它能更好地激发大多数幼儿对音乐活动的兴趣、动机,使幼儿更顺利、主动地直接运用已"预知"的知识、经验进行较高水平层次上的音乐感知、表现和创造。随着幼儿园音乐教育改革和实践的深入,这种学习方法对幼儿音乐学习以及促进幼儿全面和谐发展的作用已越来越被关注。

3. 整体感知的方法

整体感知的方法是指在音乐教育活动中利用音乐形式结构本身的整体统一性和整体协调性,从整体入手引导幼儿感知、体验并表现音乐的一种方法。

整体感知的学习方法提倡在音乐活动中把音乐的部分与整体、歌曲的曲调与歌词、韵律活动中的音乐与动作、音乐欣赏中的欣赏与表演和创作、音乐的知识技能与音乐的感受力、表现力以及音乐活动中教师的活动与儿童的活动等视为一个和谐统一的整体加以整合,而不是把它们作为相互割裂或对立的部分来看待。这不仅能够体现出音乐形式与音乐内容之间的整体协调,而且能够更好地促进幼儿与音乐在音乐审美实践活动中的整体协调。

4. 多感官参与的方法

多感官参与是指在音乐活动中调动幼儿的多种感觉器官系统参与,以更好地丰富和强化幼儿对音乐的感受和理解,体验并享受音乐艺术的美。这不仅能有效地提高幼儿感知、理解和表现音乐的能力,而且能够调动和激发幼儿参与活动的主动性、积极性和创造性。

> 幼儿园音乐教育的方法包括:以教师为主体发起的音乐活动指导方法——示范法、语言指导法、变换角色的方法;以幼儿为主体参与的音乐活动学习方法——模仿学习的方法、预知学习的方法、整体感知的方法、多感官参与的方法。

第三节 幼儿园音乐教育活动的设计与案例评析

一个父亲的唱歌法①

唱歌能使各年龄段的孩子从让他们心烦的事情上转移注意力,使他们重新感觉到爱和支持。孩

---

① 约翰·格雷著,孩子来自天堂,张雪兰译,京华出版社,2011年版。

> 子们喜欢你唱歌给他们听,大一点的孩子喜欢跟你一起唱。我们为每个孩子都创作了一首特别的歌。当他们要哭的时候,我们只要一唱这首歌,他们就会平静下来:"劳伦贝丝,劳伦贝丝,我多么爱你……"反复唱一首简单的歌能让他们忘却烦恼,重新感觉到爱和安慰,唱歌没有说话那么严肃或者沉重,能使孩子与父母的联系更加紧密。
>
> 当沉浸在挫折感之中的时候是无法唱歌的。唱歌以及听别人唱歌会让气氛变得轻松起来,让生活更加有趣,它能刺激富有创造性的右脑的活动,创造性让孩子对处境更加灵活、更加适应,也更有合作精神。在我的孩子成长过程中,我们一起洗碗时经常会唱一首歌,我称之为"五分钟清洁"。在我们比赛看五分钟能洗多少碗碟时,我会唱一首特别的歌。他们很喜欢这样,一直到长大了还把它当成一个有趣而快乐的经历记在心里。

唱歌的意义在孩子成长的过程中滋润着他们幼小的心灵,因此它的目的不再限于学会几首歌曲,在幼儿园中的歌唱教育应该怎么做呢?

幼儿园音乐教育活动的设计与指导,包括幼儿歌唱教育活动、幼儿韵律教育活动和幼儿打击乐教育活动、幼儿音乐欣赏教育活动的设计与指导。每种类型教育活动的方案设计,包括活动名称、活动目标、活动准备和活动过程、活动延伸等步骤。

活动名称要写明开展教育活动幼儿的年龄阶段、音乐活动类型及名称,如:大班歌唱活动《蚂蚁搬豆》。

活动目标的设计要结合《纲要》和《指南》的目标要求以及年龄阶段目标,和本班幼儿的实际发展水平,目标的内容要从幼儿认知、情感和技能三方面的整合,并符合一定的表述要求。

活动准备包括知识方面和物质方面。知识方面主要有:丰富幼儿的相关知识经验,或引导幼儿体验、观察相关的知识问题等。物质方面要准备教学时相关的教具,如辅助材料、挂图、图片、木偶、影像;幼儿学习表演时需要的有关道具、场地准备及环境布置等有关道具及环境布置和场地的准备。在活动设计中,都应该用简洁明了的语言写清楚。

活动过程的设计与指导将在后面分类型具体叙述。

活动延伸在音乐教育活动中是指围绕本次活动的主题、目标,在活动后的游戏或表演区(角)中,适当安排一些相关的内容来巩固幼儿初学的新经验、新技能。例如,在区角放置相对固定的材料,如音响录放设备、乐器、表演用的道具、制作乐器道具的材料或废旧材料、模拟表演游戏用的节目单、提示歌词用的图谱等,幼儿可以选择自己喜欢的音乐欣赏、表演或乐器演奏;可以开个表演会,把学会的歌曲、舞蹈表演给幼儿园的小朋友、老师观看。活动延伸还可以与家庭、社区资源结合起来,让幼儿大胆地表现,促进幼儿能力的全面发展。

一、幼儿园歌唱教育活动的设计

幼儿园音乐教育活动过程,包括新授歌曲、复习歌曲、创造性歌唱活动几个主要步骤,其设计与指导如下所述。

(一)新授歌曲

新授歌曲是指在幼儿园集体音乐教育情境中,幼儿第一次接触一首歌曲的教育活动设计,也可以说是歌唱教学系列活动中的第一层次活动设计。新授歌曲一般分为以下三个步骤。

1. 新歌导入和范唱

新授歌曲导入的设计非常关键,有趣的导入方法可以立刻吸引幼儿的注意,激发幼儿的学习欲望,导入的设计要根据歌曲的不同类型、具体内容而定。导入的方法很多,有动作导入、故事讲述导入、具体实物或教具导入、游戏导入、韵律导入、创编歌词导入、副歌前置导入等等,教师无论采用什么样的导入方法,目的都要明确,要自然过渡到理解歌词内容和感受音乐的旋律上。

教师的范唱十分重要,幼儿学习歌曲靠的是反复的倾听和模仿习得,教师的范唱决定着幼儿学唱的水平,所以教师在范唱时应注意:首先要有正确唱歌技巧,其次应注意面对幼儿范唱,范唱要富有感情,精神饱满,使幼儿真正疏导情绪上的感染和影响。教师可用多种方式重复范唱,也可让幼儿适当欣赏录音范唱。

2. 帮助幼儿理解、记忆歌词

理解歌词是学习歌词的基础,幼儿的思维以具体形象为主,可用以下方式帮助幼儿理解和记忆歌曲内容。

直观教具提示法。教师可以选用与歌曲内容相关的图片、玩具、实物等直观教具,配合范唱。生动的教具可以提示、帮助幼儿记住歌词。

节奏朗诵法。教师指导幼儿按照歌曲节奏朗诵歌词,有助于他们记忆歌词和旋律、节奏。配之有节奏的拍手动作,可以使歌词朗朗上口,充满节奏感。这种方式也是一种简单的韵律活动。

填充提问法。教师说歌词的前半句,请幼儿填说后半句。如果幼儿回答的具体词有误时,教师应把正确的歌词重复一遍,或让幼儿跟说一遍,以使其熟悉正确的歌词。填充提问法只适合部分歌词齐整的歌曲。

逻辑提问法。教师按照歌曲内容的逻辑提问,也可以请幼儿自己讲述歌曲内容,然后由教师把幼儿讲述的内容根据歌词组织起来。

3. 教唱新歌

教唱新歌一般采用的是整体教唱和分句教唱的两种方法。

整体教唱法。教师范唱后,幼儿从头至尾学唱整首歌曲。这种教唱方法使幼儿能够感受歌曲完整的艺术形象。运用这一方法,教师开始可以有意地稍微放慢速度,并让幼儿听到自己的声音,重点让幼儿听着教师的范唱和看着教师的口型、表情慢慢跟唱。这种唱法要求幼儿的记忆、思维处于一种积极状态,以促进幼儿学唱的主动性。

分句教唱法。教师范唱一句,幼儿跟学一句。这种形式比较容易学唱,常用于歌曲中的重点和难点乐句。

在实践中,这两种形式的方法一般结合运用。小班幼儿的理解力较差,歌曲比较短小,故宜以整体教唱法为主。中、大班的幼儿学唱新歌时,教师可以综合运用两种方法,在分句教唱后,再将一首歌曲整体教给幼儿,以正确把握歌曲所表达的思想感情。

(二)复习歌曲

要让幼儿完全地掌握歌唱,需要反复地进行复习巩固,复习学习过的歌曲,目的是让幼儿牢固地掌握歌曲,提高幼儿在原唱歌水平上的表现力。教师在复习过程中,应采用各种方式方法。大班的幼儿可以挑战自己的记忆,慢慢地去掉相关的具体教具,检查幼儿是否记住歌词,或采取接唱、对唱的方法复习。小班幼儿可以男女轮唱,或增加游戏情节、表演等形式进行复习。

复习歌曲的方法可根据歌曲内容选择,常用的复习方法有边唱边表演、变换演唱形式、边用教具边唱、用游戏或绘画的方法复习歌曲、为歌曲伴奏等。教师要根据具体的复习要求和幼儿特点,综合运用多种方式方法,使复习活动取得良好的效果。

(三)创造性歌唱活动

在幼儿对歌曲有了一定的理解后,教师可以组织幼儿进行创造性表现。第一,可以为歌曲内容创编动作,充分组织幼儿讨论,分享幼儿创编的成果;第二,可以为歌曲填编歌词,在旋律不变的情况下,引导幼儿迁移生活经验,填编新的歌词内容,并组织幼儿演唱,教师必须及时肯定鼓励幼儿的想法和创造。第三,可以为歌曲创编伴奏,增强幼儿的节奏感。第四,可以为歌曲创编丰富的演唱形式,让幼儿为同一首歌曲创造不同的演唱形式,帮助幼儿增加对歌曲的理解,提高歌唱的表现力。

> 幼儿园歌唱教育活动的环节设计包括:新授歌曲;复习歌曲;创造性歌唱活动。新授歌曲的步骤:新歌导入和范唱;帮助幼儿理解、记忆歌词;教唱新歌。

二、幼儿园韵律教育活动的设计

不肯"死"的"大灰狼"

小班的孩子在玩音乐游戏《小动物和狼》,炼炼喜欢扮演大灰狼,每次"猎人"出来,发出"砰砰"的枪声,炼炼就扑通倒地,一动不动地躺在地上,于是小动物们跟着音乐跳起欢快的舞蹈。有一天,到了该一动不动的时刻,炼炼演的大灰狼却又爬了起来,准备跳舞欢呼的"小动物们"都愣住了,"猎人赶紧上前补了一枪,大灰狼倒地后又爬起,"猎人"又补了一枪,大灰狼才慢慢地不动了。游戏结束,老师问炼炼刚才为什么要爬起来,炼炼说:"猎人没打准,有时大灰狼要打好几枪才能死掉。"

韵律活动非常重要的特征之一,就是通过动作模仿来反映人类的生命活动,幼儿从已有的经验中能够知道自己做什么动作才像什么,幼儿园韵律活动的教育应该支持孩子的主动学习,鼓励孩子们去尝试、去创造、去体验。

幼儿韵律活动包括律动、舞蹈、音乐游戏等方面内容,它们既有相同之处,又有各自特点,教师在设计活动时,应根据活动的内容,遵循幼儿的年龄特点,拟定活动方案。

（一）律动

幼儿律动的内容主要以模仿动物动作、成人劳动、自然现象、生活游戏动作为主,在教学上教师组织幼儿仔细观察是律动学习一个重要环节,该内容的学习重点以引导幼儿观察模仿、联想模仿、创编动作为主,必要时教师给予一定的示范帮助。

1. 观察讨论导入

教师要充分利用实物、影视或图片引导幼儿仔细观察讨论,从观察对象的形状、动态、发展变化等方面进行深入细致的探讨,并引导幼儿用肢体动作进行形象的模仿表现。此外,可选择故事导入、复习歌曲导入、游戏导入,导入的方式可以根据活动内容的具体需要来确定。

2. 熟悉音乐,创编动作

教师可以引导幼儿一边倾听音乐,一边进行联想想象,将肢体动作、音乐与观察进行匹配,可以从"像什么"、"做什么"、"怎么做"入手,随音乐的变化逐一进行创编。

3. 相互观摩学习

请幼儿个别表达自己的想法和表演自己创造的动作和形象,这对幼儿来说是一种成功的尝试,可以树立幼儿的自信心,教师要尊重幼儿的创造和表现,及时给予表扬和鼓励。同时,幼儿之间也可以相互借鉴、相互学习。

4. 匹配音乐进行表演活动

教师可以从幼儿创编的零散动作中,进行提炼加工,组成一组或几组与音乐吻合的完整的律动动作,并带领幼儿完整表演。

5. 游戏复习巩固

单纯的律动动作因为没有情节、缺乏情趣,幼儿的学习无法持久,所以教师可以创设一个有一定情节、趣味性较强的游戏环节,引导幼儿边玩游戏边复习巩固律动动作。

（二）舞蹈

舞蹈的学习与律动不一样,它有规定的舞步、手位动作、队形或舞伴变化等,幼儿学习的方法主要以感受模仿练习为主。

1. 完整欣赏舞蹈导入

教师在舞蹈教学之前,充分利用影视资料,引导幼儿观看欣赏,让幼儿对舞蹈或民族舞蹈的风格特点有一个完整的印象和了解。此外,还可以选择队形学习导入、动作学习复习导入、复习歌曲导入等多种导入的方法,具体的导入形式可以根据活动内容来确定。

2. 教师完整示范

为了引起幼儿的兴趣,教师示范前可以穿上漂亮的服饰,引导幼儿欣赏服饰的特点、花纹,了解它属于哪个民族等进行切入。教师示范的动作要合拍、准确、优美,有较强的表现力。示范后要引导幼儿说说看到了什么动作,表现了什么意思,幼儿喜欢什么动作。教师的示范可以多变,以便幼儿更仔细地感受和理解。

3. 分解动作学习练习

在幼儿学习舞蹈动作时可以对已掌握的动作进行逐个分解学习,为了让幼儿明白动作的发展变化过程,可稍将上肢动作和舞步分开,教上肢动作或舞步时,教师进行逐个动作示范,可以用口令或教师哼唱旋律进行,速度稍微放慢,简单的动作不必分解,可以直接配乐练习,动作学习的过程最好按音乐及舞蹈动作的顺序进行。

4. 完整合乐表演

（三）音乐游戏

音乐游戏有角色表演游戏、歌舞游戏和听辨反应游戏。后两种形式的设计可以和律动大致相同。角色表演游戏由于有一定的情节和角色，关系到角色的动作和情节的发展，所以要有游戏规则的制约。教学时幼儿事先要掌握各角色的动作，了解情节的发展，掌握游戏的规则方能进行游戏。

1. 熟悉音乐，理解音乐的性质

在音乐游戏中，音乐是指挥棒，游戏的开始、进行、结束都必须按照音乐的性质进行，所以引导幼儿倾听音乐是关键的一步，在倾听时可以引导幼儿讨论 A 段音乐发生了什么事情，有什么动物出现，做了些什么。B 段音乐又发生什么事情，有谁出现，做了什么，最后怎样。按情节的发展变化引导幼儿理解音乐。

2. 学习游戏角色动作、分段表演

教师带领幼儿分别扮演学习游戏中各角色的动作，也可以引导幼儿自由创编新的动作形象。待幼儿初步掌握后，教师可以用哼唱的形式分段表演。

3. 交代游戏规则

游戏规则制约着幼儿的游戏，交代规则环节不可忽略，也是成功进行游戏的条件，教师最好以简短的形式进行强调。

4. 带领幼儿游戏

幼儿游戏可以多遍进行，教师必须观察幼儿游戏进行时出现的问题，比如动作与音乐关系是否匹配，角色的扮演是否形象生动，幼儿是否按规则进行等等，每一遍游戏重新开始时必须有所强调，提出新的要求，不断提升幼儿的游戏质量。

> 幼儿园韵律教育活动的设计包括：律动——观察讨论导入、熟悉音乐，创编动作、相互观摩学习、匹配音乐进行表演活动、游戏复习巩固；舞蹈——完整欣赏舞蹈导入、教师完整示范、分解动作学习联系、完整合乐表演；音乐游戏——熟悉音乐、理解音乐的性质、学习游戏角色动作、分段表演、交代游戏规则、带领幼儿游戏。

三、幼儿园打击乐教育活动的设计

午餐后的打击乐

午餐后，2岁半的琪琪、新月、洋洋在走廊里一边晒太阳一边玩积木。无意间，新月的积木撞击在墙壁的瓷砖上发出了声音，他重复了几次，发现随着他手的动作，墙壁会发出声音，于是便兴致勃勃地用两只手握着积木变换着节奏敲，琪琪和洋洋也加入了敲击的行列，汇成了一首交响乐；他们又在地板上敲，听到了不同的声音后，又找其他的物品敲。孩子们的探索一直持续了近二十分钟，还是兴趣盎然。

在日常生活中用敲击物体的方法探究声音，这正是孩子最初的打击乐演奏，幼儿园的打击乐教学该怎样进行呢？

幼儿园打击乐演奏活动过程的设计要根据幼儿年龄及学习心理特点而定，每个环节的学习内容要有层次性，由易到难，上下环节的衔接过渡要自然、紧凑。

（一）新授打击乐活动

1. 打击乐演奏活动导入设计

根据音乐的不同性质、风格、表现不同的形象来确定导入的方法。良好的导入方法可以稳定幼儿的情绪，激发幼儿的学习欲望。打击乐导入的方法很多，可以采用图谱导入、动作总谱导入或语音总谱导入，也可以组织幼儿创编节奏型导入等等。教师选取导入的方法要根据音乐材料的需要而定，无论采用什么形式导入,只有一个目的——自然过渡到节奏型的学习上。

2. 运用变通总谱或辅助材料,帮助幼儿学习不同的节奏型

幼儿学习最好先从单一节奏型开始,教师可以将整首的节奏型根据乐曲的前后顺序分解成各个部分,逐一带领全班幼儿学习、练习。为了让幼儿的学习多样化、趣味化,也可以借助变通总谱从动作、图形总谱逐一练习,变通总谱的应用可以避免分组练习等待的状况,增加幼儿学习的趣味,使幼儿全身心参与活动。

3. 熟悉音乐,同步徒手练习不同的节奏型

在打击乐活动中,音乐是指挥棒,幼儿理解熟悉音乐非常关键,教师要运用各种方法帮助幼儿熟悉、感受、理解音乐的内容、情绪、性质、风格、曲式结构及节奏、节拍、旋律等基本要素。在欣赏音乐的同时,教师可以根据变通总谱的学习过渡到节奏型的练习中来,组织幼儿用拍手的形式一边感知音乐,一边练习相应的节奏型。

4. 分声部徒手合乐练习

在幼儿初步掌握所有的节奏型的基础上,教师可以根据幼儿座位,为幼儿分声部进行徒手练习。分了声部,幼儿必须按声部的节奏进行匹配,教师可以一边用指挥手势一边用哼唱的方法去顺应幼儿,速度可以稍慢些,待幼儿比较熟练后再用正常速度合乐练习。

5. 分声部持乐器完整演奏

持乐器演奏前要教幼儿记住乐器的名称,辨认乐器的外形特征和音色特点,掌握乐器的使用方法。要求幼儿必须认真倾听音乐,结合看老师的指挥,还要注意倾听演奏的音响效果,尽力要求演奏整齐划一,协调优美。教师的指挥动作要明确大方,动作的意思清楚,易于幼儿做出反应,教师要用体态和眼神提前暗示幼儿做好准备,同时教师要用自己的情绪感染幼儿,激发幼儿与教师相互配合。刚开始演奏时,幼儿会比较忙乱,教师要善于鼓励,树立幼儿的信心。

(二)复习打击乐演奏活动

经常复习很有必要,首先可以提高幼儿使用乐器的能力及对音乐的敏感性;其次幼儿的节奏感得到提高;第三,能在平时的训练中形成良好的打击乐演奏常规。复习的形式要多样化,教师组织幼儿复习可以针对存在的问题进行纠正,也可以尝试相互更换乐器进行演奏,同时可以与表演相结合,也可以邀请幼儿参与指挥等。

(三)创造性的打击乐演奏活动

人们的生活充满节奏,幼儿有了一定的演奏基础后,教师可以组织幼儿进行系列的创编活动,探讨音乐、乐器与生活声音的匹配,探讨音乐、生活中自然界、动物叫声的不同节奏与乐器的匹配,探讨乐器的不同使用方法等。进一步丰富幼儿的演奏经验,提高幼儿的节奏感及创造性思维能力。

> 幼儿园打击乐教育活动的设计包括:新授打击乐活动;复习打击乐演奏活动;创造性的打击乐演奏活动。新授打击乐活动一般有以下几个步骤:导入设计;运用变通总谱或辅助材料,帮助幼儿学习不同的节奏型;熟悉音乐;同步徒手练习不同的节奏型;分声部徒手合乐练习;分声部持乐器完整演奏。

四、幼儿园音乐欣赏教育活动的设计

伤心的天鹅

《天鹅》是法国作曲家圣·桑管弦乐组曲《动物狂欢节》中流传最广的一首乐曲,由大提琴独奏,钢琴伴奏。钢琴平静柔和的分散和弦音型,描绘了碧波荡漾、波光粼粼的湖面;大提琴无比优美略带忧伤的乐声,真挚而深情,仿佛诉说天鹅的感人心声。一位三岁的男孩听了这首乐曲,皱着眉头对妈

妈说:"怎么这么可怜,是不是妈妈又加班了,他一个人好孤独!"妈妈惊叹一个三岁孩子对音乐的理解,也从中听到了宝宝的心声,于是放下手中的工作,抱起儿子,跟随音乐讲述"天鹅"的故事,一起为音乐感动。

音乐有强大的感染力,孩子有敏锐的感受力,音乐欣赏活动可以让幼儿通过更多的直接参与活动来感知音乐、理解音乐和从音乐中获得审美享受。

幼儿园音乐欣赏活动过程的设计要根据幼儿年龄及学习心理特点而定,教师从初步带领幼儿欣赏音乐,到逐渐深入欣赏理解音乐,每个环节的设计要有层次性,教师不断提出相应的问题让幼儿思考,带有目的性去欣赏感受理解音乐作品。

(一)歌曲欣赏

1. 完整倾听音乐或教师演唱导入,感受歌曲的性质,也可以以谈话、故事、儿歌等其他方式导入。

第一遍欣赏,教师要求幼儿安静倾听,引导幼儿说出歌曲的性质,并丰富相应的词汇。

2. 再次欣赏,运用直观教具,帮助幼儿理解歌词内容。

第二遍欣赏,注意引导幼儿听听歌曲唱的是什么内容,谁能听出来。出示该方面的直观教具,引导幼儿看一看,说一说,帮助幼儿理解歌词内容。

3. 感受歌曲的演唱形式。

第三遍欣赏,可以问问该歌曲是男声还是女声演唱,是独唱还是合唱。

4. 与幼儿探讨创编动作。

与幼儿探讨这些歌词可以用什么样的动作来表现。幼儿创编动作,教师指导。

5. 引导幼儿边听歌曲边完整表演。

(二)器乐曲欣赏

1. 完整欣赏音乐导入,引导幼儿运用语言表达内心的感受。

初次完整欣赏音乐作品,教师提出的问题不宜过多,只要表达出对音乐的总体感觉,初步了解作品的主要内容和情绪性质,并向幼儿介绍作品的名称即可。

2. 再次完整欣赏音乐,运用直观教具帮助幼儿深入理解感受音乐作品。

教师可以充分运用辅助材料,引导幼儿深入欣赏音乐作品,在说说、做做、画画、想想、玩玩的各种活动中反复欣赏理解音乐作品。充分运用语言表达对音乐作品内容、情绪情感的理解,运用动作表达对音乐作品的性质、力度、速度变化的感受等。

3. 分段欣赏。

分段欣赏的目的是让幼儿更细致地感受音乐作品的形象,更深入理解音乐的结构。在分段欣赏中,一般按乐曲的结构逐段欣赏,引导幼儿用说或用动作表现音乐。另外,教师还可以引导幼儿细心倾听音乐作品由什么乐器演奏,表现的方法,同时运用视觉材料分辨音乐作品的曲式结构,并引导幼儿根据音乐作品展开联想、想象。

4. 以游戏或表演的形式完整欣赏。

通过反复欣赏音乐,幼儿对音乐作品有了进一步理解,此时教师可以向幼儿介绍作曲家相关的故事,并运用游戏、表演引导幼儿反复倾听感受理解音乐,幼儿在愉快地欣赏活动中自然结束。

幼儿欣赏音乐的方法除了以上介绍的从完整欣赏到分段欣赏再回到完整欣赏以外,还可以从完整作品开始,由完整欣赏到完整欣赏,也可以从作品的某个片段开始由局部再到完整欣赏,因欣赏材料的具体情况而定。

(三)舞蹈欣赏

1. 完整欣赏舞蹈,让幼儿对舞蹈有初步的印象。

可以观看录像或教师表演,让幼儿对舞蹈有初步的印象。

2. 探讨舞蹈中的服饰,了解各民族人民生活习惯。

引导幼儿仔细观察服饰,了解有哪些花纹、是什么民族的服装、这个民族生活在什么地方、有什么民俗生活习惯等等。

3. 探讨舞蹈动作表现了什么内容。

再次欣赏,引导幼儿注意观察动作表现,了解这些动作表现了什么,美在哪里,用了身体的哪些部位进行表现。

4. 引导幼儿谈谈自己最喜欢哪个动作,说说为什么。

幼儿谈谈自己喜欢的动作,并尝试模仿表演。

5. 让幼儿也学学自己喜欢的动作,说说动作表演要注意什么。幼儿跟老师学学动作,说一说什么动作特别难。

6. 跟着老师完整表演。

最后组织幼儿完整欣赏音乐,并跟随音乐表演。教师不必要求幼儿动作的美、正确性,只要幼儿以积极热情的态度参与活动就可以了。

> 幼儿园音乐欣赏教育活动的设计包括以下步骤:歌曲欣赏——完整倾听音乐或教师演唱导入;再次欣赏,运用直观教具帮助幼儿理解歌词内容;感受歌曲的演唱形式;与幼儿探讨创编动作;引导幼儿边听歌曲边完整表演。器乐曲欣赏——完整欣赏音乐导入;再次完整欣赏音乐;分段欣赏;以游戏或表演的形式完整欣赏。舞蹈欣赏——完整欣赏舞蹈;探讨舞蹈中的服饰;探讨舞蹈动作表现了什么内容;跟着老师完整表演。

五、幼儿园音乐教育活动的案例及评析

(一)幼儿园歌唱活动案例评析

中班歌唱活动:小黑猪[①]

活动目标

1. 感受歌曲幽默风趣的特点,通过图谱、动作理解歌词内容,初步学唱歌曲。
2. 根据教师的手势暗示,学习有起落地演唱副歌部分。
3. 体验小黑猪憨厚可掬的形象,懂得要坚持锻炼才不会肥胖的道理。

活动准备

1. 知识准备:幼儿对双簧表演已有初步了解。
2. 材料准备:

(1) 歌曲:《小黑猪》《健康歌》。

(2) 根据歌词的内容制作成的多媒体画面四张(画面内容分别为"小黑猪"、"小猴子和小黑猪"、"小黑猪爬树"、"小黑猪睡懒觉")及副歌图谱。

(3) 醒木(双簧表演的道具)若干,猪鼻子(纸板做)人手一份。

活动过程

1. 副歌前置导入,了解副歌节奏。

教师扮演"小猪",提问导入情境:

(1) 大家好,你们认识我吗?我长得怎么样?

(2) 我可爱打呼噜了,你们知道我是怎么打呼噜的吗?

2. 学习副歌部分,掌握副歌节奏,并初步唱准音高。

(1) 完整地欣赏歌曲《小黑猪》(播放录音),重点聆听副歌部分。

(2) 幼儿讨论:小黑猪是怎么打呼噜的?能用手试拍出节奏吗?什么地方比较难唱而且容易唱错?

(3) 教师范唱副歌部分,幼儿根据教师在副歌旋律起伏部分的手势暗示,感受音高。

指导要领:副歌第一乐句身体和手向上,第二乐句身体和手向下沉,第三乐句身体和手向上,第四乐句身体和手回水平位。

(4) 出示副歌图谱,引导幼儿巩固对节奏型"×××× ××|× — |"的掌握,并尝试唱出副歌旋律的起落。

[①] 杨旭、杨白主编,幼儿园教育活动设计与指导,复旦大学出版社,2012年版。

① 提问：(图谱中)箭头向上代表声音应唱得怎样，箭头向下呢？

小结：箭头向上，声音唱得高一点；箭头向下，声音唱得低一点。

② 再次聆听副歌部分，教师引导幼儿在倾听过程中跟随自己一起拍出该部分节奏："× × × ×　×　× | × — |。

谈话：小黑猪睡觉的时候发出什么声音？当唱到小黑猪打呼噜的时候，请你们帮忙拍手伴奏吧。

（5）尝试与教师一起拍手唱出副歌部分。

3. 通过范唱及图片指引，学习主歌部分，重点理解歌词，熟悉基本旋律。

（1）教师完整地范唱全首歌曲，重点引导幼儿了解歌词内容。

师：小黑猪为什么会在树下睡觉呢？让我们来听一听……

（2）幼儿倾听教师再次范唱主歌部分，并借助多媒体画面理解歌词。

师：小黑猪长得什么样，它想做什么，后来发生了什么事情？

（3）幼儿回答，教师帮助归纳出主歌部分的歌词。

（4）教师引导幼儿根据歌曲旋律有节奏地朗诵歌词，配合画面播放，帮助记忆歌词。

（5）引导幼儿尝试跟随教师唱出主歌部分，重点指导旋律与歌词的对应之处。

4. 创编动作，幼儿边表演边复习演唱。

（1）完整欣赏全曲，幼儿根据每一句歌词内容，分乐句创编相应的动作和表情。如胖乎乎的小黑猪、小黑猪爬树、小黑猪抱不住树干摇摇欲坠的样子，重点表现出小黑猪在树底下形态各异的睡懒觉动作。

（2）教师帮助幼儿提炼所创编的动作，带领幼儿一边巩固动作一边演唱歌曲。

5. 幼儿尝试进行简易的"双簧"表演，学习与同伴合作表演，巩固对歌曲的掌握。

（1）幼儿欣赏教师的表演，了解双簧表演唱的特点。

师：两只小黑猪来了，他们今天要给我们表演节目。我们一起看看他们是怎么表演的？（与配班老师示范表演。）

玩法：敲击一下"醒木"后，一人坐在前面跟随歌曲做相应的动作，一人蹲在其后面唱歌。唱完歌曲后，后面的人亮相，边用各种有趣的方式(如轻拧耳朵、挠痒痒、揉揉肩等)唤醒前面的人(饰小黑猪)，边说："小黑猪，别睡懒觉啦！"

（2）全体幼儿两两自由结伴表演，让每个幼儿都有机会体验两种不同的角色。

师：你们找一个好朋友，商量一下，谁先坐在前面表演，谁蹲在后面唱歌。商量好了我给坐在椅子上表演的小朋友贴上有趣的猪鼻子。

6. 结束部分。

在歌曲《健康歌》的伴奏下，幼儿扮演"小黑猪"退出活动室。

师：小猪宝宝们，别睡了，要减肥了，跟我一起到外面锻炼锻炼吧！

活动延伸

在区域活动继续进行简易"双簧"表演，可在家中尝试亲子进行该表演。

案例评析：

歌曲《小黑猪》音乐形象鲜明，旋律简单，风格诙谐、幽默，能调动幼儿参与活动的积极性。活动开始采用副歌前置导入，然后引导幼儿学习副歌部分，掌握节奏与音高。再学习主歌部分，掌握歌词与旋律。学习过程中注重启发诱导，如在学习节奏时，让幼儿进入"小猪"角色的状态中，引导其通过打呼噜来探索并掌握副歌歌词的节奏。又如设计图谱，其中，箭头、长短不一的下划线等元素，很好地暗示了旋律中音符的高低、长短，再辅以教师体态语言的运用，使幼儿能看图谱表现出节奏音的高低、长短、连贯性，从而更好地掌握和表现歌曲。最后，考虑到中班幼儿对作品中形象动作和体态模仿很有兴趣，还设计了让幼儿进行歌曲表演创编的环节；同时，尝试结合建议的"双簧"表演形式进行演唱，让幼儿在轻松、愉快的表演过程中既能感受到歌曲幽默活泼的风格，又能再一次掀起他们演唱歌曲的小高潮，这样的练唱事半功倍。

附：歌曲

小 黑 猪

1=C 2/4

佚 名 词
沈 颖 曲

3 5 5.5 | 1 3 5 | 3 5 5 3 5 | 1 3 2 | 3 5 5.3 | 1 2 3 | 2 2 2 3 2 1 6 | 1 - |
小黑猪呀 胖乎乎， 跟着那猴子 学爬树， 树干粗呀 抱不住， 倒在树下打 呼 噜。

1 1 1 1 1 1 | 3 - | 1 1 1 1 1 1 | 6 - | 1 1 1 1 1 1 | 3 - | 1 1 1 1 1 6 | 1 - ||
呼噜噜噜噜 噜， 呼噜噜噜噜 噜， 呼噜噜噜噜 噜， 呼噜噜噜噜 噜，

(二) 幼儿园韵律活动案例评析

中班音乐游戏：猴子学样[①]

活动目标：

1. 尝试按音乐的节奏模仿和创编猴子跳舞的动作。
2. 感受音乐所表达的欢快情绪，体验玩音乐游戏"猴子学样"的快乐。

活动准备：

1.《恰恰》音乐。
2."猴子学样"舞谱。
3. 帽子数顶。

活动过程：

1. 模仿猴子的动作。

(1) 简单回忆故事"猴子学样"的内容。

(2) 幼儿自由讲述猴子活泼调皮的样子并表现相应的动作，给相关动作命名，如猴子摘香蕉、猴子回头看、猴子挠痒痒等。

2. 学编猴子的舞蹈。

(1) 欣赏"猴王"的表演(教师选取幼儿的动作加工提炼成舞蹈动作并示范表演)。

(2) 说说、学学"猴王"跳舞的有趣动作。

(3) 幼儿集体学跳"猴王"的舞蹈。

3. 看舞谱跳猴子舞。

(1) 教师出示"猴子学样"的舞谱(根据音乐、动作画的舞谱)，幼儿讲述自己对舞谱的理解，并根据舞谱学做单一动作。

(2) 教师运用舞谱提示幼儿，全体幼儿边看舞谱边学跳猴子舞。

(3) 引导幼儿想象在音乐"啊——呀——呀——"处猴可能会做什么动作，尝试创编舞蹈动作。

(4) 全体幼儿共同听音乐跳猴子的舞，并按自己的想象穿插"啊——呀——呀——"部分的动作(练习2—3遍)。

4. 玩玩学学：猴子传帽。

(1) 探索传帽子的方法。教师和幼儿共同回忆猴子学样的舞蹈动作，探索哪一个动作适合传帽子。

(2) 共同确定某一动作，徒手尝试传帽子(无音乐伴奏)。

(3) 结合舞谱请幼儿验证传帽动作。

(4) 幼儿在音乐伴奏下按节奏传帽子。

(5) 逐渐增加两到三顶帽子，使幼儿有更多的传帽机会。

5. 音乐游戏"猴子学样"

(1) 共同确定一位幼儿扮演拿帽子的猴子，由该幼儿确定一个大家共同做的模仿动作。

(2) 音乐开始，大家边做动作边传递帽子。到"啊——呀——呀——"部分，放下帽子，按节奏做各自想

[①] 宋燕,搭建适度递进的阶梯提高音乐教学活动的有效性,幼儿教育,2013年第1期。

象的动作。

（3）由下一位接到帽子的幼儿确定一个模仿动作,开始新一轮游戏。

（4）增加帽子的数量进行游戏。

活动延伸

1. 游戏时继续增加帽子的数量。

2. 游戏时将帽子从胸前传递变为从头上传递,增加动作难度。

3. 进一步创编猴王动作,丰富舞蹈动作。

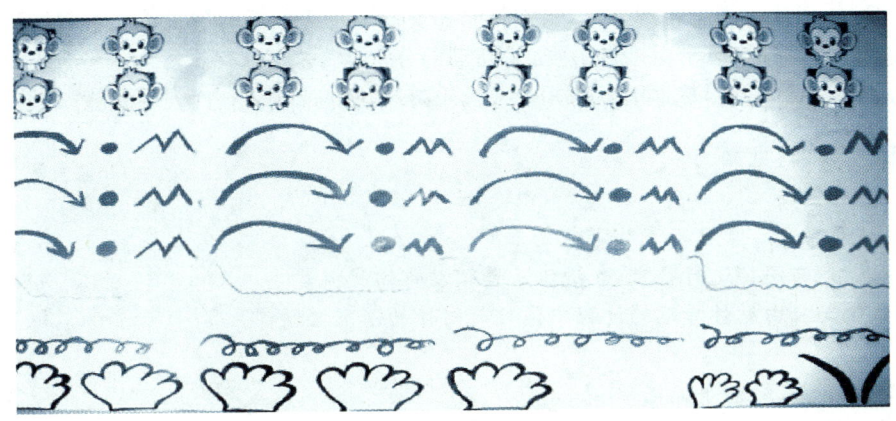

（箭头为传帽子,辅助语言为：朋友；圆点为拍腿,辅助语言为：你好；"M"为耸肩膀,辅助语言为：耸耸肩或帽子真好看。）

附：音乐　　　　　　　　　　**恰　恰**

（灰底处由幼儿自由创编动作）

案例评析：

这个音乐游戏活动选材根据孩子喜欢模仿猴子调皮动作的特点,充分激发了孩子的兴趣。活动由五个环节构成,第一环节,教师通过提问让孩子说出猴子的动作,并用肢体动作模仿具有猴子典型特征的动作,幼儿的情绪得到了放松,为后续的动作创编做了很好的铺垫。第二环节,教师选择了部分幼儿的模仿动作,结合音乐的旋律和节奏,将动作加工提炼为优美夸张的舞蹈动作,并为幼儿做了示范性的表演。幼儿在跟着教师做动作的过程中,幼儿对动作的音乐性也有了初步体验,自然习得了猴子的基本舞蹈动作。第三环节,利用舞谱让幼儿在情境中统一动作。为了让群体的舞蹈动作更为整齐,教师提供了一个个富有情趣的图谱,大家能在舞谱的提示下统一动作。第四环节,带领幼儿学习"传帽子",这是游戏的主要环节,也是本活动的难点,因此将传帽子和猴子传帽子的练习分为两个环节。在传帽子时又从无音乐开始,然后加入猴子舞蹈的音乐。从易到难,幼儿很快能顺利地表现猴子传递帽子的情景了。第五环节:组织幼儿开展音乐游戏"猴子学样",这个环节游戏性最强,是高潮部分。

以上五个环节层层递进,自然地引导幼儿融入音乐游戏,提高音乐创造、表现的能力。

大班集体舞活动:再见舞[①]

活动目标

1. 初步学跳《再见舞》,学习有节奏地走交叉步。
2. 能充满感情地与同伴进行目光、表情以及舞蹈动作的交流。
3. 在集体舞蹈与自由结伴舞蹈的过程中体验与同伴的惜别之情。

活动准备

1. 黄色手腕花6朵,绿色手腕花10朵。
2. 音乐《友谊地久天长》。
3. 地面标记:黄色小圆、绿色大圆、粉色散点。

活动过程

1. 导入。

师:小朋友们很快就要跟伙伴分别,从幼儿园毕业了。今天,老师给大家带来了一首关于分别的音乐,这是一首好听、感人的曲子,一起来听一听。(播放第一段音乐。)

师:听了这首歌,你有什么样的感觉?

幼:很优美;很感动;想到要和好朋友分开了,有点想哭。

师:今天我们要在这首歌曲的伴奏下跳一个集体舞,名字叫《再见舞》。这个舞蹈分成两段,第一段是大家一起跳,第二段是两个两个一起跳。

2. 学习第一段舞蹈。

(1) 学习第一段第一部分动作:手拉手走交叉步。

师:"我们先来学一个新的舞步,叫交叉步。看看老师从哪个脚开始起步的,走的时候要注意什么?"(教师示范)引导幼儿观察并总结交叉步的动作要点:右脚起步,左脚往前一步与右脚交叉,注意绷脚面。里、外圈依次练习走交叉步:里圈小朋友手拉手背向圆心一起走交叉步,外圈小朋友手拉手面向圆心一起走交叉步。(提醒幼儿注意调整与同伴之间的距离。)

(2) 学习、体验目光与表情的交流。

师:"现在里圈和外圈的小朋友都面对面站好了。走交叉步时,我们的眼睛要看着谁?"

幼:看着朋友。

师:是的。很快就要和好朋友说再见了,心里很舍不得。那么就用我们的眼睛和表情告诉朋友,我好舍不得你呀。来,我们听着音乐走一次。(播放第一段音乐的前奏加前两个乐句。)

师:刚才,我看见××小朋友笑眯眯地看着每一个走过她眼前的朋友,好像在说,亲爱的朋友,我好喜欢你,虽然要跟你说再见了,但是,以后我还是会想你的!其他小朋友,你们会用自己的眼睛和表情来说话吗?

(3) 学习第一段第二部分动作。边示范边用语言引导,带领幼儿学习第一段第二部分动作:里圈小朋友转身,大家一起面向圆心;里外圈一起往中间聚拢,接着往后退,退回来后,大家一起面向圆上。幼儿听音乐练习两遍。

(4) 完整练习第一段动作。

师:我们跟着音乐来跳第一段舞蹈。(完整播放第一段音乐。)

[①] 刘晓华,大班集体舞活动:再见舞,山东教育,2012年第7期。

3. 学习第二段舞蹈。

（1）自由结伴。

师：第二段要找个朋友一起跳了。我们先听着音乐找一个朋友，两人手拉手找一个粉色小点站好。（播放间奏，幼儿两两自由结伴。）

（2）学习第二段第一部分动作：爱心与拥抱。

教师示范：两位教师在音乐声中示范爱心与拥抱的动作。

幼：哇！好感动啊！

师：刚才我们做什么动作了？这些动作表示什么意思？

幼：表示"我喜欢你"。

师：说得真好！小朋友有没有注意到，我们的爱心先朝哪个方向？拥抱的时候伸出的是哪只手？

教师邀请一名幼儿再次示范。

幼儿与伙伴共同练习"爱心与拥抱"的动作。

（3）幼儿创编第二段第二部分动作：两两摆造型表示"合影"。

师：小朋友们在一起三年了，让我们再拍几张照片留个纪念吧。两个人一起摆个造型，一句音乐换一个造型。听一听，我们一共要摆几个造型？（播放第二段第二部分音乐。）

幼：摆四个造型。

幼儿边听音乐边两两相对摆造型。

师：小朋友合作的造型不仅很美，而且还会用眼睛和表情跟朋友说话呢！

（4）听音乐表演第二段舞蹈。

4. 完整舞蹈。

师：这个集体舞学完啦！让我们带着对好朋友的爱，一起来跳这个优美的舞蹈。

幼儿一起跳完整舞蹈。

师：你们快要毕业了，幼儿园里的老师也舍不得你们走。我们请老师们一起来舞蹈吧！

师幼一起共同舞蹈。

案例评析：

这是一个温馨感人、充满温情的集体舞教学活动。在教师语言、动作、表情的渲染下，孩子们渐入佳境，舞蹈不仅仅是一起舞蹈，更是一场"离别分享"会。浓郁的情感氛围是该活动最突出的特点，教师以"离别情"为主线贯穿了整个集体舞的教学过程。首先，教师以"分别"为话题导入教学，初步激发三年来的同伴之情、师幼之爱，让孩子们带着这种难舍难分的感情来投入活动。其次，在第一段集体学习环节中处处彰显与朋友之间的情谊，包括教师的动作示范、目光表情、语言提示、活动评价等；再次，在第二段自由结伴环节中，幼儿两两结伴进行"情感交流"与"合影留念"，更是把"离别情"推向了高潮，以至于孩子们真情流露，说出"好感人"的话语。最后，与在座的各位老师深情地表演，进一步升华了这浓浓的离别情。另外，不管是音乐、动作编排、队形设计还是过程引导，都体现了教师细腻的教学风格。为了达成教学目标，教师利用腕花、地面标记帮助幼儿更加轻松地表现表达；舞步、动作与队形的设计别具匠心，教授过程中指令清晰、要求明确，幼儿在活动中活而不乱、乐而有序，学有所得、舞有所乐；除了基本动作的学习之外，教师还给予了幼儿自由创意的空间，整个舞蹈在教师的预设和孩子的生成中获得圆满。总的来说，整个教学活动现场音乐气氛、舞蹈气氛与情感气氛融为一体，收到了良好的教学效果。

（三）幼儿园打击乐活动案例评析

大班打击乐活动：安娜波尔卡[①]

活动目标

1. 进一步感受乐曲活泼以及强劲有力的曲风。
2. 会看指挥、同伴进行段落间轮流伴奏和段内轮流伴奏。
3. 在对比伴奏的过程中，体验与教师、同伴合作的乐趣，开始喜欢合奏。

活动准备

1. 经验准备：欣赏过乐曲并基本掌握了音乐的曲式结构。

---

① 曾小花，大班打击乐活动：安娜波尔卡，福建教育，2013年第6期。

2. 材料准备:

(1)《安娜波尔卡》完整选段,段落节奏图谱、乐器图一套;铃鼓、大鼓、沙蛋、响板各若干及小黑板等其他辅助材料。

(2)环境创设:座椅摆成梯形状;地上贴红、黄、蓝位置线,中间用紫色线隔开。

活动过程

1. 熟悉音乐旋律,导入活动。

师:小朋友,还记得上次玩过的摘葡萄游戏吗?让我们听着音乐再玩一次吧!

教师引导幼儿结合语词和动作熟悉音乐旋律。

2. 幼儿自选乐器自由为乐曲伴奏。

师:今天老师带来了一些乐器,请你选择一种乐器,试试用乐器伴奏会不会让音乐听起来更舒服、更好听。

幼儿自选乐器为乐曲伴奏。

师:刚才的伴奏听起来怎么样?

幼:不整齐,不好听。

师:(小结)原来声音不整齐,节奏很乱、不清晰,会让人觉得不舒服,音乐也不好听。

3. 幼儿按照节奏图谱一起拍手伴奏。

引导幼儿结合图谱(图1)共同按照A段节奏型一起拍手为音乐伴奏,初步感受演奏相同节奏所产生的音乐之美。

师:你觉得这次跟着音乐的伴奏整齐吗?听起来舒服吗?

幼:整齐,很舒服。

师:看来按照统一的节奏演奏,声音会很好听,人听了也会很舒服。

师:我要给这快乐的音乐加点特别的声音。请你听听看,老师提供的乐器中哪种最适合为这段活泼的节奏伴奏?(播放A段音乐。)

幼:铃鼓。

引导幼儿结合图谱(图2)按照B段节奏型一起拍手为音乐伴奏,再次感受演奏相同节奏所产生的音乐之美。

师:第一段小朋友配合不错,B段的节奏变了,我们一起试试吧!

播放B段音乐,幼儿拍手伴奏。

师:你觉得这次的伴奏整齐吗?这段最适合用哪种乐器伴奏呢?

幼:大鼓。

引导幼儿结合图谱(图3)按照A段节奏型一起拍手为音乐伴奏,第三次感受演奏相同节奏所产生的音乐之美。

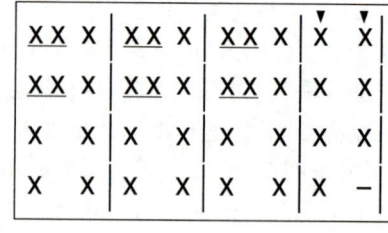

图1　　　　　　　　图2　　　　　　　　图3

师:这一段适合用哪种乐器伴奏呢?

幼:沙蛋。

教师引导幼儿看节奏图谱一起拍手为音乐伴奏,让幼儿初步感受到整齐的音乐听起来更舒服,初步体验良好合作伴奏所产生的音乐之美。同时,帮助幼儿梳理乐曲节奏并确定配器方案,为幼儿根据乐器合作伴奏做好准备。

4. 幼儿配乐伴奏,体验与同伴、教师合作分组分段轮流伴奏。教师手指图谱引导幼儿伴奏,不用语言提醒幼儿。

师:刚才伴奏的声音清晰吗?感觉舒服吗?

幼:有杂音,有小朋友先敲乐器了!

师:要想敲对自己的节奏,要怎么做呢?

师幼共同讨论。

师：(小结)伴奏时需要看指挥、学会等待、轮流伴奏。

教师不指挥，让幼儿自主体验看节奏图谱伴奏，幼儿发现并感受到不当合作伴奏出的音乐不好听，从而激发幼儿与同伴、教师合作的愿望。通过讨论，总结合奏需要注意的事项。

教师引导幼儿再次合作轮流伴奏，进一步提升幼儿合作伴奏的意识。

5. 引导幼儿与教师、同伴合作进行段内轮流伴奏。

(1) 师幼共同分析句式中的音乐特点。

师：为了让摘葡萄的人马上听到好听的声音，快点来摘葡萄，我邀请大家："小朋友，小朋友，小朋友，快来！"(念"小朋友"时，声音很轻，念"快来"时，声音很重。)

师：我说什么的时候，声音变得很重？

幼：快来。

师：好，那我来叫"小朋友"，你们用重重的声音帮我说"快来"，好吗？（互动2—3次。）好，谢谢你们这么帮我，(出示"▼")我把重重的声音贴在这里，在节奏语里"▼"表示重音。

师：有这么多的小朋友帮助摘的葡萄"越来越多"(有节奏念词，手指"××××")。我邀请了一个贪吃的小嘴巴帮我伴奏，它就是响板。它会说"越来越多"(手拍响板节奏)，我用这个来标记(贴上画有响板的标签)。

(2) 幼儿与教师、同伴合作分组轮流伴奏。

师：我要请一组"响板"乐队，专门负责响板的伴奏。谁愿意来呢？现在的分组更多了，更需要合作，大家要注意方法，老师希望你们能有更好的表现。注意，有"▼"标志的节奏要重重拍；贴着响板标签的节奏，大鼓不要伴奏，这是响板组负责的，前奏和间奏的时候大家做好准备，不演奏乐器。

(3) 师幼交流伴奏的感受并总结合作的重要性，活动自然结束。

师：这次的合作伴奏听起来怎么样？

幼：很好听。

师：是啊，看来合作的力量真的很强大，会让事情变得越来越好，以后也可以经常尝试合作的方法哦！

活动结束。

附：《安娜波尔卡》选段曲谱

案例评析:

波尔卡是捷克民间一种轻快、活泼的舞蹈,经常用于庆祝或者民间聚会,深受人们喜爱,它的舞曲也叫作波尔卡。《安娜波尔卡》选段为ABA'曲式结构,第一段和第三段前奏稍有不同。根据音乐的曲风特点和曲式结构,活动通过创设摘葡萄的情境,分别开展音乐欣赏和打击乐活动,让幼儿在感受乐曲曲风和熟悉乐曲的基础上,学习与他人合作伴奏,并从中体验合作的快乐。在能够与同伴进行合作轮流伴奏的情况下,增加合作难度,进一步提升了幼儿合作意识,提高了幼儿合作伴奏的水平,同时还提高了幼儿对音乐的感受力,懂得如何表现重音,并巩固八分音符的节奏,提升音乐素养。

(四)幼儿园音乐欣赏活动案例评析

大班音乐欣赏活动:野蜂飞舞

活动目标

1. 学会渐进式欣赏乐曲《野蜂飞舞》,初步感受乐曲中高低气氛的变化与短促紧张的节奏特点,体会乐曲所表达的情感。

2. 通过说说、画画、动动、游戏等形式大胆表达对乐曲的感受,养成大胆表现和创造的良好习惯。

3. 体验音乐欣赏活动的快乐,调动热爱音乐的情感。

活动准备

1. 积累有关野蜂的外形特征、生活习性的知识。

2. 活动前玩过"找带头人"游戏。

3.《野蜂飞舞》音乐,纸、笔人手一份。

活动过程

1. 引导幼儿分层次欣赏乐曲,感受乐曲的紧张气氛,尝试用语言表示自己对音乐的感受。

(1) 初步欣赏一小段乐曲。

师:听了这首乐曲,你感觉到了什么?你喜欢这首乐曲吗?

幼儿自由表述。

(2) 完整欣赏乐曲,感受乐曲的旋律与节奏特点。

师:这是一首节奏欢快、旋律跌宕起伏、富有变化的乐曲。再来听听,乐曲中野蜂在干什么?

邀请个别幼儿讲述。

小结:这首乐曲表现的是一群野蜂在空中飞舞的故事,音乐家把它取名为《野蜂飞舞》。

2. 幼儿再次欣赏乐曲,尝试用线条表达对音乐的感受。

(1) 幼儿尝试画路线。

师:成群结队的小野蜂一会儿飞上,一会儿飞下,那你们能不能用手指画一画小野蜂飞舞的路线?

师:现在请小朋友将小野蜂飞舞的路线画在白纸上。

幼儿边听音乐边画野蜂飞舞的路线。

(2) 展示幼儿作品,请幼儿介绍自己的作品。

师:你们画的野蜂的路线是什么样子的?为什么有的路线是直的,有的路线是弯弯曲曲的?

3. 创编野蜂飞舞的动作,进一步用动作感受音乐。

(1) 幼儿自由创编动作。

(2) 幼儿展示自己创编的动作,其他幼儿评价并模仿。

师:老师想请小朋友来做做动作,学习小野蜂着急地飞来飞去的样子,你们愿意试试吗?

(3) 幼儿听音乐做动作。

师:我们学了这么多野蜂飞舞的动作,现在我们跟着音乐把这些动作连起来做一做。

4. 探讨游戏与音乐的匹配,幼儿随音乐玩"找带头人"游戏。

(1) 跟着音乐用野蜂飞舞玩"找带头人"的游戏。

(2) 引导幼儿观察讨论。

① 怎样找到带头人?(如看谁第一个编动作,大家的眼睛看着谁,看谁的神情最紧张等。)

② 带头人怎样不让侦查员找到自己?(如等找的人不看自己时再变动作;不要紧张等。)

③ 大家怎么保护带头人?(如用眼睛的余光看带头人等。)

5. 随音乐教师带着幼儿做野蜂飞舞的动作飞出活动室。

案例评析：

名曲《野蜂飞舞》风格欢快、热闹，描述野蜂在林间、高山、水上急速飞舞的场景。欣赏活动循序渐进地引导幼儿来欣赏这首乐曲，通过富有个性的想象、绘画创作、韵律表演、合作游戏等形式表达对乐曲的感受。

分层次感受音乐、画音乐的尝试、随音乐自由律动、音乐游戏等环节，师幼之间凭借音乐作为媒介交流审美信息，共同分享音乐带来的愉悦。

活动中采用"借助动觉、展示听觉体验"的方法，即通过引导幼儿动口回答问题、动脑想象意境形象、动手描绘音乐、动态模仿野蜂飞舞等，最终使其理解音乐，感受乐曲中高低起伏的旋律变化与短促紧凑的节奏特点，使幼儿从感受音乐逐渐到理解音乐、主动参与音乐欣赏过程活动，激发他们的审美情趣，提高其对音乐的感受力、表现力和创造力。

▶ 主题词

音乐　幼儿音乐　幼儿园音乐教育　活动目标　活动内容　活动设计　歌唱教育活动　韵律教育活动　打击乐教育活动　音乐欣赏教育活动　指导方法　学习方法

▶ 阅读书目

1. 黄瑾.学前儿童音乐教育[M].上海：华东师范大学出版社，2006.
2. 杨旭，杨白.幼儿园教育活动设计与指导[M].上海：复旦大学出版社，2012.
3. 许卓娅.儿童艺术教育[M].上海：华东师范大学出版社，2008.
4. 许卓娅.学前儿童音乐教育[M].北京：人民教育出版社，1996.
5. 尹爱青等.外国儿童音乐教育[M].上海：上海教育出版社，2011.
6. 华夏.学前儿童音乐教育与活动设计[M].北京：北京大学大学出版社，2010.

图书在版编目(CIP)数据

幼儿园教育活动设计/叶亚玲主编. —上海:复旦大学出版社,2014.5(2022.8 重印)
普通高等学校学前教育专业系列教材
ISBN 978-7-309-10356-4

Ⅰ. 幼… Ⅱ. 叶… Ⅲ. 幼儿园-教学活动-教学设计-幼儿师范学校-教材
Ⅳ. G612

中国版本图书馆 CIP 数据核字(2014)第 031997 号

幼儿园教育活动设计
叶亚玲　主编
责任编辑/谢少卿

复旦大学出版社有限公司出版发行
上海市国权路 579 号　邮编: 200433
网址: fupnet@fudanpress.com　http://www.fudanpress.com
门市零售: 86-21-65102580　团体订购: 86-21-65104505
出版部电话: 86-21-65642845
上海新艺印刷有限公司

开本 890×1240　1/16　印张 13　字数 418 千
2014 年 5 月第 1 版
2022 年 8 月第 1 版第 9 次印刷
印数 39 301—40 900

ISBN 978-7-309-10356-4/G·1272
定价: 33.00 元

如有印装质量问题,请向复旦大学出版社有限公司出版部调换。
版权所有　　侵权必究

普通高等学校学前教育专业系列教材

幼儿园教育活动设计 形成性练习册

| 叶亚玲 主编 |

学生姓名：_____

学　号：_____

班　级：_____

教师姓名：_____

复旦大学出版社

CONTENTS 目 录

第一章　幼儿园活动设计概述 …………………………………………………… 1
第二章　幼儿园活动设计的基本要素 …………………………………………… 5
第三章　幼儿园健康教育活动设计 ……………………………………………… 9
第四章　幼儿园语言教育活动设计 ……………………………………………… 13
第五章　幼儿园科学教育活动设计 ……………………………………………… 17
第六章　幼儿园数学教育活动设计 ……………………………………………… 21
第七章　幼儿园社会教育活动设计 ……………………………………………… 25
第八章　幼儿园美术教育活动的设计 …………………………………………… 29
第九章　幼儿园音乐教育活动的设计 …………………………………………… 33

2. 按照下列规定的活动主题与方法,设计一个活动片段。
   题目:可爱的兔子
   目标:了解兔子的外形特征
   活动方法:观察法

3. 某大班老师发现,户外沙地活动时,孩子们经常为沙地中谁跳得远而争论不休,请你设计一个教育活动,帮助幼儿学会测量。

形成性练习2

姓　　名：_____
学　　号：_____
得　　分：_____
教师签名：_____

第二章　幼儿园活动设计的基本要素

一、单项选择题

1. 通过涂染活动体验创作的乐趣,这一目标属于(　　)
   A. 情感态度目标　　　　　　　　B. 知识技能目标
   C. 能力培养目标　　　　　　　　D. 价值观目标

2. 确定幼儿园教育任务,评价幼儿园教育质量的根本依据是(　　)
   A. 教育计划　　　　　　　　　　B. 教育目标
   C. 教育内容　　　　　　　　　　D. 教育原则

3. 关于幼儿园教育目标,不正确的说法是(　　)
   A. 即教育目的
   B. 是教育目的在幼儿园阶段的具体化
   C. 是幼儿园培养人才的具体规格和要求
   D. 社会要求和幼儿身心发展的规律是制定幼儿园教育目标的依据

4. 我国幼儿园的教育目标是在1996年颁布的(　　)中提出的。
   A.《幼儿园教育大纲》　　　　　　B.《幼儿园工作条例》
   C.《幼儿园管理条例》　　　　　　D.《幼儿园工作规程》

5. 我国的幼儿园教育把(　　)放在首位
   A. 幼儿智育　　　　　　　　　　B. 幼儿德育
   C. 幼儿身体的健康发展　　　　　D. 幼儿美育

6. 《幼儿园工作规程》所表述的幼儿园保育、教育目标属于(　　)层次的目标
   A. 教育目的　　　　　　　　　　B. 幼儿园教育目标
   C. 各个幼儿园具体的教育目标　　D. 活动目标

7. 幼儿园各层次的教育目标中,最具体的目标是(　　)
   A. 幼儿园教育目标　　　　　　　B. 幼儿园各年龄班的目标
   C. 一周教育目标　　　　　　　　D. 活动目标

8. 幼儿园的基本活动为(　　)
   A. 教育　　　　B. 保育　　　　C. 游戏　　　　D. 日常活动

9. 全面发展教育的最终结果是(　　)
   A. 个人潜能和社会价值的充分实现　　B. 使每个人平均发展
   C. 每个人得到同样的发展　　　　　　D. 门门功课得高分

10. 幼儿园教育目标是依据教育目的并结合幼儿园教育的(　　)提出来的。
    A. 方法和手段　　　　　　　　　B. 性质和特点
    C. 原则和规律　　　　　　　　　D. 原则和方法

11. 在行为目标中,幼儿通过活动应该达到的最低水平属于(　　)
    A. 行为主体　　　　　　　　　　B. 行为动作
    C. 行为条件　　　　　　　　　　D. 行为达成程度

12. 教师向幼儿出示各种实物、教具、模型或做实验。使幼儿获得关于某一事物或现象的感性认识的方法是(　　)
    A. 演示法　　　B. 示范法　　　C. 实验法　　　D. 参观法

二、简答题

1. 简述幼儿园活动方案编写的一般程序。

2. 幼儿园教育活动内容选择的原则。

3. 简述幼儿园活动方案的一般格式。

三、活动设计题

1. 设计一个大班角色游戏活动,要求有活动名称、活动准备、活动过程。

2. 请结合活动设计与组织的基本原理,分析下列活动设计组织中存在的问题。

　　某老师在语言活动"小乌龟开店"的基础上,组织一次表演游戏。教师一一出示早已准备好的道具。介绍完道具,配班老师带领全班幼儿"开火车"离开活动室去"剧场"看表演,主班老师忙着在活动室里布置场景:一家花店、一家书店、一家气球店。场地布置好了,幼儿由配班老师带领进"剧场"。主班老师提问:"谁愿意上来表演?""哗!"几十只小手举了起来。老师挑了五个没有举手而上次语言活动表现又不好的幼儿上来表演。表演时,老师不停地提示孩子们对话和动作。第二轮,老师请了五个"坐得好的孩子"上来表演,五个孩子表演同一个角色。老师还是不时地按照故事情节规范语言,纠正孩子们的动作。好多孩子忙着摆弄有趣的道具,忘了表演,老师又不停地提醒……。

形成性练习3

姓　　名：_____
学　　号：_____
得　　分：_____
教师签名：_____

第三章　幼儿园健康教育活动设计

一、单项选择题

1. 幼儿健康是指（　　）
   A. 白白胖胖没有病　　　　　　　　　B. 身体健康
   C. 身体、心理和社会适应的完美状态　　D. 没有虚弱状态

2. 根据幼儿方位知觉的特点，幼儿体操教学一般采用（　　）
   A. 镜面示范　　B. 正面示范　　C. 反面示范　　D. 同步示范

3. 幼儿园适宜开展的体育活动是（　　）
   A. 拔河　　　　B. 长跑　　　　C. 走平衡木　　D. 扳手腕

4. 学前儿童体育活动运动负荷的特点是（　　）
   A. 强度较小，密度较小，时间较长　　B. 强度较大，密度较大，时间较短
   C. 强度较小，密度较大，时间较短　　D. 强度较小，密度较大，时间较长

5. 蹦蹦床属于固定性运动器械中的（　　）
   A. 摆动类　　　B. 旋转类　　　C. 弹跳类　　　D. 钻爬类

6. 儿童最早发展的是身体的中部动作，然后是双臂和腿部动作，最后是腕、手及手指动作，这表明儿童动作发展遵循了（　　）
   A. 由首至尾和由近及远的规律　　B. 由首至尾和由粗到细的规律
   C. 由近及远和由粗到细的规律　　D. 由近及远和由细到粗的规律

7. 学前儿童体育活动最基本的组织形式是（　　）
   A. 早操活动　　B. 体育课　　　C. 户外活动　　D. 三浴锻炼

8. 幼儿园4—5岁幼儿基本体操多是（　　）
   A. 以模仿操为主　　　　　　　　B. 以徒手操为主
   C. 以轻器械操为主　　　　　　　D. 棍棒操和红旗操

9. 儿童掌握各种基本动作、提高基本动作能力和身体素质的最佳方法是（　　）
   A. 练习法　　　B. 示范法　　　C. 讲解法　　　D. 游戏法

10. 人体最基本的活动能力，也是儿童日常生活中不可缺少的实用技能是（　　）
    A. 基本动作　　B. 基本体操　　C. 体育游戏　　D. 玩水活动

11. 讲解体育游戏时，一般的顺序是（　　）
    A. 游戏的名称、游戏的内容和规则、游戏的结果
    B. 游戏的名称、游戏的结果、游戏的内容和规则
    C. 游戏的内容和规则、游戏的名称、游戏的结果
    D. 游戏的结果、游戏的内容和规则、游戏的名称

12. 正在做操时，某些儿童两臂平举过低，老师在不停止全班活动的情况下说："某某把胳臂再抬高一点！"这时教师用的是（　　）
    A. 讲解法　　　B. 示范法　　　C. 练习法　　　D. 口头指示法

13. 下列不属于通常所指三浴锻炼内容的是（　　）
    A. 空气浴　　　B. 沙浴　　　　C. 日光浴　　　D. 水浴

14. 儿童在进行了剧烈运动后应（　　）
    A. 立即停止运动　　　　　　　　B. 逐渐停止运动
    C. 继续其他运动　　　　　　　　D. 自由活动

15. 儿童最先学会的动作是（   ）
    A. 头部动作   B. 躯干动作
    C. 手、臂动作   D. 腿、足动作
16. 《幼儿园工作规程》中明确规定，幼儿每天在户外进行体育活动的时间必须保证在（   ）
    A. 半小时以上   B. 1小时以上
    C. 2小时以上   D. 3小时以上
17. "平衡地上下楼梯，玩滑梯，克服恐惧感"这一体育锻炼目标适合（   ）
    A. 小班   B. 中班   C. 大班   D. 学前班
18. "生活有规律，会独立有序地穿脱衣服并折叠好，能根据自身的冷热感觉主动增减衣服，能自己整理床铺"这一身心保健目标适合（   ）
    A. 小班   B. 中班   C. 大班   D. 学前班

二、简答题

1. 列举幼儿园体育活动的五种组织形式。

2. 简述《幼儿园教育指导纲要》（试行）规定的健康教育目标。

3. 简述《幼儿园教育指导纲要》（试行）规定的健康教育指导要点。

4. 简述幼儿园身心保健教育的内容。

三、设计题

1. 请为大班小朋友设计一个体育游戏,要求以走步活动为例。(要求写出该游戏功能、玩法、规则及指导建议)

2. 新入园的小班幼儿在洗手时出现许多问题,有的把袖子弄湿、不洗手背、冲不净皂液,有的争抢或拥挤、玩水忘记洗手、擦手后毛巾胡乱放在架子上,有的握不住大块肥皂,有的因毛巾离水池远,一路甩水把地面弄得很湿……

3. 请以"有营养的早餐"为题,为大班设计一份健康教育活动方案,要求写出活动目标、活动准备、活动过程。

形成性练习 4

| 姓　　名： |
| 学　　号： |
| 得　　分： |
| 教师签名： |

第四章　幼儿园语言教育活动设计

一、单项选择题

1. 幼儿园语言教育的具体活动目标一般由(　　)
 A. 国家教育部门规定　　　　　B. 教师规定
 C. 园长规定　　　　　　　　　D. 家长规定

2. 能独立仿编或创编故事、诗歌和散文的完整内容或部分内容是(　　)的语言教育目标。
 A. 小班　　　B. 中班　　　C. 大班　　　D. 学前班

3. 幼儿语言实践的最佳途径是(　　)
 A. 语言教学活动　　B. 早期阅读　　C. 听说游戏活动　　D. 欣赏文学作品

4. 儿童的问题语言最丰富的时期是(　　)
 A. 1—2 岁　　B. 2—3 岁　　C. 4—5 岁　　D. 6—7 岁

5. 以对话形式进行的言语交往活动是(　　)
 A. 讨论　　　B. 文学作品欣赏　　C. 讲述　　　D. 谈话

6. 言语表达形式主要是对话言语的儿童处于(　　)阶段。
 A. 呀呀语　　B. 简单句　　C. 单词句　　D. 复合句

7. 教师通过自身的规范化语言,为儿童提供语言学习的样板的方法是幼儿园语言教育的(　　)
 A. 示范模仿法　　　　　　　　B. 视、听、讲、做结合法
 C. 游戏法　　　　　　　　　　D. 表演法

8. 以一定的语言内容、语言形式以及语言运用方式表达和交流个人观点的行为是(　　)
 A. 独白　　　B. 讨论　　　C. 谈话　　　D. 表述

9. 有意识地让儿童多次使用同一个言语因素或训练儿童某方面言语技能技巧的方法是幼儿园语言教育的(　　)
 A. 示范模仿法　　　　　　　　B. 视、听、讲、做结合法
 C. 游戏法　　　　　　　　　　D. 练习法

10. 内部语言的形成时期是在儿童(　　)
 A. 3 岁　　　B. 4 岁　　　C. 7 岁　　　D. 8 岁

11. 幼儿园基本的语言教育活动形式有谈话活动、讲述活动、听说游戏、文学活动和(　　)
 A. 晨间谈话　　B. 早期阅读　　C. 睡前故事　　D. 日常活动

12. 学前儿童语言教育目标分为总目标、年龄阶段目标和活动目标,这一分类的角度是(　　)
 A. 分类结构　　B. 层次结构　　C. 深层结构　　D. 部分结构

13. 关于谈话活动的作用,说法不正确的是(　　)
 A. 它激发幼儿与他人交谈的兴趣
 B. 它帮助幼儿习得谈话的基本规则
 C. 它锻炼幼儿的独白语言
 D. 它增强幼儿通过交流获取信息的意识

14. 学前儿童语言教育目标的分类结构包括倾听、表述、欣赏文学作品和(　　)
 A. 感知　　　B. 背诵　　　C. 早期阅读　　D. 理解

15. 属于讲述活动特点的是(　　)
 A. 讲述活动不需要凭借物　　　B. 讲述活动锻炼交流语言
 C. 讲述活动有一定的凭借物　　D. 讲述活动不需正式的语境

16. 早期阅读活动能够让幼儿有机会接触(　　)
    A. 书面语言　　　B. 口头语言　　　C. 文学语言　　　D. 正式语言
17. 幼儿园早期阅读活动的目的是有计划、有目的地培养幼儿学习(　　)
    A. 口头语言　　　B. 书面语言　　　C. 文字　　　　　D. 写字
18. 早期阅读技能是指(　　)
    A. 识得具体字词
    B. 汉语拼音的学习
    C. 认识尽可能多的汉字
    D. 学习掌握未来书面语言学习的方式和途径
19. 幼儿园的语言教育(　　)
    A. 很难在游戏活动中进行　　　　　B. 只能在日常生活中进行
    C. 贯穿于幼儿的一日生活　　　　　D. 只能通过专门的语言教育活动进行
20. 教师充分利用生活环节,给儿童提供自由宽松的语言交际环境,这是一种(　　)
    A. 日常语言教育活动　　　　　　　B. 基本语言教育活动
    C. 谈话活动　　　　　　　　　　　D. 讲述活动

二、简答题

1. 《幼儿园教育指导纲要》(试行)中幼儿园语言教育总目标包括哪些内容。

2. 《幼儿园教育指导纲要》(试行)中语言教育的内容与要求有哪些?

3. 《幼儿园教育指导纲要》(试行)中语言教育的指导要点是什么?

4. 简述幼儿早期阅读的特点。

5. 幼儿园文学活动的语言教育目标是什么?

三、活动设计题

1. 请设计一个幼儿园诗歌活动方案《七彩的梦》。
   方案应包括:年龄班、设计思路、活动目标、活动准备、活动过程。
   附作品:七彩的梦
   眼睛睡了,
   嘴巴睡了,
   耳朵睡了,
   只有小鼻子在值班,
   呼——吸——
   七彩的梦,
   悄悄地溜到窗外去了!

2. 设计一个小班看图讲述活动——取皮球,要求写出活动目标、活动过程、活动延伸等。
   (图片说明:红红、兰兰在草地上玩皮球,皮球滚到了洞里,宝宝和贝贝也来帮忙,他们有的用手掏,有的用工具。最后……)

形成性练习 5

姓　　名：_____
学　　号：_____
得　　分：_____
教师签名：_____

第五章　幼儿园科学教育活动设计练习

一、单项选择题

1. 科学是关于（　　）
   A. 自然、思维和人类的知识体系
   B. 思维、天然和社会的知识体系
   C. 思维、自然和社会的知识体系
   D. 自然、社会和人类的知识体系

2. 学前儿童科学教育的实质是（　　）
   A. 儿童的科学探索活动
   B. 教师组织科学知识教育
   C. 家长参与科学教育
   D. 儿童自己收集科学教育的材料

3. 老师对小朋友说："在草地上走，会把小草踩疼的。"儿童就信以为真，都不去踩小草了。这反映了儿童学科学具有（　　）
   A. 好奇的特点
   B. 好探索的特点
   C. 自我中心的特点
   D. 好动的特点

4. 关于学前儿童科学教育过程和结果关系的论述中，正确的是（　　）
   A. 过程重要，结果并不重要
   B. 结果重要，过程并不重要
   C. 过程和结果是不可兼得的
   D. 过程和结果是统一的

5. 以下物品中可以作为学前儿童自然测量工具的是（　　）
   A. 绳子　　　B. 秤　　　C. 直尺　　　D. 钟表

6. 下列科学活动中，属于偶发性科学活动的是（　　）
   A. 制作玩具
   B. 制作昆虫标本
   C. 观察蚂蚁搬家
   D. 观察大雾天气

7. 专门的学前儿童科学教育活动不包括（　　）
   A. 集体教学活动中的科学教育
   B. 区角活动中的科学教育
   C. 偶发性科学教育活动
   D. 游戏活动中的科学教育

8. "学习使用准确具进行测量"，是哪一个年龄阶段的教育目标（　　）
   A. 2—3 岁　　　B. 3—4 岁　　　C. 4—5 岁　　　D. 5—6 岁

9. "发展儿童的好奇心"这一目标属于学前儿童科学教育目标体系中的（　　）
   A. 知识方面
   B. 方法方面
   C. 情感个性方面
   D. 技能方面

10. "帮助儿童学习综合运用多种感官感知事物特征，发展观察力"的目标属于（　　）
    A. 大班目标
    B. 中班目标
    C. 小班目标
    D. 托班目标

11. 学前儿童科学教育内容选择的要求中不包括（　　）
    A. 科学性和启蒙性要求
    B. 学科性和系统性要求
    C. 地方性和季节性要求
    D. 时代性和民族性要求

12. 学前儿童最难理解的科学教育内容是（　　）
    A. 沙、石　　　B. 土　　　C. 水　　　D. 空气

13. 教师引导儿童认识鸟类是生活在不同环境中，并用图片向儿童展示鸵鸟生活在沙漠中，丹顶鹤生活在沼泽地，企鹅生活在南极，这是教师在向儿童进行的（　　）
    A. 人体知识教育
    B. 气候和季节知识的教育
    C. 自然生态环境知识的教育
    D. 捕鸟技术知识教育

14. 与正规性科学活动相比,非正规性科学活动中( )
   A. 教师在学习过程中干预较少   B. 教师在学习过程中干预较多
   C. 家长在学习过程中干预较多   D. 儿童是不参与的

15. 以下既能体现中华民族特色又可以作为学前儿童科学教育内容的是( )
   A. 认识茶叶   B. 认识鸵鸟   C. 认识袋鼠   D. 认识地铁

16. "做中学"科学教育项目起源于( )
   A. 法国   B. 美国   C. 中国   D. 德国

17. 下列活动中,不属于区角活动的是( )
   A. 美工区活动   B. 音乐区活动   C. 科学区活动   D. 远足活动

18. 有目的有计划地对被评者行为进行现场观察或测量,并对观测结果作出评定的方式是( )
   A. 观察法   B. 测量法   C. 自然观察法   D. 自然测量法

19. 在学前儿童科学教育的方法中,运用感知觉探索物体的特性,发现某种现象的发展过程或所发生的变化的方法是( )
   A. 科学实验   B. 观察   C. 分类   D. 科学游戏

20. 下列关于集体教学活动优越性的表述中,错误的是( )
   A. 集体活动的学习效率较高
   B. 有利于因材施教
   C. 集体活动有着集中学习的气氛和紧凑的时间安排
   D. 集体活动为儿童提供了同伴间相互学习、启发的机会

二、简答题

1. 简述《幼儿园教育指导纲要(试行)》规定的科学教育目标。

2. 简述《幼儿园教育指导纲要(试行)》规定的科学教育指导要点。

3. 简述幼儿园科学教育的内容。

4. 简述幼儿园科学教育的主要方法。

三、活动设计题

1. 小一班的王老师发现小班幼儿对待小动物有这么几种表现：有的幼儿既感兴趣又害怕；有的幼儿对常见的小动物叫不出名字；有的幼儿无故捉弄小动物；有的……
请针对上述幼儿行为的反差，设计解决这一问题的教育方案。要求：写出问题的原因分析、教育目标和三种教育指导内容与方法。

2. 科学区中,两位小朋友在玩磁铁,他们一会儿吸吸这个,一会儿吸吸那个,玩得很高兴。这时,幼儿 A 发现旁边有一辆小汽车,就拿着玩起来,然后把它放到一块薄木板上,他想让小汽车在木板上跑起来,就用磁铁在前面吸、后面吸、各个方向吸,想让小汽车跟着磁铁走,可是小汽车被吸到磁铁上,并没有跑起来。幼儿 A 去找幼儿 B 帮忙,两个人一起忙活起来,可是忙了半天也没有找到合适的办法。两人有点泄气了,他们放下磁铁和小汽车,不想玩了。

请你以"好玩的磁铁"为题,设计一个中班科学教育活动,激发幼儿对磁铁探索的兴趣。

3. 为幼儿园大班设计一个"认识空气"的科学教育活动,要求写出活动目标、活动准备及活动过程。

形成性练习6

姓　　名：_____
学　　号：_____
得　　分：_____
教师签名：_____

第六章　幼儿园数学教育活动设计

一、选择题

1. 整个幼儿时期,占主导地位的思维类型是(　　)
   A. 直觉行动思维　　　　　　　　　　　B. 具体形象思维
   C. 抽象逻辑思维　　　　　　　　　　　D. 辩证逻辑思维
2. 早期数学教育的重要价值在于(　　)
   A. 为将来成为数学家作准备　　　　　　B. 使儿童初步掌握计算的技能
   C. 培养儿童基本的数学素养　　　　　　D. 帮助儿童掌握数学知识
3. 儿童数概念的发生始于(　　)
   A. 点数　　　　B. 认数　　　　C. 辨数　　　　D. 数数
4. 下列活动属于自然测量的是(　　)
   A. 用手点数物体的数目　　　　　　　　B. 用手掂量、比较两个物体的轻重
   C. 用筷子量桌子的长度　　　　　　　　D. 用体重计称量体重
5. 儿童学习数学是从"数行动"发展到"数概念"的过程,说明儿童获得数学知识的过程是(　　)
   A. 从具体到抽象　　　　　　　　　　　B. 从同化到顺应
   C. 从外部动作到内化动作　　　　　　　D. 从不自觉到自觉
6. 幼儿在学习加减运算时表现出的特点是(　　)
   A. 学习加法比学习减法容易　　　　　　B. 学习减法比学习加法容易
   C. 加减小数比加减大数难　　　　　　　D. 加减大数比加减小数容易
7. 幼儿将塑料插片按颜色进行分类摆放,这种分类属于(　　)
   A. 按物体的用途分类　　　　　　　　　B. 按物体间联系分类
   C. 按物体的外部特征分类　　　　　　　D. 按物体的材料性质分类
8. 下面各种数量关系中,不宜作为小班数学教育内容的是(　　)
   A. 对应关系　　　　　　　　　　　　　B. 守恒关系
   C. 大小关系　　　　　　　　　　　　　D. 多少关系
9. 幼儿能以自身为中心判断左右,却不能以客体为中心判断左右,这主要是受(　　)
   A. 动作能力发展的局限　　　　　　　　B. 语言能力发展的局限
   C. 想象能力发展的局限　　　　　　　　D. 思维能力发展的局限
10. 儿童最容易感知的量是(　　)
    A. 粗细　　　　B. 高矮　　　　C. 轻重　　　　D. 大小
11. "认识时钟"的教育活动属于(　　)
    A. 托班教学内容　　　　　　　　　　　B. 小班教学内容
    C. 中班教学内容　　　　　　　　　　　D. 大班教学内容
12. "认识正方体、长方体、球体和圆柱体,能正确说出名称。"这一教育要求适于(　　)
    A. 托班　　　　B. 小班　　　　C. 中班　　　　D. 大班
13. "我在老师的后面,我在黑板的前面",这句话体现了空间概念的(　　)
    A. 可变性　　　B. 相对性　　　C. 连续性　　　D. 抽象性
14. 儿童主动建构数学概念,必须通过(　　)
    A. 学习材料的引导　　　　　　　　　　B. 老师的引导
    C. 自己的活动　　　　　　　　　　　　D. 环境的创设

15. 老师问一个幼儿,是红片片多还是片片多,他一直认为是红片片多。说明幼儿没有形成(　　)
    A. 一一对应观念　　　　　　　　　B. 数的包含关系
    C. 序列观念　　　　　　　　　　　D. 类比观念
16. 学前儿童数学教育目标、层次由低至高依次排列为(　　)
    A. 数学教育活动目标、各年龄阶段教育目标、学前儿童数学教育总目标
    B. 各年龄阶段教育目标、数学教育活动目标、学前儿童数学教育总目标
    C. 数学教育活动目标、学前儿童数学教育总目标、各年龄阶段教育目标
    D. 各年龄阶段教育目标、学前儿童数学教育总目标、数学教育活动目标
17. "学习把相同颜色的不同物体放在一起,愿意讲述操作过程"这一目标属于(　　)
    A. 数学教育活动目标　　　　　　　B. 数学教育年龄阶段目标
    C. 数学教育总目标　　　　　　　　D. 我国全面发展教育方针
18. 以直接知觉为主的教学方法是(　　)
    A. 讲解、谈话　　B. 调查、讨论　　C. 演示、示范　　D. 操作、讲解
19. "愿意参加数学活动,喜欢摆弄、操作数学活动材料"这一数学教育目标适合(　　)
    A. 小班　　　　　B. 中班　　　　　C. 大班　　　　　D. 学前班
20. 学习按物体的某一外部特征(如颜色、形状、大小)进行分类,这一教育要求是针对(　　)
    A. 小班　　　　　B. 中班　　　　　C. 大班　　　　　D. 学前班

二、简答题

1. 简述幼儿园数学教育的内容。

2. 简述幼儿园数学教育中运用操作法的基本要求。

3. 简述幼儿学习数学的心理基础。

4. 简述幼儿园数学教育活动的主要方法。

三、活动设计题

1. 在小班幼儿进行口头数数活动时,当让幼儿从 1 开始数到 10,幼儿基本上都能完成,让他倒着数 10、9、8、……1,幼儿基本不能完成,但是在语言活动中让幼儿来背诵儿歌:"1、2、3、4、5、6、7、7、6、5、4、3、2、1,七个阿姨来摘果,七个果子摆七样,……",幼儿基本上都能完成。

请你分析问题的原因,并设计一个认识 10 以内的基数的数学教育活动,要求写出活动名称及年龄班、活动目标、活动准备和活动过程。

2. 设计一个让幼儿学习比较两组物体的多、少、一样多的教学活动,要求写出活动名称及年龄班、活动目标、活动准备和活动过程。

3. 设计一个大班数学教育活动。要求:
   (1) 以"学习 5 的组成"为内容。
   (2) 活动设计应包括活动目标、活动准备、活动过程等部分。

第七章 幼儿园社会教育活动设计

一、单项选择题

1. 自我意识不包括下列哪一项（　　）
   A. 自我体验　　　B. 自我评价　　　C. 自我认识　　　D. 自我控制

2. 3岁多的儿童多以成人的评价为自我评价,称之为（　　）
   A. 外部行为的评价　　　B. 个别方面的评价
   C. 依从性评价　　　　　D. 多方面评价

3. 婴儿可以用微笑、啼哭、咿呀作语以及身体动作等发起与母亲的社会交往活动,这种母婴之间亲密的情感联结被称为（　　）
   A. 亲子关系　　　B. 依恋　　　C. 母婴依恋　　　D. 印刻

4. 研究表明,母子之间良好的依恋关系的建立,有助于儿童（　　）
   A. 自尊心的形成　　　B. 自我概念的形成
   C. 自信心的形成　　　D. 自我控制的形成

5. 在教育的实际情况下,按照研究目的控制和改变某些条件,将幼儿置于与现实生活场景类似的情景中,由教师观察在该特定情景中幼儿社会性行为的方法是（　　）
   A. 观察法　　　　　B. 谈话法
   C. 社会测量法　　　D. 情景测验法

6. 在陌生的环境中,如果母亲在身边,儿童会有安全感,当母亲离开时,儿童的探索行为会受到影响,当母亲回来时,他们会寻求和母亲的接触,并很快平静下来,这类幼儿属于（　　）
   A. 安全性依恋　　　B. 回避性依恋
   C. 反抗性依恋　　　D. 依恋障碍

7. 教育者指导幼儿就某些社会性问题、现象、事物相互启发、交流意见的方法,被称为（　　）
   A. 讲解法　　　B. 谈话法　　　C. 讨论法　　　D. 演示法

8. 澳大利亚生态学家洛伦兹把小动物的依恋过程描述为（　　）
   A. 母禽依恋　　　B. 印刻　　　C. 本能　　　D. 依恋

9. 人们在社会交往中所表现出来的谦让、帮助、合作、共享等有利于他人和社会的行为,称为（　　）
   A. 道德行为　　　B. 利他行为
   C. 利他主义　　　D. 亲社会行为

10. 亲社会行为是一种常见的社会行为,它是个体____发展的一个重要指标。（　　）
    A. 社会性　　　B. 社会化　　　C. 道德品质　　　D. 认知

11. 下列哪一项是幼儿社会性教育内容选择的依据（　　）
    A.《幼儿园工作规程》　　　B.《幼儿园指导纲要》
    C. 幼儿的兴趣　　　　　　D. 幼儿发展

12. 儿童体验他人情绪、情感的能力,称为（　　）
    A. 依恋　　　B. 印刻　　　C. 角色选择　　　D. 移情

13. 幼儿社会性是在____的基础上,在与社会生活环境相互作用的过程中,逐渐形成的。（　　）
    A. 生物特征　　　B. 气质特征　　　C. 人与人交往　　　D. 心理特征

14. ____是指对道德行为准则及其意义的认识。（　　）
    A. 道德认识　　　B. 道德情感　　　C. 道德意志　　　D. 道德行为

15. ____是运用一定的道德标准评价自己和别人言行时所产生的一种内心体验。（   ）
    A. 道德认识　　　　B. 道德情感　　　　C. 道德意志　　　　D. 道德行为
16. ____是一个人自觉地调节行动、去克服苦难，以实现一定道德目的的心理过程。（   ）
    A. 道德认识　　　　B. 道德情感　　　　C. 道德意志　　　　D. 道德行为
17. ____是人在道德认识与道德情感推动下产生的涉及道德意义的行为。（   ）
    A. 道德认识　　　　B. 道德情感　　　　C. 道德意志　　　　D. 道德行为
18. 下列哪一项不属于儿童攻击性行为形成的影响因素（   ）
    A. 生物因素　　　　　　　　　　　　B. 家庭的影响
    C. 活动方式的影响　　　　　　　　　D. 电视

二、简答题

1. 简述幼儿园社会教育的目标。

2. 简述幼儿园社会教育的指导要点。

3. 简述幼儿园社会教育的内容。

4. 列举幼儿园社会教育的主要方法。

三、活动设计题

中二班幼儿在娃娃家游戏中,接待"客人"主动热情,与长辈交往很有礼貌,可家长却说,孩子在家不是这样的,有客人来了很少打招呼,还经常对爷爷奶奶发脾气。

请针对上述幼儿行为的反差,设计解决这一问题的方法。写出问题的原因分析、教育目标、教育指导内容、方法。

第八章 幼儿园美术教育活动的设计练习

一、单项选择题

1. 运用线条、色彩等要素,在二维空间里塑造出静态视觉形式的艺术形式是(　　)
   A. 绘画　　　　B. 雕塑　　　　C. 工艺美术　　　　D. 建筑艺术

2. 学前儿童美术教育在本质上是一种(　　)
   A. 美术知识教育　　　　　　　　B. 美术技能教育
   C. 美术知识和美术技能教育　　　D. 审美教育

3. 《幼儿园工作规程》将美育目标规范为:"培养幼儿初步的感受美和(　　)的情趣和能力。"
   A. 热爱美　　　B. 发现美　　　C. 表现美　　　D. 理解美

4. 在我国幼儿园的美术教学实践中,最常见的方法是教师在黑板上画一幅范画,让孩子临摹下来。你觉得这种方法(　　)
   A. 能够使儿童很快地学会画画,画得较像
   B. 限制了儿童的创造力,将艺术的真正内涵排除在美术教育之外
   C. 能够培养儿童画画的兴趣
   D. 很好,因为教师肯定比儿童画得更好

5. 你认为对儿童绘画的评价应更重视以下哪一方面?(　　)
   A. 画得像真的一样　　　　　　　B. 画得和老师的范画一样
   C. 画面干净,涂色均匀　　　　　D. 作画自由、大胆、有感情

6. 让7岁以下的儿童画在高楼上所见的汽车,他画的往往不是俯视图,而是那种侧面的、有轮子的汽车;儿童画中,不管明、暗、冬夏,树叶总是绿色的,苹果永远是红色的,这主要表明此时的儿童画(　　)
   A. 表象符号的形成　　　　　　　B. 感觉的强调和夸张
   C. 主观印象的表现(以自我为中心)　D. 内容丰富、技能高超

7. 学前儿童欣赏美术作品主要发展的能力是(　　)
   A. 想象和创造的能力
   B. 自我评价的能力
   C. 模仿能力
   D. 美感知觉能力和适当地叙述视觉形式的能力

8. "透明画"和"展开式"的画的大量出现,常常用内、外混合,正、侧面多种角度组合在一起形成奇特的画面,这种特征出现在(　　)
   A. 涂鸦期　　　B. 象征期　　　C. 图式期　　　D. 写实期

9. 引导儿童学习深浅、冷暖颜色的搭配,并初步学习根据画面的需要,恰当地使用颜色表现自己的情感。这一绘画教育目标适合(　　)
   A. 2岁—3岁(托班)　　　　B. 3岁—4岁
   C. 4岁—5岁(中班)　　　　D. 5岁—6岁(大班)

10. 沙子、小石子、小珠子、纽扣、果核、种子是学前儿童手工活动常用的(　　)
    A. 点状材料　　　　　　　B. 线状材料
    C. 面状材料　　　　　　　D. 块状材料

11. 下列手工活动中,属于幼儿园平面手工活动的是(　　)
    A. 雕刻　　　B. 粘贴　　　C. 科技性手工　　　D. 编织

12. 7岁以下儿童所画的桌子,往往不论从哪个角度看上去总是加上四条腿;所画物体不论远近,都保持同样大小,甚至大小颠倒,说明:(   )
    A. 儿童感觉的强调和夸张　　　　　　　B. 儿童画中表象符号的形成
    C. 儿童画他所知,而非画他所见　　　　D. 是涂鸦期的典型特征

13. 以下说法不符合自由画指导原则的是(   )
    A. 教师提出绘画主题和要求
    B. 创设自由而快乐的气氛
    C. 对幼儿绘画技能不作过高要求
    D. 老师必须仔细观察儿童作画意图,在他们需要帮助的时候,适当地引导、暗示

14. 儿童画发展阶段中的涂鸦期,大约发生在儿童(   )
    A. 2岁—3岁左右　　　　　　　　　　　B. 4岁—5岁左右
    C. 3岁—4岁左右　　　　　　　　　　　D. 5岁—6岁左右

15. 某6岁儿童画一"吃西瓜"图,画面的西瓜比人还要大,两排十分尖锐的牙齿在人的脸上占了突出的位置。这主要表明此时儿童画(   )
    A. 表象符号的形成　　　　　　　　　　B. 感觉的强调和夸张
    C. 画他所知　　　　　　　　　　　　　D. 绘画技能高超

16. "培养儿童通过美术操作活动体验美的模式,懂得表现自我、表现生命"这是美术教育的(   )
    A. 审美情感目标　　　　　　　　　　　B. 审美感知目标
    C. 审美创造目标　　　　　　　　　　　D. 审美社会性目标

17. 儿童画发展阶段中的象征期,大约发生在儿童(   )
    A. 3岁—4岁左右　　　　　　　　　　　B. 4岁—5岁左右
    C. 5岁—7岁左右　　　　　　　　　　　D. 8岁—14岁左右

18. 一个儿童欣赏完齐白石画的虾后,对老师说:"看到这幅画,我好像看见了真的虾,会动会跳。"这主要是幼儿的(   )在起作用。
    A. 美的感受力　　　　　　　　　　　　B. 美的表现力
    C. 美的创造力　　　　　　　　　　　　D. 审美兴趣

19. 儿童凭主观直觉印象描绘出物体的粗略形象,描绘的形态多半是粗略的、不完整的,如"蝌蚪人"。这种特征出现于儿童绘画发展的(   )
    A. 涂鸦期　　　　B. 象征期　　　　C. 图式期　　　　D. 写实期

20. 关于幼儿园美术教育,错误的说法是(   )
    A. 是一种审美教育　　　　　　　　　　B. 是一种创造教育
    C. 是一种情感教育　　　　　　　　　　D. 是一种技能教育

二、简答题

1. 简述幼儿园美术教育的内容。

2. 列举幼儿园美术教育的方法。

3. 简述幼儿园绘画教育活动过程。

4. 简述《幼儿园教育指导纲要》(试行)规定的艺术教育的目标。

三、活动设计题

1. 请你以《京剧脸谱》为题,设计一个大班美术欣赏活动。

2. 请你围绕"美丽的秋天"这一主题来设计一则中班绘画活动,设计包括:活动目标、活动准备、活动过程。

形成性练习 9

第九章 幼儿园音乐教育活动的设计

一、单项选择题

1. 3—4 岁儿童在选择韵律动作时,最感兴趣的是(　　)
   A. 基本动作　　　　　　　　　　　B. 模仿动作
   C. 舞蹈动作　　　　　　　　　　　D. 组合动作

2. 为了引导幼儿感知音乐的细节,体验音乐的暗示性,表达音乐速度的适宜性,在教学过程中,教师可采用(　　)
   A. 现场哼唱或演奏的方法　　　　　B. 示范和讲解的方法
   C. 分句欣赏的方法　　　　　　　　D. 反复练习法

3. 在幼儿园的韵律活动教学中,(　　)主要适用于情节性比较强的韵律动作组合的学习或创编活动。
   A. 游戏导入　　　　　　　　　　　B. 回忆导入
   C. 观察导入　　　　　　　　　　　D. 故事导入

4. 歌唱活动本身的教育目标中,最基础的目标是(　　)
   A. 发展幼儿运用嗓音进行艺术表现的能力　B. 让幼儿享受参与歌唱活动的快乐
   C. 发展幼儿感受音乐的能力　　　　　　　D. 掌握粗浅的歌唱知识技能

5. 在进餐以及午睡前后播放背景音乐,这种音乐活动属于(　　)
   A. 专门性的音乐活动　　　　　　　B. 幼儿自发的音乐活动
   C. 渗透性的音乐活动　　　　　　　D. 强制性的音乐活动

6. 教师在韵律活动中为发展幼儿个性所使用的下列方法中,不正确的是(　　)
   A. 让每位儿童能够认识到自己的努力和提高
   B. 对不同的儿童提不同的要求
   C. 给每位儿童成功表现自己的机会
   D. 让儿童相互竞争,相互比较

7. 在指挥幼儿进行打击乐器演奏时,为了更有效地提示幼儿,教师应多采用(　　)
   A. 击打节拍法　　　　　　　　　　B. 优美的装饰性动作
   C. 击打节奏型法　　　　　　　　　D. 简约的指挥手势

8. 在音乐欣赏活动中使用辅助材料,其目的是帮助学前儿童更好地(　　)
   A. 表现音乐作品　　　　　　　　　B. 喜欢音乐作品
   C. 感觉和理解音乐作品　　　　　　D. 掌握音乐作品

9. 打击乐教学的正确步骤是(　　)
   A. 熟悉音乐→空手练习节奏型→介绍乐器的名称及使用方法→随着音乐打击乐器
   B. 熟悉音乐→介绍乐器的名称及使用方法→空手练习节奏型→随着音乐打击乐器
   C. 熟悉音乐→随着音乐打击乐器→介绍乐器的名称及使用方法→空手练习节奏型
   D. 介绍乐器的名称及使用方法→熟悉音乐→随着音乐打击乐器→空手练习节奏型

10. 在音乐欣赏活动中,教师应尽力选择最好的音乐作品,使幼儿尽早开始发展对音乐的(　　)
    A. 敏感　　　　　　B. 表现　　　　　　C. 理解　　　　　　D. 创造

11. 在幼儿园的打击乐器演奏教学中,教师应知道如何按乐器的音色给乐器分类,在下列各组乐器中,音色都比较明亮、柔和的一组是(　　)
    A. 碰铃、三角铁　　　　　　　　　B. 木鱼、单响筒

33

    C. 串铃、铃鼓   D. 锣、镲

12. 在学前阶段,( )是儿童在歌唱活动中最难掌握的技能。
    A. 速度   B. 呼吸   C. 节奏   D. 音准

13. 在幼儿园的打击乐器演奏教学中,教师应知道如何按乐器的音色给乐器分类,在下列各组乐器中,音色都比较干脆、结实的一组是( )
    A. 碰铃、三角铁   B. 木鱼、单响筒
    C. 串铃、铃鼓   D. 锣、镲

14. 在学前儿童音乐教育活动过程中,常用的范例指导方法主要有( )
    A. 讲解、提问   B. 示范、演示
    C. 参与、退出   D. 示范、反馈

15. 沉稳、有力的歌曲,宜采用( )
    A. 进行曲唱法   B. 劳动歌曲唱法
    C. 抒情歌曲唱法   D. 欢快歌曲唱法

16. 多数幼儿在听到熟悉的律动音乐乐头几个音(甚至只听了1—2个音)后,就马上做出该律动的动作,这表明,幼儿有较强的( )
    A. 音乐感知能力   B. 音乐记忆能力
    C. 音乐联想能力   D. 音乐思维能力

二、简答题

1. 简述幼儿园音乐教育的类型。

2. 列举幼儿园歌唱活动的知识和技能。

3. 简述艺术活动的指导要点。

三、活动设计题

为《闪烁的小星》设计一个系列歌唱教学层次方案(不少于三个层次),要求写出三个不同层次及每一层次活动的教育目标。